U0061756

新時代工運

香港由治及興的社會基礎

（增訂版）

吳秋北 著

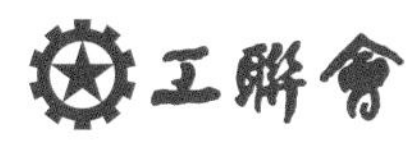

共建共業
共享共贏
工聯會新時代新工運理念
癸卯夏吳秋北書

目錄

二、文章

三、演講

四、附錄

增訂版序

2024 年 6 月

去年 12 月首次出版《新時代工運》一書，反響熱烈，一千冊銷贈一空。除了得到工會及社會各界朋友謬讚和鼓勵，更得到香港中央圖書館、各高校圖書館及智庫的收藏。

過去這半年，國家勝利召開第 14 屆全國人民代表大會第二次會議，提出以發展新質生產力，實現高質量發展；香港通過《維護國家安全條例》，終於履行久拖了 27 年的憲制責任。工聯會圓滿召開第 39 屆會員代表大會，開啟新時代愛國工運高質量發展新征程。隨著社會發展，新工運論述進一步豐富、拓展和細化。與時代對話，在實踐中探討、引領香港工運事業的發展，正是新工運論述的使命和生命源泉。這次增訂版有十幾篇新文章，特別是「新時代工運」論述系列又添新篇，在此作特別推薦。

若說到新，不得不提到政府今年推出「最低工作新方程式」，這是維護勞工權益的新舉措，用意值得支持，成效有待檢驗。然而商界在心不甘情不願的情況下支持政府這一決策，是萬般無奈，還是另有玄機？為何不顧光鮮形象，做「拔一毛而利天下，不為也」的生動寫照？其中的迷思已是城中熱話。勞資關係為何有不可磨合的對立？在增訂本中也收錄了一篇長文，嘗試與讀者一起將迷思揭破！

在社會各方面的需求下，決定增訂出版，謹此呈上，敬請指正！

原序

2023 年 12 月

2021 年初的香港，香港已經經歷了一年多的黑暴衝擊，黑色恐怖猶有餘悸，社會撕裂、人心惶惶。《港區國安法》頒佈實施，讓混沌不堪的香港進入沉澱期，反中亂港份子四處逃竄，打砸搶燒殺偃旗息鼓，但更漫長和複雜的鬥爭仍然繼續。期待新時代的來臨，呼喚制度變革，愛國愛港力量必須堅定意志，拿出更大的魄力和勇氣、智慧和擔當。適值工聯會第 38 屆會員代表大會勝利召開，以「新時代工運」為香港愛國工運事業樹幡明志，及時有力發揮凝聚工友會員和穩定社會的作用；以「共建共榮，共享共贏」新理念，向社會各界發出呼籲，團結求變，捍衛「一國兩制」，建設和諧社會。

「新時代工運」是一個宣言，是愛國者治港原則下，香港愛國工運事業的發展方向和行動綱領。也是「一國兩制」新發展階段，愛國工運的有力推進和開創。本書是過往比較重要的文章選篇結集，便於讀者更加系統和完整地理解「新工運」論述，從而凝聚更廣泛的力量，讓工運力量不斷發展壯大。

從「由亂及治」到「由治及興」，「新時代工運」在發展過程中持續發揮作用，與時俱進回應新時代課題。「新工運」的任務也由第一階段：抗暴制亂，撥亂反正，轉入第二階段：善治達興。在新征程上要發揮更大的作用，帶領廣大勞動者投身香港新發展新建設，創造更大價值。同時，「新時代工運」也要抓緊歷史機遇，深刻領悟「愛國者治港」真諦，以新思維新格局，開創新形態，勇擔新使命；團結全社會以主人翁姿態，推動香港高質量發展，為建設中國式現代化強國，中華民族偉大復興貢獻力量！

「新時代工運」正吹響新的號角，改革永遠在路上，「建設」常與愛國工運同在。謹以此書向工聯會 75 年愛國愛港光輝歷史致敬！以蓬勃向上的新時代工運事業，獻禮中華人民共和國成立 75 周年！

一、「新時代工運」論述

認清變局，堅守愛國愛港立場；把準方向，勇當新時代工運先鋒——工聯會新時代工運理念論述

2021 年 1 月 31 日

一個全新的香港正在蛻變，「一國兩制」的偉大實踐邁進了新里程。我們每一個人在這場偉大的變革中都有角色，都要找準方向，找到自己的位置，貢獻力量！

「國安法」下反思求變，團結力量再出發

誠然，顏色革命、新冠肆虐，帶給香港前所為未有的挑戰與艱難。隨之而來，是深刻入骨的反思與求變。此刻，香港正處於撥亂反正，由亂轉治的陣痛之中，進入了後「港區國安法」時代，接著必然迎來一個更加穩定繁榮全新的香港。這個全新的香港需要我們去建設，也值得我們為之奮鬥。等待我們解決的問題，絕對不只是黑暴和疫情；為了徹底解決社會深層次矛盾，為了打破資本壟斷的發展僵局，為了改變社會財富分配不公不義的扭曲，我們要團結一切可以團結的力量，攜手並肩，發展經濟，改善民生，更好融入國家發展大局，重建一個真正屬於我們的香港！

我們是誰？我們是為百業生產服務的勞動者，我們是社會發展進步的建設者，我們是資本累積、壟斷過程中的被壓榨者，我們是不再沉默、敢於維權的發聲者，我們是勇於和「顏色革命」對抗的鬥爭者。同時，我們也是「一國兩制」偉大事業的實踐者。有見及此，工聯會發出最廣泛的呼籲：社會需要變革！香港需要重新出發！

或許過去您未能感受到個人力量的強大，那正正說明我們還不夠團結；或許過去您未感受到使命之重大，那正正說明我們愛國愛港之情從未如此深沉。我們需要團結一心，對抗資本無序擴張，改革資本主義社會結構中的種種弊端；我們要勇擔使命，為香港長期繁榮穩定，為中華民族偉大復興貢獻力量。這是我們的訴求，是工聯會的使命擔當。

香港踐行「一國兩制」23 載有餘，對於何謂「特別行政區」有著深刻而生動的體會與感悟。「一國兩制」偉大構想是為了回歸後，保持港人原來生活方式不變，但這並不等於特區政府就要照單全收殖民統治的管治方式，政府更不可以放任資本橫行、利益固化而故步自封。工聯會主張，特區政府有責任擔當社會發展的主導者，改革創新的推動者，落實與「一國兩制」相適應的香港特色治理體制。

金融海嘯沒有擊垮香港經濟，顏色革命未能動搖特區政權，香港一路風雨兼程，仍能保持繁榮穩定，除了自身努力之外，離不開偉大祖國這個強大的後盾；中央對香港的全面管治權與特區高度自治權有機結合，正是香港自由發揮的基

礎與保障。工聯會始終認為「愛國愛港者治港，反中亂港者出局」，才能確保中央全面管治權；才能確保「一國兩制」行穩致遠，社會和諧，經濟繁榮；才能徹底解決香港深層次矛盾。

工聯會是最堅定真誠的愛國愛港力量主力軍，以「愛國、團結、權益、福利、參與」為工運方針，具有最廣泛堅實的群眾基礎；工聯支持以行政長官為核心的行政主導體制，支持擁護建立健全「愛國者治港」制度，確保「一國兩制」不走樣不變形。並且以「支持、合作、批評、監督」處理和政府的關係，有覺悟有能力團結社會各界，與特區政府一道推動實現在司法、行政、媒體、教育等方面的改革，打造一支忠誠高效有擔當的公務員隊伍。為保持香港長期繁榮穩定，為準確貫徹落實「一國兩制」基本國策保駕護航。

捍衛勞工權益，維護勞動尊嚴，扭轉就業生態

工聯會參政為民，為政以正，是源自對政權建設、經濟模式與民生發展，三者內在邏輯的深刻認知。一言以蔽之，掌握主動權，才有能動性。所以工聯會以主動為市民工友發聲、捍衛權益與尊嚴為己任，與民同在，是打工仔的代言人！壯大隊伍是為了凝聚力量，強大力量是為了維護合法權益，以及更有力的支持、監督政府依法有效施政，執政為民。

站在抉擇方向的十字路口，特區政府有必要審時度勢，對於「一國兩制」進入新的歷史階段作出準確判斷。「大市場、小政府」的舊觀念正在阻礙香港發展。「重資本，輕勞工」也顯然與「以民為本」的執政理念相悖離。當社會發展被資本壟斷，面對資本無序擴張，政府不作為就相當於助長不公義，這樣的社會體制終將被人類拋棄。工聯會希望政府勾畫藍圖，建設一個「人人有機會」的智慧型社會。

回歸以來，政府在勞工政策改革方面乏善可陳，這是親資本思想所致。在資本主義社會，要求改善勞工權益是天方夜譚嗎？人民賦予政府的權力，可用來傷害人民的利益嗎？「一國兩制」下的香港並不允許簡單照搬西方資本主義制度，中央政府管轄下的特區政府，有責任履行人民政府的職責與義務，理應切實維護勞工權益，改革勞工相關法律及制度，當中包括：（1）修訂《僱傭條例》、（2）取消政府外判制度、（3）完善強積金計劃、（4）設立綜合全民退休保障、（5）加快落實兩假合一、（6）制訂標準工時、（7）改革《職工會條例》、（8）建立失業援助制度及（9）制訂長遠的就業導向與人力資源發展規劃。以上正是工聯會在勞工方面長期堅持的九大主張，以期扭轉目前的就業生態。

團結正義力量，對抗資本壟斷，共享發展成果

近年來，資本主義自由市場因缺少宏觀把控而滋生的種種弊端暴露無遺。當一切問題歸結為利益，任何關係也都被簡化為對立。香港深受其害！重新審視香港在司法、教育、媒體、房屋、土地政策，甚至政府管治中所存在的問題，不難發現萬惡同源，根本問題出在利益操控。那麼，若我們仍然在固有的資本框架內尋求解決方案，注定徒勞無功。所以我們要求政府建立機制，有效遏制、防範資本壟斷，改變財富分配不均。工聯會倡議聯合群眾，團結勞工界最大力量，共同抗衡資本財團，以正義能量與政府同行！我們要相信只要團結在一起，就能發出社會變革的最強音；只有團結成為不可忽視的力量，才能打破不對稱的勞資關係，才能化解包括土地房屋在內的深層次矛盾。我們要讓執政者認清，勞動者共享社會發展成果是天經地義！

為灣區注入活力，為祖國貢獻青春

具有衝破制度限制，打破制度壁壘的各種可能性，正是「一國兩制」賦予香港的制度優勢。工聯會認為政府未能突破思想惰性與思維定勢，我們鼓勵政府靈活應變，激發活力，充分發揮自身優勢，為香港青年在粵港澳大灣區建設中，謀劃更為廣闊高質的發展空間，同時為大灣區注入香港青年的熱血與激情。以工聯會內地諮詢服務中心多年來在灣區服務港人的豐富經驗所見，機遇與需求並存，灣區共融互通是大勢所趨，也是歷史的必然。工聯會定會扎根香港，建設灣區，輻射全國，一如既往積極支持與協助香港在灣區建設中擔當好重要引擎角色，在國家發展大局中有所貢獻亦有所收穫！

「新時代工運」為香港福祉而戰，工聯會願與各界並肩同行

勞動者是新時代偉大的締造者，是最具智慧與力量的社會持份者！勞動者有訴求和自覺，命運不能寄託於資本家！社會需要變革，不能指望既得利益者代勞！我們受夠了假手於人！我們受夠了被動接受！工聯會呼籲每一個立志建設香港的人，將我們的政治能量團結起來，用自身力量維護共同利益！過往無數經歷告訴我們，唯有從制度上進行翻天覆地的改革與重建，唯有將整體從制度桎梏中脫離出來，才能獲得個人自由、權益與尊嚴。我們為香港整體福祉而戰，成就香港就是成就自己。

工聯會願與各界團結一致，並肩作戰，為民發聲，勇於擔當，重建公義社會；工聯會高舉愛國愛港偉大旗幟，不忘初心，牢記使命。工聯會相信，百年變局之中，更要認清形勢，把準方向，堅定立場。「新時代工運」因應生產關係的性質而與時俱進，結合「一國兩制」不走樣不變形基本國策，和「愛國者治港」原則，保持香港長期繁榮穩定，與祖國同心同德，為實現中華民族偉大復興奮勇向前！

香港的變與不變都不能反動
—— 論新時代工運之一

2021 年 2 月 4 日

本周一在北京舉行的「完善『一國兩制』體系，落實『愛國者治港』根本原則專題研討會」上，全國政協副主席、國務院港澳事務辦公室主任夏寶龍發表重要講話，中央對香港政改有了明確方向，自然涉及到香港的變與不變。《基本法》第五條列明：「香港特別行政區不實行社會主義制度和政策，保持原有的資本主義制度和生活方式，五十年不變。」這是我們一直理解的「五十年不變」。這個「承諾」包括兩部分，一是資本主義，一是生活方式不變。

說到資本主義，國家並沒有打算讓香港變成社會主義社會，因此產生「一國兩制」的構想，「一國兩制」是為了求同存異，而不是製造矛盾。即便是在經歷了一場失敗的政變之後，中央也無意改變對這一方針，只是通過完善制度、落實原則來解決「一國兩制」實踐過程中出現的問題。資本主義有程度之分，極端資本主義社會，又或是裙帶資本主義，都不是理想的資本主義形態。早在 2014 年，英國《經濟學人》便發表了裙帶資本主義指數，香港位列所有地區的榜首，大部分財富都由大財團壟斷，而大部分新增財富都由大財團佔有。我們談到資本主義的好處，主要建基於自由放任下的逐利行為對社會生產力有激勵和促進作用。然而，現在我們所見到的香港，是大財團透過其固有的資本優勢「吃老本」，以剝削勞工而非促進生產力來維持其經濟利益和地位，高地價、高租金窒礙了所有行業的發展，導致香港經濟無法轉型，產業無法升級。如何改革香港的資本主義

文章首發表於大公文匯網。

制度，讓社會重新回到能促進生產的資本主義形態，這是不變之中需要變的部分。

我認為維持某種制度不變並非「五十年不變」的宗旨，民生福祉、生活幸福才是「五十年不變」的意義。香港要發展成為一個兼顧民生、經濟、公平的資本主義社會，就要避免走向極端資本主義，需要制衡和約束資本壟斷形成霸權。作為既得利益者，對於改革自然是抵制的，於是累積下來的民生問題、深層次矛盾就成了「灰犀牛」，暗藏著龐大的反動性，是極具顛覆能力的社會不穩定因素。壟斷集團為了轉移矛盾，常用的障眼法就是暗中勾結反對派，製造政治麻煩，和中央較勁，以維持資本壟斷。反對派只是表皮，大財團才是核心，2019 年這場暴亂就是血淋淋的例子。

改變香港現狀，唯有依靠強而有力、能擔當、肯作為的政府，以行動來改變現狀。面對實力懸殊的大財團和小市民，政府如何自處？是否願意以官民協作代替官民對立？如何避免那些帶有嚴重偏見的媒體或資本代理人的片面之詞，掩蓋民間真實的聲音？肯不肯讓民間在政策上有更多參與？不是表態上的參與，而是真正動手的參與，讓民間分工，成為政策落實的一部分。政府要有培養愛國愛港民間領袖的格局，持續推動公共資源向基層延伸，讓民眾得以有效組織和動員起來。事實上，國家主席習近平在去年 10 月深圳改革開放 40 周年的講話中，對深圳提出的要求，同樣也適用於香港。

「生活過得好不好，人民群眾最有發言權。要從人民群眾普遍關注、反映強烈、反覆出現的問題出發，拿出更多改革創新舉措，把就業、教育、醫療、社保、住房、養老、食品安全、生態環境、社會治安等問題一個一個解決好，努力讓人民群眾的獲得感成色更足、幸福感更可持續、安全感更有保障。要尊重人民群眾首創精神，不斷從人民群眾中汲取經濟特區發展的創新創造活力。要把提高發展平衡性放在重要位置，不斷推動公共資源向基層延伸，構建優質均衡的公共服務體系，建成全覆蓋可持續的社會保障體系。」

另一方面，以往很多人把政制焦點單純放在三場選舉上，即特首及選委會選舉、立法會選舉及區議會選舉。實際上，更多實權落了在港英回歸前刻意留下的諮詢架構，以及各個獨立機構、法定組織或專業團體手上，正是它們直接影響日常運作和接觸市民。最新近的例子有大律師公會，它在其專業領域上有著接近於官方的公權力，但卻能不受任何約束。這類組織本身，也容易成為藏污納垢的獨立王國。如何讓實質管治權重新牢固地回歸到愛國愛港愛民人士的手上，避免反中亂港者獨攬大權為既得利益或外部勢力服務，阻礙香港的發展步伐，是政府急切需要落實的改革。政黨或從政者應更多把心力和資源放在政策研究、有效議政、有效參政和吸納民意上，協助政府優化政策，讓施政更為貼地。就工聯會來說，便是要讓勞工的聲音和訴求，以及對各行各業發展的觀察和期望，成為相關決策時必須考慮的因素。新時代的工運，既要在勞工權益上為工人發聲，治好大財團和大資本家的制度性剝削「頑疾」，也要思考如何讓各行各業得以升級、創新和創造，為社會作出更大的貢獻。

至於生活方式方面，不可能有「絕對」上不變，正如過去鑽木取火，今天仍舊鑽木取火，便是落後。「保持原有的生活方式」，並非像生態保育般要維持香港絕對的「原生態」面貌，而是中央對「香港原有生活方式」所包含理念的理解和尊重，是對香港人生活本質的一項最本質的保證。例如我們回歸前經常談到的「馬照跑」、「舞照跳」，到今天依然。賽馬本質不變，但今天香港賽馬比回歸前舉辦更多的國際一級賽事，參賽馬匹蜚聲國際，國際評分能在全球十強佔一席位。香港賽馬會也在 2018 年建成了從化馬場，特別設計的運馬車往來沙田和從化，兩年營運往返馬匹超過 7,500 匹次。這就是最實在的例子，說明香港在「一國兩制」下的「原有的生活方式」，與香港作為大灣區一份子的機遇，兩者非但沒有衝突，甚至可以達致相得益彰的有機結合。

最近，廣東省開展了《廣東省國土空間規劃（2020–2035 年）》公眾諮詢，提出「攜手港澳共建國際一流灣區，強化廣深『雙城』聯動的核心引擎功能，促進香港—深圳、廣州—佛山、澳門—珠海強強聯合，支撐形成組團式、多中心、網絡化的空間格局」，「以超大特大城市以及輻射帶動功能強的大城市為中心，以一小時通勤圈為基本範圍，建設廣州都市圈、深圳都市圈、珠江口西岸都市圈、汕潮揭都市圈、湛茂都市圈等五個現代化都市圈」，「廣州、深圳、香港、澳門這四個城市是粵港澳大灣區規劃綱要中的主核心，而汕頭、汕尾、佛山、珠海等城市是規劃磁浮線路的必經城市」。在新時代下，香港的短中長期規劃，需要更多這種「空間格局」的思維。這並非要改變原有的生活方式，而是要讓原有生活方式與時並進，因應時代需要升級，讓香港保持在相對先進文明城市水準的必要部署。

時代在變，世界在變，香港自然隨之改變，工運也進入了新時代，但「一國兩制」不會變，香港是中國的香港不能變。香港的變與不變都得辯證地看，變與不變都不能反動，反動就是對該變和不該變的背叛！

人人有機會的智慧社會
—— 論新時代工運之二

2021 年 3 月 3 日

世界經濟論壇發佈的《2020 年未來工作趨勢報告》指出，數字化和自動化將帶來更多新的就業機會。伴隨自動化等新技術的使用，但凡簡單重複勞動等低技術崗位最容易被取代，預計未來五年，全球受影響的崗位將會達到 8,500 萬個，而因此創造出的崗位則有 9,700 萬個。兩組數據之間，正是政府需要主動作為的施政空間，而政府的施政理念將會決定社會走向。就業既是民生問題，也是經濟問題，更是工運問題。

向智慧經濟轉型　保持灣區核心引擎動力

香港作為國際金融中心，人均 GDP 世界排名始終在前列，同時堅尼系數也長期高過 0.4 的警戒線，屬於全世界財富最集中的地區。長期以來，香港過於依賴四大產業，發展不均衡，造成產業單一、市場抗壓能力弱。香港是全球最自由的經濟體，也是全球服務業主導程度最高的經濟體之一。報告顯示，2019 年香港服務業佔 GDP 的 93.4%。根據政府統計處數據，香港 2019 至 2020 年首三季度，輸出服務貿易增長 -40.4%。這反映出 2019 年反修例暴亂和 2020 年新冠疫情打擊經濟同時，也凸顯香港這種高度開放、單一型經濟結構存在的風險。香港的四個傳統主要產業，包括金融服務、旅遊、貿易及物流和專業及工商業支援服務，合共增加價值佔本地 GDP 一半以上。輸出類服務行業也集中在這幾項。此外，以 2018 年為例，香港服務業主要輸出市場是中國內地，佔 40.4%，其次是美國

文章首發表於大公文匯網。

（14.2%）、英國（8.2%），可見除了產業單一，市場也相對集中。所以，在全球經濟增長放緩，因疫情與內地往來受阻的環境下，失業情況慘重，可以說是必然了。隨著內地不斷深化改革開放，以及網絡科技（互聯網＋）與不同產業的結合應用，包括數字人民幣項目浮出水面，香港在港口運輸、金融服務、專業服務等行業的優勢正在轉弱。加速向科技智能化產業轉型，推動再工業化，創造智慧型經濟，應是香港未來發展方向，也與大灣區發展步調一致，有助於香港擔當好核心引擎之一的角色。

善用 CIM 構建智慧宜居城市

在新時代下，香港要面向國際、保持優勢、融入國家發展大局，便必須要進化為智慧宜居城市，打造智慧社會。事實上特區政府一向重視創新科技的研發，更在 2017 年公佈《香港智慧城市藍圖》，致力於將科技融入民生服務、城市治理。說到智慧宜居城市，不必捨近求遠。可以參考有「千年大計，國家大事，科技之城，綠色之城，數位化城市」之稱的河北省雄安新區。雄安新區的工程進展順利，預計在今年 6 月開始，作為雄安新區起步區的容東片區將有居民入住。雄安新區規建局副局長劉利鋒對雄安新區有這樣的解說：「傳統的智慧城市往往更多關注建築、交通、水務、園林等某一行業或領域的智慧化，而雄安是基於 CIM（城市信息模型）的全城智慧化，在此平台上可以把城市各專業數據進行集成，從而達到規劃一張圖、建設監管一張網、城市治理一盤棋的新格局。」城市信息模型整合了三維地理信息模型、大數據、雲計算、物聯網等技術，構建另一實時數字城市。城市信息模型掌握了城市每部分的大數據，實時處理城市治理問題，達到城市善治的目標。例如 CIM 實時掌握水管狀況，當某水管出現相當耗損和破裂之前，監控系統便會發出指示，調動物資，讓水管維修團隊在水管破裂前率先維修，無須等到水管破裂時才做應急處理。又例如衛生黑點問題，智慧化的治理，是在黑點形成前便掌握了相關衛生數據，安排衛生團隊（如清潔機械人）提前處理，避免垃圾囤積和蚊蟲鼠患的出現。在新時代下的智慧城市，很多舊有的市政問題將會實時地及時解決。現時香港經常出現的鼠患蚊患，都將不復存在。然而，智慧城市的建設無可避免出現淘汰，也因為既得利益者的阻礙而難以推進。這也是為甚麼構建智慧城市一定要由政府主導。

經濟發展歸根「以人為本」

除了智慧城市，智慧經濟也是智慧社會的重要標誌。智慧型經濟是指集科技、信息、知識、環境、文化、倫理、道德於一體的戰略性、創新型經濟。強調經濟發展應回歸「以人為本」的發展方式和發展追求。在能源、資源、信息、技術等生產要素的協同作用中，更要強調管理者的重要性和主動性，以實現經濟協調發展。這一點與香港一貫秉承的「大市場、小政府」政策，存在本質上的區別。以住房問題為例，房屋的根本價值在於供人居住，然而成為商品投放於自由市場之後，就成為了炒賣工具，加深貧富差距，導致跨代貧窮，積壓社會深層次矛盾。2 月份政府公佈新的賣地計劃，預計全年興建 13,020 個私人住宅單位，略高於目標的 12,900 個單位。不少分析都認為，短期住宅供應不會大增，對樓價有支持。事實上，決定樓價的主要因素，不只在於賣地多少，住宅供應多少，更在於合理化市場規管。香港是寡頭壟斷市場，加上財富嚴重不均，炒賣之風盛行。對富人來說，持有大量物業的目的，是作為投資、放租或資本增值；窮人買不起樓，租金無管制，但求有瓦遮頭，便只能被嚴重剝削。過去十年，房屋價格升了約三倍，而租金升了約兩倍。「富人更富，窮人更窮」，可見政府的「辣招」用錯了對象。

施政不可短視趨利　智慧社會必須政府主導

回顧過往政府《施政報告》、《財政預算案》，政策上更偏重短期經濟效益，輕視長遠期規劃，發展欠缺可持續性。事實上，這也是西方民主選舉制度的弊端所在，政府缺少一以貫之的施政邏輯和延續。以「培育本地人才」政策作分析，政府在人力資源管理方面缺乏系統性，一方面，無法滿足新興行業發展所需；另一方面，應對科技日新月異，除了培養新型人才，如何協助傳統崗位人員在新興行業中找到位置、發揮作用，同樣重要。產業變革必然催生新的就業機會，而政府有責任讓任何一個有勞動能力和意願的人在新時代的工業革命中不掉隊。歐洲智庫布魯蓋爾研究所近期的一份研究報告認為，不管自動化和人工智能技術多麼先進，高素質人才依然急缺，歐盟預計，96% 的人經過充分培訓可以找到類似的或者更好的工作。在自動化浪潮下，勞工市場面臨的挑戰將是勞動者必須適應新的崗位要求，而政府是否有意識的加大培訓，因應產業發展，宏觀把控，進行人才引流，以實現產業、行業、就業互動互利，這就是智慧經濟的價值和意義。智慧經濟催生智慧人才，而管理者的積極介入也成為社會良性發展的必要因素，最終實現人人有機會，共享發展成果，這也就是「智慧社會」的初心。

革新思維和定位　施政為民不做資本跟班

建設一個人人有機會、各盡所能的智慧社會，不僅僅是將城市硬件設施更新迭代，提高科技含量，也不止於應用軟件網絡化、數據化。更多是一種執政邏輯和發展觀念中蘊含的「人性化」。如果不是以「人人有機會」為規劃方向，再一次的經濟轉型，也只不過是資本家之間的遊戲，只會惡化資本壟斷，社會發展斷層、撕裂，難以避免。工聯會和所有打工仔持份者就是要團結力量，推動、督促政府作這方面努力！最新出爐的 2021 年《福布斯》香港富豪榜，一如既往仍是地產商天下，唯一從事科研的楊建文（負責生產手機屏幕的伯恩光學創辦人）由原來的第十位升至第四位。李嘉誠重登榜首，財富增長 20%，主要受惠於網絡會議軟件 Zoom。在疫情下，Zoom 的生意絡繹不絕，學校授課、商務開會、立法會會議，全都要用到。但普羅市民呢？朝不保夕，彈盡糧絕，甚至負債累累。就算是政府為失業人士設計的「愛・增值」計劃，也是用 Zoom 來完成津貼課程。在經濟收縮、失業嚴重的當下，全港首 50 名富豪的財富仍增長 7.5%，這種資本自由主義的「人吃人」實在諷刺、荒唐！而政府作為「第三方」，到底是做資本財團的影子、跟班，還是勞苦大眾的父母官？香港要成為智慧社會，硬件要更新，政府施政思維和自我定位更要革新，同時也意味著新工運急需開展。

智慧社會「人人有機會」 打工仔共享發展成果

「新時代工運」不僅維護勞工權益，更要捍衛勞動尊嚴，將命運把握在打工仔自己手中。我們作為愛國愛港一份子，要齊心協力建設香港，維護社會穩定，保持良好經濟環境，但這並不等於甘為沉默的受剝削者。我們要求高品質的就業環境，高質素的崗位，勞動者能夠在社會發展中找到歸屬感、獲得感和榮譽感；不分階層、不論男女老少，都能共享發展果實。將個人發展投入社會發展，令個人發展同步社會發展；一份普通的工作，也是一份事業，成就一個理想。所以，我們要凝聚力量，發出新時代打工仔的最強音。只有團結在一起，才能成為不可忽視的群體；只有團結在一起，才能與資本財團抗衡；只有團結在一起，才能有力督促政府有效施政；只有團結在一起，才能在成就集體的同時，成就自我！我們希望「新時代工運」大潮中，每一個打工仔都能主宰命運，實現理想。

安得廣廈千萬間！
——論新時代工運之三

2021 年 3 月 24 日

凡是進行地產分割的地方，就只能或者回到更加醜惡的形態的壟斷，或者否定（揚棄）地產分割本身。但這不是回到封建的土地佔有制，而是消滅整個土地私有制。

——馬克思，《1844 年經濟學哲學手稿》

房屋問題一直是香港的頑疾，是打工仔的沉重負擔，影響數十萬打工仔的基本生活生計。「新時代工運」對此也要尋求破解之策。2020 年政府《施政報告》提出要將香港打造成智慧型宜居城市。說到「宜居」，前提是安居樂業，有可負擔的房屋和穩定的工作。如若無法解決打工仔和基層房屋困境，智慧型宜居城市也不過是少數人的愜意，更加劇貧富差距。房屋問題向來是歷任特首施政焦點，其中有一位七年任期，完全放棄開拓公營房屋土地儲備，累積公屋輪候冊 28 萬宗申請、全港劏房戶 21 萬人，無疑助長「地產霸權」，影響惡劣為害深遠。想到他競選口號「我會做好呢份工」，不禁要問，這位前特首是在為誰打工？

入息增長難追居住成本飆升　跨代貧窮累積深層次矛盾

「陶盡門前土，屋上無片瓦。」房價高企，多少基層打工仔辛苦一世，供不起一層樓。2020 年香港房價是入息中位數的 20.7 倍。一個普通家庭累積超過 20 年以上的純收入才有可能買到一套住房，香港在美國城市規

文章首發表於大公文匯網。

劃諮詢機構 Demographia 歷年《全球房價負擔能力調查》報告中，連續 11 年居於榜首。2011 年香港房價的入息中位數倍數為 11.4，已是報告有史以來最難負擔地區。過去十年，除了 2016 年稍有回落以外，數字持續領先。美國《2020 全球生活報告》顯示，香港平均樓價 125.4 萬美元，全球第一。根據 2019 年 5 月 26 日的中原城市領先指數（CCL）數據顯示，香港房價攀上歷史新高，指數達到 189.42。相較十年前增長至三倍。而經歷了一場黑暴，指數在疫情持續一年多，失業率 7% 左右，仍是 17 年來的新高。大企業紛紛裁員，中小商戶相繼倒閉的情況下，房價仍然表現「穩健」，最新 CCL 數據為 178.89。

租金增長遠超收入，市民居住負擔沉重。過去十年，房屋租金增長兩倍，香港整體工資率年均實質增長 1.5%。2011 年第三季的實質平均薪金指數是 108.7，到 2020 年第三季為 126.7，上升只有約 17%，反映居住負擔越來越沉重，薪水和房價、租金距離越來越遠！

公共房屋供應不足，未能解市民困局，輪候時間不斷延長。租金高企，基層市民難以租用合理的居住空間，人均居住面積只有 15.8 平方米，遠低於上海的 24.2 平方米、新加坡的 25.1 平方米、深圳的 27.9 平方米。基層住戶租劏房，夾心階層高價租私樓，不同階層都為負擔高樓價而大大降低生活質素。高房價和高租金造成的跨代貧窮，更是長久累積的社會深層次矛盾，不利於健康發展。即便政府將公私營房屋供應比例調整為 7:3，土地儲備和熟地不足，房屋興建不足，比例如何也成為空談。

規劃欠佳　諸多藉口阻礙住宅土地開發

我們也要問，香港真的有土地不足的問題嗎？深圳土地面積 2,050 平方公里，人口 1,259 萬（比例為人均 163 平方米）；而香港土地面積 1,106 平方公里，人口 745.1 萬（比例為人均 148 平方米）。深圳的人均土地面積只是稍高於香港，但人均居住面積卻多香港 75%。香港不是土地不足，而是住宅土地開發不足！單說 1976 年制訂的《郊野公園條例》，郊野公園面積便佔了香港的四成土地面積，而當中 75% 的郊野公園屬於受保護用地。香港如此大規模、大比例的郊野公園土地，全球實屬罕見，有多少是真有保育價值，有多少只是地產商打手為高地價政策服務而渲染出來的「假保育」？人類文明發展以來所開發的土地，本來就有其他生物存在，是否都不能碰？有珍貴瀕危動植物的地方當然不能碰，但總不會佔到香港四成土地。事實上，只要當中能找到 10% 生態價值低的土地用來興建房屋，人均居住面積便可以翻一倍，香港市民面對的居住問題便可大大解決。截至 2017 年 12 月 31 日，法定圖則上劃為「綠化地帶」的用地總面積約為 163.42 平方公里（2013 年為 152.73 平方公里），加以開發完全足夠應付住宅用地需求。

現時香港用於私人住宅土地只有 26 平方公里，而用於公屋用地的則有 17 平方公里，低密度的鄉郊居所竟佔去 35 平方公里。要讓香港普遍市民的居住面積增加一倍，不過就是多找 43 平方公里（私人住宅用地＋公屋用地）的土地，佔整體土地也只是 3.8%！但諷刺地，作為全球最發達城市的香港，農地竟也有 50 平方公里，佔整體土地 4.5%。地產霸權打手和文宣用盡各種藉口、名堂阻止住宅土地開發，每塊土地都總能找到一個冠冕堂皇的理由「不能起樓」。現在有些人又說農地不能動了，因為要搞本地農業和糧食「自給自足」。說穿了，這不過就是為地產霸權壓抑住宅供應的手段，以讓他們繼續吸血而已。

最弔詭的是，在 1997 年 4 月 3 日立法會秘書處的一份報告中，當時的住宅用地為 43 平方公里，公屋用地為 14 平方公里，而空置發展區（報告指明是可供發展住宅）也有 43 平方公里。究竟出了甚麼問題，讓原先香港市民應擁有的 86 平方公里住宅土地，變成現在的 26 平方公里？1996 年已發展土地佔整體土地 16%（175 平方公里），現在則佔 24.9%（275 平方公里），開發多了的 100 平方公里土地，都去了哪裏？住宅用地嚴重不足的原因，真的是地少，還是土地規劃出現問題？

地產霸權助長裙帶資本主義　窒礙社會發展

住宅土地供應不足，一地難求，價高者得，結果成了樓價指標，最終極為有限的「可用土地」悉數成為個別地產商的囊中物，裙帶資本主義成為了香港主流經濟結構；香港富豪的勵志故事，政府顯然是不可或缺的導演。根據《基本法》第 1 章第 7 條規定，香港特別行政區境內的土地和自然資源屬於國家所有，由香港特別行政區政府負責管理、使用、開發、出租或批給個人、法人或團體使用或開發，其收入全歸香港特別行政區政府支配。所以說香港土地所謂的擁有權或者產權其根本只是使用權，政府接受中央賦權，代為管理。那麼我們可否將政府視為香港土地的地主？作為地主，將土地的使用、開發、收益，放手放權給地產商，由地產商完全根據其本身的利益進行市場化操作，導致土地產值為極少數人佔有，未能用於推動社會均衡發展，實現全民共享，政府作為向中央負責的「地主」，實在有失職之嫌！

雜誌《經濟學人》認為「建立在尋租基礎上的資本主義不僅不公平，而且有害長期經濟成長」。裙帶資本主義正是如此，香港的裙帶資本主義指數遠高於其他國家和地區，財富高度集中。近年來經濟發展遇到瓶頸、科技創新產業乏力，包括房屋問題嚴重影響香港民生發展，影響香港人的幸福指數，究其根源無不是因為資本壟斷，香港發展的命脈被地產商、財團把控。面對資本無限擴張，社會缺少制衡的力量，加之地產商支配下的媒體配合，對於積怨已久的房屋問題，根本原因反被掩蓋，只調整印花稅是捨本逐末。「巧婦難為無米之炊」，政府需要考慮如何讓更多土地用於興建住宅，讓市民能負擔得起且居住面積合理的居所。

「填海造地」由來已久　回歸前急下「禁令」事有蹊蹺

填海造地本來就是港英時期常做的，屯門、荃灣、沙田、將軍澳等「新市鎮」，都是填海而來。就在回歸前夕，港英為配合赤鱲角新機場發展，大量推出填海工程計劃。最後，「民主派」陸恭蕙以私人草案形式提出《保護海港條例》，並於 1997 年 6 月臨回歸前最後一次立法局會議，以大比數通過條例，訂明「海港須作為香港人的特別公有資產和天然財產而受到保護和保存，而為此目的，現設定一個不准許進行海港填海工程的推定」。

後來在 1999 年修例，列明不適用於條例生效前已獲授權的項目，但卻把保護範圍大幅增加，由中央海港（範圍由上環至北角）擴展至整個維港（變為荃灣青衣至鯉魚門）。2003 年，陸恭蕙的保護海港協會司法覆核中環灣仔繞道工程，最後法庭判城規會敗訴，要求填海計劃符合三個測試條件才能填海。到 2005 年，終審法院以填海工程符合公眾利益，容許有關項目的港島北岸填海工程。基於法庭判決，規劃署在 2004 年重新以「不填海」原則規劃啟德發展計劃。及後政府覓地，也避免在維港範圍進行填海工程，可創造的土地大幅減少。可見有關修例為害的不只是土地開發和房屋發展，更影響香港基礎建設和整體規劃，其禍害既深且廣。這樣大範圍的不准許填海，是為公眾利益而設，還是為貨櫃碼頭和地產商的利益而設？

規管閒置土地　釋放現有土地開發空間

不過，填海是相對長遠，中短期可做的，首先應是合理利用現有土地中大片的閒置用地。對於若干年前，以低價收購土地的地產商而言，開發成本高過閒置成本，閒置效益高於開發效益，閒置自然符合資本利益。然而，房屋問題是政府必須重視的民生問題，即便是私樓也不可以脫離房屋供應整體計劃，政府絕不能夠縱容大量囤地的地產商利益至上予取予攜。資本財團作為社會發展的最大既得利益者，只有政府通過強有力的政策限制、規管，才能平衡資本傾斜。「房子是用來住的，不是用來炒的」，地產更不可以成為財富轉移的工具。現時內地在土地規劃和更新上超前佈局，更積極造地、確保土地儲備、超前興建基礎設施和交通配套，規劃施工分段同步，持續提高土地利用效率和質量。始終政府可用的土地儲備越多，才能避免被私營發展商操控樓市，推高樓價。

另一方面，同樣實行「一國兩制」的澳門，早已制訂土地法，規定批給土地 25 年未完成利用，政府便可啟動宣告批地失效收回土地。內地的《土地管理法》禁止閒置耕地，《房地產管理法》規定開發商必須在土地合約訂明的動工開發日期一年內動工開發土地，滿一年未動工可徵收相當於土地使用權出讓金 20% 的土地閒置費；滿兩年未動工，可無償收回土地使用權。故建議政府在土地合約上，必須訂明開發動工期限和銷售期限，逾時可被徵收空置稅甚至收回土地，以防止人為囤地和操控房屋供應。同時，政府也建立機制，懲罰那些長期閒置和囤積土地的地產商，包括限制它們競投新推出的土地。

支持徵收「自然保育稅」 人與自然和諧共處

因應部分環保團體提出土地開發、填海造地等拓展土地的方式不利於香港自然保育，建議在土地合約訂明地產商的生態保育責任，並同時增收「自然保育稅」，用以研究如何平衡土地開發與保育，將自然保護工作自然、有機的融入經濟建設中，鼓勵地產商在土地利用、區域建設中，充分考慮到自然保育工作。

最後是租務問題。現時房屋所有權不均，個別人士擁有多個以至大量物業，而另一些人則沒有物業必須租屋。結果，房東議價能力高，租客議價能力低，年年大幅加租和迫遷問題嚴重，明顯存在市場失效。租金加幅理應不高於住戶收入的升幅，以壓抑租金佔收入的比例。

社會發展是要持續向前、動態平衡的。我們支持政府在發展建設中投入必要資源，維護香港生態環境。但是對社會上一些因噎廢食的觀點，無法認同。政府應有所擔當，以科學、全面、發展、突破的理念平衡香港的土地開發、房屋建設。如若政府真有魄力和決心解決基層房屋問題，更應善用手上權力啟動《收回土地條例》作為釜底抽薪之策。

工聯會「新時代工運」主張政府做好自由市場的平衡者，因應市場變化調整政策，防範資本一味傾斜造成壟斷。多勞多得的定律要建基於公平公義，人人有機會的社會。資本強權之下的多勞多得只是加劇剝削的口號，而政府有責任在管治過程中，將經濟發展成果回饋社會。多年來，香港的土地房屋問題已經因為資本勢力盤根錯節、政府暗中相助，在市民心中積怨成疾。破局並非無門，新工運就是要發動變革的力量，督促政府提高土地儲備，打破資本定律，用地於民！

2021 年 5 月 22 日，工聯會舉辦新時代新工運研討營。

從財富公平分配向「共同富裕」出發
—— 論新時代工運之四

2021 年 8 月 30 日

天之道，損有餘而補不足。人之道，則不然，損不足以奉有餘。孰能有餘以奉天下，唯有道者。

—— 老子，《道德經》

特區政府早前舉辦國家《十四五規劃綱要》宣講會，隨後貿發局舉行高峰論壇等活動，讓各界能更準確把握未來發展方向。正如諸位講者所言，香港未來發展最大的機遇在內地。香港要提升競爭力，打造新優勢，在國家發展大局中尋得自身新的經濟增長點。「十四五」規劃和 2035 年遠景目標綱要中均有篇幅談到香港，路線清晰，目標明確。

客觀來講，中央政府制訂國家發展規劃已到第十四個五年，經驗豐富，切實可行。事實證明只要上下一心，集中精力謀發展，真心實意為人民謀幸福，得到人民的擁護，規劃就能落實，發展遠景就可兌現為眼前美景。而對香港而言，「發展」也不是新課題。當社會各界達成共識，回歸到發展經濟、解決民生問題的正軌上，香港定能成為實現國家第二個百年奮鬥目標的強大驅動助力。

「貧富懸殊」還是「共同富裕」？

隨著《港區國安法》實施及展開執法工作，愛國者治港原則和新選

文章首發表於大公文匯網。

舉制度的落實，香港「一國兩制」實踐進入了新階段，社會恢復穩定，經濟發展重新啟程，如何在新一輪發展中避免貧富差距的擴大，以至收窄貧富差距，政府制訂政策時應更具前瞻性。新時代的發展機遇不應被財閥所壟斷，一個公平公義的社會是機遇共享的社會，各階層都有權利在新機遇中，有所貢獻，有所收穫。然而，貧窮卻總是將基層群體擋在機遇的大門之外。《2019 年香港貧窮情況報告》提到特區政府的扶貧理念，便會發現其思維非常過時。比如說到就業更生，只被動地應對失業，對在職貧窮的幫助明顯不足。在 2019 年，非綜援在職貧窮人口達到 66.4 萬人。他們不是沒有就業，而是就業所獲得的收入不足以應付基本生活。更有甚者，就是工資過低而工作時間過長，導致無法改進技能，只能困在原有的「貧窮模式」。再比如跨代貧窮，更是階層固化的重要原因。為青年人創造向上游的機會，先要幫助新一代脫貧，扶貧要想扶真貧、真扶貧，就不能搞修辭文字遊戲，不應自滿於做過就算，卻不重效果，只扶貧不脫貧的理念是在原地打轉，顯然不符合新發展理念，難以滿足新時代的需求，沒有體現出以人民為中心的施政理念。

扶貧應是整體配套，而非像西方那種以福利保底、基本失敗的傳統思維。政府一方面沒有決心幫助弱勢群體提升在勞動市場的競爭力，一方面任由市場自由壓榨剩餘價值，另一方面又以現金扶貧消磨勞動原動力，長此以往，這種扶貧思路只會弊大於利。而對於同樣有份參與社會建設的在職貧窮人士，他們是現行剝削制度下的受害者，在無法獲得能支持其基本生活和發展的合理工資的同時，卻在政府一大堆標準設定下，被排除在扶貧對象之外。現時香港更多是使用相對貧窮線來制訂扶貧政策，未來需檢討是否需要同時制訂絕對貧窮線，並在絕對貧窮線的基礎上，補貼在職貧窮者的收入，提供真正的脫貧機會，令其有充足資源投資自身發展，脫離原有的貧困生活模式。即便是遵循市場競爭原則，政府也應該發揮平衡作用，在資源分配、收入分配環節促進公平，彰顯公義。

除在職貧窮外，香港的兒童貧窮問題令人憂慮，兒童貧窮又與貧窮家庭相關。兒童貧窮問題是 2020 年十大關注議題之一。根據《2019 年香港貧窮情況報告》，在 2019 年，政策介入前的貧窮兒童達到 25.3 萬人，兒童貧窮率為 24.9%。而在提供恒常現金的政策介入後，貧窮兒童人數減少至 18.1 萬，兒童貧窮率仍達 17.8%，而且這種現金津貼有否真正落實到改善兒童自身的貧窮狀況，難以肯定，顯然這不能視為完善合理的扶貧措施。長者貧窮是另一個重點，根據《2019 年香港貧窮情況報告》，在 2019 年，政策介入後的貧窮長者人口仍達 391,200 人。長者貧窮可以是累積的，比如原先已處於貧窮狀態，到晚年未有扭轉。也有是因為晚年健康轉差，導致醫藥費負擔過重。同時，沒有工作能力，但要承擔高昂租金，致使長者積蓄迅速耗盡，跌入貧困境況。首任特首董建華在任期間便已提出「老有所養、老有所屬、老有所為」，期望讓長者都能安享晚年，目標把長者平均輪候公屋時間縮短至兩年。但諷刺的是，根據房委會數字，在 2021 年 3 月底，長者一人申請者的平均輪候時間為 3.6 年。可以說，這個問題早在回歸之初已知，但到今天不但仍未解決，更有惡化的趨勢。

早前全國政協副主席、港澳辦主任夏寶龍在《港區國安法》實施一周年紀念活動上的講話指出，要「消除影響香港社會政治生態好轉的各種痼疾，衝破制約香港經濟發展和民生改善的各種利益藩籬，有效破解住房、就業、醫療、貧富懸殊等突出問題，不斷提高特別行政區治理能力和水平」。解決香港深層次矛盾，縮短貧富差距是中央交給特區政府，治港愛國者們不可推卸的硬任務！

「財富再分配」要符合「以人民為中心」發展理念

政府在經濟上的角色，不單是推動經濟發展和效率的提高，更重要是發揮財富合理分配功能。明顯地，香港政府在收入再分配的表現未如理想。香港 2016 年除稅及福利轉移前的堅尼系數已達 0.539，除稅及福利轉移後的堅尼系數仍高於 0.4 的警戒線。作為全球最富裕城市之一的香港，竟有超過一百萬人活在貧困當中，實在令人羞愧！疫情到來，科技鴻溝擴大、基層失業問題加劇，相信貧富懸殊問題將會進一步惡化。貧窮問題必須有系統地解決，不容繼續拖沓！

近日，習近平總書記主持的中央財經委員會會議上重點提出「三次分配」、「共同富裕」概念。首先需要明確的是「共同富裕」並不是「同等富裕」，而是在以人民為中心的施政原則下，處理好效率和公平等問題，求得高質量發展中的全民幸福感。「共同富裕」追求的是「做大蛋糕」和「分好蛋糕」，避免的是小部分人吃蛋糕，大部分人「食西北風」，讓人民物質生活和精神生活都能普遍達到雙重富裕。第三次分配被比喻為促進社會公平的「溫柔之手」，是與以市場實現收入分配的第一次分配，和政府通過稅收、福利等措施再分配的第二次分配的同時進行的第三次分配，比如慈善等社會公益事業。其目的是為了縮小貧富差異，推進共同富裕，由全面小康社會走進全面富裕社會。

新增第三級利得稅，政府年收入增加 60 億

說回香港，現時有必要調整財富、資源分配制度，各行業、階層共享社會發展成果，以至共享未來發展機遇。工聯會提出「新時代工運」時也強調「共建共榮，共享共贏」理念。政府應考慮建立相關基金，在原有二級稅制下加設第三級，對超過一億的應評稅利潤徵收 17.5% 的稅率。根據財經事務及庫務局局長許正宇就黃定光議員在 2021 年 5 月 26 日在立法會的提問，應評稅利潤超過一億港元的公司數目（共一千家）僅佔註冊公司總數 0.9%，而這些公司合共貢獻的利得稅則佔 71.8%。粗略估計，新增的第三級利得稅的金額每年約為 60 億，即每家這類公司只額外承擔多 600 萬而已，對它們只算是九牛一毛，但卻能讓貧窮市民獲得更多的支援。

其次是要有完善的策略和時間表，對症下藥。一方面，政府在扶貧上須更多收集和應用大數據，從微觀層面挨家挨戶了解不同貧窮家庭的需要，令政策貼地、落地，精準扶貧。另一方面，扶貧必須訂立指標，定期公佈進度成果和政策檢討。

人所共知，香港的財富分配高度集中在少數富豪手中，長時間、跨領域、全覆蓋式壟斷。據瑞信研究院最新發表的《全球財富報告》，香港百萬富豪集中度高達 8.3%，全球排名第四，財富超過五千萬美元的人士有 2,801 人。《經濟學人》2014 年發表的「裙帶資本主義指數」（Crony-capitalism Index），香港位列世界第一，從事「尋租」活動或與政府有密切關係的富豪，其財富集中度佔本地生產總值接近 60%，第二位俄羅斯僅為 18%。世界財富與收入數據庫在今年 7 月發佈有關香港貧富懸殊的研究報告，發現收入最高 1% 的人的工資總額，高於收入最低 50% 的人，而香港財富集中度位列全球第一，最高財富總額（前 0.001%）全球排名最高。財富集中的問題導致社會不公，累積深層矛盾，也嚴重窒礙產業多元化發展。回歸至今都未有改善，還在持續惡化，證明社會的財富再分配功能嚴重失效。這是治港愛國者不可迴避的問題。

善用「一國兩制」，抵制資本剝削窒礙發展

今年 7 月，習總書記在慶祝中國共產黨成立一百周年大會上發表重要講話，講話指出國家打贏了脫貧攻堅戰，實現全面小康，在實現國家第二個百年目標的新征程上「要推動人的全面發展、全體人民共同富裕取得更為明顯的實質性進展」。夏寶龍副主席在「香港國安法實施一周年回顧與展望」專題研討會上的講話，就人的全面發展，更具體地闡釋為「孩子都能健康快樂成長，學生都能接受良好的教育，青年都有廣闊的就業創業舞台、都能去追逐自己的夢想，長者都能頤養天年，全體市民都享有更加幸福安康的生活」。那麼，香港作為國家不可分割的一部分，難道可以自立

於「全體人民」之外嗎？

香港要逐步形成更普惠公平的社會，讓每個人都能平等地享有向上流動和致富機會。香港作為資本主義社會，一次分配的經濟成果更多被資本家擠佔，缺乏實力的無產勞工階層，唯一依靠就是工資及其增長。然而，多年來香港勞工階層的實質工資增長緩慢，相對四大支柱產業的雙位數增長率，可謂慘不忍睹。政府應主動作為，不應冷漠地推諉給市場。

當經濟命脈集中在少數人手中，政府的平衡作用自然缺少砝碼。制度得益者自然用盡各種方法製造反政府聲音，令政府政令不行，寸步難進，無法處理制度上的嚴重剝削與不公（有跡象顯示財閥支持 2019 年黑暴就是例子）。再分配機制的重建和活化，政府必須有更穩健的收入以推行有效的扶貧政策。適當增加稅收增強政府穩定收入，針對貧窮群體，在教育、再培訓、醫療、房屋等方面，讓恒常配套扶貧脫貧措施得以建立，再分配功能得以有效運作。

內地全面脫貧的成功經驗證明，只有系統性、恒常性的配套措施才能是「扶貧、扶智、扶志」的有效措施，有效的扶貧脫貧是為社會減負，讓人人有機會，也有利於市場健康、可持續的發展。財富公平分配與扶貧脫貧協同思考，由上至下共同努力，以實現「共同富裕」，這本是人類社會文明的應有之義和共同追求，是建設高質量民主社會的物質基礎，也是道德基礎，政府責無旁貸。「新時代工運」更要廣泛團結社會各方力量，主動參與、督促政府更好進行財富分配，達致共同富裕。

新時代工運做甚麼，怎麼做

2021 年 8 月 3 日

隨著新選舉制度落實，香港「一國兩制」事業進入新里程，「愛國者治港」原則對香港管治人才提出新要求，為愛國組織、政團建設指出發展新路向。新時代下愛國工運必須堅決維護國家安全，穩固政權；必須解決香港深層次矛盾，穩定社會；必須樹立港人家國觀念，穩定民心。這是「新時代工運」的歷史使命。我們深刻認識到習近平總書記所指出的「落實中央對香港、澳門特別行政區全面管治權，落實特別行政區維護國家安全的法律制度和執行機制，維護國家主權、安全、發展利益，維護特別行政區社會大局穩定」，這一重要論述，對維護國家整體利益，香港根本利益、長遠發展的重要意義。

工聯會「新時代工運」認同、擁護習近平總書記「兩個落實和兩個維護」的治港理論。自覺擁護中央對港全面管治權；自覺維護落實《港區國安法》的法律制度和執行機制；自覺維護國家主權、安全和發展利益；自覺維護香港社會大局穩定；自覺推進「一國兩制」事業行穩致遠；自覺履行「愛國者治港」責任義務；自覺弘揚愛國愛港精神，引領香港共擔中華民族復興歷史責任，共享國家繁榮富強偉大榮光。

新時代賦予新工運以新任務，為達成我們的使命，新工運必須：（1）堅持愛國愛港政治立場，準確貫徹「一國兩制」方針，「愛國者治港」原則，積極參與特區管治；（2）堅持「愛國、團結、權益、福利、參與」工運方針，維護勞工權益、捍衛勞動尊嚴，完善退休保障；（3）堅持反對資

文章首發表於《巴士的報》，標題：「吳秋北再發文講新時代工運　直指香港有深層次矛盾必須解決才能穩定社會」。

本壟斷，拉近貧富差距，建設「人人有機會」智慧社會；（4）堅持解決住房、就業、醫療等社會深層次矛盾，推動政府施政「以人為本」，實現社會發展成果共享；（5）堅持改革司法、教育、輿論、管治制度，徹底去殖；（6）堅持參政為民，服務市民，為群眾辦實事，踐行「以人民為中心」從政理念；（7）堅持團結各方，顧全大局，維護國家、香港的根本利益、整體利益；（8）堅持學習，不斷提高思想覺悟、政治修養、業務能力，做「愛國者」佼佼者；（9）堅持與反中亂港份子作鬥爭，居安思危，防微杜漸；（10）堅持推動香港融入國家發展大局，積極建設粵港澳大灣區。

以上構成堅持和發展「新時代工運」的基本方針，是工聯會所有參與特區管治、投身工運事業的人員的遵循；是「新時代工運」的基本理論、基本路線、基本方針，工聯人做優秀的「新時代工運」人才、政治人才，專心致志、真心實意地參與香港建設，引領工運事業，在新時代繼續為實踐「一國兩制」、國家富強、民族復興貢獻力量。

2021 年 6 月 3 日，吳秋北向工會代表宣講新工運理念。

開創愛國工運新形態，
鞏固香港由治及興社會基礎
—— 論新時代工運之五

2023 年 11 月 25 日

德惟善政，政在養民。水、火、金、木、土、穀，惟修；正德、利用、厚生、惟和。九功惟敘，九敘惟歌。戒之用休，董之用威，勸之以九歌俾勿壞……

——《尚書・虞書・大禹謨》

工聯會提出「新時代工運」至今，香港愛國工運事業又向前邁進了三個年頭。香港完成了由亂到治到由治及興的轉接，也為新工運帶來新的機遇和挑戰。隨著《港區國安法》頒佈實施，「愛國者治港」原則貫徹落實，以及中央港澳辦的成立，從中央到特區，管治香港架構系統改革基本完成，社會恢復穩定，為經濟發展、改善民生，提供了基礎。「一國兩制」實踐取得重大成果，具里程碑意義。

以習近平思想科學理論指引　推動香港愛國工運高質量發展

世界百年未有之大變局正在深刻演進，國際格局進一步深刻調整，香港是國家對外的重要窗口，「十四五」規劃為香港度身打造八個「中心」定位，這是香港自身發展的歷史機遇，也是貢獻中國式現代化國家建設，實現第二個百年奮鬥目標的使命擔當。要實現這一奮鬥目標，香港必須徹底革新思維，摒除不合時宜的觀念，擁抱新時代，創造新時代。

文章首發表於《巴士的報》。文章連載於《文匯報》，標題：「開創愛國工運新形態　鞏固香港由治及興（上、下）」。

愛國工運是「愛國者治港」的有機組成部分。我們要發揮愛國工運的擔當，除了維護國家主權、安全、發展利益，協助政府提升治理水平、推動經濟民生發展以外，還要樹立大局觀，維護對中央的向心力，確保香港與國家發展同頻共振。這是「愛國者治港」應有之義，是確保「一國兩制」不走樣不變形的必然要求。

愛國工運也是中國工人運動的重要組成部分。習近平總書記曾經指出，我國工人運動的時代主題，是為實現中華民族偉大復興的中國夢而奮鬥。香港愛國工運經歷了百餘年歷史洗禮，反帝反殖，維護勞工權益，始終堅定不移，為民族復興偉大事業，貢獻無產階級工人力量，也是維護「一國兩制」偉大實踐的中流砥柱。如今香港邁入新發展階段，新工運必須帶頭刷新認知，在習近平思想科學理論指引下，開創新時代愛國工運新形態，推動工運事業高質量發展。

反壟斷、去政治尋租　捍衛「一國兩制」不走樣不變形

中共「二十大」報告指出，高質量發展是全面建設社會主義現代化國家的首要任務。2022 年 7 月 1 日，習近平總書記在香港發表重要講話，對特區政府提出「四個必須」和「四點希望」，是未來香港管治的根本遵循和發展目標。「一國兩制」是中國特色社會主義的重要內容，在新發展階段，保持香港長期繁榮穩定也是對高質量發展必然要求。過去，香港一直奉行「大市場、小政府」原則、「積極不干預」政策，在「自由」的美名下，自然而然讓企業理所當然地弱肉強食，資本野蠻擴張。加上外部勢力滲透和反中亂港份子勾結所形成的政治尋租，幾十年累積下來，其中弊端，幾至積重難返。資本高度集中導致衣食住行等經濟命脈被壟斷，形成失去活力的裙帶資本主義，窒礙發展動能，社會民生發展停滯；另一方面，由於政府的「積極不干預」為反中亂港份子讓出了「積極干預」空間，所引發的一切泛政治化的硝煙掩蓋了勞資矛盾，政府施政被騎劫，在勞工維權問

題上，常常置穩定社會力量的愛國工會處於弱勢，讓反對派工會有機可乘，將經濟矛盾激化為政治危機。19 世紀末 20 世紀初，西方資本主義從自由競爭發展到帝國主義壟斷時期，催生俄國十月革命；「一國兩制」得以成功的體現，並非「兩制」趨同「一制」，而是「一國」之內，既要將社會主義制度的內地治理好，也能將香港的資本主義實踐好。以史為鑒，資本主義要實現可持續發展，反壟斷、去政治尋租是必要之舉。

開拓新工運路線　落實高質量和新範式發展

無論哪種社會制度，只要存在產業生產，就存在產業工人階級；只要存在僱傭關係，就存在需要完善和維護的勞工權益。香港要推動高質量發展，必須要重視勞動對個人和人類社會歷史發展的重大意義，要實事求是地建立更加科學、合理、先進的生產關係和所有制。工人運動往往以維權和經濟利益為引發點，最終轉為政治鬥爭也是常態，鬥爭矛頭也往往從資產階級轉向與之相適應的管治制度，因而形成社會運動或革命，也時有發生。維護勞工權益和政治鬥爭從來都是交織在工運之中，只不過因應客觀環境的不同，而有所側重。在社會主義「一國兩制」、「愛國者治港」原則下，工人階級的維權期望值只會更高，所以工人運動必須向高質量和新範式發展。

「新工運」要落實愛國工運高質量、新範式發展，除了將傳統工運做大做強，還要在「愛國者治港」原則下，開拓新工運路線。要推動政府與愛國工會組織，建立更緊密和法定的合作關係和模式，以利於搭建和諧共融的勞資官民關係，讓愛國工運成為香港由治及興的社會基礎。

「新時代工運」六大擔當及新階段任務

過去三年，「新時代工運」以「共建共榮，共享共贏」理念為號召，團結各界，實踐新時代愛國工運事業的六大使命擔當：第一，「新時代工運」堅決維護國家安全，推動香港與國家構建更加緊密的命運共同體，為強國建設、民族復興貢獻力量；第二，「新時代工運」凝聚香港社會更大合力，支持監督特區政府依法有效施政，確保「一國兩制」行穩致遠，實現香港由治及興；第三，「新時代工運」貫徹「愛國者治港」原則，開創愛國工運新形態，踐行「以人民為中心」的發展理念，最終實現共同富裕；第四，「新時代工運」發揮香港「背靠祖國，面向世界」的獨特優勢，以工運為載體，講好中國故事和中國香港故事；第五，「新時代工運」引領和協助各行業工友僱員，迎接新一輪產業革命，把握機遇，創造價值；第六，「新時代工運」堅持為基層勞工發聲維權，讓第一次、第二次分配制度更加公平、合理，激發勞動熱情，弘揚勞動精神！

現在，新工運的任務已經由第一階段的「抗暴制亂」轉入第二階段的「善治達興」。因應新發展需要，我們必須與時俱進，守正創新。

首先，「新時代工運」有能力更好發揮工會職能，凝聚工友僱員，為由治達興調動各行業工人投入大發展生產的積極性。香港愛國工運事業是「一國兩制」偉大實踐中的重要力量，要始終保持先進性，引領工人力量，團結奮進，為社會建設注入正能量。習總書記關於工人階級和工會工作的一系列重要論述，深刻剖析了工運發展的內在邏輯，總結了寶貴的經驗。結合香港實際情況，我們要依靠立法保障勞動有所得，在政策制度上做到人人有機會，通過培訓轉型建設高質量勞工市場，推動人力資源提質、提量，為產業發展注入新動能，促進勞資和諧共進，並從文化、認知入手，做好宣傳推廣。設立「五一勞動獎」，重塑價值觀，激發勞動熱情，崇尚勞模精神、勞動精神、工匠精神。吸引更多的勞動者參與社會建設，共享社會發展成果。

第二，「新時代工運」有責任推動政府建立具備實際效力的「三方合作」機制。對於可能存在的勞資矛盾，我們提倡要提前介入，在政策制訂的初始階段合理化解，將風險降到最小。這是提升管治效能、維護社會和諧穩定、推動高質量發展的正確方法。同時，政府也需要汲取經驗教訓，對於經濟發展製造的貧富懸殊，要在發展過程中主動化解。這也是香港由治及興新階段必須防範的問題，高質量發展是要引導資本健康發展，發揮重要生產要素的積極作用，要保持經濟繁榮，也要設定「共同富裕」長遠目標，堅決不能讓貧富懸殊累積成政治問題。

中國工會「十八大」會議總結過去三年工作經驗時，指出開展集體協商穩就業、促發展、構和諧，推動完善協調勞動關係三方機制的重要性，這是很好的啟發。事實上，自國際勞工組織 1919 年成立以來，「三方合作」便是該組織所鼓勵的，讓政府、僱主和僱員的代表能夠平等對話，共同努力，協商和制訂經濟、社會和勞工政策。1946 年，雖然香港勞工顧問委員會也轉變為三方機制，但只是一個就勞工事務向政府提供意見的三方諮詢組織。被動接受諮詢，並無協商職權，且缺少法定效力。最近，政府實行擴大輸入外勞特別計劃，就是輕而易舉地繞過勞顧會，損害了本地勞工權益，也為香港長遠利益種下苦果。這是一種制度缺陷，必須加以改革。

第三，「新時代工運」有使命在社會治理上發揮更大作用。從工運發展需要來看，雖然維權職能是工會最重要的任務之一，但是工人階級建立工會組織的鬥爭目標必然要延伸至政治範疇。維權職能和政治鬥爭（參與）是凝聚工友的兩大核心。香港愛國工運的政治屬性一直非常鮮明，回歸前是與港英鬥爭，回歸後是維護「一國兩制」，反對美西方勢力干預香港內政，對抗顏色革命顛覆政權。在新發展階段，愛國工運對美西方外部勢力仍然要保持警惕，勇於鬥爭、善於鬥爭，同時也要提升政治水平，深入且廣泛的參與香港治理，要提高工運人才的參政層次和範疇，把工運參政人才培養定為工運目標之一，在數量和質量上都要尋求新的突破。

另一方面，從治理層面來分析，愛國工運能培養出德才兼備的「愛國者」，工運人才群眾基礎堅實，具有「為人民服務」的政治覺悟，致力於提升全民幸福感、獲得感、安全感。同時，愛國工會系統成熟，可協助提升治理效能。政府要善用產業工會和基層組織，條塊結合的架構網絡，這是工會特有的優勢，有助於把控民意，維護社會穩定。工會會員代表大會制度歷史悠久，是香港協商民主制度的實踐載體，可進一步發揮作用，豐富香港特色民主道路發展。所以，將愛國工運納入政府管治架構，是新發展階段制度改革的重要議題，也是「新時代工運」的新發展方向。

未來，「新時代工運」要更加深入廣泛的實踐「共建共榮，共享共贏」理念，以習近平新時代中國特色社會主義思想為指引，開創愛國工運新形態，做到「十個堅持」，勇擔「六大使命」，推動愛國工運高質量和新範式發展，確保「一國兩制」行穩致遠，實現香港由治及興！

A14 ◆責任編輯：張卓立

文匯論壇

香港文匯報
2023年11月28日(星期二)

開創愛國工運新形態 鞏固香港由治及興(上)

工聯會提出「新時代工運」至今，香港愛國工運事業又向前邁進了3個年頭。新工運要落實愛國工運高質量、新範式發展，除了將傳統工運做大做強，還要在「愛國者治港」原則下，推動政府與愛國工會組織建立更緊密的合作關係，以利搭建勞資和特區政府三方和諧共融的關係，打下由治及興的基礎。

吳秋北 工聯會會長 立法會議員

香港完成了由亂到治向由治及興的轉折，也爲新工運帶來新的機遇和挑戰。隨着香港國安法頒布實施，「愛國者治港」原則貫徹落實，以及中央港澳辦的成立，從中央到特區，香港管治架構系統改革基本完成，社會恢復穩定，爲經濟發展、改善民生，提供了基礎。「一國兩制」實踐取得重大成果，具里程碑意義。

世界百年未有之大變局正在深刻演進，國際格局進一步深刻調整。香港是國家對外的重要窗口，「十四五」規劃爲香港度身打造「八大中心」，這是香港自身發展的歷史機遇，也是貢獻中國式現代化國家建設，實現第二個百年奮鬥目標的使命擔當。要實現這一奮鬥目標，香港必須徹底革新思維，摒除不合時宜的觀念，擁抱新時代，創造新時代。

愛國工運是「愛國者治港」的有機組成部分。我們要發揮愛國工運的擔當，除了維護國家主權、安全、發展利益，協助政府提升治理水平、推動經濟民生發展以外，還要樹立大局觀，維護對中央的向心力，確保香港與國家發展同頻共振。這是「愛國者治港」應有之義，是確保「一國兩制」不走樣不變形的必然要求。

工人力量是維護「一國兩制」的支柱

愛國工運也是中國工人運動的重要組成部分。習近平總書記曾經指出，「我國工人運動的時代主題，是爲實現中華民族偉大復興的中國夢而奮鬥」。香港愛國工運經歷了百餘年歷史洗禮，反帝反殖，維護勞工權益，始終堅定不移，爲民族復興偉大事業，貢獻無產階級工人力量，也是維護「一國兩制」偉大實踐的中流砥柱。如今香港邁入新發展階段，新工運必須帶頭刷新認知，在習近平新時代中國特色社會主義思想科學指引下，開創新時代愛國工運新形態，推動工運事業高質量發展。

中共二十大報告指出，「高質量發展是全面建設社會主義現代化國家的首要任務」。2022年7月1日，習近平總書記在香港發表重要講話，對特區政府提出「四個必須」和「四點希望」，是未來香港管治的根本遵循和發展目標。「一國兩制」是中國特色社會主義的重要內容，在新發展階段，保持香港長期繁榮穩定也是對高質量發展必然要求。過去，香港一直奉行「大市場、小政府」原則、「積極不干預」政策，在「自由」的美名下，自然而然讓企業理所當然地弱肉強食，資本野蠻擴張，加上外部勢力滲透和反中亂港分子勾結所形成的政治學組，幾十年累積下來，其中弊端，幾至積重難返。資本高度集中導致衣食住行等經濟命脈被壟斷，形成失去活力的綁帶資本主義，窒礙發展動能，社會民生發展停滯；另一方面，由於政府的「積極不干預」爲反中亂港分子讓出了「積極干預」空間，所引發的一切泛政治化的綁架掩蓋了勞資矛盾，政府施政被騎劫，在勞工權益問題上，常常淪爲穩定社會力量的愛國工會處於弱勢，讓反中亂港工會有機可乘，將經濟矛盾激化爲政治危機。十九世紀末二十世紀初，西方資本主義從自由競爭發展到帝國主義壟斷時期，催生俄國十月革命；「一國兩制」得以成功的體現，並非「兩制」趨同「一制」，而是「一國」之內，既要將社會主義制度的內地治理好，也能將香港的資本主義實踐好。以史爲鑒，資本主義要實現可持續發展，反壟斷、去政治專相是必要之舉。

勞資與政府要建立和諧共融關係

無論哪種社會制度，只要存在產業生產，就存在產業工人階級；只要存在僱傭關係，就存在需要完善和維護的勞工權益。香港要推動高質量發展，必須要重視勞動對個人和人類社會歷史發展的重大意義，要實事求是地建立更加科學、合理、先進的生產關係和所有制。過去的工人運動，往往以維權和經濟利益爲引發點，最終轉爲政治鬥爭也是常態，鬥爭矛頭也往往從資產階級轉向與之相適應的管治制度，最終形成社會運動或革命。維護勞工權益和政治鬥爭從來都是交織在工運之中，只不過因應客觀環境的不同，而有所側重。在「一國兩制」、「愛國者治港」原則下，工人階級的維權期望值只會更高，所以工人運動必須向高質量和新範式發展。

新工運要落實愛國工運高質量、新範式發展，除了將傳統工運做大做強，還要在「愛國者治港」原則下，開拓新工運路線，推動政府與愛國工會組織建立更緊密和法定的合作關係和模式，以利於搭建勞資和特區政府三方和諧共融的關係，讓愛國工運成爲香港由治及興的社會基礎。

過去3年，「新時代工運」以「共建共榮 共享共贏」理念爲號召，團結各界，實踐新時代愛國工運事業的六大使命擔當：第一，新時代工運堅決維護國家安全，推動香港與國家構建更加緊密的命運共同體，爲強國建設、民族復興貢獻力量；第二，新時代工運凝聚香港社會更大合力，支持監督特區政府依法有效施政，確保「一國兩制」行穩致遠，實現香港由治及興；第三，新時代工運貫徹「愛國者治港」原則，開創愛國工運新形態，踐行「以人爲本」的發展理念，最終實現共同富裕；第四，新時代工運發揮香港「背靠祖國、聯通世界」的獨特優勢，以工運爲載體，講好中國故事、講好香港故事；第五，新時代工運引領和協助各行業工友僱員，迎接新一輪產業革命，把握機遇，創造價值；第六，新時代工運堅持爲基層勞工發聲維權，讓第一次、第二次分配制度更加公平、合理，激發勞動熱情，弘揚勞動精神。

(未完，明日續。)

2023年11月28日《文匯報》

開創愛國工運新形態 鞏固香港由治及興（下）

吳秋北 工聯會會長 立法會議員

現在，新工運的任務已經由第一階段的「抗暴制亂」轉入第二階段的「善治達興」。因應新發展需要，我們必須與時俱進，守正創新。

首先，新時代工運有能力更好發揮工會職能，凝聚工友僱員，調動各行業工人投入大發展生產。香港愛國工運事業是「一國兩制」偉大實踐中的重要力量，要始終保持先進性，引領工人力量，團結奮進，爲社會建設注入正能量。

習近平總書記關於工人階級和工會工作的一系列重要論述，深刻剖析了工運發展的內在邏輯，總結了寶貴的經驗。結合香港實際情況，我們要依靠立法保障勞動所得，在政策制度上做到人人有機會，通過培訓轉型建設高質量勞工市場，推動人力資源提質、提量，爲產業發展注入新動能，促進勞資和諧共進，並從文化、認知入手，做好宣傳推廣；設立「五一勞動獎」，重塑價值觀，激發勞動熱情，崇尚勞模精神、勞動精神、工匠精神；吸引更多勞動者參與社會建設，共享社會發展成果。

爭取提升勞顧會權力

第二，新時代工運有責任推動政府建立具備實際效力的「三方合作」機制。對於可能存在的勞資矛盾，我們提倡提前介入，在政策制定的初始階段合理化解，將風險降到最小。這是提升管治效能、維護社會和諧穩定、推動高質量發展的正確方法。同時，政府也需要汲取經驗教訓，主動化解貧富懸殊，這也是香港由治及興新階段必須防範的問題。高質量發展是要引導資本健康發展、發揮重要生產要素的積極作用，要保持經濟繁榮，也要設定「共同富裕」長遠目標，堅決不能讓貧富懸殊累積成政治問題。

中國工會十八大會議總結過去3年工作經驗時，指出開展集體協商穩就業、促發展、構和諧，推動完善協調勞動關係三方機制的重要性，這是很好的啓發。事實上，自國際勞工組織1919年成立以來，「三方合作」便是該組織所鼓勵的，讓政府、僱主和僱員的代表能夠平等對話，共同努力，協商和制定經濟、社會和勞工政策。1946年，雖然香港勞工顧問委員會轉變爲三方機制，但只是一個就勞工事務向政府提供意見的三方諮詢組織，被動接受諮詢，並無協商職權，且缺少法定效力。最近，政府實行擴大輸入外勞特別計劃，就是輕而易舉地繞過勞顧會，損害了本地勞工權益，也爲香港長遠利益種下苦果。這是一種制度缺陷，必須加以改革。

培養工運人才參政

第三，新時代工運有使命在社會治理上發揮更大作用。從工運發展需要來看，雖然維權職能是工會最重要的任務之一，但是工人階級建立工會組織的鬥爭目標必然要延伸至政治範疇。維權職能和政治鬥爭或參與是凝聚工友的兩大核心。香港愛國工運的政治屬性一直非常鮮明，回歸前是與港英鬥爭，回歸後是維護「一國兩制」，反對美西方勢力干預香港內政，對抗「顏色革命」顛覆政權。在新發展階段，愛國工運對美西方外部勢力仍然要保持警惕，勇於鬥爭、善於鬥爭，同時也要提升政治水平，深入且廣泛參與香港治理，要提高工運人才的參政層次和範疇，把培養參政人才定爲工運目標之一，在數量和質量上都要尋求新的突破。

另一方面，從治理層面來分析，愛國工運能培養出德才兼備的愛國者，工運人才群衆基礎堅實，具有「爲人民服務」的政治覺悟，致力於提升全民幸福感、獲得感、安全感。同時，愛國工會系統成熟，可協助提升治理效能。政府要善用產業工會和基層組織、條塊結合的架構網絡，把控民意，維護社會穩定。工會會員代表大會制度歷史悠久，是香港協商民主制度的實踐載體，可進一步發揮作用，豐富香港特色民主道路發展。所以，將愛國工運納入政府管治架構，是新發展階段制度改革的重要議題，也是新時代工運的新發展方向。

未來，新時代工運要更加深入廣泛實踐「共建共榮共享共贏」理念，以習近平新時代中國特色社會主義思想爲指引，開創愛國工運新形態，做到「十個堅持」，勇擔「六大使命」，推動愛國工運高質量和新範式發展，確保「一國兩制」行穩致遠，實現香港由治及興。 **（續昨日，全文完。）**

2023 年 11 月 29 日《文匯報》

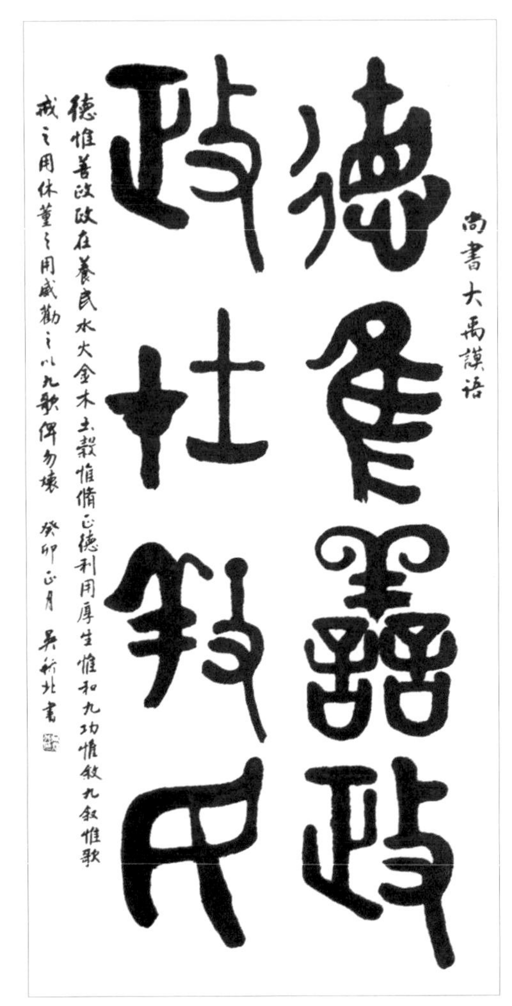

2023 年 1 月書《尚書 · 虞書 · 大禹謨》語句「德惟善政，政在養民」

尋找香港的勞動模範、大國工匠
——論新時代工運之六

2024 年 4 月 20 日

勞模精神、勞動精神、工匠精神是以愛國主義為核心的民族精神和以改革創新為核心的時代精神的生動體現，是鼓舞全黨全國各族人民風雨無阻、勇敢前進的強大動力。

——習近平總書記

五一國際勞動節即將到來，今年工聯會一如既往高度關注勞工權益，為打工仔提出了五大勞工政策倡議，分別是：

1. 配合八大中心發展制訂人力資源規劃，加強職業教育與培訓；
2. 監督輸入外勞和人才計劃，確保本地就業優先；
3. 加強新就業形態保障，完善三方協商機制；
4. 遏止嚴重工業意外，改善職業安全健康；及
5. 完善退休保障，優化強積金制度。

除了權益，工聯會也高度關注勞動精神的弘揚。

香港工人具有一百多年、源遠流長的愛國傳統。香港海員大罷工、省港大罷工，參與抗日、擁護新中國成立、支持兩航起義、支援解放海南島、支援祖國建設，特別是 1980、1990 年代，將先進的技術和理念帶回內地，以實際行動推動國家改革開放，助力發展；回歸後，堅定不移支持

文章首發表於《文匯報》。

「一國兩制」方針，貫徹落實「愛國者治港」、維護國家安全……無論甚麼時期，香港工人都是推動社會變革的強大力量，也是最堅實強大的建設力量。

根據政府統計處最新資料（2024 年 4 月 18 日），香港在 2024 年首季的總就業人數為 368.84 萬，失業人數為 11.17 萬（失業率 3.0%），就業不足人數為 4 萬。香港人崇尚勞動，這種精神在人口老化、社會福利日趨完善的今天，仍能保持，更顯寶貴和崇高。數百萬的勞動者在香港發展建設中，貢獻出無可替代的重要力量，勞動階級理應得到與之貢獻相匹配的待遇和社會認同。

勞動者撐起香港三次產業結構轉型，為經濟帶來新增長動力

1840 年以前，香港還是傳統的自然經濟體，被英國殖民統治後成為自由港，逐步轉為開放型經濟體。隨著航運、貨倉、碼頭等行業的發展以及船塢、製糖等新式企業的出現，香港產生了近代的第一批產業工人。經過百多年的歷史變遷，香港發展成為了遠東的國際大商埠，直到今天，貿易和物流仍是香港四大傳統產業之一，國際航運中心更是香港「八大中心」定位之一。

第二次世界大戰後，香港工業發展突飛猛進，初期製造業包括造修船業、生產針織品、食品等，踏入 1970 年代，電子產品、鐘錶及塑膠製品等發展起來，到 1980 年代，全盛時期製造業約佔整體 GDP 三成，產業工人佔就業人口四成半，被認為是第二次經濟轉型。隨後因應內外環境及條件的變化，上世紀末，香港又進入第三次經濟轉型，由工業化轉為多元化服務，其中以金融業、旅遊業、服務業和運輸業為主要支撐。分析香港經濟發展的周期性會發現，每次產業轉型都將經濟推向更高層次。而香港能夠順應變化，成功轉型，勞動和資本同為生產要素，產業工人功不可沒。

然而工友卻沒能公平的分享到經濟發展成果。香港貧富差距與日俱增，按照樂施會的分析，今年首季度最貧窮及最富裕的一成住戶月入中位數差距已達到 57.7 倍。按照統計處的資料，1985 至 2007 年，香港人均 GDP 增加了 133%，而香港就業人士每月入息中位數則只增加了 69%。

肯定勞動價值，弘揚勞模精神，激發實現「由治及興」偉力

勞動是社會生活的基本體現，人類發展歷史就是一部勞動發展的歷史。香港開埠以來的歷史也是伴隨著工運一路發展。在實行殖民統治的時期，統治者以壓榨被殖民者為目的，培植買辦，獲取最大經濟效益，懶理勞苦大眾死活。在這種歷史背景影響下，勞動者對經濟發展的貢獻被忽視，將勞動簡化為「搵食」，將僱傭關係等同於勞動力買賣。《共產黨宣言》描述早期的資本主義，深刻指出：「資產階級在它已經取得了統治的地方把一切封建的、宗法的和田園詩般的關係都破壞了。它無情地斬斷了把人們束縛於天然尊長的形形色色的封建羈絆，它使人和人之間除了赤裸裸的利害關係，除了冷酷無情的『現金交易』，就再也沒有任何別的聯繫了。」流行歌曲〈半斤八兩〉就揭示了長期被殖民統治下，打工仔爭取的是，付出「半斤」力，得回「八兩」的卑微和無奈心態。事實上，一個人決定工作，投身一個行業，可以是出於興趣、熱愛、抱負，也是對家庭、社會的責任感。以勞動就業謀生，不畏辛勞，肯付出，有理想，有追求，是基本需要也有精神境界。工資作為勞動的報酬，從一開始便沒有公平可言，更遑論體現勞動價值的全部。現代文明進步、有利發展的勞資關係首先是合作，以共贏為目標，而非剝削和壓榨。野蠻資本主義、殖民統治下的扭曲價值觀是時候扭轉了，片面狹隘的認知必須徹底改變，社會需要重新建立對勞動價值的認知，給予勞動應有的尊重，樹立正確的價值觀，「由治及興」新時代更應弘揚勞動精神、勞模精神、工匠精神，真真正正提升勞動階層的待遇和社會地位，勞動者才能以主人翁的立場，為「一國兩制」建設，激發更大的勞動熱情和動能。

全國五一勞動獎在內地已十分歷史悠久，是全國勞動人民的盛事，顯示出國家對勞動價值和勞動者的重視，國家發展要依靠勞動階級，勞動生產、技術攻堅、科技創新歸根結底都要依靠廣大勞動者。今年「兩會」期間，習近平總書記指出：「大國工匠是我們中華民族大廈的基石、棟樑。我們要把職業教育發展好，要樹立工匠精神，把他們的待遇條件保障好。」去年五一國際勞動節，總書記向全國廣大勞動群眾致以節日的祝賀和誠摯的慰問時表示：「依靠勞動創造扎實推進中國式現代化，在強國建設、民族復興的新征程上充分發揮主力軍作用。各級黨委和政府要充分激發廣大勞動群眾的勞動熱情和創新創造活力，切實保障廣大勞動群眾合法權益，用心幫助廣大勞動群眾排憂解難，推動全社會進一步形成崇尚勞動、尊重勞動者的良好氛圍。」內地的做法怎麼不能作為香港的借鑒呢？

以勞模精神、工匠精神，為中國式現代化建設培養人才

香港也有很多勇於擔當的勞動者，儘管在資本主義的勞動關係下，他們的付出更令人動容，是照亮社會的人性之光，只是我們沒有嘉許的機制和相關宣傳，所以更多的優秀先進人物只能默默無聞。去年香港經歷百年不遇的強降雨天氣，有港鐵車站出現嚴重水浸，幾名前線鐵路技術工人，無懼艱險，涉水及頸，及時搶修，把影響降到最低，盡顯專業敬業風範。再如疫情期間，醫護人員冒著感染的風險照顧病人，前線清潔工友依然冒著健康風險，保持環境的清潔衛生，大大降低病毒傳播的風險。這些堅守崗位、捨己為人的精神，是香港各行各業勞動者的標兵典範，是我們尋找的勞模精神。

中共「二十大」報告指出加快建設國家戰略人才力量，包括培養造就戰略科學家、一流科技領軍人才、大國工匠、高技能人才等。香港在培養科技、高技能尖端人才方面獨具優勢。正如總書記所強調的，勞模精神、勞動精神、工匠精神要以愛國主義、民族精神、改革創新為核心。香港要

為國家培養人才，才能成就自我，落實以香港所長，貢獻國家所需。希望特區政府能領悟勞動精神、勞模精神、工匠精神的深意，在香港出產「大國工匠」。

為了更好弘揚愛國精神、勞動精神，在「由治及興」新形勢下，工聯會將制訂詳細計劃，聯同特區政府，結合勞資官力量，選拔香港的勞動模範，舉辦「先進工作者評選計劃」，所有當選者將得到政府嘉獎、社會肯定，聞名全國。今年更首次推出「五一勞動周」系列活動，以更多元的形式和內容全面表達勞工訴求和期望，破天荒邀請特首及各官員慰問、探訪不同行業工友，透過互動，引起社會對勞動尊嚴、勞動價值的重視，起到改變社會風氣、振奮人心的效果。

香港「由治及興」新階段，讓我們以「共建共榮，共享共贏」理念構建新型勞動關係，彰顯勞動最光榮、勞動最崇高、勞動最偉大、勞動最美麗，樹立香港新型勞動價值觀！

香港文匯報
2024年4月22日(星期一)

重視勞動價值 培養「大國工匠」(上)

吳秋北 全國人大代表 工聯會會長 立法會議員

「五·一」國際勞動節即將到來，今年工聯會一如既往高度關注勞工權益，爲打工仔提出了五大勞工政策倡議，分別是：配合「八大中心」發展制訂人力資源規劃，加強職業教育與培訓；監督輸入外勞和人才計劃，確保本地就業優先；加強新就業形態，保障完善三方協商機制；遏止嚴重工業意外，改善職業安全健康；完善退休保障，優化強積金制度。除了權益，工聯會也高度關注勞動精神的弘揚。

工人是推動社會變革強大力量

2020年11月24日，習近平主席在全國勞動模範和先進工作者表彰大會上發表講話，提出「勞模精神、勞動精神、工匠精神是以愛國主義爲核心的民族精神和以改革創新爲核心的時代精神的生動體現，是鼓舞全黨全國各族人民風雨無阻、勇敢前進的強大精神動力。」香港工人具有深厚的愛國傳統，香港海員大罷工、省港大罷工，參與抗日、擁護新中國成立、支持兩航起義、支援解放海南島、支援祖國建設，處處都可看到香港工人的身影。

在上世紀八九十年代，香港的工人將先進的技術和理念帶回內地，以實際行動推動國家改革開放，助力發展。香港回歸祖國後，香港工人堅定不移支持「一國兩制」方針，貫徹落實「愛國者治港」、維護國家安全。無論什麼時期，香港工人都是推動社會變革的強大力量，也是最堅實強大的建設力量。

根據政府統計處最新資料，香港總就業人數爲368.84萬，失業人數爲11.17萬人，失業率爲3.0%，就業不足人數爲4萬。香港人崇尚勞動，這種精神在人口老化、社會福利日趨完善的今天仍能保持，更顯寶貴和崇高。數百萬勞動者在香港發展建設中，貢獻無可替代的重要力量，勞工理應得到與其付出相匹配的待遇和社會認同。

勞動者撐起香港三次產業結構轉型，爲經濟帶來新增長動力。1840年以前，香港還是傳統的自然經濟體，被英國殖民統治後成爲自由港，逐步轉爲開放型經濟體。隨着航運、貨倉、碼頭等行業的發展以及船塢、製糖等新式企業的出現，香港產生了近代的第一批產業工人。經過百多年的歷史變遷，香港發展成爲遠東的國際大商埠。直到今天，貿易和物流仍是香港四大傳統產業之一，國際航運中心更是香港「八大中心」定位之一。

打工族待遇要與經濟發展同步

第二次世界大戰結束後，香港工業發展突飛猛進，包括造修船、生產針織品、食品加工等工廠如雨後春筍般出現。踏入1970年代，電子產品、鐘錶及塑膠製品等工業迅速冒起，到1980年代，製造業約佔本港整體GDP約30%，產業工人佔就業人口四成半，被認爲是第二次經濟轉型。隨後因應內外環境及條件的變化，上世紀末，香港又進入第三次經濟轉型，由工業化轉爲多元化服務，其中以金融業、旅遊業、服務業和運輸業爲主要支撐。分析香港經濟發展的周期性會發現，每次產業轉型都將香港經濟推向更高層次。香港能夠順應變化，成功轉型，勞動和資本同爲生產要素，產業工人功不可沒。然而，工友許多時候沒法分享到經濟發展的成果，香港貧富差距與日俱增。按照樂施會的分析，2023年首季度最貧窮及最富裕的一成住戶月入中位數差距已達到57.7倍。按照統計處的資料，1985年至2007年，香港人均GDP增加了133%，而香港就業人士每月入息中位數則只增加了69%。

我們要肯定勞動價值，弘揚勞模精神，激發實現由治及興偉力。勞動是社會生活的基本體現，人類發展歷史就是一部勞動發展的歷史。香港開埠以來的歷史也是伴隨着工運一路發展。港英以壓榨基層勞動力爲目的，培植買辦，獲取最大經濟效益，懶理勞苦大衆死活。在這種歷史背景影響下，勞動者對經濟發展的貢獻被忽視，將勞動簡化爲「搵食」，將僱傭關係等同於勞動力買賣。

(未完，明日續。)

香港文匯報
2024年4月23日(星期二)

重視勞動價值 培養「大國工匠」(下)

吳秋北 全國人大代表 工聯會會長 立法會議員

粵語流行曲《半斤八両》揭示了香港打工仔當年在港英管治下，爭取付出「半斤」力，得回「八両」回報的卑微願望和無奈心態。事實上，一個人決定工作、投身一個行業，可以是出於興趣、熱愛、抱負，也是對家庭、社會的責任感。以勞動就業謀生，不畏辛勞，肯付出，有理想、有追求，是基本需要也是精神境界。工資作爲勞動的報酬，從一開始便沒有公平可言，更遑論體現勞動價值的全部。現代文明進步、有利發展的勞資關係，首先是以合作共贏爲目標，而非剝削和壓榨。野蠻資本主義、港英管治下的扭曲價值觀，是時候扭轉了，片面狹隘的認知必須徹底改變，社會需要重新建立對勞動價值的認知，給予勞動者應有的尊重，樹立正確的價值觀。在由治及興新時代，社會更應弘揚勞動精神、勞模精神、工匠精神，眞正提升勞動階層的待遇和社會地位，勞動者才能以主人翁的立場，爲「一國兩制」建設，激發更大的勞動熱情和動能。

全國五一勞動獎在內地已有悠久的歷史，是全國勞動人民的盛事，顯示出國家對勞動價值和勞動者的重視。同樣，香港也有很多勇於擔當的勞動者。在資本主義的勞動關係下，他們的付出更令人動容，是照亮社會的人性之光，只是我們沒有嘉許的機制和相關宣傳，所以衆多優秀先進人物只能默默無聞。去年香港經歷百年不遇的強降雨天氣，有港鐵車站出現嚴重水浸，幾名前線鐵路技術人員無懼艱險，涉水及頸，及時搶修，把影響降到最低，盡顯專業敬業風範。再如疫情期間，醫護人員冒着感染的風險照顧病人，前線清潔工友冒着健康風險，保持環境的清潔衛生，大大降低病毒傳播的風險。這些堅守崗位、捨己爲人的精神，是香港各行各業勞動者的標兵典範，是我們尋找的勞模精神。

中共二十大報告指出，「加快建設國家戰略人才力量，努力培養造就更多大師、戰略科學家、一流科技領軍人才和創新團隊、青年科技人才、卓越工程師、大國工匠、高技能人才。加強人才國際交流，用好用活各類人才。」香港在培養科技、高技能尖端人才方面獨具優勢。勞模精神、勞動精神、工匠精神要以愛國主義、民族精神、改革創新爲核心。香港要爲國家培養人才，才能成就自我，落實以香港所長，貢獻國家所需。希望特區政府能領悟勞動精神、勞模精神、工匠精神的深意，在香港出產「大國工匠」。

爲了更好弘揚愛國精神、勞動精神，在由治及興新形勢下，工聯會將制定詳細計劃，聯同特區政府，結合各方力量，選拔香港的勞動模範，舉辦「先進工作者評選計劃」，所有當選者將得到政府嘉獎、社會肯定，聞名全國。今年更首次推出「五一勞動周」系列活動，以更多元的形式和內容全面表達勞工訴求和期望，破天荒邀請特首李家超及各官員慰問、探訪不同行業工友，透過互動，引起社會對勞動尊嚴、勞動價值的重視，起到改變社會風氣、振奮人心的效果。

在香港由治及興新階段，讓我們以「共建共榮、共享共贏」理念構建新型勞動關係，彰顯勞動最光榮、勞動最崇高、勞動最偉大、勞動最美麗，樹立香港新型勞動價值觀。

(續昨日，全文完。)

2024年4月22日、4月23日《文匯報》

二、
文章

為香港撥亂反正重新出發奮進
—— 回應 2020 年施政報告之一

2020 年 12 月 7 日

近日熱門話題離不開《施政報告》，其中一個角度是說：特首在立法會宣讀施政報告過程順暢，展示出議會新面貌。對比去年，的確是新面貌。然而被鄭重其事的拎出來「表揚」，就有些五味雜陳，我們的要求是否有些卑微？立法會被反對派搞得低俗不堪，特區政府被黑暴打得信心破碎一地，香港的政治環境被假民主糊弄得變態扭曲。今日光景，有高人能寫出一份皆大歡喜的《施政報告》嗎？又有誰夠膽站出來，做一個人人可罵的特區行政長官？我們習慣了停在原地批判，用否定、打擊、抹黑、曲解去阻擋前進的腳步。不出發，就永遠看不到前途，永遠無法用事實擊敗詭辯，就永遠無可作為，永遠是錯！錯！錯！

是的，過去兩年的香港走的極其艱難，不堪回首。不堪之處在於知恥卻無恥！那驕傲也變得可笑。有那麼一群香港人鐵了心要香港玩完，搞陰謀，搞攪炒，他們是外部勢力的棋子、槍手，是出賣靈魂的劊子手。又有那麼一群香港人冷眼旁觀，落井下石，打賞暴徒，暗中相助，中飽私囊，以飲港人血為樂！此類物體算甚麼香港人？！屈指一算，我們有多少行業領域、社會精英被顏色革命換了血，革了命！醫療、教育、司法、公務員、區議會、岌岌可危的立法會。還有幼稚低能的黃色經濟圈，利用意識形態套現！根本就是強盜作派！香港就是有這麼一群被人換了血，洗了腦的偽民主殭屍，他們拍拍屁股就走人，可要安身立命的港人如何是好？！

文章首發表於《大公報》。

反修例暴亂的五大訴求，變成了中央惠港的五大舉措——通過《港區國安法》、成立「國安公署」、人大決定立會議員資格、兩辦適時發聲維護「一國兩制」、支持香港融入大灣區。規矩定下了，撥亂反正的工夫還要我們自己去做。正如特首在《施政報告》中開宗明義指出「正本清源」是重中之重。我非常認同，更認為只是「清源」尚不足夠，更要注重「細枝末節」。水可載舟亦可覆舟，群眾之中蘊藏著無窮的力量；政府施政為民，便不可脫離群眾，更要依靠群眾。疫情爆發之初，貽笑國際的黑醫護罷工，實際上又代表了幾個醫護工作者？反對派工會試圖搞工運，煽動政治風波，三番五次都是灰頭土臉，草草收場。原因正是缺乏廣泛而堅實的群眾基礎。他們只是行業內的「一小撮」，工會為政治目的犧牲工友利益，那還是工會嗎？工會組織的立命之本是「為勞工、爭權益」，這樣的工會才具有真正的群眾凝聚力；揚正氣，行正道才是社會需要的工會組織。

工聯作為全港最大工會組織，在關鍵時刻更會負起應有的責任擔當。代表勞工利益的同時向全社會負責。去年黑暴肆虐之時，反對派工會聯合政棍煽動學生多次挑起「大三罷」行動。工聯會堅定維護僱員權益，堅決與這種政治運動作鬥爭。最終所有的政治罷工都未能成功，也體現出工聯穩定堅固的群眾基礎。

習主席在 2018 年中華全國總工會新一屆領導班子成員集體談話中發表重要講話，他強調，在新時代下，工會要適應新形勢新任務，加強和改進職工思想政治工作，多做組織群眾、宣傳群眾、教育群眾、引導群眾的工作，多做統一思想、凝聚人心、化解矛盾、增進感情、激發動力的工作，更好強信心、聚民心、暖人心，使廣大職工在理想信念、價值理念、道德觀念上緊緊團結在一起。

習主席的一番講話，為百年大變局之中的工會工作，指出了重心與方向。任何一種形態的社會都需要不同階層的支撐力量，基層的穩定性也是社會走向的決定性因素。一直以來，工聯會著眼大局，為香港謀劃長遠，成就大我以保障、改善僱員權益。若僅著眼於局部矛盾，便只有完全的對立。事實上，沒有個體發展可以脫離社會而孤立存在，所以局部矛盾只是相對的。平衡大局，合作共贏才能實現全社會穩健發展，也是個人權益的根本保障。工聯會團結勞工，凝聚群眾為的是社會穩定、和諧發展。我們主張社會財富公平分配，完善勞工立法，推動《僱傭條例》改革，建立健全失業救濟機制以及完善退休保障制度等，以改變打工仔「手停口停」的尷尬處境，要求基層也能分享經濟發展成果。為此，工聯會號召全港僱員加強團結凝聚，壯大僱員工友力量，提升我們的社會動員能力，用這股正能量監督政府依法施政，撥亂反正，幫助社會回歸正軌。

工聯會全面參政，參政為民，為政以正。高舉愛國愛港旗幟，積極參與執政管治聯盟。我們在議會發聲，是打工仔的代言人。打工仔要在政治層面參與社會建設，工聯會這支「撐工道」的愛國愛港僱員隊伍必站在前，義無反顧。我們是管治執政建設力量的同盟軍，有堅實的群眾力量。我們是守初心、講原則、勇革新、敢擔當、揚正氣的佼佼者。

習主席充分肯定工會組織在國家全面深化改革中的重要作用，他談及新時代的群團工作時指出，要牢牢把握為實現中華民族偉大復興中國夢而奮鬥的時代主題，緊緊圍繞黨和國家工作大局，組織動員廣大人民群眾走在時代前列，在改革發展穩定第一線建功立業。

回歸以來，以工聯會為團結的愛國愛港力量永遠守護「一國兩制」偉大事業堅如磐石，為保持香港長期繁榮穩定貢獻力量。工聯會這面高高飄揚地紅色旗幟扎根香港 72 年不倒，是港九無數工友的愛國赤子心讓這面旗幟永不退色。是群眾的信任賦予工聯會力量，是祖國的期望推動著工聯會的成長，一輩又一輩的工聯人無怨無悔，不辱使命。此刻，香港正步入後暴亂時代，面對社會重建，更加需要痛下決心自我改革，才有機會重新出發。人們普遍期待香港在政治、法治、司法、公職人員、教育、社會民生等各個領域正本清源，撥亂反正。工聯會願意和所有建設力量，為香港的長治久安，攜手並進！

為香港撥亂反正重新出發奮進——回應2020年施政報告之一

議論風生
吳秋北

近日熱門話題離不開施政報告，其中一個角度是說：特首在立法會宣讀施政報告過程順暢，展示出議會新面貌。對比去年，的確是新面貌。然而被拿來鄭重其事「表揚」一番，就有些五味雜陳，我們的要求是否有些卑微？立法會被攬炒派搞得低俗不堪，特區政府被黑暴打得信心破碎一地，香港的政治環境被假民主糊弄得變態扭曲。今日光景，有高人能寫出一份皆大歡喜的施政報告嗎？又有誰夠膽站出來，做一個人人可罵的特區行政長官？我們習慣了停在原地批判，用否定、打擊、抹黑、曲解去阻擋前進的腳步。不出發，就永遠看不到前途，永遠無法用事實擊敗詭辯，就永遠無可作為，永遠是錯！錯！錯！

是的，過去兩年的香港走得極其艱難，不堪回首。有那麼一群香港人鐵了心要香港玩完，搞陰謀，搞「攬炒」，他們是外部勢力的棋子、槍手，是出賣靈魂的劊子手。又有那麼一群香港人冷眼旁觀，落井下石，打賞暴徒，暗中相助，中飽私囊，以飲港人血為樂！這班算什麼香港人?!屈指一算，我們有多少行業領域、社會精英被「港版顏色革命」煽動、被「偽民主」意識形態洗了腦，他們拍拍屁股就走人，可要安身立命的港人如何是好?!

攬炒派曾提出所謂的「五大訴求」，而中央則作出五大確保「一國兩制」行穩致遠的舉措——制定香港國安法、成立駐港國安公署、全國人大常委會通過關於立法會議員資格問題的決定、「兩辦」適時發聲維護「一國兩制」、支持香港融入國家發展大局和粵港澳大灣區發展。

規矩定下了，撥亂反正的功夫還要我們自己去做。正如特首在施政報告中指出「正本清源」是重中之重。我非常認同，更認為只是「清源」尚不足夠，更要注重「細枝末節」。政府施政為民，便不可脫離群眾，更要依靠群眾。

疫情爆發之初，黑醫護發起貽笑國際的非法罷工，實際上又代表了幾個醫護人員？攬炒派工會發動所謂的「三罷」，每次都是灰頭土臉，草草收場。他們只是行業內的一小撮，工會為政治私利而犧牲工友利益，那還是工會嗎？工聯會作為全港最大工會組織，在關鍵時刻更會負起應有的責任擔當。代表勞工利益的同時向全社會負責。

國家主席習近平在2018年中華全國總工會新一屆領導班子成員集體談話中發表重要講話，他強調：「工會要適應新形勢新任務，加強和改進職工思想政治工作，多做組織群眾、宣傳群眾、教育群眾、引導群眾的工作，多做統一思想、凝聚人心、化解矛盾、增進感情、激發動力的工作……使廣大職工在理想信念、價值理念、道德觀念上緊緊團結在一起。」

習主席的一番講話，為百年大變局之中的工會工作，指出了重心與方向。任何一種形態的社會都需要不同階層的支撐力量，基層的穩定性也是社會走向的決定性因素。

一直以來，工聯會着眼大局，為香港謀劃長遠，成就大我以保障、改善僱員權益。若僅着眼於局部矛盾，便只有完全的對立。事實上，沒有個體發展可以脫離社會而孤立存在，所以局部矛盾只是相對的。平衡大局，合作共贏才能實現全社會穩健發展，也是個人權益的根本保障。工聯會團結勞工，凝聚群眾為的是社會穩定、和諧發展。我們主張社會財富公平分配，完善勞工立法，推動《僱傭條例》改革，建立健全失業救濟機制以及完善退休保障制度等，以改變打工仔「手停口停」的尷尬處境，要求基層也能分享經濟發展成果。

正本清源撥亂反正不負所望

為此，工聯會號召全港僱員加強團結凝聚，壯大僱員工友力量，提升我們的社會動員能力，用這股正能量監督政府依法施政，撥亂反正，幫助社會回歸正軌。

工聯會全面參政，參政為民，為政以正。高舉愛國愛港旗幟，積極參與執政管治聯盟。我們在議會發聲，是打工仔的代言人。打工仔要在政治層面參與社會建設，工聯會這支「撐工道」的愛國愛港僱員隊伍必站在前，義無反顧。我們是管治執政建設力量的同盟軍，有堅實的群眾力量。我們是守初心、講原則、勇革新、敢擔當、揚正氣的佼佼者。

習主席充分肯定工會組織在國家全面深化改革中的重要作用，他談及新時代的群團工作時指出，要牢牢把握為實現中華民族偉大復興中國夢而奮鬥的時代主題，緊緊圍繞黨和國家工作大局，組織動員廣大人民群眾走在時代前列，在改革發展穩定第一線建功立業。

回歸以來，以工聯會為團結的愛國愛港力量永遠守護「一國兩制」偉大事業堅如磐石，為保持香港長期繁榮穩定貢獻力量。工聯會這面高高飄揚的紅色旗幟扎根香港72年不倒，是港九無數工友的愛國赤子心讓這面旗幟永不退色。是群眾的信任賦予工聯會力量，是祖國的期望推動着工聯會的成長，一輩又一輩的工聯人無怨無悔，不辱使命。

此刻，香港正步入後暴亂時代，面對社會重建，更加需要痛下決心自我改革，才有機會重新出發。人們普遍期待香港在政治、法治、司法、公職人員、教育、社會民生等各個領域正本清源，撥亂反正。工聯會願意和所有建設力量，為香港的長治久安，攜手並進！

港區全國人大代表、工聯會會長

2020 年 12 月 7 日《大公報》

發展智慧經濟，改革香港就業環境
—— 回應 2020 年施政報告之二

2020 年 12 月 8 日

香港是中國南方的一個小島，地理位置成就了「背靠祖國，面向世界」的天然優勢，而「一國兩制」制度創新更賦予香港獨特的可能性。回歸祖國 23 年，香港始終保持長期繁榮穩定。2019 年香港在世界排名中，整體 GDP 列第 38 位，人均 GDP 排第 28 位。香港有四大支柱產業，共同點是需要一個強大的市場作為依靠，這個最強後盾正是蓬勃向上的內地市場。

一味強調優勢掩飾不足　經濟只會越來越脆弱

習近平總書記在深圳經濟特區建立 40 周年慶祝大會上對粵港澳大灣區建設作出重要指導。他指出，要堅定不移貫徹新發展理念；與時俱進全面深化改革；銳意開拓全面擴大開放；創新思路推動城市治理體系和治理能力現代化；真抓實幹踐行以人民為中心的發展思想；以及積極作為深入推進粵港澳大灣區建設。

特首林鄭月娥在 2020 年《施政報告》中，為香港設計的經濟發展策略 —— 背靠祖國，注入經濟新動力。這與中央在「十四五」規劃建議中提出的「全面深化改革」，以「創新為第一動力」的規劃一致，相信可以互相借力，彼此成就。故此，我們希望特區政府能深刻理解「改革與轉型」對新時代下香港經濟發展的重大意義。

文章首發表於《大公報》。

作為一個高度外向型發達經濟體，香港受外界環境影響和衝擊大；本地市場小，消費能力遠不足以支撐經濟發展；產業結構單一，製造業嚴重萎縮，金融服務業抗風險能力弱，加重經濟發展的不穩定性。政府形容香港是一個高度法制化、市場化、國際化的經濟體，在國家這個新格局下的發展機遇是明顯的。香港享有「一國兩制」的優勢，可以進一步強化國際循環中的「中介人」角色。此觀點保守有餘，進取不足，秉承的是「大市場、小政府」陳規，令人擔憂政府態度依然是「積極不干預」，並沒有決心改善經濟發展累積下來的問題。若一味強調優勢，掩飾不足，勢必走向極端，經濟只會越來越脆弱。

經濟模式決定就業環境　影響社會走向

經濟模式決定就業環境，影響社會走向，工聯會高度關注。若從勞工市場形態反觀經濟形態，又會得到甚麼啟示呢？整體來講，香港就業質素持續惡化，多數行業工種處於「工時長、壓力大、收入低、無前景」的狀況。我們開始面臨兩個問題 —— 本港勞動人口趨向老齡化，以及青年群體就業困難。僱員能力與產能和質量息息相關，也可反映出行業的知識含量高低。如果產業單一、結構固化、向上發展渠道堵塞，自然影響對僱員的吸引力。我們在思考，目前的就業環境是否與經濟發展相適應？如何避免經濟發達，就業品質欠佳，缺乏幸福感的局面？國家發展到「十四五」規劃，「以人為本」作為根本原則提到最高層面。香港作為一個高度發達、高度文明的社會，政府更有條件與責任重視人的發展。就業不再是單純的出賣勞動力，更是理想與價值的體現。我們倡導「人人有機會的經濟發展策略」。

深港科技合作為港人創造就業創業機會

除了四大支柱產業，我們還有六項優勢產業，「創新科技」就是其中之一。此次《施政報告》提出「智慧城市」的概念之外，中央惠港政策之一——「深港科技創新合作區」的政策極具創新與突破精神。相信推動港深兩地的創科產業生態鏈，可以為香港青年人創造大量的就業和創業機會。

正如習總書記所言，要堅持發展是第一要務、人才是第一資源、創新是第一動力。「科技創新」能夠優化生產力，解放生產力。當越來越多的傳統崗位被科技取代的時候，客觀上對就業市場形成向上流動的驅動力。這種低技術勞動人口「被動地」向「智慧型勞動力」轉變，就是推動質量變革、效率變革、動力變革；是對高質高效、公平可持續的更安全發展的實踐！

構建包容多元穩健的「智慧型經濟體」

創新不可避免伴隨著更替與淘汰。或許在經濟結構改革初期，會出現就業壓力，增加配對難度。對於這些短期影響，政府有責任作出統籌規劃，透過配套政策，積極引導，例如職業培訓、社會福利等方式平穩過渡，最終構建一個具有包容力、多元穩健的「智慧型經濟體」。

「智慧經濟」是一種集科技、信息、知識、環境、文化、倫理、道德於一體的戰略性經濟、創新性經濟。並且相較於其他經濟類型，更加追求對環境保護、人類福祉的深切關懷和人類自由發展的核心目標。簡而言之，智慧經濟更符合以人為本的原則。智慧型勞動者勢必成為經濟發展的主體。「人人有工開」已經不足以滿足高度文明社會中勞動群體的精神層面的追求，人們更為重視從工作中獲得幸福感和滿足感，人們更加重視自身的多維度感受。比以往任何時候都更加追求自由且全面的發展。智慧型經濟下的社會可以打破等級壁壘，更為團結，人們不分年齡、性別各取所需，各盡所能，社會和諧有序。

事實上，香港已在幾年前開始研究建設「智慧城市」。「智慧城市」包含「智慧經濟」、「智慧流動」、「智慧環境」、「智慧市民」、「智慧生活」、「智慧政府」。政府在 2015 年《智慧城市研究報告》中，根據「智慧城市」權威、國際知名城市策略師布特高漢於 2012 年提出的「智慧城市輪」，總結出「智慧經濟」提倡創新和創業精神，聚焦研發高新技術（實行生產和服務自動化及加快工作流程）和發揮創意（開發新產品、服務、市場和知識產權），促進本地經濟與全球經濟連結，以保持城市的活力和競爭力。「智慧市民」則是要重視和培育有創新及資訊科技發展的人力資源，營造便利終身學習的環境，提倡社會多元、靈活、開明和創意，並鼓勵市民通過網絡平台及其他合適渠道參與公共事務。

「智慧型經濟」與「智慧型人才」相輔相成

經濟發展離不開人力資源，「智慧型經濟」構建與「智慧型人才」培養相輔相成。我們首先提倡著力培養高精尖本地人才。機遇可以吸引人才、留住人才，更可以培養人才、塑造人才。香港擁有世界級的高等院校，科研能力一流，充分利用兩地各項聯合辦學、科研合作政策，「產學研」有機結合，積極融入大灣區建設。香港自然是人才輩出，建設祖國，貢獻世界！

真正的智慧型經濟是非常人性化的經濟體，為勞工市場創造的不再是一個崗位，而是一個機會。評定一份工作品質的指標也不局限於薪資待遇和勞工權益，而是包含了勞動文化、心理情緒以及實現個人價值等因素。在智慧型經濟體中的就業市場，更能體現「以人為本」，而「智慧型經濟」的充分發揮，必然會得到一個「智慧城市」。這符合人類社會發展規律，值得推崇與倡導。

我們認為政府應摒棄「小政府」心態，市場主導不等於「政府不作為」，正需要政府宏觀把控去避免「市場主導」淪為資本家壟斷，才有可能改善永遠不對等的「勞資關係」。香港社會發展至今，解決深層次矛盾是全社會共同的期望，我們不再滿足於一份差強人意的工作，我們要建設一個「人人有機會」的公平社會，我們值得擁有充滿幸福感的美好未來。

發展智慧經濟 改革香港就業環境——回應2020年施政報告之二

議論風生
吳秋北

香港位居我國南方，地理位置成就了「背靠祖國，面向世界」的天然優勢，「一國兩制」制度創新更賦予香港獨特的可能性。回歸祖國23年，香港保持了長期繁榮穩定。2019年香港在世界排名中，整體GDP列第38位，人均GDP排第28位。香港有四大支柱產業，共同點是需要一個強大的市場作為依靠，這個最強後盾正是蓬勃向上的內地市場。

國家主席習近平在深圳經濟特區建立40周年慶祝大會上對粵港澳大灣區建設作出重要指導。他指出，要堅定不移貫徹新發展理念；與時俱進全面深化改革；銳意開拓全面擴大開放；創新思路推動城市治理體系和治理能力現代化；真抓實幹踐行以人民為中心的發展思想；以及積極作為深入推進粵港澳大灣區建設。

特首在2020年施政報告中，為香港設計的經濟發展策略——背靠祖國，注入經濟新動力。這與國家在「十四五」規劃中提出的「全面深化改革」，以「創新為第一動力」的規劃一致，相信可以互相借力，彼此成就。故此，我們希望政府能深刻理解「改革與轉型」對新時代下香港經濟發展的重大意義。

作為一個高度外向型發達經濟體，受外界環境影響和衝擊大；本地市場小，消費能力遠不足以支撐經濟發展；產業結構單一，製造業嚴重萎縮，金融服務業抗風險能力弱，加重經濟發展的不穩定性。政府形容香港是一個高度法制化、市場化、國際化的經濟體，在國家這個新格局下的發展機遇是明顯的。**香港享有「一國兩制」的優勢，可以進一步強化國際循環中的「中介人」角色。此觀點保守有餘，進取不足。秉承的是「大市場、小政府」陳規，令人擔憂政府態度依然是「積極不干預」，並沒有決心改善經濟發展累積下來的問題。若一味強調優勢，掩飾不足，勢必走向極端，經濟只會越來越脆弱。**

經濟模式決定就業環境，影響社會走向，工聯會高度關注。若從勞工市場形態反觀經濟形態，又會得到什麼啟示呢？

整體來說，香港就業質素持續惡化，多數行業工種處於「工時長、壓力大、收入低、無前景」的狀況。我們開始面臨兩個問題——本港勞動人口趨向老齡化，以及青年群體就業困難。僱員能力與產能和質量息息相關，也可反映出行業的知識含量高低。如果產業單一、結構固化、向上發展渠道堵塞，自然影響對僱員的吸引力。我們在思考，目前的就業環境是否與經濟發展相適應？如何避免經濟發達，就業品質欠佳，缺乏幸福感的局面？國家發展到第14個五年規劃，「以人為本」作為根本原則提到更高層面。香港作為一個高度發達、高度文明的社會，政府更有條件與責任重視人的發展。就業不再是單純的出賣勞動力，更是理想與價值的體現。我們倡導「人人有機會的經濟發展策略」。

「小政府」不等於「不作為」

除了四大支柱產業，我們還有六項優勢產業，「創新科技」就是其中之一。此次施政報告提出「智慧城市」的概念之外，中央惠港政策之一——「深港科技創新合作區」的政策極具創新與突破精神。相信推動港深兩地的創科產業生態鏈，可以為香港青年人創造大量的就業和創業機會。

創新不可避免伴隨着更替與淘汰。或許在經濟結構改革初期，會出現就業壓力，增加配對難度。**對於這些短期影響，政府有責任做出統籌規劃，透過配套政策，積極引導，例如職業培訓、社會福利等方式平穩過渡，最終構建一個具有包容力，多元穩健的「智慧型經濟體」。**

「智慧經濟」是一種集科技、信息、知識、環境、文化、倫理、道德於一體的戰略性經濟、創新性經濟。並且相較於其他經濟類型，更加追求對環境保護、人類福祉的深切關懷和人類自由發展的核心目標。簡而言之，智慧經濟更符合以人為本的原則。智慧型勞動者勢必成為經濟發展的主體。「人人有工開」已經不足以滿足高度文明社會中勞動群體的精神層面的追求，人們更為重視從工作中獲得幸福感和滿足感，人們更加重視自身的多維度感受。比以往任何時候都更加追求自由且全面的發展。智慧型經濟下的社會可以打破等級壁壘，更為團結，人們不分年齡、性別各取所需，各盡所能，社會和諧有序。

經濟發展離不開人力資源，「智慧型經濟」構建與「智慧型人才」培養相輔相成。我們首先提倡着力培養高精尖本地人才。機遇可以吸引人才、留住人才，更可以培養人才、塑造人才。香港擁有世界級的高等院校，科研能力一流，充分利用兩地各項聯合辦學、科研合作政策，「產學研」有機結合，積極融入大灣區建設。香港自然是人才輩出，建設祖國，貢獻世界！

真正的智慧型經濟，是非常人性化的經濟體。為勞工市場創造的不再是一個崗位，而是一個機會。評定一份工作品質的指標也不局限於薪資待遇和勞工權益，而是包含了勞動文化、心理情緒以及實現個人價值等因素。在智慧型經濟體中的就業市場，更能體現「以人為本」。而「智慧型經濟」的充分發揮，必然會得到一個「智慧城市」。這符合人類社會發展規律，值得推崇與倡導。

我們認為政府應摒棄「小政府」心態。市場主導不等於「政府不作為」。正需要政府宏觀把控去避免「市場主導」淪為資本家壟斷，才有可能改善永遠不對等的「勞資關係」。香港社會發展至今，解決深層次矛盾是全社會共同的期望。我們不再滿足於一份差強人意的工作，我們要建設一個「人人有機會」的公平社會，我們值得擁有充滿幸福感的美好未來。

港區全國人大代表、工聯會會長

2020 年 12 月 8 日《大公報》

解決深層矛盾，合理配置社會財富
—— 回應 2020 年施政報告之三

2020 年 12 月 9 日

顏色革命作為美國策反他國政權，鞏固自身世界霸主地位的手段，要想挑起「革命」需一重要條件 —— 顛覆對象社會內部所存在的深層次矛盾。香港的深層次矛盾是甚麼？

據政府統計處數據，1997 年香港的本地生產總值為 13,730 億港元，2019 年是 28,681 億港元，22 年間增長翻倍。作為國際金融中心，發展經濟始終是香港的核心目標，也一直做得不錯。我們還克服了兩次金融危機和 2003 年「沙士」造成的經濟蕭條。多年來《福布斯》華人富豪榜前十名也多來自香港。2020 年《福布斯》全球富豪榜前 50 名也有兩位香港富豪。香港是一個名副其實的金錢之都，諷刺的是這裏每五個人中就有一個生活在貧困線以下；香港是世界最自由的經濟體，也是貧富差距最大的先進地區。相信這就是我們的深層次矛盾。

勞工及福利局局長羅致光去年一篇網誌中，將香港與法國 2016 年的堅尼系數作比較，香港除稅前及福利轉移前的原住戶堅尼系數為 0.539，除稅後及福利轉移後的堅尼系數仍高企至 0.473，法國則分別是 0.516 和 0.291。而貧困並非是失業者的「獨有」，據《2018 年香港貧窮情況報告》統計，在職貧窮人口也有逾 25 萬。羅致光在結語時提到政府有兩大扶貧舉措，都是津貼！扶貧只靠派錢，難免予人太缺乏「誠意」的感覺。市民不禁要問，政府為何只「扶貧」不「脫貧」？內地脫貧措施就是很好的借鑒。

文章首發表於《大公報》。

政府發表的《2015 年貧窮住戶的開支模式》報告，指出貧窮住戶的「住屋開支」平均為 5,700 元，佔收入 39.7%；全港住戶每月平均開支是 9,300 元，佔收入 35.6%，其後是「食品開支」。顯而易見，除去這兩項生活必須開支，無論貧窮與否，我們都是所剩無幾。政府有責任打破財富過度集中、經濟命脈過度壟斷的格局。

「貧富懸殊資本霸權」是核心

過去十年，香港整體工資率平均每年實質增長是 1.0%。製造業、運輸業都低於平均水準，而房價十年間增長三倍之多。據政府統計報告，就業人士的月薪中位數 1.9 萬，有 45 萬人月入息低於 1 萬，真令人不寒而慄。

據美國《2020 全球生活報告》數據，香港平均樓價 125.4 萬美元，位居全球第一；租金方面，全球租金最貴的十大城市中，香港排第三。有媒體以香港最低工資時薪 37.5 元計算，基層打工仔要每日不眠不休、不吃不喝連續工作約 26 萬小時，即 29.6 年才能存夠平均房價的金額。慨嘆寸土寸金的香港地，上車難，難於上青天。

「人多地少」常被當做樓價高企的替罪羔羊。事實上香港的土地開發率僅有 23.7%，其中用於住宅的更是只佔 6.8%。回歸前後，限制政府賣地的政策，是為平穩過渡。而後立法會內反對填海計劃的攬炒派，還有囤地的地產商，都是為了一己私利，要將無處安身的港人逼向絕路，要令有心解決房屋問題的特區政府，無計可施。

資本主義奉行「小政府」政策，認為自由市場、自由競爭最公平。實際上資本主義服務的根本對象就是資本。自由市場未必導致最公平的資源配置。當我們時刻擔心政府「干預」市場時，我們一廂情願的將資本家當成了「同階級」，那又有誰能替我們對抗擁有最強大影響力的「資本」呢？

人人都識講香港社會撕裂，深層次矛盾造成社會躁動不安。此處想問，我們的深層次矛盾是甚麼？我認為香港的深層次矛盾從來只有一個 —— 貧富懸殊，資本霸權。

隨著疫情爆發，香港公務員制度中陳舊迂腐的一面暴露無遺。人們意識到港英時期遺留下來的並非盡是「優勢」。當我們重新審視《基本法》和《聯合聲明》時會發現，本來為了平穩過渡和保證「一國兩制」實踐的條文，往往成為資本家及攬炒派同謀箝制政府的工具。以「民主自由」之名義綁架基層市民，這種制度不論姓甚名誰，都要徹底改革。

政府於 2018 年將公私營房屋供應比例由 6:4 改為 7:3，以期改善公營房屋供應不足問題，目標單位為 44.5 萬個，周期為十年。此前特區政府為抑制樓價，加辣二套物業印花稅，又或針對非香港身份買家額外徵稅。「房子是用來住的，不是用來炒的！」政府能拿出同樣的魄力來正確對待房屋問題嗎？工聯會主張政府改革土地政策，從根本解決問題。地產商囤地嚴重，導致政府賣出的土地變不成房屋，土地越賣越少，價格越來越高。提高土地價格，其實是羊毛出在羊身上，苦果仍由用家承擔。

突破「自由主義」魔咒限制

我們建議政府對閒置十年以上未落實發展規劃之土地，徵收「土地閒置稅」，並且每五年增收一次，直至落實開發項目。同時要建立機制限制囤積土地的開發商競標新地。

托馬斯·潘恩說：「當財富和豪華不但不能迷惑群眾，反而引起反感時，當它們不但不能招來稱頌，反而被看作是對窮人的侮辱時，當它們的華麗外表成為懷疑它們是否有權存在的原因時，私有主的處境就變得非常危險，只有在正義的體系內他才有希望獲得安全。」當經濟發展引致財富配置不均，公義無從談起。歷屆政府對解決社會深層次矛盾，各有見地，不可說無心。但成效欠佳，皆因藥不對症，不敢觸及根本。

去年爆發的暴亂事件反映出「民情積怨」讓攬炒派有機可乘，對政府的警示作用不可輕忽。當政府不能用強有力的機制避免資本流向過度集中，不能用堅定的信念構建公義社會，就無法成為市民的信賴；只有政府站在公義的一邊，市民才會和政府站在一起。

弱肉強食是森林的法則，但政府不可對社會發展不公視而不見，更不能被「自由主義」魔咒限制；自由從來都有邊界，多元社會豈可以自由之名奴役弱勢一群！「以人為本」是符合人們的共同利益，與此相悖的一切制度都應重新審視與改革。如潘恩所言「個人財富是對創造財富的勞動所付報酬過少造成的結果，這一現象的結果是工人累死，僱主卻富上加富……那麼，個人理當把來自社會的那部分財富歸還給產生它們的社會」。

工聯會主張市民共享社會發展成果，我們憧憬「人人有機會」的和諧社會！我們要求深刻解決社會深層矛盾，政府當與市民一道維護公平正義！

解決深層矛盾　合理配置社會財富——回應2020年施政報告之三

議論風生
吳秋北

顏色革命作為美國策反他國政權，鞏固自身世界霸主地位的手段，要想挑起「革命」需一重要條件——顛覆對象社會內部所存在的深層次矛盾。香港的深層次矛盾是什麼？

據政府統計處數據，1997年香港的本地生產總值13730億港元，2019年是28681億港元，22年間增長翻倍。作為國際金融中心，發展經濟始終是香港的核心目標，也一直做得不錯。我們還克服了兩次金融危機和03年「沙士」造成的經濟蕭條。多年來《福布斯》華人富豪榜前十名也多來自香港。2020年《福布斯》全球富豪榜前五十名都有兩位香港富豪。香港是一個名副其實的金錢之都，諷刺的是這裏每五個人中就有一個生活在貧困線以下；香港是世界最自由的經濟體，也是貧富差距最大的先進地區。相信這就是我們的深層次矛盾。

勞工及福利局局長羅致光去年一篇網誌中，將香港與法國2016年的堅尼系數以作比較，香港除稅前及福利轉移前的原住戶堅尼系數為0.539，除稅後及福利轉移後的堅尼系數仍高企0.473，法國則分別是0.516和0.291。而貧困並非是失業者的「獨有」，據《2018年貧窮情況報告》統計，在職貧窮人口也有逾25萬。羅致光在結語時提到政府有兩大扶貧舉措都是津貼；扶貧只靠派錢，難免予人太缺乏「誠意」的感覺。市民不禁要問，政府為何只「扶貧」不「脫貧」？內地脫貧攻堅就是很好的借鑒。

政府發表的《2015年貧窮住戶的開支模式》報告，指出貧窮住戶的「住屋開支」平均為5700元，佔收入39.7%；全港住戶每月平均開支是9300元，佔收入35.6%，其後是「食品開支」。顯而易見，除去這兩項生活必須開支，無論貧窮與否，我們都是所剩無幾。政府有責任打破財富過度集中，經濟命脈過度壟斷的格局。

「貧富懸殊資本霸權」是核心

過去十年，香港整體工資率平均每年實質增長是1.0%。製造業、運輸業都低於平均水準，而房價十年間增長三倍之多。據政府統計報告，就業人士的月薪中位數1.9萬，有45萬人月入息低於一萬，真令人不寒而慄。

據美國《2020全球生活報告》數據，香港平均樓價125.4萬美元，位居全球第一；租金方面，全球租金最貴的10大城市中，香港排第三。有媒體以香港最低工資時薪37.5元計算，基層打工仔要每日不眠不休、不吃不喝連續工作約26萬小時，即29.6年才能存夠平均房價的金額。慨嘆寸土寸金的香港地，上車難，難於上青天。

「人多地少」常被當做樓價高企的替罪羔羊。事實上香港的土地開發率僅有23.7%，其中用於住宅的更是只佔6.8%。回歸前後，限制政府賣地的政策，是為平穩過渡。而後立法會內反對填海計劃的攬炒派，還有囤地的地產商，都是為了一己私利，要將無處安身的港人逼向絕路，要令有心解決房屋問題的特區政府，無計可施。

資本主義奉行「小政府」政策，認為自由市場、自由競爭最公平。實際上資本主義服務的根本對象就是資本。自由市場未必導致最公平的資源配置。當我們時刻擔心政府「干預」市場時，我們一廂情願的將資本家當成了「同路[illegible]」，那又有誰能替我們對抗擁有最強大影響力的「資本」呢？

人人都議論香港社會撕裂，深層次矛盾造成社會躁動不安。此處想問，我們的深層次矛盾是什麼？我認為香港的深層次矛盾從來只有一個——貧富懸殊，資本霸權。

隨着疫情爆發，香港公務員制度中陳舊迂腐的一面暴露無遺。人們意識到港英時期遺留下來的並非盡是「優勢」。當我們重新審視基本法和《聯合聲明》時會發現，本來為了平穩過渡和保證「一國兩制」實踐的條文，往往成為資本家及攬炒派同謀箝制政府的工具。以「民主自由」之名義綁架基層市民，這種制度不論姓甚名誰，都要徹底改革。

政府於2018年將公私營房屋供應比例由6：4改為7：3，以期改善公營房屋供應不足問題，目標單位為44.5萬個，周期為10年。此前特區政府為抑制樓價，加辣二套物業印花稅，又或針對非香港身份買家額外徵稅。「房子是用來住的，不是用來炒的！」政府能拿出同樣的魄力來正確對待房屋問題嗎？工聯會主張政府改革土地政策，從根本解決問題。地產商囤地嚴重，導致政府賣出的土地變不成房屋，土地越賣越少，價格越來越高。提高土地價格，其實是羊毛出在羊身上，苦果仍由用家承擔。

突破「自由主義」魔咒限制

我們建議政府對閒置10年以上未落實發展規劃之土地，徵收「土地閒置稅」，並且每五年續收一次，直至落實開發項目。同時要建立機制限制囤積土地的開發商競標新地。

托馬斯．潘恩說：「當財富和豪華不但不能迷惑群眾，反而引起反感時，當它們不但不能招來羨慕，反而被看作是對窮人的侮辱時，當它們的華麗外表成為懷疑它們是否有權存在的原因時，私有主的處境就變得非常危險，只有在正義的體系內他才有希望獲得安全」。當經濟發展引致財富配置不均，公義無從談起。歷屆政府對解決社會深層次矛盾，各有見地，不可說無心。但成效欠佳，皆因藥不對症，不觸及根本。

去年爆發的暴亂事件反映出「民憤積怨」讓攬炒派有機可乘，對政府的警示作用不可輕忽。當政府不能用強有力的機制避免資本流向過度集中，不能用堅定的信念構建公義社會，就無法成為市民的信賴；只有政府站在公義的一邊，市民才會和政府站在一起。

弱肉強食是森林的法則，但政府不可對社會發展不公視而不見，更不能被「自由主義」魔咒限制；自由從來都有邊界，多元社會豈可以自由之名奴役弱勢一群！「以人為本」是符合人們的共同利益，與此相悖的一切制度都應重新審視與改革。如潘恩所言「個人財富是對創造財富的勞動所付報酬過少造成的結果，這一現象的結果是工人窮死，僱主都富上加富……那麼，個人理當把來自社會的那部分財富歸還給產生它們的社會」。

工聯會主張市民共用社會發展成果，我們憧憬「人人有機會」的和諧社會！我們要求深刻解決社會深層矛盾，政府當與市民一道維護公平正義！

港區全國人大代表、工聯會會長

2020 年 12 月 9 日《大公報》

為民生謀福祉是「愛國者治港」的必然要求

2021 年 3 月 8 日

主管港澳事務的國務院副總理韓正，在 3 月 6 日早上接見港區全國政協委員，表示自己每日都看香港新聞，非常關注香港現時情況，特別要把疫情和保就業放在突出位置。韓副總理在 3 月 7 日看望港區人大代表團時表示，支持特首林鄭月娥領導的特區政府。香港的當務之急是控制疫情，力爭「清零」。對於「愛國者治港」，是香港政制的大原則，要堅持及貫徹落實，以保「一國兩制」可以行穩致遠，香港長期繁榮穩定。特別強調社會恢復法治、穩定之後，更要一起做好長遠規劃，解決貧富懸殊、住屋等問題。

工聯會作為高舉愛國愛港旗幟的全港最大勞工團體，特別關注香港民生發展。而就業是最大的民生，是社會穩定的基礎，也是滅貧最根本的有效手段。在去年 4 月 17 日的中共中央政治局會議，中央首次在「六穩」（即穩就業、穩金融、穩外貿、穩外資、穩投資、穩預期）工作上，提出「六保」（即保居民就業、保基本民生、保市場主體、保糧食能源安全、保產業鏈供應鏈穩定、保基層運轉），就業正是放在首位。今年的總理工作報告，除了制訂經濟增長目標為 6% 以上，還提出兩項就業相關的指標，即城鎮新增就業 1,100 萬以上，以及城鎮調查失業由 6% 降至 5.5%。可見國家對保就業放在重中之重的位置。事實上，宏觀政策的兩大目標，一個是穩住經濟基本盤，另一個就是優先穩就業保民生。

文章首發表於香港文匯網、大公網。

內地的保就業措施層出不窮、多渠道，既要穩崗擴崗，也為重點群體提供支援和帶動創業。就業優先政策力度不斷加強、聚力增效，但也同時擴大惠及範圍。

不過，萬變不離其宗，保就業的核心有三部分：一，有沒有足夠的工作，工作是否穩定，前者要擴崗，後者要穩崗；二，就業配對的問題，會否出現「有人無工做」、「有工無人做」的情況。這一方面是就業資訊是否流通的問題，另一方面是求職者的技能、偏好和資歷是否匹配。三，假如確實無法在短期內解決個別人士的就業問題，如何能為這些失業人士提供生活保障。

說到穩崗擴崗，疫情之下，有很多行業無法正常營運，打工仔的飯碗不穩。例如旅遊業疫下無工可開。政府便應考慮設立一些臨時職位給旅遊業界的工友，讓他們有工可做；或協助他們暫時轉到其他技能匹配的行業工作；或讓他們在獲取一定金額的津貼下作技能提升。簡言之，就是讓疫情受困的工友能有事可做的同時，有一定的收入應付家庭開支。

新春期間，國家人力資源社會保障部推出「迎新春　穩崗留工送培訓」專項工作，力求實現「留崗一人、培訓一人」，給予留崗人員培訓補貼、生活費補貼和交通補貼，並推動企業「以工代訓」，即企業利用辦公／生產場所進行生產技能培訓，可獲得相關補貼。香港一些受疫情嚴重影響的行業，例如旅遊和美容，是否也能參考內地的「以工代訓」工作，讓企業以培訓留住職位和吸納就業，讓保障工友的基本生活獲得保障？

內地還設有就業專項補助，推動各類勞動力市場、人才市場、零工市場建設，廣開就業門路，目標是為有意願有能力的人創造更多公平就業機會。反觀香港，求職問題主要靠市場自行解決，各行各業缺乏用人和薪酬指標，求職招才資訊雜亂。

而在就業配對問題上，現時內地推動降低就業門檻，動態優化國家職業資格目錄，降低或取消部分准入類職業資格考試工作年限要求。為何要降低門檻而不是提高？這並非要放寬從業人員的水平要求，而是要讓更多具潛質的新人獲得入行機會或職業資格，吸納更多就業，讓新人儘早接受在職培訓累積經驗，但原則是「易入難出」、精益求精，考核嚴謹。

另一方面，香港政府的就業服務相對被動，坐等求職者求助，連最基本的大型全港性就業推廣活動也欠奉。大部分求職者都只是自行到求職網找工作和寄求職信，政府在就業支援上幾乎處於空白。內地官員為保就業絞盡腦汁，五花八門的項目都有。反觀我們的勞福局局長，薪金遠高於內地官員，智力之高毋庸置疑，但就是交不出任何保就業項目！

內地最新近的保就業項目，便有「直播帶崗」，由人力資源和社會保障局（很多時就是局長親自操刀）直播招聘單位辦公現場，讓企業人事部門介紹薪酬待遇，企業高管宣講企業宗旨和發展，令求職者更多掌握用人單位的公司文化和工作要求。

人社局更會安排職業指導師和公共就業服務人員，協助求職者擇業，給予薪酬建議、職業發展路向和路線、心理輔導、在線職業指導，甚至教導求職者在失業期間如何規劃生活與平衡心理。新時代下的就業市場生態變化更大更急促，新興產業造成的新舊崗位更迭，必然引發人力市場波動。勞福局在就業支援上本應有更大的擔當，也只有積極引導，整體把控，才能疏導就業壓力，擴充人才庫，以支持產業持續發展。然香港政府放手不理，讓市場自然解決，鮮有主動介入，勞工處閒得可一度養著顏武周，讓他頻繁搞政治，而不是為保就業出謀獻策。實在是不務正業，丟人現眼！

最後想說，內地和澳門均設有社保基金。澳門的社保基金設有養老金、殘疾金、失業津貼、疾病津貼、出生津貼、結婚津貼和喪葬津貼；內地的社會保險，則包括基本養老、醫療、工傷、失業和生育。香港雖然有綜援，卻要情況足夠差才能申請，覆蓋面有限，非全民福利。特別是現下失業慘重，仍有人在持續半年以上無收入的情況下，堅持不願意申請或者不符合申請資格，也可以看出綜援作為社會福利的局限性。至於強積金，在對沖機制下，其實只是強制性個人儲蓄，算作社會福利，實在徒有虛名。而且工聯並不主張允許中途支取強積金，顧頭不顧尾反而影響退休保障，該由政府解決的問題，怎可轉嫁給市民？內地和澳門的社福政策，都針對人生歷程，按照不同人生階段需要作全盤考慮和支援。這就是人性化的施政思維，絕不是本位思考，做了就算。香港的官僚主義，在保就業、救失業上怠政、懶政不可接受！

高官糧支豐厚，做事欠缺擔當。如要開源節流，應論功計酬，高官人工自能減去大半，節流成功，回饋市民。

2021 年 3 月 6 日，全國人大會議，吳秋北（左）及李引泉（右）。

為官避事平生恥
—— 論香港公務員

2021 年 4 月 16 日

夫素秋肅煞，勁草標於疾風；叔世艱虞，忠臣彰於赴難。

——［唐］《皇甫誕碑》

2019 香港暴亂對香港整體衝擊破壞嚴重，包括對公務員群體和制度，都是前所未有的嚴峻，加上新冠疫情，我們的治港主體 —— 公務員 —— 是否有管治香港的效能，是否適應「一國兩制」實踐中所遇到困難和挑戰；在政治、社會危機下，有顯示出捍衛「一國兩制」的意志嗎？這些疑問尤其突出！我在「新時代工運」論述中曾提及要推動政府作公務員隊伍的改革，在「一國兩制」進入新階段下已是事在必行。

「連儂牆署長」逆市升職，數據顯示無過錯

不久前，「連儂牆署長」晉升常秘事件引起一片嘩然。在 2019 年暴亂中，連儂牆是反動文宣重要平台，內容充斥著對政府、警察、特首、主要官員，包括國家領導人在內的各種抹黑、詛咒、起底。也是其宣傳、動員非法集會，煽動暴力、違法行為的重要工具。各區都設有連儂牆，噴漆、單張更是隨處可見。與黃媒黑記、網絡文宣形成呼應，因連儂牆引起的暴力衝突、流血事件也屢有發生。整體社會氣氛籠罩在黑暴陰霾之中，實際上是對民眾進行無死角、不間斷地灌輸反動思想。

文章首發表於《巴士的報》。

然而，政府公佈涉及連儂牆的 1,600 宗投訴，只有 98 宗進行全面調查，但結果是全部不成立。申訴專員對此的解釋，從行政角度去調查，通過各局提供的數據顯示，並沒有構成行政失當。所以，即便不符合公眾期望，投訴也不能成立。以此邏輯，即便疫情再嚴重，相關官員的工作成效再怎樣不符合公眾要求，只要從行政的角度去判斷，數據上未構成行政失當，就可以升職加薪。這些精英公務員口口聲聲服務香港人，恐怕實際所指不過是一些指引條文、行政程序，至於民間疾苦、公眾期望，那又如何！香港公務員問題何在，據此便能一葉知秋。

行政程序大過天，民心向背棄一邊

香港有近 18 萬公務員，《基本法》規定向特首負責。然而實際上，分管各司各局的主要問責官員不過廿幾人，對於公務員而言，這些「老細」都是「空降」，合作短短幾年，可能面都見不到幾次，如何建設團隊意識和責任擔當？坊間民調泛濫，針對特首、問責官員居多，然而政府施政成效靠的是公務員團隊去落實。《公務員守則》引言就開門見山，公務員隊伍要協助在任行政長官及政府制訂、解釋和執行政策；執行各項行政事務。然而我們見到的卻是公務員團隊對管治班子的隔岸觀火、袖手旁觀，甚至落井下石。主要政治問責官員不要說動不了公務員半根毫毛，更遑論評核其表現了。鐵打的公務員隊伍，流水的特首高官。向特首負責是規定，向 AO 政務官負責才是現實。哪個公務員不對此心領神會！所謂的民望反映在政府官員身上無可厚非，然而公務員團隊是否與首長同心同德，共同承擔施政效果，這已不是效忠國家的問題，而是最基本的職業操守。這不就是「政治中立」的神秘！

「政治中立」近年來被上升到政治立場、大是大非的層面，實有意識形態至上態勢，被反中亂港份子用來對抗效忠的幌子，甚或作為明哲保身、不作為的藉口。實在「政治中立」指的是作為公務員團隊中一員，有保留個人意見的權利，但前提是堅決服從最終決定的執行力，並且不可因異見而怠慢。若做不到，何嘗不是一種行政失當？進一步講，「政治中立」反而不適用於大是大非問題，特首及問責高官固然要講政治，要維護國家主權、安全及發展利益，這些都是作為中華人民共和國特別行政區公務員團隊應有的基本特質、應有之義，這政治能不講嗎？還可以「政治中立」嗎？

「隱形首長團」規管欠奉，怠政懶政形成制度性腐敗

正常情況下，公務員的「政治中立」，所指的是公務員必須忠誠地提供服務，不因個人的政見所左右，而政治判斷則交由問責官員處理。當問責官員確立了政治判斷時，公務員便要盡忠落實這個判斷。《公務員守則》第 4.2 項：「個別決策局、部門和辦事處可由主管定明本身的使命與信念；這些使命與信念須符合《公務員守則》。」那麼，誰才是公務員團隊真正的領導者，這部分人的信念是否與「一國兩制」治理體系相適應？在「政治中立」下是否能夠貫徹落實中央全面管治權、正確理解、行使特區高度自治權？然則其重要性並不亞於特首、高官、立法會。行政主導的本質是公務員團隊的全力配合，盡職盡責，所以公務員團隊的愛國信念與責任擔當是「愛國者治港」原則下的改革重點。只問行政指引和程序，不問施政成效，如此官僚主義，必然導致官員不作為，怠政懶政必然形成制度性腐敗。人們便時常聽聞有不作為的官員，為免其「阻住地球轉」，反被升職的荒謬事。那麼就要從制度上嚴格把關，將陽奉陰違、暗度陳倉的人排除在制度之外；要以德才兼備原則，任人唯賢，建設一支具備國家觀念，適應新時期「一國兩制」要求，高效高能，積極作為，勇於擔當的公務員隊伍。建設香港只有一個方向，就是確保「一國兩制」不走樣不變形，保持香港長期繁榮穩定。這就是公務員不容置疑的共同信念和追求。

國家主席習近平：「一寸丹心唯報國」、「為官避事平生恥」、「上下同欲者勝」

國家主席習近平在 2017 年視察香港時，曾以三句金句相贈新一屆領導班子。分別是「一寸丹心唯報國」、「為官避事平生恥」、「上下同欲者勝」。習主席強調，香港是中國的一個地方行政區，作為政權機構的主要成員，都要有國家觀念，在開展政務活動或處理有關問題的過程中，要善於站在國家的高度來觀察和思考問題，自覺維護國家主權、安全、發展利益，履行自己對國家的責任。同時，「一國兩制」是前無古人的創舉，香港社會政治環境又十分複雜，在香港當官，不是一件輕鬆舒適的事情。在全面貫徹、準確落實「一國兩制」方針、務實解決經濟民生方面長期積累的矛盾和困難、加強青少年對國家歷史文化教育、依法遏制「港獨」活動、維護香港社會大局穩定，都需要大家迎難而上、積極作為，有的時候還要頂住壓力、保持定力。除此之外，團隊精神必不可少，特別是特區政府管治團隊是一個整體，「一榮俱榮，一損俱損」，勉勵大家要全面落實和完善以行政長官為核心的行政主導體制，處理好行政立法關係，真正做到「議而有決、決而有行」，確保政府依法施政的順暢高效。此一番話對象不僅是政府高官，更是政府高官領導下的行政隊伍。如果公務員人人以此自省自勉，又何愁團隊缺乏向心力與凝聚力。

事實上，中央對香港的公務員隊伍是信任有餘，要求不足。通過《基本法》內有關公務人員的相關條例可見，在特區政府成立後，最大限度的沿用殖民政府管理辦法，包括公務人員的招聘、僱用、考核、紀律、培訓和管理的制度（第 103 條）。最大程度的任用特區成立前政府各部門，包括警察部門任職的公務人員，其年資予以保留，薪金、津貼、福利待遇和服務條件不低於原標準（第 100 條）。以及最大範圍的包容國際人士參與香港管治，除司、局級以及幾大紀律部隊長官等職位必須由無外國居留權的特區永居的中國公民擔任外，其他政府人員均可任用原港英政府就職人員，並且不限制新受聘者為英籍香港永居和其他外籍身份（第 101 條）。

反觀對政府人員忠誠度的要求，只有一句：擁護《基本法》，效忠中華人民共和國香港特別行政區。有關考核、審查、監管、懲治等辦法一律欠奉。

公務員舊制難落實「愛國者治港」原則

香港回歸至今，沿用港英政府公務員管理辦法，從實際效果來看，顯然已經不合時宜。問題出在哪裏？首先要理解殖民政府在 1970 年代啟動「行政吸納政治」策略的用意，其背後的佈局和考量甚為複雜，涉及英國本國的政治環境，以及外交策略，更重要的是為之後的主權移交做鋪排。表面上對於在 1967 年以前根本無權參與政府管治的華人而言，此舉成為收買民心、體現民主的「恩賜」。據統計，1950 年代，香港 47 名政務官中只有 1 位華裔政務官。1966 年 146 個政府高層職位中，24 個職位由本地人士擔任。1977 年時，首長級別的 337 名政務官中，本港人士佔到 42.1%，有 142 人；1981 年時，升至 258 名本地人士擔任高級政務官，增幅為 81%。從數據上看，殖民政府吸納本地華人，釋放了權力。然而他們並沒有培養本地華人成為高級政治精英的誠意，事實上，基於英國國家安全考慮，重要職位仍由英國人擔任，本地華人若要晉升到首長級官員或者部門主管時，需要接受港英政府的「保安審查」。為了避免華人官員接觸政府核心文檔，更將高級官員分為兩部分，並規定一部分必須由英國人出任，另一部分應該和應當由英國人出任才合適。港英政府也提高重要檔案的閱讀權限，以避免華人官員危害英國國家安全。顯然，港英政府徹頭徹尾地實行「愛英國者治港」，那麼這套制度培養出的公務員，具有根深蒂固的「戀殖情結」也是理所當然。如果我們還指望這套「戀殖」的舊制度，可以做到「愛中國者治港」，那就是政治幼稚病入膏肓！

談到香港殖民歷史在政治上所遺留下來的種種問題，「居英權」必然是中央的隱痛。有人將其視為動盪之中的「保險機制」，我卻認為它是一塊位置尷尬、形狀醜陋、羞於示人的紋身，將民族屈辱刻在肉身，寫入靈魂。

1984 年正式簽署《中英聯合聲明》，其中明確香港人不會獲得英國的居留權。英政府 1985 年制訂《1985 年香港法案》，1987 年開始向港人簽發不具居留權的英國國民（海外）護照。1989 年北京發生六四風波，香港媒體大量不實報道，製造「坦克和武力鎮壓」、「血洗天安門」的謊言，掩蓋顏色革命本質。製造港人對政治前景的擔憂，加劇對主權回歸的恐慌感。1990 年，英國違反《中英聯合聲明》，在香港推出最高五萬家庭額度的「居英權」計劃。計劃特別針對曾經從事敏感職位的政府公務員，以及對香港有貢獻、關乎香港前途的重要人士，並由港督主動邀請，計劃於 1996 年 12 月 31 日結束。到底有多少公務員獲得並且接受邀請，這自然是英國政府的機密，同時也是絕大多數申請人內心深處的難言之隱。

如《基本法》所列，特區政府幾乎對港英時期的公務員隊伍照單全收，除第 101 條之外，對公務人員的國籍並無限制。1990 至 1996 年期間的政務主任級別以上的政務系公務員，獲邀申請「居英權」則是情理之中。當時移民潮洶湧，若是這批服務港英政府多年的「政治精英」在主權回歸後流失，必然是政府的遺憾。英政府批予這些忠於自己的港人精英逃往英國的特許，永不作廢，就此英國成為他們心底真正的依靠。誠然這是特定時期、特定政治背景、特定人群的「秘密」計劃，我無意譴責獲此甄選殊榮的特權階級。只是當這些昔日政務主任，今日常秘、首長們，面向中華人民共和國國旗、香港特別行政區區旗莊嚴宣誓效忠時，懷揣著一個和英國政府之間的秘密，能否說服自己？能否令下屬、市民信服？

「去殖」須徹底，愛國愛港才是主流價值觀

時過境遷，公務員隊伍要有主人翁精神，要轉換思維，擔當建設香港的一份子。公務員不是政府的僱傭兵，而是落實政府政策最堅定的執行隊伍。港英時代推崇「政治中立」，目的是要讓公務員「政治空白」，純粹為英政府所制訂的政策服務。時至今日，香港已回歸祖國，公務員可以名

正言順地盡忠自己的國家。政府工不只是高薪厚祿，不只是精英標籤。公務員隊伍是社會風氣的縮影，是「一國兩制」方針的重要實踐者。社會需要思考，「港人治港」到底是戀殖港人治港還是愛中國港人治港，更有利於香港長遠發展和核心利益。部分「精英」港人常迷惘於身份認同，常困惑於英屬港人與中國人之間，到目前仍有人懷揣個 BNO，就當自己是二等英人或高級華人！事實上即便是在殖民統治時期，一般香港人的國際公認身份也從來都是中國人。這迷惘實在是罔顧事實，庸人自擾。著名作家李敖曾經這樣評論台獨思想，對於「台灣人」的概念，不在於你自己是否認同，而是國際是否認同。如果世界上主要國家都不承認台灣獨立，那麼「台灣獨立」的自我認同，只是一個笑話。所以，世上就連假惺惺的大不列顛國都不擬把你當英人，你自動送上門不就是另一笑話嗎？！對於主權回歸後，有人將「港人治港」、「高度自治」曲解成香港獨立的行政基礎、法律依據，更是荒謬至極。既然沿用舊制度做不到建設香港，服務港人，那麼去舊立新，時不我待。香港並無再耗下去的本錢。

香港暴亂對香港整體衝擊破壞嚴重，包括對公務員群體和制度，都是前所未有的嚴峻，加上新冠疫情，我們的治港主體——公務員——是否有管治香港的效能，是否適應「一國兩制」實踐中所遇到困難和挑戰；在政治、社會危機下，有顯示出捍衛「一國兩制」的意志嗎？這些疑問尤其突出！我在「新時代工運」論述中曾提及要推動政府作公務員隊伍的改革，在「一國兩制」進入新階段下已是事在必行。

維護勞動尊嚴，推動社會進步，繼續工運未竟之業——寫在五一國際勞動節前夕

2021 年 4 月 28 日

今年的五一國際勞動節別具意義。為甚麼？大國博弈，國際關係波譎雲詭，美國謊稱新疆有「強迫勞動」，打人權牌抹黑中國，實為美國新的對華攻勢。其實「強迫勞動」切實存在於百多年前 19 世紀的歐美國家。當時資本家透過不斷增加勞動時間和工作強度來剝削工人，工人每日要工作 14 小時以上，甚至長達 18 小時。在 1866 年，國際工人聯合會在日內瓦會議提出 8 小時工作的口號。到 20 年後的 1886 年 5 月 1 日，美國芝加哥市中心發生 35 萬人大罷工，要求改善待遇，實行 8 小時工作制。當時的芝加哥政府派警員鎮壓罷工，到同年 5 月 4 日釀成了歷史著名的「乾草市場屠殺」！原本的和平示威，演變成炸彈爆炸，加上警方開槍，最終導致 7 名警員以及至少 4 名民眾死亡。最終，8 名無政府主義者被判共謀罪，7 人判處死刑（其中 4 位被絞死），1 人判 15 年徒刑。然而，在 8 人的審訊過程中，證據顯示只有 1 人有可能製造炸彈，但受審的所有被告都獲證明沒有投擲炸彈，當中 5 人更根本沒有在工運現場。美國這個才是真真正正的迫害，才是赤裸裸的冤案！

事實上在封建的舊中國，地主所加於長工的，同樣是充滿壓迫與剝削的不平等勞動關係，這始終是造成階級對立的主要矛盾。1840 年鴉片戰爭之後，中國由封建社會淪為半殖民半封建社會，壓迫與剝削則從民族內部矛盾，上升為帝國主義與中華民族之間的矛盾。從此，頑強不屈的中國人民，特別是在中國共產黨的帶領下，開始了漫長而艱苦卓絕的反帝反封建

文章首發表於香港文匯網。

鬥爭。百餘年來，中國人民從未放棄民族復興的理想。中共革命的勝利是無產階級的勝利，新中國的成立是中國無產階級勞動人民當家做主的歷史里程碑。所以毛主席說「中國人民從此站起來了」，既是指勝利擊退西方列強侵略中華民族，也是意味著飽受封建主義壓迫的廣大中國無產階級勞動人民的翻身。

世界普遍認可 8 小時標準工時，工聯會冀政府促成勞資雙贏

勞動者，始終是世界人口的主體。勞動權益關乎千家萬戶，也反映出不同社會形態的實質。今天，8 小時工作的觀念相對普及，我們要感謝受迫害的工人先烈的爭取和付出，8 小時工作，8 小時休息，8 小時生活，正是五一勞動節的初心。但工時過長的問題，依然是很多社會，特別是資本主義社會的痼疾。內地在 1952 年已有 8 小時至 10 小時工作制的安排，到 1994 年通過的《中華人民共和國勞動法》，便規定了「國家實行勞動者每日工作時間不超過 8 小時，平均每周工作時間不超過 44 小時的工時制度」。近期，有媒體便報道，美國高盛初級分析師的工作調查顯示，他們的每周工作時數高達 95 小時，每晚睡 5 小時，更被過度監視，已到「不人道」和「虐待」的程度。西方又有沒有因為高盛的「強迫勞動」而制裁高盛？美國至今未有把勞動節設在 5 月 1 日，不肯正視過往醜行，是對勞動者的蔑視與不公！自身劣績斑斑，還好意思捏造別人「強迫勞動」，還有資格提「政治犯」，世上之無恥和虛偽莫此為甚！

香港一直位處長工時地區前列。在近期美國手機保安技術公司 Kisi 發表的《2020 年工作與生活平衡城市》排行榜中，香港成為「全球最過勞城市」，並在「最佳工作與生活平衡的城市」排名尾六。多年來，工聯會始終堅持爭取立法訂立標準工時。因為我們相信，工作與生活需要平衡，人活著不單只是為了工作和糊口，更要有時間去陪伴家人和發展自己的潛能天賦。人除了工作和睡眠，還需要有適量的休閒，讓身心得以健康發展。

僱員身心健康，生產力更高，其實對勞資雙方都有利。而能夠促成這種雙贏局面的只有政府。

政府高官對失業之痛隔岸觀火，對勞資採取雙標，有違公義

在如今疫情下，如何處理好勞資關係更為重要，互相體諒包容，是渡過難關的關鍵。現時就業市場環境惡劣，風高浪急，最新失業率雖輕微回落 0.4%，但仍處於 6.8% 的歷史高位，失業人口近 26 萬人，就業不足人數接近 15 萬人。財政司司長表示，「我們必須儘快令本地疫情完全受控，才能恢復與內地及國際間的商務和旅客往返，否則就業市場將難以全面改善」。疫情不是財政司司長控制和負責，這個說法是否屬於另類推卸責任？司長是否仍打算守株待兔、被動思維等待疫情受控自行解決就業市場問題和工人的困境？如果是要等疫情受控，那為何要用公帑高薪聘請財政司司長和勞工及福利局局長來等？疫情反覆，司長和局長的責任，就是讓僱員在反覆的疫情下有相對穩定的工作和收入，而不是等時間讓疫情過去。基層失業工友有條件等嗎？有資源等嗎？去年 10 月 14 日，香港與新加坡達成「旅遊氣泡」協議，至今等了六個月，效果仍是未知數。事實上，很多旅遊業界的工友，早就是超過一年零收入，以政府施政邏輯，再過一年，也還是要等工友自求多福！這政府哪來的定力！基層工友並非貪圖政府福利，而是要一份有尊嚴、能用雙手養活自己和家人的工作。就是這樣簡單且卑微的要求，過分嗎？以勞福局長之聰明才智，就是不用在失業工友身上，真是其心何鐵，其意如石！只動嘴皮說「對這四十萬打工仔而言，痛感仍強烈」，司長和局長無異在隔岸觀火！

政府需要主動為基層工友解決困難，特別是在救失業保就業方面。政府在疫情之初推出的「保就業」計劃，市民工友難以受益，怨聲載道，肥了商界則非常明顯。類似計劃漏洞百出，更有部分人士詐騙計劃援助，智商超群的勞福局局長怎就沒能排除漏洞？而為工友做的一些臨時支援政策，卻又諸多推搪，深怕多花了一分錢在工友身上。政府對商界寬厚卻對勞工涼薄，這明顯的「雙標」更凸顯社會的不公義！

精英壟斷大灣區發展機遇加劇社會撕裂，智慧社會要共享共贏「人人有機會」

另一方面，政府鼓勵港青年投身粵港澳大灣區。然而，政府推出的政策，多以高端產業為目標，並無協助基層工友融入整個灣區。「上流精英」從來不缺機會，大灣區內各省、各市、各企業都有各類引進人才的計劃，根本無須政府特別費心。反觀香港的文化、娛樂、美容和餐飲等行業，有不少人才適合到內地開拓和發展自己的事業，他們更需要政府的協助以打進內地市場。如果政府施政貪圖順水推舟，取巧畏難，將發展機遇壟斷在金字塔尖的精英手中，無疑是在加劇社會撕裂。工聯會在「新時代工運」論述中倡導「人人有機會」的智慧社會，重點就包括機遇共享，共建的前提是機遇共享，機遇屬於有準備、有能力的人，而政府在頂層設計中，要涵蓋人才、人力的培養和扶持。如此才能實現科學可持續的共榮，才是全社會各層級的共贏。

五一國際勞動節，是紀念公義必勝的節日，是警示全社會守護勞工權益，尊重勞動尊嚴的節日。勞動者作為社會建設的基石砥柱，往往因為資源分配不公淪為弱勢底層，社會對勞工權益的關注重視，是對人權、公義、民主、自由的最好詮釋。工聯會在「新時代工運」事業中會一如既往履行工會職責，為打工仔爭權益，捍衛勞動尊嚴。通過更為全面、多層面的參與管治，為民發聲。將政府傾斜了的施政的天秤拉回來。工會的力量永遠來自工友群眾，我們要團結一切可以團結的力量，不斷壯大，成為不可忽視的群體，共同守護權益，彰顯公義，把命運牢牢掌握在自己手中！

還我香港青年！
—— 愛國愛港才是香港青年立身之本！

2021 年 5 月 4 日

是日五四，壯哉青年！偉哉革命！美哉青春！

百餘年前的 1916 年，中國最早的馬克思主義者，中國共產黨主要創始人之一，27 歲的李大釗先生，在其發表於《新青年》雜誌的文章〈青春〉裏，向國人提問：「人類之成一民族一國家者，亦各有其生命焉。有青春之民族，斯有白首之民族，有青春之國家，斯有白首之國家。吾之民族若國家，果為青春之民族、青春之國家歟，抑為白首之民族、白首之國家歟？」當時的中國，正處於軍閥統治，積弱落後，列強侵略，政權更替，民不聊生。人們渴求拯救中華民族的新思想、新道路。這是一篇喚醒時代，令無數青年覺醒的文章，為隨後的「五四運動」吹響了衝鋒號，偉大的革命由此孕育。

「五四運動」後兩年，中國共產黨成立。可以說「五四」及新文化運動為中國共產黨的成立作了思想和人才的準備，也因而令中國發生翻天覆地的變化。今年剛好中國共產黨建黨一百周年。9,191.4 萬名黨員，青年黨員超過總數三分之一。百年大黨正青春，中國共產黨領導下的中華民族充滿活力，奮發圖強，正要在不久的將來，實現無數仁人志士，當年的愛國青年追求的中華民族偉大復興。這是對革命前輩建設「青春之國家，青春之民族，青春之人類，青春之地球，青春之宇宙」理想的新時代迴響。

文章首發表於香港文匯網。

「國家興亡，匹夫有責。」中華青年從古至今都有強烈的家國情懷。始終將個人命運置於國家興衰之中，正所謂國之不存，民將焉附。近代以來，即便是那些戰火紛飛年間留學海外的有識青年，也是胸懷報效祖國、拯救民族危難之使命。有血性的青年大有人在，他們不屑苟活。這便是中國革命星星之火可以燎原的偉大生命力 —— 中華兒女，復興中華，生為人傑，死為鬼雄！

香港地從不缺少革命火種。20 世紀初林昌熾等三位青年便成立馬克思主義研究小組和共產主義青年團。及後更有兩場大規模的工人運動 —— 香港海員大罷工（1922）及省港大罷工（1925），即是香港工人運動的先鋒，培養出無數的革命青年，成為中國革命的延續與支撐。包括後來發生的 1967 年反英抗暴運動，是為勞工權益而戰的愛國工運，也是反帝反殖的革命。在港英殖民統治話語壟斷和時代迷霧的遮蔽下，現今年輕人甚少關心真正的歷史，一切都碎片化、口號化。香港現在未經去殖卻已「回歸」，廿多年來未能培養青年更多的國民意識身份認同便不奇怪。所以身為一個中國人，仍將今日「一國兩制」下的特區政府與昔日殖民政府相類比，也不能全怪青年的無知。香港的部分年輕人顯然對主權、政權於國民的意義未有理解，也還沒學會做香港的主人、國家的主人。這認識歷史真相的課要補，青年重新接續中華民族血脈才能健康成長。

一場具有生命力的民主革命，不會是違反民意、損害人民利益、生造出來的顛覆與動亂；被外力設計、操控、煽惑的顛覆與暴亂結果只能是可恥的失敗。2019 年的修例風波，被反對派冠以「光復香港，時代革命」之名，試圖掩蓋顏色革命的本質。即便香港因資本壟斷造成的諸多深層次矛盾亟待解決，那也是尋求更好發展的問題，何須煽動群眾癱瘓政府、顛覆政權？何來深仇要置諸死地而後快！當其矛頭直指中央政府，中共政權，並輔以黃媒黑記的誤導和弄虛作假新聞，其性質便不再簡單 —— 那邪氣沖天、本土反對派勾結西方反華勢力便暴露無遺。

今日反思整場運動，沒有贏家。而其中最令人心痛的，仍然是受到誤導，捲入其中的熱血青年。熱血何辜？！魯迅先生不也說，中國的青年要擺脫冷氣？然而我們真正要問，香港部分青年為何將自身置於國家對立面，飛蛾撲火般要香港與祖國分離，甚至脫離中華民族。試問這斷了民族血脈的「熱血」，會是甚麼顏色？下場只有潰敗和滅亡。

到底是誰閹割了香港青年的民族意識，偷走了香港青年的中國魂魄？是近代崇尚洋務的自卑思想，還是百餘年殖民統治歷史的傷害？香港的教育自詡自由、辯證，實則早就被西方思想挾持，無限抬高西方思想，去民族化、自我矮化、喪失自尊、自取其辱。追求先進沒有錯，然而何為先進，何為落後絕非千古不變，需要不斷審視與判斷。香港雖回歸快 24 年，教育仍在一代又一代地殖民統治香港青年。從西方勢力香港代理人黃之鋒在 2011 年成立學民思潮反對國民教育開始，2014 年非法佔中，2016 年旺角騷亂，2019 年的修例風波，香港部分青年人在渾然不知的情況下，被反動勢力有計劃、有目的地洗腦、操控、訓練，前赴後繼衝上火線，走向犯罪，前途盡毀。然而青年是國之將來，民族之希望。青年之失正是家國之痛。這歹毒計劃分明就是要滅我中華。躲在青年身後的西方勢力居心叵測，那些綁架青年的香港反對派才更是千古罪人，罪無可恕！

截止 2020 年底，因反修例事件被捕的 10,200 人中，四成是學生。這些誤入歧途的青春少年，實際上是在為反對派的惡行埋單。而除此之外的每一個香港青年，無論是參與運動的，還是冷靜旁觀的，相信 2019 年的夏天、悔不當初的青春歲月，都會是他們終生抹不去的記憶，必將消耗一生去不斷反思和消化。那成為民族罪人的，必永被釘在歷史的恥辱柱上！

最後，贈與青年朋友幾句感悟：當你有所懷疑時，就去學習；當你深信不疑時，記得學習。學習探索和思考，學習不一定會給你答案，甚至會增添迷惘，但是學習可以讓你冷靜，也會令你奮發。香港正在經歷一個不平凡的時代，世界終究是年輕人的，我們幫助青年成長，成長為國家和民族的棟樑之材，就是對歷史最好的交代，就是對「五四」先賢的告慰。

中華雖古國，其命維新；中華民族天不能死，地不能埋！人類的希望和未來必在我中華！願我香港青年覺醒！

願社會共同呼喚：還我香港青年！

願香港青年與祖國同行共進！

2021 年五四

2022 年五四

2023 年五四

自尊自強，尋回香港青年愛國根本

2021 年 5 月 20 日

2019 年修例風波中，極具符號性質的港英龍獅旗時常出現在大小示威遊行和暴力現場。關於那些香港青年，我常想像面具之下一臉稚嫩，是以怎樣的表情揮舞那面記錄著民族屈辱的旗幟。

在殖民統治時期，「中國人」三個字不曾令港人焦慮或迷惘。殖民政府管治體系等級分明，最多做到高級華人、華人精英。位同洋人都談不上，更別說准你做洋人。150 年漫長的殖民統治，直到 1987 年回歸前，英國政府才忽發慈悲，開始向港人發放「英國（海外）」（BNO）護照，此舉更多是搞分化的撤退策略，和近來英國大打 BNO 牌支持黑暴的無恥行徑同出一轍。那護照上刺眼的「海外」兩個字，正是「宗主國」對香港人再清晰不過的身份界定，只是仍有部分持 BNO 護照的港人當那是身份的象徵，實在是自取其辱、自失身份！更為諷刺的是在回歸近 24 年後，「香港人是不是中國人？」成了部分香港青年，甚至從未經歷過殖民統治、回歸後出生的新一代，理不清、想不透的人生課題。我們的青年怎麼了？是甚麼讓這些香港人沒了根？又是甚麼切斷了這些香港青年的民族血脈，抽空了中國魂魄？

抵抗侵略奮發圖強，找回迷失的集體自尊與自信

近代中國遭受列強侵略，中華民族五千年文明面對前所未用的挑戰和威脅。西方國家在世界各國進行了五百年的殖民掠奪，實現自身現代化崛

文章首發表於《環球時報》。

起。發展到明清時期，中國便成為西方殖民帝國最後要攻佔的堡壘。清朝乾隆盛世，當然有底氣有自信拒絕英使馬戛爾尼的無理要求。只是東方古國盛極而衰，那「自尊自大」便成為「閉關鎖國」、走向衰敗的關鍵。及至晚清，國人在大英帝國、東印公司走私鴉片的荼毒下，一蹶不振。1840年中英鴉片戰爭，清王朝戰敗，自此開啟了割地、賠款、賣國、不平等條約等喪權辱國的近代屈辱史。自乾隆盛世到1840年，其間不到50年，古老帝國的崩塌何其迅速！這對天朝大國的打擊何止是領土和國家利益，更深重的打擊還在精神和自尊。當時的有識之士也有洞察危機，醒覺國家落後，如魏源、龔自珍、林則徐等，但已無力挽狂瀾。大小戰爭節節敗退，中國人受盡屈辱打擊，卻始終堅持發奮圖強，所以有洋務運動，有「師夷長技以制夷」，「中學為體，西學為用」，戊戌變法，君主立憲，辛亥革命，五四運動，以至中國共產黨領導的革命……可以說，近現代是中華民族的屈辱史，也是中國學習西方、追趕西方現代化的過程。在這過程中有因自尊而自大、因自尊而自卑自賤，當然還有因自尊而自強。自大影響學習，不會進步；自卑自賤則是失敗主義；只有自強才能實現真正的自尊。重建自尊自信談何容易！在這救亡圖存的歷史進程中，香港雖被英國殖民統治，滾燙的中國心從未與祖國真正分離過。

愛國港人支援祖國共患難，致敬為國而戰的民族脊樑

新中國的集體自尊，重建於共和國首戰——抗美援朝戰爭勝利，是志願軍用鮮血換來的。當年在香港的愛國商人、愛國工會，也都義無反顧為維護國家尊嚴，突破封鎖，運送物資支援抗美援朝戰爭。喪權辱國的慘痛經歷使我們對國家利益特別敏感，維護民族生存、國家發展，以及經濟財富的意識特別強烈。而維護國家利益更深刻、更重要的就是維護國家集體尊嚴。無可否認，過往追趕「西方文明」，實現現代化的過程中，將西方經驗和「文明」視作實現現代化的唯一途徑，也造成了根深蒂固的文化自卑。

百多年屈辱史，不能忘記在國人前赴後繼尋求救國的道路上，為維護民族自尊而作出犧牲，勇敢抗爭和自強不息的志士仁人！我們要向那些在艱難卓絕的環境下，仍不失信心，抵禦外侮，反英抗暴，支援國家建設的民族脊樑致敬！歷史證明封建帝制或是資本主義都無法解救中國，唯有馬克思主義思想指導下的中國共產黨讓中國人民擺脫落後和屈辱，從廢墟中爬起來，在挫折中成熟起來，在世界的交鋒中重拾自信。這是一條中國人自己一步一腳印走出來的中國特色社會主義現代化發展道路，人民物質生活與文化自信都發生了巨大的變化，相信這都是內地同胞的切身體會。

對祖國認識不足加深隔閡，百年殖民教育欲斷民族血脈

反觀香港問題，也有不少香港人與祖國發展嚴重脫節，對於新中國的認知比較膚淺，道聽途說多過親身感受。「一國兩制」實踐之初，內地和香港被簡單化為「井水不犯河水」的關係，認為是對「一國兩制」方針最佳維護與落實，這符合當時的背景。那只是對換了國旗必然愛國，「高度自治」必然以「一國」為前提的理想預期，顯然過於樂觀了。到了 2003 年「七一事態」後才開始覺悟。香港擁有一個完全開放、不設防的信息網絡，我們的青年不斷地被灌輸兩類信息：「西方民主如何好」和「社會主義如何壞」，並且以此為方針，在教育、媒體、管治方式，以及文藝等各方面持之以恒的滲透。加之反對派煽風點火，蓄意扭曲「一國兩制」，總以「高度自治」、國際標準為由，對祖國避之不及，逢「中國」必踩。不誇張地講，回歸後的青年仍然在被動接受殖民教育，部分便成為「顏色革命」的助燃劑。截止 2020 年底，修例風波中有超過一萬人因為涉暴被捕，其中四成是中學生，這是對香港全社會，特別是教育界的沉重審判，我們必須充分認識這個教訓，徹底改革，拯救我們的孩子。

回顧香港教育發展，開埠之初殖民政府將香港原居民認定為社會階層很低的「流民」，不具備接受義務教育的價值。1897 年時任港督希望港人精通英語，遵守英國的律法和憲法，忠心於英女皇。基於此，逐步開始推行英語教育，紀錄顯示訓練華人學好英語方便從事雜工、抄寫員、翻譯員等職業。英國一方面推行英語教育，一方面著力防範民族主義思潮。特別是 1920 年代以來內地革命對香港工運的影響，讓港英政府面臨巨大衝擊，當時便有校長提出不要讓中國人讀中國史，當一個人知道自己國家的來龍去脈，民族情懷就會出現。1900 至 1911 年，記載顯示有超過七成人無機會接受教育，政府用於教育支出的稅收也只有 1.4% 至 2.4%。受六七反英抗暴及民間壓力，港英於 1970 年代初開始推行九年強制教育，以期通過提供較佳的受教育和就業機會、青年福利等培養歸屬感，化解港英政府的認受性危機。教學仍以英文為主，傳統愛國學校更是長時間被排擠在政府資助系統之外。可見港英政府在港實行的教育方針始終是以有利於殖民統治為目的。

文化殖民扭曲意識，影響深遠；正本清源救我香港青年

香港的教育政策雖然隨時代需要而有發展更新，但唯一百年不變的是國民教育的缺席，造成青少年普遍國民意識的薄弱。香港回歸後卻沿用殖民時期教育體制和施政理念，這就讓別有用心之徒鑽了空子，實施逆向愛國主義教育。回歸後成長的一代青年學生，從反對國民教育發展到最終走上街頭，搞港獨、暴力、攬炒，將賣國求榮的英美代言人奉為偶像。如此教育顯然出了大問題！我們必須重新審視目前教育理念、教學內容，是否與「一國兩制」相適應，是否能夠培養出愛國愛港的棟樑之材。另外，香港早已推行兩文三語教育多年，中文（粵語）與英語同為官方語言，然而以公務員隊伍為例，在工作中更為推崇英文，刻意邊緣化中文的使用，以能操漂亮英語為優越，更有以不懂中文為榮的造作。語言即是文化，這何嘗不是戀殖思想在作祟？我們當然應該鼓勵學習外語，也可以懂外語而自豪，但絕不能以此作文化上的自我矮化、自我否定、自我淘汰，作身份認同。港人身份的自信難道來自英語，來自殖民歷史嗎？由此可見文化殖民

令人意識扭曲變態，影響深遠。

回望回歸前，內地和香港制度上的不同，也沒有阻礙經濟上的合作發展；意識形態對立也沒有造成同胞之間太多思想和文化上的誤解與隔閡。國家觀念、國民意識從來不只是主權維護和憲制責任，還有文化認同、傳承與尊嚴。愛國教育，不是一門叫作「國民教育」或者「公民教育」的學科，而是流淌在每一個公民血液裏的熾熱虔誠的家國情懷，當血脈相通，匯聚在一起所形成的社會向心力，就是對青年們最好的愛國主義教育。所以，在我們質問香港青年為何不愛國時，我們要首先思考是甚麼阻礙了培養香港青年的愛國情懷？教育青年的老師愛不愛國？管治社會的高官、公務員愛不愛國？掌管輿論大權的媒體愛不愛國，更要問一問回歸後沿用港英政府的各種制度到底愛不愛國！如果這個社會運轉的邏輯出了錯，我們又有甚麼資格責備青年？

2021 年端午

沒有共產黨就沒有新中國；沒有共產黨，何來一國兩制！

2021 年 6 月 12 日

今日四個中央駐港機構在港舉辦「中國共產黨與『一國兩制』」主題論壇。中國共產黨誕生在各種新思維交織的年代，是極具創造力和頑強生命力的人民政黨。以 1840 年鴉片戰爭為標誌的近代中國，由一個封建落後的古老帝國，淪為半封建半殖民地國家，無數仁人志士上下求索，一心拯救中華民族。幾經嘗試，反覆挫敗，終於，是思想先進、勇於鬥爭的中國共產黨人在馬克思主義思想的指導下，堅持實事求是，篳路藍縷一百年，走出了一條不平凡的探索道路，在中國共產黨的帶領下，如今我們比歷史上任何時候都更接近中華民族偉大復興。這是中國共產黨的成功，是全體中國人民的驕傲，因為中國共產黨生於偉大的人民群眾，服務偉大的中國人民，人民正是中國共產黨權力與活力的來源，沒有偉大的人民就沒有偉大的中國共產黨。「其作始也簡，其將畢也必巨」，習近平總書記要求全體共產黨人「不忘初心、牢記使命、永遠奮鬥，才能讓中國共產黨永遠年輕」。中國共產黨人也的確從未忘記自己的初心與使命，這就是只有中國共產黨能夠救中國、富國民、強民族的道理。

沒有中國共產黨，就沒有新中國。復興之路坎坷艱辛，香港順利回歸，保持長期繁榮穩定，正是挑戰之一。「一國兩制」是中國共產黨的偉大創舉，同時，也符合中國共產黨一貫的實事求是、人民為本的執政理念，也是中國共產黨的智慧與包容性的體現。「一國兩制」作為中國特色治理體系的重要組成部分，在香港地區實踐落實，成效關係到民族整體利益。百年黨慶來臨之際，在香港舉行論壇，親切隆重，足見中央對香港的重視，對「一國兩制」的珍惜與堅持。正如駱惠寧主任在致辭中所強調的，沒有任何人比中國共產黨更加懂得和珍惜「一國兩制」。回歸以來，在反對派「結束一黨專政」的挑釁與叫囂聲中，中央實踐「一國兩制」行穩致遠，保持香港長治久安的決心和意志從未動搖。沒有中國共產黨，何談「一國兩制」？直到今日，「一國兩制」在任何國家、任何政治制度、意識形態下，都是獨一無二的。這是中國共產黨人在人類政治文明史上寫下的中國方案，這種胸襟閃爍著智慧與文明的光芒。

香港經歷百餘年殖民統治壓迫，能夠發展成為世界 GDP 前列的地區，始終離不開祖國的扶持與引領。東江水、三列快車，保證香港物資供給，沙士過後開放自由行等各項措施支持香港經濟發展，香港作為高度國際化的自由經濟體，中央充分履行「一國」於己之責任擔當，並且充分尊重「兩制」於香港的自由獨特。近年香港發展陷入僵局，政局、疫情衝擊不斷，香港一度面臨國家安全的危機，中央果斷出手制訂法規，為香港撥亂反正，正本清源；及時支援香港穩定疫情，逐步恢復秩序。我們認識到，沒有祖國、沒有中國共產黨的領導，香港現行的資本主義制度極有可能像一些國家那樣，承受不住顏色革命的顛覆，也抵擋不住新冠疫情的蔓延。這正是「一國兩制」制度優勢，怎不值得我們驕傲和堅持。如今「十四五」規劃已經展開，香港要抓住機遇，積極融入，在建設祖國的天然使命中，實現自身價值，如此香港之繁華才有靈魂，香港之穩定才更為踏實。當港人將自身命運融入祖國發展，不僅會收穫事業的成功，還會找到身為中國人的尊嚴與自信。祝福香港，祝福中國共產黨！繼往開來，續寫輝煌！

香港，回歸初心，與黨同行，與國共進！

2021 年 6 月 30 日

7 月 1 日是香港回歸祖國的日子，又是慶祝中國共產黨成立的日子。有人樂於以遊行的方式「紀念」回歸，「彰顯」公民權利，「證實」仍有「一國兩制」，這也無傷大雅，只是那故意「攞景」的意味未免太明顯而顯得幼稚。由於維護國家安全的「二十三條」遲遲未能立法，普通人的自由少了法例的保護，所謂遊行就被別有用心之徒騎劫，從和平走向暴力，理性走向猖狂，合法走向非法。2019 年 7 月 1 日的暴亂，發生在《逃犯條例》引發暴亂近一個月之後，在反對派連續策劃了四場遊行後，具有 22 年「和理非」傳統的「七一大遊行」也遭利用，成為修例風波的關鍵一環。當日暴徒襲擊中聯辦、佔領立法會，更是成為了整場運動的標誌性事件，為後來的黑暴攬炒吹響號角。這一幕令所有人震驚：香港就真的無法無天，任由暴徒橫行了嗎？

香港的命運並非坦途，150 年英殖民統治歷史，夾雜著日本天皇黑暗管治下三年八個月的淪陷。直到 1970 年代末回歸事宜提上日程，1997 年主權正式移交，香港才洗脫百年恥辱，真正主宰自己的命運，有了更好的發展。遺憾的是，飛速發展的香港，將歷史拋在身後，特別是回歸後出生的幾代人，未經脫殖洗禮，尚未參與真正的建設，就已經在國際大都市的成就中迷失。

從「修例風波」發展成「黑暴攬炒」，甚至出現「非法公投」，香港的反對派公然挑戰中央對港全面管治權，利用本地國安漏洞勾結外部勢

文章首發表於《環球時報》。

力，企圖通過選舉制度的不完善實現顛覆政權的真正意圖。每一個保持理智的人都清楚地看到他們是如何一步步走向癲狂，企圖將香港推向深淵。不可否認，表面上香港被本土政治搞手「淪陷」了一年多，到了 2020 年的 7 月 1 日，這些亂象叢生、違背政治倫理的顛覆活動，終於隨著《港區國安法》的頒佈落實，按下了休止鍵。近期關於完善選舉制度的本地立法工作也順利完成，中央主導下的一系列救港舉措，終於在法律、制度層面為香港奠定了基礎和保障，得以正本清源、撥亂反正。惶惶人心終於安定下來，那麼，人們又會問，接下來我們可做些甚麼？

回顧歷史我們會發現，「香港人」多是外來客，迎來送往，流動性大。也有人形容香港是一個國際賭場，人人可以進場，賭贏了就留下來，賭輸了就離開。正如現在一些年輕人掛在嘴邊的一句「如果有一日，香港真係唔掂，就離開」。這種心態，真的會在乎香港的未來嗎？或許歷史因素讓

2021 年 6 月 30 日，工聯會代表上京出席七一建黨一百周年慶典，由左至右：程岸麗、王國興、吳秋北、曾志文。

香港情況複雜，但是莫道「嶺南應不好，我心歸處是吾鄉」，習近平總書記多次強調，人心向背關係到政權的生死存亡。這始終是特區政府避無可避的核心問題。從一切以經濟效益優先轉向社會發展成果全民共享的施政思路，才能為香港的執政者找到信仰和靈魂。我們需要真心愛護香港、真心愛護人民的領導者，要有決心守護香港根本利益，拿出魄力和誠意解決深層次矛盾，設計長遠規劃。只有這樣，港人才會安心，看得到前景，培養出歸屬感，如此自然會收穫人民的支持和擁護。香港的長治久安，繁榮穩定，是中央設計「一國兩制」的初心，也是對特區政府的要求。「回歸」從制度到意識，香港還有很長的路要走。

所謂「人心回歸」確不容易，說是「回歸」，其實是「同行」。中國共產黨是一支具備科學發展理念、堅持馬克思主義，以辯證唯物主義世界觀統攬全局，不斷進步的優秀政黨。「一國兩制」正是中國共產黨的偉大創舉，是政治胸襟與智慧的體現。「中國共產黨是為中國人民謀幸福的政黨，也是為促進人類進步事業而奮鬥的政黨」，「一國兩制」也是中華民族偉大復興的組成部分。若不去了解中國共產黨、對中國特色社會主義制度憑空想像，是絕不可能理解「一國兩制」初心的。常有反對派以「一國一制」危言聳聽，根本邏輯不通，實屬荒唐。不會有人比「一國兩制」的締造者更為堅持「一國兩制」，只要維護「一國」的共同利益，「兩制」就不存在任何絕對的對立。只要行資本主義制度的特區政府和中央政府一樣，秉持「以人為本」的執政理念，香港就可以做到「人心回歸」，就會與祖國同行。

隨著「愛國者治港」原則得到落實，香港「一國兩制」偉大實踐開啟新里程，新時代、新局面、新制度、新理念，只有堅定立場，把準方向，才能為香港謀劃出廣闊前景。習總書記曾經告戒全黨，「一切向前走，都不能忘記走過的路」、「黨的歷史是最生動最有說服力的教科書」，事實上，從共產主義的種子傳到華夏大地的那一刻起，香港始終與中國共產主義事業的發展同心同行。反而是回歸後，中央出於尊重而極度克制在香港的存在感，加上外部勢力的滲透，在香港地界，對中共和祖國的認知停在了原地，不進則退，漸漸變成脫離事實的臆想和抹黑。「要讀懂今天的中國，必須讀懂中國共產黨」。中國共產黨篳路藍縷堅持奮鬥一百年，秉持初心，從不畏懼。怎就對香港「愛之深，言之怯」了呢？香港應從自身出發，從管治團隊到教育體制，用事實說話，讓真理明辨，推而廣之，向全世界展示當今中國之風采和新時代的中國共產黨的偉大。我們責無旁貸！

說起對中國共產黨的印象，少不了「偉大」！一代又一代的共產黨人前赴後繼一百年，矢志不渝、踐行初心，與中國人民一起成就了這份偉大，也編寫出一套足以貢獻人類的成功密碼。共產黨人始終秉持「為人民服務」的初心使命，以科學的態度推進馬克思主義中國化，面對不同階段的時代挑戰，中國共產黨人總能提出適應時代要求、滿足人民訴求的思想論述。是這些引領著共產黨人不斷奮進的科學理論讓他們信念堅定，擁有自信。同時，中國共產黨又是一個思想開放、勇於自我革命的政黨。這也是毛主席總結出的中國共產黨能夠跳出歷史周期率、永葆青春的奧秘所在。無論是建國前的反法西斯抗日戰爭，還是當下抗擊疫情的人民戰爭，都能體現出貫穿史今的共產黨人精神，中國共產黨擁有堅強的領導能力、動員能力以及執行能力，擁有上下一心的組織體系、制度優勢，中國共產黨無堅不摧，戰無不勝絕不是偶然！深深地祝福這個厚重而青春的百年大黨，百年輝煌皆為過往，我們有信心新征程上，共產黨會帶領中國人民實現中華民族偉大復興，實現中國人心目中的幸福理想！

香港回归初心，与党同行与国共进

吴秋北

又是一年7月1日。对于普通香港人而言，这一天是香港回归祖国的日子。一些人过去以游行的方式“纪念”，特意“彰显”行使公民权利，“证实”仍有“一国两制”，故意“攞景”（找碴）意味太明显而显得幼稚。然而维护国家安全的“二十三条”迟迟未立法，当普通人的自由少了法律的保护，所谓游行就容易被别有用心之徒骑劫，从和平走向暴力，从理性走向猖狂，从合法走向非法。

2019年7月1日的冲突，发生在《逃犯条例》引发暴乱近一个月后，在反对派连续策划4场游行后，具有22年“和理非”传统的“七一大游行”也遭利用，成为“修例风波”的关键一环。当日暴徒袭击中联办、占领立法会，更是成为整场运动的标志性事件，为后来的“黑暴攬炒”揭开序幕。这令所有人震惊：香港就真的无法无天，任由暴徒横行了吗？

香港的命运并非坦途，150年英殖民统治历史，夹杂着日本天皇黑暗管治下3年8个月的沦陷。直到上世纪70年代末回归事宜提上日程，1997年主权正式移交，香港才洗脱百年耻辱，真正主宰自己的命运，有了更好的发展。遗憾的是，飞速发展的香港，将历史抛在身后，特别是回归后出生的几代人，未经脱殖洗礼，尚未参与真正的建设，就已经在国际大都市的成就中迷失。

从“修例风波”发展成“黑暴攬炒”，甚至出现“非法公投”，香港的反对派公然挑战中央对港全面管治权，利用本地国安漏洞勾结外部势力，企图通过选举制度的不完善实现颠覆政权的真正企图。每一个保持理智的人都清楚看到他们是如何一步步走向癫狂，企图将香港推向深渊的。直到去年7月1日，这些乱象丛生、违背政治伦理的活动随着香港国安法的颁布落实，被按下休止键。近期关于完善选举制度的本地立法工作也顺利完成，中央主导下的一系列救港举措，终于在法律、制度层面为香港奠定基础和保障。惶惶人心终于安定下来，那么，人们又会问，接下来我们可以做些什么？

回顾历史我们会发现，“香港人”多是外来客，迎来送往，流动性大。也有人形容香港是一个国际赌场，人人可以进场，赌赢了就留下来，赌输了就离开。正如现在一些年轻人挂在嘴边的一句“如果有一日，香港真系唔掂（不行了），那就离开”。这种心态，真的会在乎香港的未来吗？或许历史因素让香港情况复杂，但是莫道“岭南应不好，我心归处是吾乡”。人心向背始终是特区政府避无可避的核心问题。从一切以经济效益优先转向社会发展成果全民共享的施政思路，才能为香港的执政者找到信仰和灵魂。我们需要真心爱护香港、真心爱护人民的领导者，要有决心守护香港根本利益，拿出魄力和诚意解决深层次矛盾，设计长远规划。只有这样，港人才会安心，看得到前景，培养出归属感，如此自然会收获人民的支持和拥护。香港的长治久安、繁荣稳定，是中央设计“一国两制”的初心，也是对特区政府的要求。“回归”从制度到意识，香港还有很长的路要走。

所谓“人心回归”确不容易，说是“回归”，其实是“同行”。中国共产党是一个具备科学发展理念、坚持马克思主义，以辩证唯物主义世界观统揽全局，不断进步的优秀政党。“一国两制”正是中国共产党的伟大创举，是政治胸襟与智慧的体现。“中国共产党是为中国人民谋幸福的政党，也是为促进人类进步事业而奋斗的政党”，“一国两制”也是中华民族伟大复兴的组成部分。若不去了解中国共产党，对中国特色社会主义制度凭空想象，是绝不可能理解“一国两制”初心的。常有反对派以“一国一制”危言耸听，根本逻辑不通，实属荒唐。不会有人比“一国两制”的缔造者更为坚持“一国两制”，只要维护“一国”的共同利益，“两制”就不存在任何绝对的对立。只要实行资本主义制度的特区政府和中央政府一样，秉持以人为本的执政理念，香港就可以做到“人心回归”，就会与祖国同行。

随着“爱国者治港”原则得到落实，香港“一国两制”伟大实践开启新征程。只有坚定立场，把准方向，才能为香港谋划出广阔前景。事实上，从共产主义的种子传到华夏大地的那一刻起，香港始终与中国共产主义事业的发展同心同行。反而是回归后，中央出于尊重而极度克制在香港的存在感，加上外部势力的渗透，在香港地界，对中共和祖国的认知停在原地，不进则退，渐渐变成脱离事实的臆想和抹黑。

“要读懂今天的中国，必须读懂中国共产党。”中国共产党筚路蓝缕坚持奋斗一百年，秉持初心，从不畏惧，怎就对香港“爱之深，言之怯”了呢？香港应从自身出发，从管治团队到教育体制，用事实说话，让真理明辨，推而广之，向全世界展示当今中国之风采和新时代中国共产党的伟大。我们责无旁贷！▲**（作者是港区全国人大代表、工联会会长）**

2021年6月30日《環球時報》

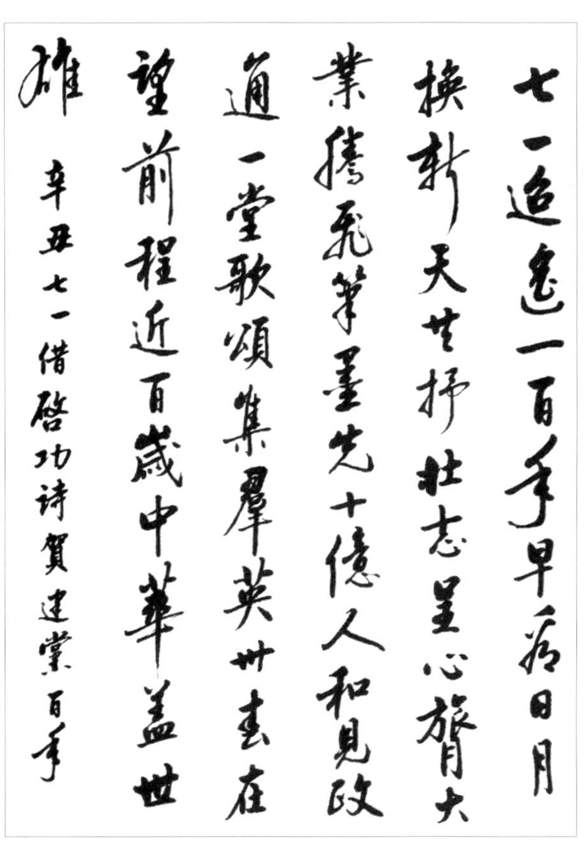

2021 年 7 月 1 日，賀建黨百年，書於北京。

擺脫騎劫，回歸正軌，重建師尊
—— 致全港老師公開信

2021 年 8 月 13 日

尊敬的各位老師：

教協宣告解散，既令人意外，但實在也是情理之中。近日「反常」舉動頻出，先表明今後只專注於專業和福利，又突然退出職工盟和國際教育組織，甚至宣佈成立中國歷史文化工作組，言猶在耳，就宣告解散，剛表達了「今是昨非」，旋即來個否定之否定，足證江山易改，本性難移，變臉之速，令人咋舌！

教協顛三倒四，事出必有因。身為工會組織，多年來政治凌駕專業，各位教師會員的切身利益，無可避免受到牽連。教協積極參與港版顏色革命，以反中亂港份子馬首是瞻，事敗之後猶堅持與中央對抗，與特區為敵，社會嘩然；政府終於與其斷絕關係，不承認其專業工會地位；而未經會員大會表決，突然解散組織，連惺惺作態蒼白無力的「忽然愛國」、「痛改前非」的情節也中途省略了。如此置會員權益於何地？！

教協反中亂港「資歷」匪淺，自知「洗底」也逃不了刑責，便以解散作金蟬脫殼，這樣不負責任既可惡又可恨，但對廣大教師未嘗不是一個解脫。

老師是人類靈魂的工程師，各位老師傳道授業解惑，緊守專業，不辭

文章首發表於《巴士的報》。

勞苦，謹此衷心致敬！然而近年眼見有少數老師受教協誤導，斷送了自己和學生的大好前途，實在令人惋惜痛心！教協公然危害國安，坑害教師，荼毒學子，令整個教育界聲譽蒙塵、老師蒙羞，受到社會各界譴責。際此，鄭重呼籲廣大老師及早脫離教協，儘快與「恨國恨港」劃清界線，使教育重回正軌！

其實教育界始終有真正可靠的專業組織，如香港教育工作者聯會等。又如工聯會屬下的教育工作人員總工會，愛國愛港，竭誠貢獻教育事業，恪守工會職責，捍衛教師權益，維護教育工作者尊嚴，歡迎老師們加入教育工作人員總工會。老師們，在這撥亂反正關鍵時期，讓我們齊心協力，重建老師自尊，匡扶正道，化成天下，為香港教育事業，為莘莘學子人生光明，為民族復興作出更大貢獻！

順祝

教安

吳秋北上

2021 年 8 月 13 日

新時代新政治所帶來的新格局新生態

2021 年 9 月 27 日

風清氣正好時節，煥發香江展新篇。繼《港區國安法》的實施，完善香港選舉制度，全面準確貫徹落實「愛國者治港」，標誌著香港「一國兩制」實踐進入了新階段，正如本人在「新工運」的論述中所指，這是新時代的到臨。

選舉制度頂層設計對香港政治格局影響深遠

2021 年 3 月 11 日，全國人民代表大會通過完善選舉制度的決定，緊跟著 3 月 30 日，全國人大常委會修訂了《基本法》附件一、二，到 4 月 13 日，特區政府刊憲，有關選舉規定正式落實本地立法，當中包括：重構選委會；修訂行政長官及立法會選舉辦法；設立候選人資格審查委員會；防範操縱、破壞選舉以及優化系列選舉安排和措施。事情發展之果斷高效，可謂摧枯拉朽，勢如破竹。至此，十九屆四中全會提出的，「完善『一國兩制』制度體系」中有關香港選舉制度的頂層設計大功告成。新時代，新政治，新格局，新生態，其意義重大，影響深遠。

完善選舉制度立法後的首場選舉，已於 9 月 19 日舉行，順利產生新一屆選舉委員會委員。選委會選舉前一日，韓正副總理在深圳會見林鄭特首，除充分肯定特區政府依法施政，在疫情防控、恢復經濟、紓解民困等方面取得的成績外，更希望特區政府貫徹「愛國者治港」原則，依法組織好接下來的三場重大選舉。所以，剛剛完成的選委會選舉正是落實「完善

文章首發表於大公文匯網。

選舉制度」的首功成果，也是新制度正式有效運作的體現，開了個好頭！新一屆選委會的界別構成更廣泛，參與更均衡，是香港最具代表性、最權威的民意機構；是「愛國者治港」的核心力量，是調節政治生態、理順政治倫理的穩定器，也是維護「一國兩制」行穩致遠的中堅保障。排除了消極負面的政治干擾，未來選委會履職更能腳踏實地，專注民生經濟發展，立足當前，顧全大局，謀劃長遠，更顯進步優勢。

新制度揚棄西式民主　建立新時代香港民主範式

完善選舉制度前的立法會選舉明顯存在相當嚴重的缺陷。首先，民意很容易在不自知的情況下被煽動和支配，受制於資本製造出來的社會潮流和輿論。這是顏色革命顛覆政權，危害國安的慣用手法。操縱民意正是反中亂港份子效忠外國勢力的政治籌碼和可被利用的價值所在，當片面虛假的民意被放大，成為攻擊國家政權、主權的武器，真實的民意、民生問題就被掩蓋，社會只有陷入無限輪迴的動盪與憤怒。新選舉制度就是要擺脫西方「民主選舉」的弊端，停止政治內耗，排除外國勢力干預，堵塞國安漏洞，實踐香港特色高質量民主。「愛國者治港，反中亂港者出局」是香港政治新範式，以此重塑政治力量和政治版圖，摒棄西方那種明爭暗鬥、毫無建樹的黨派之亂。新選委會是重建、改善、優化香港政治倫理，推動政治生態變革的關鍵。

再談功能組別，原本的設計是讓專業界別可就其行業發展及行業相關法案、施政提出意見。結果因為「選票」，成了維護專業既得利益制度，界別之間互相拉扯，其代價便是香港整體發展利益。

事實上，功能組別的界別分類特別需要因時制宜，所包含的界別應按香港現時和未來的需要更替，與香港的發展相適應。比如香港要發展成智慧城市，便需要更多前沿 5G 科技、物聯網、城市規劃、3D 甚至 4D 工程專家為政府決策提供意見。這些專家為數本來不多，可遇不可求，難以單純地靠投票選舉方式產生代表。所以需要在選委會引入提名制度，目的就是要更靈活吸納一些前沿頂尖專家。

新制度引領社會共建共享共榮共贏　推動政府政治建設及制度改革

新時代政治要求深化改革創新，實現高品質全面發展，要共建共享，共榮共贏。然而，香港現實是既得利益掣肘，資本家壟斷，推動產業升級和技術創新的成本極其高昂，寸步難行。資本主義社會的發展特點，就是貧者越貧富者越富，最終走向資本壟斷式支配的極端，以至法律、教育、媒體、政府，社會一切都只為資本階層服務。但是，「一國兩制」絕不允許香港政制只為資本勢力服務，「兩制」優勢也不是為了鞏固香港財閥的既得利益和權勢而設。制度改革刻不容緩，必須立竿見影，要防範香港步入極端資本主義；發展人人有機會，更公平、有公義、有活力的資本主義。新制度提供多元門路和渠道，讓愛國愛港、能治善治、為國為民的有志之士，有充分的機會投身治港事業，服務市民，建設香港，達到良政善治，安居樂業！

新時代政治要求制度改革為社會發展服務。特區政府首重政治建設，管治團隊必須從認知到意識，表裏如一的講政治，講合乎「愛國愛港」的政治，不能再以政治中立作為不作為的借口。並在制度、管治和用人方式上都要革新以貫徹。現時政府以功能劃分，各家自掃門前雪。一個問題，往往是政府部門之間互相推卸，每個部門都在盡力定義自己的責任範圍，實際上則是「免責範圍」；一顆皮球踢來踢去，就是民意、民生問題被推來推去，導致民怨四起，親者痛，仇者快！監督政府依法施政，擔當有為，正是新選委會的職責所在，組建有效協商、有機合作，行政主導的行政立法關係，也是完善選舉制度的目的和功效所在。將來再沒有作為外國勢力及大財閥代理人的所謂「民主派」，可以作為官員消極應付愛國治港，慮與委蛇，上下其手的槓桿。

改善香港政治土壤　新格局脫胎換骨 更顯「一國兩制」先進性與優勢

新的政治格局，必然是中央主導，愛國者治港，「反中亂港者」出局，過往反對派刻意營造的西方政治鬥爭和二元對立思維，不復存在。香港的政治，從來不應該周旋於所謂的「民主」和「建制」之爭，而應該在於如何為香港市民服務，改善民生，發展經濟；如何讓香港融入國家發展大局，把握歷史機遇，繼續走在世界先進城市之列。新選委會有擔當也有能力，選出為國為港為民辦實事的賢能團隊，盡心竭力推動社會變革，優化政府施政，解決深層次矛盾，從而徹底改善香港政治發展土壤，長出優質民主政治果實。

完善選舉制度對豐富「一國兩制」實踐具有里程碑意義，有利於進一步發揮「一國兩制」制度優勢；完善後的新選舉制度能夠貫徹落實中央全面管治權，將香港的高度自治權用得其所。風雨飄搖過，更覺國安家好之珍貴，新時代、新政治，香港迎來新格局、新生態，祝福香港，徹底蛻變，脫胎換骨！

2021 年 9 月 11 日，「落實愛國者治港」街站。

同心協力，有效施政，關懷勞工，共同富裕
——寫在新一屆行政長官當選前

2022 年 5 月 7 日

疫情持續回落，社會復常在望，新一任行政長官即將產生，未來施政藍圖逐漸清晰。經歷了黑暴和疫情，香港需要浴火重生，一新景象。新一屆政府，很重要的一項工作，就是要團結和帶領香港走出困境。候選人提出以結果為目標，強調的就是以目標和效果為導向，可見改革的決心。那麼首先就要認清問題找準方向。

擺脫內耗，化解矛盾

黑暴過後，中央推出《港區國安法》，並完善香港的選舉制度。新一屆行政長官，將會是完善選舉制度後的首位行政長官，必須也必定更好貫徹落實愛國者治港，開啟香港良政善治新篇章，為「一國兩制」的新階段、「港人治港」的下半場開好局定好調。

回歸以來，政治爭端不斷，國家安全一度保障闕如，外部勢力能肆意干預介入香港事務，伺機滲入內地。利用其代理人撕裂社會，發動黑暴顏色革命，擾亂香港秩序，亂局中凸顯香港制度和應對風險的脆弱和治理短板，不斷內耗蹉跎歲月。香港的亂局，大致來自三方面：首先，美英勢力滲透到香港社會不同環節，成為重大政治勢力，不斷宣揚反對政府、排拒中央意識，勾結本地霸權和既得利益，佔據議會席位，佔據非政府組織和諮詢架構，佔據教育和不同專業領域，以各種手段（如拉布），裏應外合，

文章首發表於《文匯報》。

拖垮政府施政，打擊政府威望，導致政令不行，香港很多發展項目被拖慢甚至被拉倒，讓本地既得利益繼續擴張和延續，以經濟發展掩蓋民生問題，令民怨無從化解；利用政治糾紛模糊深層次矛盾，且越積越深，成為社會不穩因素。人們期待新一屆政府提升治理能力，改變管治文化，依法清除各種安全隱患，施政以人民為中心，實現良政善治並從根本上改變香港政治生態，達至長治久安。

打破制度性剝削，多元發展以民為本

其次，香港長期存在嚴重的制度性剝削，特別是對勞工的剝削，更是通過法律及制度被固化。多勞不一定多得，最低工資制度失靈，強積金被對沖就是典型例子。而做實業和事業的難以累積財富，反而那些地產炒賣、金融財技、剝削員工的，以及財閥壟斷勢力，財富卻不斷膨脹。這種制度剝削，源於香港的經濟發展過於集中在金融地產行業，擠佔了大部分租值，導致其他實業行業難以發展。香港十大富豪中，絕大多數都是地產起家。行業單一，社會風氣崇尚「速食」，炒賣風氣日盛，真正有心推動社會發展的賢士、實業家、發明家、創作者，缺乏生存空間，發展受到嚴重壓抑，只能成為被剝削的一部分。

其三，剝削制度造成環環相扣的深層次矛盾，其中市民的居住問題尤其突出。香港工資收入遠高於鄰近地區，但生活環境和居住條件卻遠遜於周邊收入較低的地區。薪金虛高，市民生活負擔重、壓力大，大部分收入都用以應付高昂租金，以及沉重生活開支。不少家庭在扣除租金後，只餘下僅可糊口的可支配收入，生活拮据，朝不保夕，難以儲蓄和發展未來，晚年境況坎坷。在這嚴重剝削的制度下，政府必須伸出強有力之手支援基層大眾，為他們提供更多保障免於剝削，公營房屋供應必須提速增量，而非以市場經濟、自由市場為藉口不作為，或向商界傾斜，背棄廣大市民福祉。香港實行資本主義，但特區政府需要向中央負責，建設一個「以人為

本」的社會，並不允許躺平放任。政府有責任打破香港社會的「世代剝削」，創造公平公義的環境，消除跨代貧窮，讓每一個人、每一個家庭都能有發展機會，都能發揮所長貢獻社會，並為自己找到合理的生活方式和生存空間。

三大保障，以勞工福祉為依歸

就香港現狀而言，勞工事務主要事項有三。一是讓勞工就業和收入得到保障，並能透過努力獲得應有的生活保障和有尊嚴的生活。這是最基本的要求，也是每一個人都應該享有的人權。二是勞工潛能的發展和提升，讓每個人都能善用天賦，發揮所長，找到適合自己的生活方式，達到自我實現的需求。三是讓勞工在安全的環境下工作，不會因工作而導致傷亡、無可挽救的嚴重後果。假如沒有適切的法例保障職業安全，指望僱主自動自覺為職工做足安全防護，幾為不可能，沒有法律保障必然導致意外頻生。

對於勞工的保障，考慮的應是職業生涯的各個環節。由在學以至初出茅廬，便應該有適當的職業和事業導向，讓莘莘學子認清自己的事業目標和路向，並有拓展轉業空間延展就業機會。現時香港學校，參照英國，以文法學校為主，導致不少學生中學畢業後缺乏謀生技能，社會卻缺乏相應的職業技能人力。顯然是資源錯配。所謂行行出狀元，隨著社會變遷，現在對動手能力強的技術型人才需求渴市。國務院 2019 年 1 月便印發了《國家職業教育改革實施方案》，指出「職業教育與普通教育是兩種不同教育類型，具有同等重要地位」，目標是「完善職業教育體系，為服務現代製造業、現代服務業、現代農業發展和職業教育現代化提供制度保障與人才支持」，暢通技術技能人才成長渠道，以培養高端、高層次的應用技術型人才。香港需要推動更多「官、產、學、研」的項目，才能推動產業升級和科研創新。

另外必須重視的便是就業保障，政府應更多評估不同行業的人力資源需求和供求配對，人手過剩的，透過提供培訓鼓勵轉型；人手不足的，則理順行業就業前景，鼓勵更多新人入行，甚至政府主動出擊創造供應。比如香港的安老行業，長期缺乏人手和新血。加上土地資源不足，院舍供應短缺，業界便難以擴張和增加宿位。政府不作為其實也是對行業的打擊，是另一種市場失效，特別是民生必需服務，政府應主動參與，加大投入及調控，改善業界供應和就業情況。未來政府可加強各行業人力調查評估工作，有助於人力資源合理分配。

救失業方面，首先應時刻評估失業率的走勢，制訂不同的備案和逆周期措施，以確保失業率基本維持在可接受水平之內，並確保每個家庭都有基本收入以應付日常開支。政府在改善就業市場環境和勞工生計上，應變被動為主動。例如在疫情期間，勞工市場環境惡化，政府主動創造職位，便是其中一個例子。政府應研究設立恒常性的失業支援機制及特別失業救濟，前者針對整體失業，後者針對特定行業和經濟環境提供支援。因應失業支援的承擔，政府應未雨綢繆，設立失業基金，持續滾存投資，作為支援失業的備用資金，用於恒常失業支援以及疫情或環球金融危機等特殊情況影響的開支。

除了失業支援，政府應就基層勞工的基本生活開支提供更多支援，例如今次《財政預算案》提出設立住宅租金的稅務扣除，就是很好的政策。不少基層家庭，特別是有年幼子女的家庭，生活和財政壓力大，政府應給予他們更多的支援。加拿大便容許育兒費扣稅，而內地也在今年 3 月設立三歲以下嬰幼兒照護個人所得稅專項附加扣除，以鼓勵生育。設立子女教育支出和育兒費扣稅，已是全球各地大勢所趨。此外，香港的託兒服務嚴重不足，基層雙職家庭面對不少困難，也需要加強支援。

社會要做到「老有所養」，勞工的退休保障必須加以完善。容許僱主對沖強積金是嚴重侵蝕僱員應有的退休權益，違背公義。強積金對沖，是把打工仔的血汗錢沖走，至去年 12 月 31 日，便已經累積抵消（對沖）了超過 570 億元。強積金是其中一條退休保障支柱，按照世界銀行的長者入息保障模式，屬於「第二支柱」。因此本屆政府必須把歷經兩屆政府，已獲得廣泛共識的「取消強積金對沖」法案在立法會通過，健全強積金作為「第二支柱」的功能。香港現時並沒有完善的退休保障制度，沒有設立針對退休的社會保險和養老金制度。「社會保險」退休金，對於很多基層長者尤為重要。不少基層勞工收入不高，就算有強積金供款，累積用於退休的儲蓄一般不多。工聯會自 1994 年便提出綜合退休保障方案，希望利用土地基金，加上政府、僱主和僱員三方供款，讓每名 65 歲或以上的永久性香港居民獲得每月定額的「社會保險」退休金。新一屆政府應更多著手檢討和改進全港勞工的退休保障安排，未雨綢繆，做好退休保障的資金安排，讓社會老有所養，讓每一位長者都能有尊嚴地過著退休生活。

香港是一個富裕的社會，但並非一個公平、公義的社會。香港的堅尼系數早已超過 0.4 的警戒線，除稅及福利轉移前為 0.539，除稅及福利轉移後仍高達 0.473，情況並不理想，反映社會分配嚴重不均，分配機制失衡，勞工被嚴重剝削。在政府消極對待貧窮下，香港的貧窮人口屢創新高。根據《2020 年香港貧窮情況報告》，政策介入前的香港貧窮人口高達 1,653,000 人（政策介入後為 554,000 人），在職貧窮接近 250,000 人（政策介入後為 61,500 人），兒童貧窮人口達到 274,900 人（政策介入後為 85,900 人）。工聯會建議新一屆政府設立減貧專員，走入群眾，了解貧窮家庭真正面對的跨代貧窮、發展和創收問題，提供更精準全面的支援。同時，政府應制訂絕對貧窮標準、基本生活需要開支標準，訂立消除絕對貧窮的路線圖和時間表，由以往「福利保底」、「數字扶貧」的思維，改為以

「福利支援＋機會促進」的「授人以漁」扶貧模式。政府也要考慮如何從第一、第二和第三次分配著手，尤其是如何讓高利潤企業承擔更多，開徵遺產稅及土地閒置稅等，以完善社會財富再分配。

我支持新一屆政府「以結果為目標」的施政方向，把市民福祉的提升和共同富裕作為政府施政願景，造福百姓，這和工聯會早前新工運提出「共建共榮，共享共贏」理念是一致的，讓每一個香港人都可以安居樂業，共享成果。

取消外判，以衷誠團隊保障政府服務

政策理念再好首重落實，人才再多關鍵是團隊。政府要有能力和意志打造自己的團隊，實際推行政策落地，需要自己的團隊才能行而有效。現在事事依賴外判，存在服務不到位，甚至是政府服務鏈條斷裂，這是行政懶惰，更是授人以柄，存在隱患極其危險。另一方面政府作為全港最大的僱主，也有責任帶頭取消外判以維護勞工權益，做好僱主榜樣，引領社會風氣。強大的動員力是行動力的保障，高效有為的政府才能獲得更廣泛深厚的支持。

今年三月召開的全國人大會議上，《政府工作報告》要求全體公務員要有「公僕精神」，要堅持「以人民為中心」的施政理念，真心實意為人民服務。政府唯才是用的同時還有注重德才兼備，愛國愛港愛民才能建設好香港這個共同的家園。不可否認大多數公務員具備服務市民的質素，但是政府有必要檢討制度，培養公務員服務市民的信念，進一步強化建設香港和愛國的聯繫，愛國就能更具體。隨著「愛國者治港」原則的貫徹落實，去年全港公務員已經完成效忠宣誓，然而改革要避免形式主義，一紙誓言之後還要觀其行，養其心，因此政府有必要進一步加強培訓和管理，淨化隊伍，凝心聚力，形成新機制。

新一屆政府要實現良政善治，精神上要形成凝聚力，政府架構龐人複雜，要方向一致，力往一處使，才能讓全社會形成向心力。新一屆政府不僅要為政府管治團隊找回精神上的共同信念，也要為社會建立共識，重建香港價值觀。香港的發展要與國家發展相輔相成，將國家所需，香港所長，作為核心競爭力，對國家有擔當，香港才能有實惠；香港的發展要讓人人都能夠參與，在建設中共享中華民族偉大復興榮光！

A10 評論部電郵地址：opinion@wenweipo.com 文匯論壇 責任編輯：張卓立 2022年5月7日(星期六) 香港文匯報 WEN WEI PO

同心協力 有效施政 關懷勞工 共同富裕

——寫在新一任行政長官人選產生前

疫情持續回落，社會復常在望，新一任行政長官即將產生，未來施政藍圖逐漸清晰。經歷了黑暴和疫情，香港需要浴火重生，一新景象。新一屆特區政府，很重要的一項工作，就是要團結和帶領香港走出困境。候選人提出以結果為目標，強調以目標和效果為導向，可見改革的決心。

吳秋北 全國人大代表 工聯會會長 立法會議員

消除剝削 以民為本

三大方向 保障勞工

（二之一．未完，明日續。）

2022年5月7日《文匯報》

同心協力 有效施政 關懷勞工 共同富裕

——寫在新一任行政長官人選產生前

吳秋北 全國人大代表 工聯會會長 立法會議員

救失業方面，首先應時刻評估失業率的走勢，制定不同的備案和逆周期措施，確保失業率基本維持在可接受水平之內，並確保每個家庭都有基本收入以應付日常開支。政府在改善就業市場環境和勞工生計上，應變被動爲主動。例如在疫情期間，勞工市場環境惡化，政府主動創造職位，便是其中一個例子。政府應研究設立恒常性失業支援機制及特別失業救濟，前者針對整體失業，後者針對特定行業和經濟環境提供支援。因應失業支援的承擔，政府應未雨綢繆，設立失業基金，持續滚存投資，作爲支援失業的備用資金，用於恒常失業支援以及疫情或環球金融危機等特殊情況影響的開支。

除了失業支援，政府應就基層勞工的基本生活開支提供更多支援，例如財政預算案提出設立住宅租金的稅務扣除，就是很好的政策。不少基層家庭，特別是有年幼子女的家庭，生活和財政壓力大，政府應給予他們更多支援。加拿大便容許育兒費扣稅，而內地也在今年3月設立3歲以下嬰幼兒照護個人所得稅專項附加扣除，以鼓勵生育。設立子女教育支出和育兒費扣稅，已是全球各地大勢所趨。此外，香港的託兒服務嚴重不足，基層雙職家庭面對不少困難，也需要加強支援。

老有所養 消滅貧窮

社會要做到「老有所養」，勞工的退休保障必須加以完善。容許僱主對沖強積金是嚴重侵蝕僱員應有的退休權益，違背公義。強積金對沖，是把打工仔的血汗錢沖走，至去年12月31日，便已經累積抵消（對沖）了超過570億元。強積金是其中一條退休保障支柱，按照世界銀行的長者入息保障模式，屬於「第二支柱」。因此新一屆政府必須把壓經兩屆政府，已獲得廣泛共識的「取消強積金對沖」法案在立法會通過，健全強積金作爲「第二支柱」的功能。香港現時並沒有完善的退休保障制度，沒有設立針對退休的社會保險和養老金制度。「社會保險」退休金，對於很多基層長者尤爲重要。不少基層勞工收入不高，就算有強積金供款，累積用於退休的儲蓄一般不多。工聯會自1994年便提出综合退休保障方案，希望利用土地基金，加上政府、僱主和僱員三方供款，讓每名65歲或以上的永久性香港居民獲得每月定額的「社會保險」退休金。新一屆政府應更多着手檢討和改進全港勞工的退休保障安排，未雨綢繆，做好退休保障的資金安排，讓社會老有所養，讓每一位長者都能有尊嚴地過着退休生活。

香港是一個富裕的社會，但並非一個公平、公義的社會。香港的堅尼系數早已超過0.4的警戒線，除稅及福利轉移前爲0.539，除稅及福利轉移後仍高達0.473，情況並不理想，反映社會分配嚴重不均，分配機制失衡，勞工被嚴重剝削。在政府消極對待貧窮下，香港的貧窮人口屢創新高。根據《2020年香港貧窮情況報告》，政策介入前的香港貧窮人口高達165.3萬人(政策介入後爲55.4萬人)，在職貧窮接近18萬人，兒童貧窮人口達到274,900人(政策介入後爲85,900人)。工聯會建議新一屆政府設立減貧專員，走入群衆，了解貧窮家庭眞正面對的跨代貧窮、發展和創收問題，提供更精準全面的支援。同時，政府應制定絕對貧窮標準、基本生活需要開支標準，訂立消除絕對貧窮的路線圖和時間表，由以往「福利保底」、「數字扶貧」的思維，改爲以「福利支援 + 機會促進」的「授人以漁」扶貧模式。政府也要考慮如何從第一、第二和第三次分配着手，尤其是如何讓高利潤企業承擔更多，開徵遺產稅及土地閒置稅等，以完善社會財富再分配。

新一屆政府「以結果爲目標」的施政方向，把市民福祉的提升和共同富裕作爲政府施政願景，造福百姓，這和工聯會早前新工運提出「共建共榮共享共贏」理念是一致的，讓每一個香港人都可以安居樂業，共享成果。

外判服務 重新檢討

政策理念再好首重落實，人才再多關鍵是團隊。政府要有能力和意志打造自己的團隊，實際推行政策落地，需要自己的團隊才能行而有效。現在事事依賴外判，存在服務不到位，甚至是政府服務鏈條斷裂，這是行政懶惰，更是授人以柄，存在隱患極其危險。另一方面政府作爲全港最大的僱主，也有責任帶頭取消外判以維護勞工權益，做好僱主榜樣，引領社會風氣。強大的動員力是行動力的保障，高效有爲的政府才能獲得更廣泛深厚的支持。

今年三月召開的全國人大會議上，政府工作報告要求全體公務員要有「公僕精神」，要堅持「以人民爲中心」的施政理念，眞心實意爲人民服務。政府唯才是用的同時還有注重德才兼備，愛國愛港愛民才能建設好香港這個共同的家園。不可否認大多數公務員具備服務市民的質素，但是政府有必要檢討制度，培養公務員服務市民的信念，進一步強化建設香港和愛國的聯繫，愛國就能更具體。隨着「愛國者治港」原則的貫徹落實，去年全港公務員已經完成效忠宣誓，然而改革要避免形式主義，一紙誓言之後還要觀其行，養其心，因此政府有必要進一步加強培訓和管理，淨化隊伍，凝心聚力，形成新機制。

新一屆政府要實現良政善治，精神上要形成凝聚力，方向一致，力往一處使，才能讓全社會形成向心力。新一屆政府不僅要爲政府管治團隊找回精神上的共同信念，也要爲社會建立共識，重建香港價值觀。香港的發展要與國家發展相輔相成，將國家所需、香港所長，作爲核心競爭力，對國家有擔當，香港才能有實惠；香港的發展要讓人人都能夠參與，大家在建設中見證中華民族偉大復興！

(二之二，全文完。)

2022年5月8日《文匯報》

強積金被對沖的前世今生
—— 打工仔退休保障權益被制度性剝削的始末

2022 年 6 月 8 日

在長達 20 年曠日持久鍥而不捨的爭取下，強積金對沖機制正式取消，標誌著香港勞工權益發展史上的重要里程碑。說到強積金的設立，要追溯到 1991 年 11 月，港英政府以教育統籌司為首成立「退休保障工作小組」。到 1994 年 7 月，布政司署發表《生活有保障、晚年可安享 —— 香港的老年退休金計劃》諮詢文件，提出由政府、僱主、僱員、有固定入息人士多方支持的老年退休金計劃。最終政府發表的諮詢結果，指社會對計劃意見分歧而擱置計劃。後來到 1995 年 4 月，港英政府發表有關強積金的顧問報告，便是現在強積金的雛形。

1995 年 7 月 27 日，當時的立法局通過《強制性公積金計劃條例》，訂明了強積金制度的框架，但條例並未生效。到 1998 年 4 月，臨時立法會通過強制性公積金附屬法例，並准許政府撥出 50 億元成立積金局和補償基金。時任財政司司長根據《1998 年公積金計劃立法（修訂）條例》，指定該年 7 月 24 日為該條例指定條文的實施日期，讓積金局可在同年 9 月開始運作。經過積金局兩年多的籌備，強積金制度在 2000 年 12 月 1 日正式實施。

至於強積金對沖的安排，在前立法局 1995 年 7 月 27 日的會議期間，時任教育統籌司便表示：「目前，僱主對退休計劃的供款可與遣散費或長期服務金的任何數額抵銷，要僱主繳款兩次是不恰當的。」在 1974 年及

文章首發表於《巴士的報》。

1986年引入遣散費和長期服務金安排時，為鼓勵更多僱主自願為僱員提供離職或退休保障，《僱傭條例》訂明僱主可利用他們在僱員退休計劃中的供款或為僱員提供按年資支付的酬金，用作對沖遣散費或長期服務金。也因此，不少商界人士（包括來自商界的議員）據此認為應設有強積金對沖機制。事實上，當初容許以自願供款作對沖，是用以鼓勵僱主為僱員作更多的自願退休保障安排。但既然要改為強制了，要為僱員退休加強保障了，為何還要容許這種對沖安排的存在呢？不論長期服務金還是遣散費，其性質均並非作為退休保障之用，容許對沖本身便不是一種合理的安排，而只是當時政府向商界傾斜，在普遍商界反對下喪失對勞工權益捍衛的決心。

到2012年，梁振英先生參選特首，在其政綱中承諾「逐步降低強積金戶口內，僱主累積供款權益用作抵銷僱員長期服務金及遣散費的比例」。到2017年，梁振英發表任內最後一份《施政報告》，當中表明：強積金「對沖」是另一個長期困擾勞工的議題。現時每年有超過30億元的僱主強積金供款累算權益被用作「對沖」遣散費或長期服務金，令僱員在退休時的強積金總額減少。本屆政府對取消「對沖」安排的立場是明確的，亦願意加大財政承擔，以減低取消「對沖」安排對企業尤其是中小微企的影響。勞工及福利局局長會繼續與商界和勞工界商討，期望在未來數月可提出一個能同時顧及勞資雙方利益的方案。

到2018年3月，政府提出取消強積金對沖初步方案，特首林鄭月娥表明事在必行。同年3月31日，勞福局局長羅致光出席電台節目後與傳媒談話中表明：在今時今日未取消「對沖」的環境，受影響員工的強積金僱主累積供款權益有93%至94%俗稱被「沖走」（用作抵銷僱員遣散費及長服金）。所以很多僱員退休時，得到的累積供款只有自己作出的5%供款。（僱員和僱主各作出僱員有關入息5%的供款）供款10%已經很勉強，5%就更加不夠退休生活所需。屆時當人口高齡化，超過三分之一人口已經退休時，如果大家的強積金款額這樣低，最後社會都要兜底。如果社會要負責，即是要加稅，所以對未來社會的壓力之大可想而知。所以為預防這個情況出現，今日我們應該儘最大努力取消「對沖」，令強積金作為退休的支柱之一，能夠強化以幫助大部分「打工仔」。所以由於這政策上的必然性，故為何特首經常強調，本屆政府很有決心取消。

簡言之，強積金的原意，是要讓私人供款就退休保障作更多承擔，成為退休保障其中一條重要支柱。如果繼續任由強積金可被對沖，則意味著在退休保障上，只有僱員在自行承擔，而僱主並沒有作任何承擔，這自然就是不合理，也嚴重侵蝕了強積金這條重要的支柱。

在取消強積金對沖上，工聯會歷年來要求政府提交具體方案，發起多次遊行。特別是每年的五一勞動節，工聯會都會提出落實取消強積金對沖，作為遊行的五大訴求之一。在今年 1 月，勞福局回覆我們工聯會立法會議員陸頌雄的書面質詢便指出，根據積金局數字，由 2001 年 7 月 1 日至 2021 年 9 月 30 日，僱主以強積金對沖遣散費或長期服務金的金額總計高達 567 億元。我相信，現時被對沖的金額累計已超過 600 億元。強積金對沖，2001、2002、2003 年這三年，每年對沖金額都不超過 10 億元，之後持續上升。到 2017 年，全年對沖金額已經約 43 億元。到 2021 年，全年對沖金額達到 66 億元。如果繼續放任不管，金額只會越來越高。對沖安排對工友退休權益影響極大，特別是一些收入低於強積金最低入息水平的基層勞工，他們的退休安排主要依賴僱主供款的那部分。假如這部分的強積金被沖走了，也就等於他們的退休保障被沖走。政府外判商，不少只有數年服務合約，當合約結束後，便把遣散費與強積金對沖，導致外判合約工的強積金長期被沖走。結果就是，外判合約工的晚年失去退休保障，陷入窮困境地，只能依靠綜援過活。政府財政壓力加大，基層失去退休保障，只有僱主得益。造成如此局面，既不公平，也違反了強積金制度用以保障基層退休、作為退休保障支柱的原意。

取消對沖刻不容緩，實在是越快解決越好。比如就政府注資方面，在 2017 年的估計，政府只要投入 100 至 200 億元。到 2018 年，建議注資金額便已經是 175 億元。現在按照政府方案的最新評估是 332 億元。可以說，政府越是拖拉，越遲取消對沖，所要承擔的金額也將會越來越高。這是為何政府必須果斷修訂法例，儘早取消對沖，不可能再因商界的反對而延後。

今日，強積金被對沖即將成為歷史，這是勞工權益保障邁出的一大步，是完善退休保障制度、勞資和諧的一大勝利，也是社會各界共贏的體現。我們期望「積金易」平台能早日推出，「取消對沖日」（「轉制日」）能與「積金易」平台的推出脫鉤，讓基層市民能早日享有真正的退休保障。

與香港特區一起走來，同啟新篇

2022 年 6 月 10 日

25 歲，人生正青春，風華正茂，是整裝待發、躊躇滿志的年紀。香港回歸 25 載，歷經風雨，也成就輝煌，「一國兩制」不斷完善。25 年來，在中央的引領和幫助下，在愛國者的團結和堅定中，香港克服種種困難和挑戰，砥礪前行。此際，我們以更穩固的社會基礎和信念、更堅定的主體意識，繼續全面準確落實「一國兩制」，值得慶祝，更應奮進！

香港回歸之際，正值我與工聯會結下緣分之時。我在這年開展了工運生涯。那時社會對於香港回歸，充斥著各種各樣的聲音。正當一些人打算移民或是爭取居英權的時候，我卻萬分期待這個洗刷歷史恥辱的神聖時刻。在當時的社會氣氛下，這種心情無疑是孤單的。工聯會當時有一個「25 萬會員迎回歸」的活動，我就是其中一個新會員。我透過義工工作參與工運，因為我認同工聯會的理念，及後更全職加入工聯會。25 年一路走來，工聯會這面愛國愛港的旗幟，已是我肩上的責任，也是刻在我心中的理想和信念；也正是這份挑戰與擔當，讓我有機會見證參與和實踐「一國兩制」偉大事業。我對於能夠參與工聯會的工作深感榮幸，常懷感恩。

香港歷經風雨終撥亂反正

香港經歷了 150 年的港英管治，英國一直在榨取香港的經濟利益。直到上世紀 80 年代，中央政府就香港主權問題與英國政府展開交涉，英國才開始「發展香港」，出現香港過渡期的所謂「黃金時代」，這種表面的

文章首發表於《文匯報》。

繁榮讓部分港人忘記了被港英壓榨的屈辱，反而產生所謂「優越感」；另一方面，港英政府在教育中刻意消除港人應有的國民意識，讓部分港人在身份認知上找不到自己的根，甚至不願意認祖歸宗。同時，近代以來，國家未能趕上現代化步伐，被西方列強侵略、掠奪，國民在相當長時間喪失了自尊和自信，形成強烈的自卑感。百多年來，在國家反殖反帝鬥爭，在新中國站起來、富起來、強起來的中華民族共同奮鬥過程中，部分港人缺席了，這是非常遺憾的，是精神上的重大損失。再加上教育不足，甚至受到錯誤的、扭曲的教育，部分港人無法與祖國產生共情，更談不上民族自豪感，這是一種悲哀和創傷。

我幼年初來香港時，已察覺到香港教育存在的問題。因為我在福建讀過兩年小學，很鮮明地感受到兩地教育的差異，特別是意識形態上的差異。香港回歸二十多年來政治上的風風雨雨都有其根源，違法「佔中」、修例風波引致違法活動、黑暴泛濫，當中有不少年輕人參與，更印證了香港教育存在問題，不僅是學校和家庭，還有社會氣氛和輿論環境，所以香港需要來個徹底的撥亂反正。

每每講到回歸，我都會想起父親在 1997 年 7 月 1 日早早起床出門，將《文匯報》、《大公報》買回家珍藏。我當然知道父親愛國，但這個非常有儀式感的舉動還是深深地感染了我，感動了我。相較之下，我就「含蓄」一些。我參加了一個讀書小組，成員有像我這樣的基層青年，也有公務員和中產人士，大家志同道合，心懷家國，時常聚在一起聊歷史談文學，寫文章針砭時弊。回歸臨近，我們就以讀《文匯報》、《大公報》的迎回歸文章，作出評論、分析，讓我受益匪淺。所以，我始終認同媒體對公眾的教育意義和責任。

做好新時代愛國工運事業

回說工運，香港的工運也是從與反港英政府壓迫、謀生存的鬥爭中激發出來。從 1922 年震驚世界的海員大罷工，到 1925 年省港大罷工，再到 1967 年的反英抗暴運動，工聯會高舉愛國旗幟，通過服務工友、維護權益，凝聚廣大基層勞工。1997 年，中央要求確保香港順利回歸，工聯會就是強大的穩定力量，發揮了重要作用。

2018 年 9 月 29 日，中共中央政治局常委、國務院副總理韓正在人民大會堂會見了工聯會訪問團。韓正副總理稱讚，工聯會堅持愛國愛港傳統，由成立之初到現在，始終堅持團結帶領香港各界勞工，維護勞工的合法權益；亦積極參與社會政治事務，對香港回歸、香港繁榮穩定、維護「一國兩制」都發揮積極作用。他充分肯定工聯會的工作，予以高度讚揚。這正是基於歷史事實的肯定。2019 年修例風波最惡劣的時期，攬炒派發動「大三罷」企圖癱瘓香港。當時工聯會各屬會團結工友，發揮了穩定社會的重要作用，也讓黑暴氣焰受挫，為香港免於陷入絕境功不可沒。

事實證明，工聯會始終是當仁不讓的愛國者，是「愛國者治港」的參與者，隨著中央頒佈落實《港區國安法》、完善選舉制度、落實「愛國者治港」，工聯會也提出「新時代工運」的理念回應新時代要求，做好愛國工運事業，讓廣大工友參與到香港的建設和發展，共建共榮，共享共贏。

「不經一番寒徹骨，怎得梅花撲鼻香。」1997 年香港順利回歸祖國，是中國在世界舞台發揮更大作用的其中一個重要里程碑，是中華民族奮鬥史的又一次勝利。我相信今天香港必然成為中華民族偉大復興征程的一股重要力量和重要組成部分。適逢其會，恭逢其盛，這是香港的機遇，是工聯會及愛國愛港力量的擔當和榮耀。下一個 25 年，願我們一起繼續為香港「一國兩制」實踐譜寫新篇章，為中華民族偉大復興作出應有貢獻！

A16　評論部電郵地址 opinion@wenweipo.com　文匯論壇　◆責任編輯：張卓立　2022年6月10日(星期五)　香港文匯報WEN WEI PO

與香港特區一起走來 同啟新篇

25歲，人生正青春，風華正茂，是整裝待發、躊躇滿志的年紀。香港回歸25載，歷經風雨，也成就輝煌，「一國兩制」不斷完善。25年來，在中央的引領和幫助下，在愛國者的團結和堅定中，香港克服種種困難和挑戰，砥礪前行。此際，我們以更穩固的社會基礎和信念、更堅定的主體意識，繼續全面準確落實「一國兩制」，值得慶祝，更應奮進！

吳秋北 全國人大代表 工聯會會長 立法會議員

香港回歸之際，正值我與工聯會結下緣分之時。我在這年開展了工運生涯。那時社會對於香港回歸，充斥着各種各樣的聲音。正當一些人打算移民或是爭取居英權的時候，我卻萬分期待這個洗刷歷史恥辱的神聖時刻。在當時的社會氣氛下，這種心情無疑是孤單的。工聯會當時有一個「25萬會員迎回歸」的活動，我就是其中一個新會員。我透過義工工作參與工運，因爲我認同工聯會的理念，及後更全職加入工聯會。25年一路走來，工聯會這面愛國愛港的旗幟，已是我肩上的責任，也是刻在我心中的理想和信念；也正是這份挑戰與擔當，讓我有機會見證參與和實踐「一國兩制」偉大事業。我對於能夠參與工聯會的工作深感榮幸，常懷感恩。

香港歷經風雨終撥亂反正

香港經歷了150年的港英管治，英國一直在榨取香港的經濟利益。直到上世紀八十年代，中央政府就香港主權問題與英國政府展開交涉，英國才開始「發展香港」，出現香港過渡期的所謂「黃金時代」，這種表面的繁榮讓部分港人忘記了被港英壓榨的屈辱，反而產生所謂「優越感」；另一方面，港英政府在教育中刻意消除港人應有的國民意識，讓部分港人在身份認知上找不到自己的根，甚至不願意認祖歸宗。同時，近代以來，國家未能趕上現代化步伐，被西方列強侵略、掠奪，國民在相當長時間喪失了自尊和自信，形成強烈的自卑感。百多年來，在國家反殖反帝鬥爭，在新中國站起來、富起來、強起來的中華民族共同奮鬥過程中，部分港人缺席了，這是非常遺憾的，是精神上的重大損失。再加上教育不足，甚至受到錯誤的、扭曲的教育，部分港人無法與祖國產生共情，更談不上民族自豪感，這是一種悲哀和創傷。

我幼年初來香港時，已察覺到香港教育存在的問題。因爲我在福建讀過兩年小學，很鮮明地感受到兩地教育的差異，特別是意識形態上的差異。香港回歸20多年來政治上的風風雨雨都有其根源，違法「佔中」、修例風波引發違法活動、黑暴氾濫，當中有不少年輕人參與，更印證了香港教育存在問題，不僅是學校和家庭，還有社會氣氛和輿論環境，所以香港需要來個徹底的撥亂反正。

每每講到回歸，我都會想起父親在1997年7月1日早早起床出門，將文匯報、大公報買回家珍藏。我當然知道父親愛國，但這個非常有儀式感的舉動還是深深地感染了我、感動了我。相較之下，我就「含蓄」一些。我參加了一個讀書小組，成員有像我這樣的基層青年，也有公務員和中產人士，大家志同道合，心懷家國，時常聚在一起聊歷史談文學，寫文章針砭時弊。回歸臨近，我們就以讀文匯報、大公報的迎回歸文章，作出評論、分析，讓我受益匪淺。所以，我始終認同媒體對公衆的教育意義和責任。

做好新時代愛國工運事業

回說工運，香港的工運也是從與反港英政府壓迫、謀生存的鬥爭中激發出來。從1922年震驚世界的海員大罷工，到1925年省港大罷工，再到1967年的反英抗暴運動，工聯會高舉愛國旗幟，通過服務工友，維護權益，凝聚廣大基層勞工。1997年，中央要求確保香港順利回歸，工聯會就是強大的穩定力量，發揮了重要作用。

2018年9月29日，中共中央政治局常委、國務院副總理韓正在人民大會堂會見了工聯會訪問團。韓正副總理稱讚，工聯會堅持愛國愛港傳統，由成立之初到現在，始終堅持團結帶領香港各界勞工，維護勞工的合法權益；亦積極參與社會政治事務，對香港回歸、香港繁榮穩定、維護「一國兩制」都發揮積極作用。他充分肯定工聯會的工作，予以高度讚揚。這正是基於歷史事實的肯定。2019年修例風波最惡劣的時期，攬炒派發動「大三罷」企圖癱瘓香港。當時工聯會各屬會團結工友，發揮了穩定社會的重要作用，也讓黑暴氣焰受挫，爲香港免於陷入絕境功不可沒。

事實證明，工聯會始終是當仁不讓的愛國者，是「愛國者治港」的參與者，隨着中央頒布落實香港國安法、完善選舉制度、落實「愛國者治港」，工聯會也提出新時代工運的理念回應新時代要求，做好愛國工運事業，讓廣大工友參與到香港的建設和發展，共建共榮，共享共贏。

「不經一番寒徹骨，怎得梅花撲鼻香。」1997年香港順利回歸祖國，是中國在世界舞台發揮更大作用的其中一個重要里程碑，是中華民族奮鬥史的又一次勝利。我相信今天香港必然成爲中華民族偉大復興征程的一股重要力量和重要組成部分。適逢其會，恭逢其盛，這是香港的機遇，是工聯會及愛國愛港力量的擔當和榮耀。下一個25年，願我們一起繼續爲香港「一國兩制」實踐續寫新篇章，爲中華民族偉大復興作出應有貢獻！

2022年6月10日《文匯報》

新時代政治生態下不需要嘩眾取寵的「猴戲」

2022 年 10 月 8 日

香港一直以來都有一種歪風，就是「出位」，結果政治崩壞，上行下效，導致不同程度的專業失德失智，社會各界走向「娛樂化」。言論大膽出位，語不驚人死不休，為的是博取眼球關注，那些真正實幹的人卻被掩埋，導致行業衰落，專業掃地不獲尊重。早前就有毒果日報搞亂新聞界風氣，貽害深遠。在愛國者治港落實前，反中亂港份子正是毒媒寵兒，各個極盡「搶眼球」撈選票之能事，做盡各種倒行逆施和極端行為，甚至演變為黑暴，讓議會癱瘓，一場場「猴戲」，不斷向媒體餵食，並讓媒體反過來推波助瀾，而皆美其名曰向支持者「交代」！

按道理在落實愛國者治港後，這種「猴戲」應不復再。可惜社會歪風並未杜絕，也沒有停止向議會滲透，大有再掀風雲之勢，近日部分議員的「表演」不得不引為警惕。新議會成立後，外界不時有聲音嫌議事廳太平靜，批評議員是無名小卒，不懂造新聞，「唔知佢做乜！」於是乎便耐不住寂寞指點江山，教導議員如何作秀。然而，新選舉制度的優越性在於選賢任能，非以「make noise」（製造噪音）論英雄。一些擅於在地區事務、走在群眾前線的，又或在其專業領域有巨大貢獻的，他們未必懂得宣傳和包裝，可能也無意在社交媒體上「呃 Like」，他們的名聲可能只局限於其服務領域內而未有獲得公眾廣泛認識，但其付出應得到肯定。訥於言而敏於行，他們理應是愛國者治港團隊的主要組成部分，為香港的繁榮發展安定作貢獻。這類愛國人才，在以往反對派操弄下難以當選，現在我們更要引入更多這類人才，讓群眾的聲音、專業的意見能成為實現良政善治的重要力量，切實解除民生憂難，讓香港有更好的發展，為香港普羅市民帶來更美好的生活。

「功成不必在我，功成必定有我。」愛國者治港原則下，議會應更講求團隊精神，為共同的目標努力，而非打個人賽，一個好的議員要以人民為中心，不是以個人為中心。議事廳更不是培養「政治明星」的舞台。埋頭苦幹，踏實做事的精神應大力弘揚。以往那種靠拆台來出位和上位的方式，並不適用。不但不適用，更是違背了愛國愛港者應有的特質。在愛國者治港下的新議會，須有新人事新作風，摒棄以往反中亂港勢力營造出來的那種嘩眾取寵的不良風氣。且要有互相補位的思維和心胸，明白到治港需要有「五光十色」的人才。正如夏寶龍副主席曾提出，愛國者必須具備「五個善於」和「五有」（有格局、有情懷、有擔當、有本領、有作為）。我們不妨再讀一次「五個善於」，包括：（1）善於在治港實踐中全面準確貫徹「一國兩制」方針，做立場堅定的愛國者；（2）善於破解香港發展面臨的各種矛盾和問題，做擔當作為的愛國者；（3）善於為民眾辦實事，做為民愛民的愛國者；（4）善於團結方方面面的力量，做有感召力的愛國者。打破門戶之見，遇事多溝通、多交流、多諒解、多補台，在愛國愛港的旗幟下促成最廣泛的團結，在建設更美好的香港這一大目標下匯聚最強大的合力；（5）善於履職盡責，做有責任心的愛國者。「五個善於」和「五有」是落實愛國者治港的重要指引，如果有人試圖誤導「五個善於」不如善於炒作，「五有」抵不過有名氣，那否定議員是假，否定愛國者治港是真，居心何在？！此風斷不可長！

我們向來歡迎建設性的批評意見，批評必須實事求是，提出相應的可行建議。社會需要少一些情緒煽動，需要更多理性、科學的建言。出發點是要成事，而不是壞事，批評與煽動之間的差別清晰可見。在愛國者治港下的今天，我們要堅持自己的優質民主發展道路，組建做實事、敢擔當、時刻心繫群眾、時刻以百姓福祉為己任的治港團隊！不再需要西方那種「欺騙」選民的「鬧劇」和嘩眾取寵的「猴戲」，愛國者不屑那一套！

空談「大小」無益，政府有為為上

2022 年 11 月 11 日

2022 年《施政報告》發表後，坊間有一種說法，指政府正告別「大市場、小政府」的理念，走向「大政府」。其實，「大市場、小政府」這一套，不論從學理來說，還是從現實來說，都是有爭議的，甚至可以說是有點過時。學理上，傳統經濟學以政府為「惡」，儘管有這樣的「假設」或觀念，但鮮有經濟學家推崇無政府主義。反而，越來越多經濟學家認為，政府會失效，但市場也同樣會失效。例如在收入分配問題上，無法靠市場解決，其中一個重要的解決方法，就是靠政府進行再分配。而市場會出現壟斷，政府便需要出手解決。一些重大的公共服務或公共產品，比如食水供應，不會依靠市場提供，一般由政府負責。又例如電力供應，就算交由私人營運，也必然對其收費、利潤等加以管制。現時香港的電力公司受到規管，尚且仍有豐厚利潤，假如沒有政府規管，大家可以想像，電力收費會是多少，肯定就是天價。就算是一些信奉市場和資本主義的經濟學家，也鮮有質疑政府對電力公司的管制。

傳統把政府視為「惡」、市場視為「效率」的觀念，其實早已不合時宜。事實上，不論是政府政策還是市場，都只是工具，關鍵還在於怎樣用，用於甚麼地方，是否對症下藥。兩者本質上並非對立，而是一種互補。

疫情期間，全球各地經濟下滑，各地政府無不推出紓困措施，沒有人會質疑這是「大政府」政策。現實中，市場有很多問題無法解決，包括民生問題、收入分配問題、壟斷問題，以至經濟發展和轉型問題。市場是短

文章首發表於《環球時報》。

視的，大多只會追逐短期利潤，缺乏長遠規劃。例如香港一直以來最賺錢的是地產和金融，也因此資本都湧入這兩個產業，其他產業的發展停滯不前，導致香港長期無法轉型，經濟結構單一。只有政府主動出擊，才有可能扭轉這個局勢，讓其他產業都能獲得生存發展空間。香港要有更多元的產業發展，已是社會的共識。

以往港英推崇「大市場、小政府」原則，正如有學者指出，不過是「自我施加的政策、規則和程序桎梏」、「自我束縛的『聖牛』」。我會更直接說，這更多是一個逃避解決各種社會問題、縱容政府不作為、任由資本壟斷和剝削的冠冕堂皇的藉口。特別是「一國兩制」下特首所領導的特區政府要向中央負責，所以特區政府同樣是人民政府，本來就是要替民排難解憂，這是香港所保持的資本主義制度與西方資本主義制度的區別所在，也是制度優勢所在。事實上儘管是西方政府也並非任市場自由發揮，只不過其干預的目的有利於資本而非人民。

政府是大是小，都只是標籤，我們並不希望政府「大而無當」，也同樣不希望政府「小而不為」。最終政府規模如何、佔比如何，更多取決於社會情況和需要，無一個先決的指標作枷鎖。新時代下，經濟全球化，經濟波動更頻繁，全球性事件也更多，社會面對更多更複雜的內外挑戰。世界各地的人民，都期望有一個更有作為的政府，去應對各種突如其來的挑戰，去處理經濟、民生、發展和轉型的需要。

另一方面，政府成立公司經營特定事務或業務，並非新鮮事。比如政府便是港鐵的最大股東；機場管理局由政府全資擁有。法例規定，任何人士均不能持有港交所 5% 以上的股份。自 2007 年 9 月 7 日起，香港政府為港交所的單一最大股東，持有 5.88% 股份。當年儘管有質疑這是干預證券市場運作，但時間證明這不但無損海外機構到港上市集資的信心，無損投資者對香港證券市場的信心，並且更有利於市場發展。

政府投資未來，也並不是新鮮，比如「未來基金」，便早在2015年由時任財政司司長曾俊華成立。政府需要處理一些長期無法由市場自行解決的問題。比如香港在融入大灣區發展上，商界往往存在信息不對稱問題，需要香港政府牽頭，與內地政府接洽和對接，甚至參與初始啟動的一些投資項目。

時代在變，機遇和挑戰也越來越多，政府需要有更靈活和創造性思維，透過政策創新、施政創新，就具體問題制訂適切的解決方案，這可以是各種各樣的模式，比如官商民共同合作參與，或是政府牽頭、私人參與，又或是提供鼓勵誘因吸引私人參與。抱殘守缺地以「小政府、大市場」掛帥，以此作為「不作為」的藉口，這樣的政府理應被摒棄。香港被「小政府、大市場」這一所謂原則「忽悠」了太久，蹉跎歲月，浪費了很多光陰。

又例如勞工保障，僱主與僱員的議價能力從來不對等，假如沒有政府介入，很多勞資糾紛便無法解決，這已經涉及權益保障、公平公義。又例如《劏房條例》，儘管仍有待改進，但最低限度禁止了「劏房」業主濫收雜費和濫加租，保障了沒有議價能力「劏房」租戶的權益。自然會有人批評，劏房業主的「權益」受損。但實際上，「劏房」業主又何來權力去任意剝削「劏房」租戶？市場行為理應受到合理的制約，自由市場不等於擁有「剝削權」。

一直以來，香港存在大量深層次矛盾，很多基層市民長期處於水深火熱。同時，香港急需提升競爭力，以應對與其他周邊地區的激烈競爭。我樂見政府摒棄「小政府、大市場」這個緊箍咒，一個負責任的政府，需要能用、敢用、善用手中的權力，盡心竭力地去解決民生問題，謀劃社會的長遠發展，香港才有可能維持競爭力和獨特優勢，讓「一國兩制」行穩致遠，永葆繁榮穩定。

空谈“大小”无益，政府有为乃上

吴秋北

香港特区行政长官李家超任内首份施政报告发表后，坊间有一种说法，认为特区政府正告别“大市场、小政府”的理念，走向“大政府”。

其实，“大市场、小政府”这一套，不论从学理来说，还是从现实来说，都是有争议，甚至可以说是有点过时的。学理上，传统经济学以政府为“恶”，尽管有这样的“假设”或观念，但鲜有经济学家推崇无政府主义。例如在收入分配问题上无法完全靠市场解决，其中一个重要的解决方法，就是靠政府进行再分配。市场出现垄断时，政府也需要出手。一些重大的公共服务或公共产品，比如饮用水供应，一般不会依靠市场提供，而是由政府负责；又比如电力供应，就算交由私人营运，政府也会通过一定方式加以规制。现在香港的电力公司受到规管，尚且仍有丰厚利润，假如没有政府规管，老百姓所交电费就很可能是天价。就算是一些信奉市场和资本主义的经济学家，也鲜有质疑政府在这些方面的规制。

传统学理把政府视为“恶”、市场视为“效率”的观念，早已不合时宜。事实上，不论是政府政策还是市场，都只是工具，关键还在于怎样使用、用于什么地方，以及是否对症下药。两者本质上并非对立，而是一种互补。

新冠肺炎疫情令各国经济遭到冲击，多地政府推出纾困措施，很少有人会质疑这是“大政府”政策。现实中，市场有很多问题无法解决，包括民生问题、收入分配问题、垄断问题、经济发展和转型问题等。市场是短视的，大多只会追逐短期利润，缺乏长远规划。例如香港一直以来最赚钱的行业是地产和金融，资本纷纷涌入这两个产业，其他产业的发展相对停滞，导致香港难以实现转型，经济结构单一。只有特区政府主动出击，才可能扭转这个局面，让其他产业也可以获得更大的生存发展空间。香港需要有更多元的产业发展，这已是社会的共识。

港英时期推崇“大市场、小政府”原则，已有学者指出，那不过是“自我施加的政策、规则和程序桎梏”“自我束缚的‘圣牛’”。笔者会更直接地说，这更多是一个逃避解决各种社会问题、纵容港英政府不作为、任由资本垄断和剥削的冠冕堂皇借口。“一国两制”下特首领导的特区政府要向中央和特区负责，所以特区政府同样是人民政府，本来就是要为民排难解忧，这是香港所保持的资本主义制度与西方资本主义制度的区别，也是它的制度优势所在。事实上，即使是西方政府也并非任由市场作为，只不过其干预的目的是有利于资本而非人民。

政府是大是小，都只是标签，谁也不希望政府“大而不为”，同样不希望政府“小而无当”。最终政府规模如何、占比如何，更多取决于社会的实际情况和需要。如今，全球性事件增多，许多社会都面对着更多更复杂的内外挑战。各地人民都期望有一个更有作为的政府，去应对各种突如其来的挑战，去处理经济、民生、发展和转型的需要。

另一方面，特区政府成立公司经营特定事务或业务，并非新鲜事。比如特区政府是港铁的最大股东；机场管理局由特区政府全资拥有。法例规定，任何个人和机构均不得持有港交所超过5%的股份。自2007年9月7日起，香港政府是港交所的单一最大股东，持有5.88%的股份。尽管曾有人质疑这是“干预证券市场运作”，但时间证明这不仅无损海外机构到港上市集资的信心，无损投资者对香港证券市场的信心，而且有利于市场稳定和发展。

政府投资未来也不是新鲜事。政府需要处理一些无法由市场自行解决的长期性问题，比如香港在融入大湾区发展上，商界往往存在信息不对称问题，需要特区政府牵头，与内地政府接洽和对接，甚至参与初始启动的一些投资项目。

时代在变，机遇和挑战也越来越多，政府需要有更灵活的姿态和创造性的思维，透过政策创新、施政创新，就具体问题制定适切的解决方案。这可以是各种各样的模式，比如官商民共同合作参与，或是政府牵头、私人参与，又或是提供各项鼓励吸引私人参与。抱残守缺地以“大市场、小政府”挂帅，把它当成“不作为”的借口，这样的做法不值得提倡。

香港社会长期存在一些深层次矛盾，不少基层市民的生活面临具体困难。同时，香港亟须提升竞争力。笔者乐见特区政府摒弃“大市场、小政府”的过时理念。一个负责任的政府，需要能用、敢用、善用手中的权力，尽心竭力地去解决民生问题，谋划社会的长远发展。只有这样，香港才有可能维持竞争力和独特优势，永葆繁荣稳定，让“一国两制”行稳致远。▲ **（作者是香港立法会议员、工联会会长）**

2022 年 11 月 11 日《環球時報》

貫徹「二十大」精神，準確實踐一國兩制，貢獻百年奮鬥目標

2022 年 12 月 8 日

全國人大常委會法制工作委員會主任沈春耀及全國政協經濟委員會副主任謝伏瞻專程帶團來港宣講「二十大」精神，為我們帶來了最權威系統深刻全面的解讀，這有助於香港各界更透徹地掌握國家發展戰略佈局，緊跟新時代發展要求，確保香港「一國兩制」行穩致遠，把握歷史機遇。

正如宣講中所提到的，「二十大」的勝利召開對黨和國家的發展具有非常重要的意義，這是百年大黨帶領全國經歷了百年奮鬥，取得輝煌成就之後的一次黨代會，國家踏上以更高的起點向更高的目標奮進的新征程，以習近平總書記為核心的黨中央必將堅強領導全黨全國各族人民踔厲奮發，勇往直前。對此我充滿信心和期待。

「十八大」以來，在習近平新時代中國特色社會主義思想的指導下，我們克服了大黨獨有的困難，充分發揮出國家的制度優勢，經濟持續向好，實現長時間高速發展；全面脫貧，全面建成小康社會；有效抑制新冠疫情，堅持人民、生命至上，國家在經濟民生科技創新各方面都取得了世界稱讚的成績。同時，面對以美國為首的西方利益集團所帶來的外圍壓力，黨中央以高超的政治定力和謀略堅持改革開放，堅持以高質量發展解決問題，並且能夠審時度勢，掌握主動。這也展現出在中共領導下的中國特色社會主義的道路自信。正因為有史為鑒，我們有理由相信中國式現代化的發展道路一定走得通！在這次宣講會上，沈主任特別強調了國家對於

文章首發表於《環球時報》，標題：「吳秋北：二十大激發香港發展內生動力」。

實現共同富裕的安排，有時間表有路線圖，科學有序，有跡可循。共同富裕是共產主義的應有之義，中國共產黨能夠在建黨百年之後，將實現共同富裕作為新的奮鬥目標，不禁令人敬佩。這樣一支將近一億黨員的馬克思主義政黨，能夠在黨中央的領導下，不忘初心，團結奮進，以馬克思主義為理論指導，以馬克思主義中國化時代化為理論注入新的生命力，以共產主義為理想，以人民屬性為依歸。中國共產黨做到了，並且保持旺盛的生命力，這就是中共偉大、光榮、正確的註腳。

「二十大」的勝利召開，適值香港由亂及治並由治及興的重大轉折，為香港未來發展指明方向。「一國兩制」從構思到實踐，已經經歷了數十年，黨中央把舵領航，香港是實踐主體，需要上下協作，緊密團結，不斷審時度勢不斷完善，以確保這個偉大實踐能夠全面貫徹準確落實，能夠做到長期堅持。實踐好「一國兩制」的邏輯，一是香港要主動維護落實中央全面管治權，做到扶正固本。二是香港要以家國格局積極承擔高度自治權，做到枝繁葉茂。雖然香港回歸祖國已經 25 年，然而去殖民化的工作做得還不夠徹底，發展過程中也出現很多深層次問題，解決這些問題是特區政府接下來的重點工作之一，去除殖民主義殘餘是壯大愛國愛港力量應有之義，破解影響民生和香港發展深層次矛盾是「一國兩制」行穩致遠的必然要求。

要開闢我們自身的發展道路，香港也可貢獻經驗和力量。這次「二十大」精神中有一個非常重要的論述，就是建設中國式現代化強國。香港在 1970、1980 年代的經濟繁榮，可能有人會以為這是向西方學習現代化的成功例子，然而實際上，香港本身就是西方以侵略、戰爭實現自身現代化進程的受害者，真正是以華人的血汗供養西方的好日子，這樣的殖民掠奪者，又有甚麼資格就自身罪孽可驕傲和標榜的？所以香港有一部分人將西方一套奉作神明，實在是膚淺可笑。而香港被殖民統治時的繁榮，更多的是西方圍堵中國的手段。在長期被殖民統治下，社會問題突出，累積了貧富差距懸殊，財富高度集中，產業單一、發展動力不足等問題。這些也正是西方現代化普遍存在的問題，而中國式現代化能夠避免前者的弊端，更加強調精神物質相協調、人和自然的和諧以及人類命運共同體。所以我希望香港能夠有更好的覺悟，能夠有勇氣意識到建設中國式現代化強國，不僅是我們的時代責任，也是我們的歷史機遇，這個新時代新征程，我們有份參與，也必須參與，實在值得每一個香港人慶幸、驕傲以及努力奮鬥！

2022 年 11 月 18 日，代表工聯會報名參選第 14 屆港區人大代表。

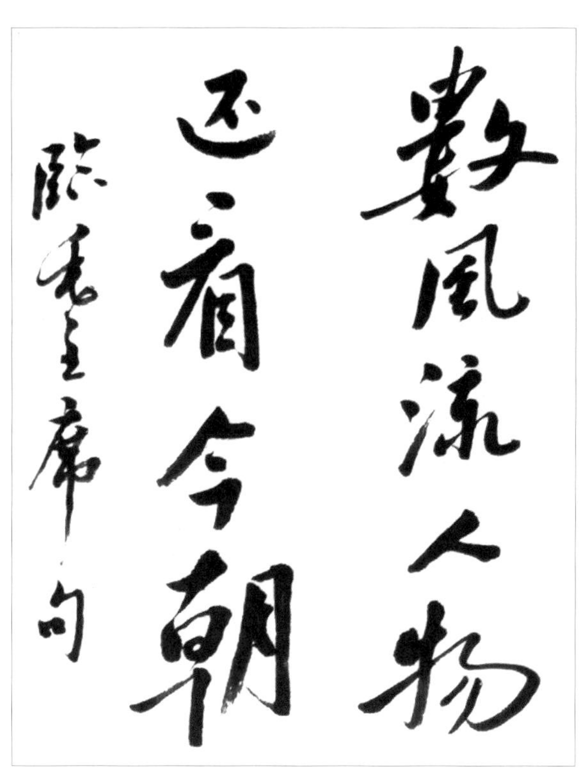

2021 年 12 月 26 日，緬懷毛主席。

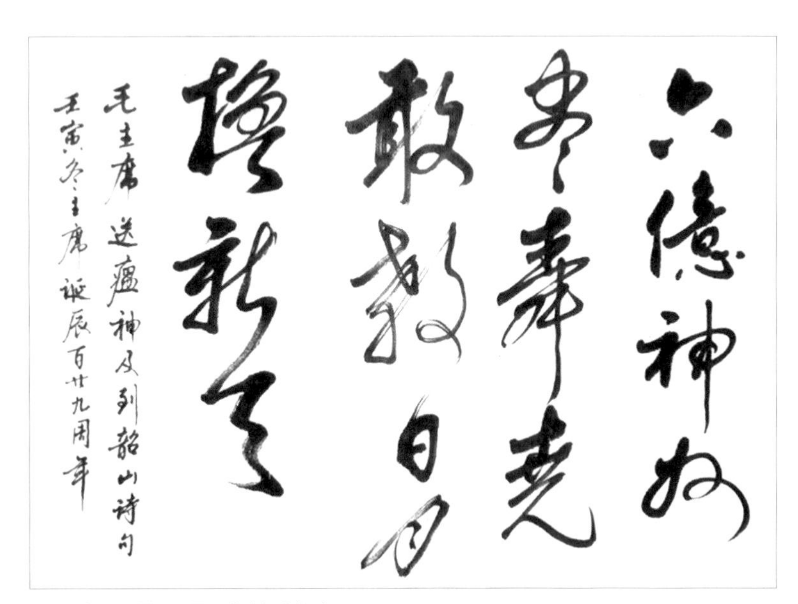

2022 年 12 月 26 日，緬懷毛主席。

如何做到守土有責
——寫在全國人大釋法之後

2023 年 1 月 6 日

就全國人大常委會日前釋法的問題，坊間曾有聲音說沒有必要，又或是「輸打贏要」云云。這反映仍有不少人對《港區國安法》未有充分的理解，同時，法庭的判決也存在這個問題。如果法庭能更仔細研究《港區國安法》的條文，對條文有更透徹的理解，並能意識到案件涉及的國安問題，便不會捅出漏洞而需人大常委會及時出手。其實，全國人大常委會今次釋法，拿捏有度，只是針對權限問題，梳理原則和規矩，沒有改變《港區國安法》任何條文的內容，也沒有改變任何人或機構的職權。

透過釋法，釐清當中的權責關係，實際上就是「善意提醒」香港法庭要負起保證國安的責任，也重申特首和香港特別行政區維護國家安全委員會（下稱「國安委」）在國安法上的法定職責，既平息公眾疑慮，也讓「國安委」有更堅實有力的法理基礎作進一步的行動，解決問題防範風險。同時，釋法也讓事情更為清晰，避免在「國安委」有所行動後，有人繼續混淆視聽，或借司法覆核糾纏問題。

有說今次釋法是「畫公仔畫出腸」，既然法院沒有準確理解《港區國安法》，就必須手把手，包教到會。事實上，如果任由法院在未有充分理解條文的情況下，自行解讀有關條文成為案例，後果可以非常危險，甚至反過來損害國家安全和公眾利益，出現極其荒謬的結果。其實香港法院「自把自為」的情況早有先例，比如當年終審法院在吳嘉玲案和莊豐源案，

文章首發表於大公文匯網。

以所謂的普通法原則自行解讀《基本法》條文，製造「雙非」問題，最終導致全國人大常委會必須透過釋法來解決。明顯地，香港法院有自行扭曲憲制文件原意的「陋習」、「惡習」和「毒癮」，完全不考慮甚至故意忽略一個事實：「憲制文件本質上並非以普通法原則制訂，其最終解釋權並不屬於香港法院，而是屬於全國人大常委會。」

正如《基本法》第 158 條，便清楚寫明，《基本法》的解釋權屬於全國人大常務委員會。香港法院雖然獲授權自行解釋，但只限於自治範圍內，而在關於中央人民政府管理的事務或中央和香港特別行政區關係的條款上的解釋，而該條款的解釋又影響到案件的判決，在對該案件作出不可上訴的終局判決前，應由香港特別行政區終審法院請全國人民代表大會常務委員會對有關條款作出解釋。

比如在居港權問題上，明顯地這不是單純的香港自治範圍事務，涉及兩地的管理，但香港法院卻不曾就有關問題提請中央。同樣地，今次涉及國安的案件，明顯也並非香港自治範圍，解釋權也從來不屬於香港法院。在《港區國安法》第 65 條便列明，「本法的解釋權屬於全國人民代表大會常務委員會」。香港法院在此事上「依然故我」，用普通法原則凌駕條文，繼續自行解讀憲制文件。不知道是法官因循陋習，還是對「一國兩制」和憲制下自身的權限和角色有錯誤理解，以為自己可任意對憲制文件進行解讀。所以，如不糾正，日後其他國安案件，法院也可以用各種「藉口」解讀條文，無限放大普通法遂使立法原意扭曲變形。屆時，《港區國安法》還能準確貫徹實施嗎？不就形成國安法自廢武功的荒謬效果嗎？

在全國人大常委會關於《港區國安法》第 14 條和第 47 條的解釋（下稱「人大解釋」）的首段解釋中，便提到「香港特別行政區維護國家安全委員會作出的決定不受司法覆核，具有可執行的法律效力」，即有關「國安委」的決定，既不受司法覆核推翻，也具備法律賦予的執行效力。香港法院的「表現」「有目共睹」，在《港區國安法》立法時，中央自然就把香港法院的往績列入考慮之中，也自然不會「天真地」容讓香港法院自行解釋《港區國安法》的條文。

任何法例都不可能是完美的，若是蓄意為之，總能鑽出漏洞。假如法官沒有足夠的國安意識和智慧以及對《港區國安法》的理解去為問題把關，便很容易出現「缺口」，甚至把自製的麻煩和漏洞當成案例，類似情況屢見不鮮。全國人大常委會，總不可能每次都為單一事件去釋法。也因此，今次的釋法的最根本目的，便是要釐清權限，讓肩負「雙負責」憲制的行政長官以及由行政長官作為主席的「國安委」，可按照《港區國安法》第 47 條賦予的權力，履行法定職責，為需要認定的國安問題把關。這樣交由本地自行解決，是最明智和可取的做法，既避免了全國人大常委會對特定本地事件的介入，也進一步完善了《港區國安法》的落實，並消除了一切相關的疑慮，包括特首和「國安委」後續是否能就法院的判決作出法定的行動，肯定了後續行動的法理基礎。也因此，在「人大解釋」中的最後一段，便提到兩個重點：

（1）不具有香港特別行政區全面執業資格的海外律師是否可以擔任危害國家安全犯罪案件的辯護人或者訴訟代理人的問題，屬於《中華人民共和國香港特別行政區維護國家安全法》第 47 條所規定的需要認定的問題，應當取得行政長官發出的證明書。

（2）如香港特別行政區法院沒有向行政長官提出並取得行政長官就該等問題發出的證明書，香港特別行政區維護國家安全委員會應當根據《中華人民共和國香港特別行政區維護國家安全法》第 14 條的規定履行法定職責，對該等情況和問題作出相關判斷和決定。

日後，法院在審理涉及國安相關案件時，都必須按照本次釋法，審視當中是否存在需要認定的國安問題，是否需要向行政長官取得證明書。否則，法院的判決，有可能不符合《港區國安法》的規定，而「國安委」可按照其法定職責，處理有關情況。也因此，有人形容今次釋法猶如《港區國安法》的「說明」，解釋如何應用《港區國安法》的條文，而沒有對特首和「國安委」的原有職權和職責作任何絲毫變動，是非常準確的說法。也說明了一件事，就是香港的司法體系，存在嚴重的系統性失誤，沒有充分理解「一國兩制」和「憲制」下自身的權限，也沒有負責任地貫徹維護國家安全。全國人大常委會是次釋法，是當頭棒喝，也反映香港司法體系有需要去加深認識「一國兩制」和憲法。亡羊補牢未為晚也，接下來就要看香港司法系統是否有自我糾錯的態度和意識，不斷提升對《港區國安法》的認識和理解！

治興有序，大展鴻「兔」

2023 年 1 月 21 日

香港社會正逐步復常，經濟漸漸復甦，走向「由治及興」。香港要想創造輝煌 2.0，就要做到在興的過程中，不斷提升和充實市民的獲得感和幸福感，才能長治久安。如果經濟發展只是為少數人服務，經濟成果只是由少數人獲得，就算本地生產總值的數字有幾高、經濟成果有幾豐富，這種富貴繁華，也只能是一種短暫的假象，難以行穩致遠。

政府在政策推行上，必然有短中長期的考慮。在社會復常、經濟復甦初期，政府首要的，便肯定是推出一些具提振作用的短期政策，為復常復甦提供初始動力，加速恢復的步伐。時間不等人，基層活在水深火熱之中，一旦時間長了，跌進了「貧窮陷阱」，便難以擺脫。也因此，政府需要在短期內，儘快推出「保底」措施，讓勞工有更充分的時間，因應社會復常而調整自己的就業安排，同時也支援僱主重新開設職位，達至雙贏。「創就業復業基金」是必須的，這不單用於支援疫情，也可用於應對日後出現的經濟波動，作為恒常的逆周期政策。我同意特首提到，要用多元手法去解決就業和復業的問題，不單只是派錢。「創就業復業基金」正是一個執行機構，負責全方位、多元推動創造就業和復業的工作。比如扶貧委員會轄下便設有「社創基金」，推動多元的創新項目，以達致扶貧、防貧、防止社會孤立、促進共融、提升市民福祉，以及加強社會凝聚力的效果。

疫情下各行各業飽受嚴重衝擊，三年過後，政府要有決心承擔創造就業和推動復業的工作，特別是在坊間對社會復常、經濟復甦仍充滿憂慮、

文章首發表於《文匯報》。

信心不足的情況下，政府便應果斷起帶頭作用，推動勞官資三方協作，支援僱主大量招聘重新開設的職位，讓疫下閒置或脫離本業多時的勞動力能重新注入原來的行業，重新出發，成為香港疫後最大的發展動力，讓勞資雙方都能渡過難關。澳門政府已率先推出各種政策激活旅遊業，支持業界儘快恢復至疫情前的水平。香港政府同樣也應考慮。

有意見認為，政府應「節流」，以消除赤字，確保財政穩健。過往經濟不景，政府便有嘗試「開源節流」，結果未如理想，不單沒有解決財赤，甚至讓問題惡化。事實上，假如經濟不景，就算政府如何「節流」，在稅收大幅下滑之下，也只是杯水車薪。反而，政府財政穩健的根本，在於香港的繁榮穩定，在於香港的經濟穩健。政府無時無刻都應該「節約」，妥善運用儲備，但同時也應該「應使則使」。經濟儘快復甦，政府收入自然也會逐步回復至正常水平，相應地政府也可以逐步減少逆周期政策，赤字便會消失。反而，政府拖拖拉拉，刺激政策「唔湯唔水」，令香港經濟持續處於谷底，對政府財政才是最大的傷害。與其緊守而衰，不如進攻而興。

我們已經看到政府積極提高香港的競爭力，協助商界招商引資。事實上，生意好轉，投資增加，對就業市場也有莫大的幫助。但同時，政府也要考慮，如何更好地讓基層市民，都能享受經濟成果，獲得感和幸福感能隨經濟發展而增長。市場不會自行進行「二次分配」和「三次分配」，「二次分配」需要政府主動作為，讓缺乏議價能力的基層市民也能獲得保障。「三次分配」需要得到政府的鼓勵，形成風氣和社會共識，才有可能持續推進和發展。

由治及興的關鍵，是社會要同心同德。政府要處理好社會上各種關係。其中，勞資關係是非常重要和突出的問題，需要好好處理。在剛過去的行政長官答問會上，有親商界議員表示人手不足，要求加大輸入外勞。

特首表示相關政策既要重視競爭力，也要重視對本地就業的保障。希望能兩全其美，而非對立。事實上，香港要促進競爭力，輸入外勞並非唯一出路，甚至不一定是出路。例如基層外勞很多時都會把收入寄回自己的家鄉或祖國，而非在本地消費。結果是，商界節省了成本，但本地就業不佳，也會壓抑了消費，惡性循環。而高端人才流動性相對較大，在全球尋找機會，不一定會長期留在香港。培育本地人才，始終才是促進競爭力的不二法門和根本方法。反而，輸入外勞，更多應只作為一種特殊情況下的補充。

一直以來，基層勞工的保障向來不足，為人詬病。政府政策長期偏重商界，漠視勞工聲音，弊端已經顯露出來。要留意是，商界和勞工從來不是對立，而是唇齒相依，相輔相成。勞資雙方通力合作，創造更多價值，自然大家都能生活得更富足。勞工法例的本質和本意，並非要懲罰僱主，或要從僱主的口袋拿走甚麼，而是要帶出社會對勞工保障的關注和關懷，由法例規範到形成自發多做一步去保障基層勞工的風氣。其實，僱主對員工好，員工士氣大增，為公司更賣力，公司也會發展得更好。員工獲得充分的職業安全保障，才能長期為僱主服務和打拼，其實對僱主是百利而無一害。

社會的確是五光十色，每個階層每個人都在為社會進步發光增色，正如我的對聯「同心同德同向同行穩致遠，共建共榮共享共贏得輝煌」。農曆新年將至，在此祝各位大展宏圖，過一個豐盛的兔年！也祝大家身體健康，工作順利！

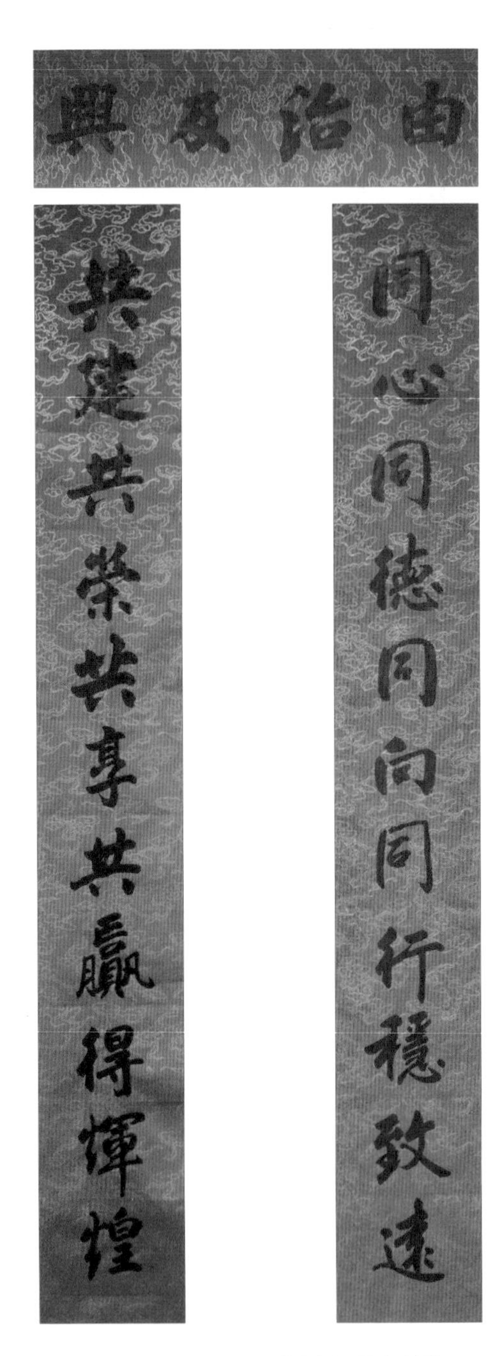

2023 年 1 月 20 日，為農曆新年題寫春聯。

A13　評論部電郵地址：opinion@wenweipo.com　文匯論壇　責任編輯：張卓立　2023年1月21日(星期六)　香港文匯報WEN WEI PO

治興有序　大展鴻「兔」

香港社會正逐步復常，經濟漸漸復甦，走向由治及興。要再創輝煌，就要做到在「興」的過程中，不斷提升和充實市民的獲得感和幸福感，才能長治久安。如果經濟發展只是為少數人服務，經濟成果只是由少數人獲得，就算本地生產總值的數字有多高、經濟成果有多豐富，這種富貴繁華，也只能是一種短暫的假象，難以行穩致遠。香港社會五光十色，每個階層、每個人都能為社會進步發光增色，正如我所作的對聯所指：「同心同德同向同行穩致遠，共建共榮共享共贏得輝煌」。農曆新年將至，在此祝各位大展宏圖，過一個豐盛的兔年！也祝大家身體健康，工作順利！

吳秋北　立法會議員 行政會議成員

政府在政策推行上，必然有短中長期的考慮。在社會復常、經濟復甦初期，政府首要做的，肯定是推出一些具提振作用的短期政策，為復甦提供動力，加速恢復步伐。時間不等人，基層市民生活壓力最大，一旦時間長了，跌進了「貧窮陷阱」，便難以擺脫。因此，政府需要在短期內推出「保底」措施，讓基層勞工有更充分時間，因應社會復常調整自己的就業安排，同時政府應支援僱主在疫情漸趨穩定之際重新開設職位，達至勞資雙贏。政府有必要推出「創就業復業基金」，這不單用於支援疫情復甦，也可用於應對日後出現的經濟波動，作為恒常的逆周期政策。

我同意行政長官李家超提出，要用多元手法解決就業和復業的問題，不單只是派錢。「創就業復業基金」正是一個執行機構，負責全方位、多元推動創造就業和復業的工作，這好比扶貧委員會轄下設有「社創基金」，推動多元的創新項目，以達至扶貧、防貧、促進共融、提升市民福祉，以及加強社會凝聚力。

創造就業增獲得感

疫情下各行各業飽受嚴重衝擊，3年過後，政府要有決心承擔創造就業和推動復業的工作，特別是在坊間對社會復常、經濟復甦仍充滿憂慮、信心不足的情況下，政府應果斷起帶頭作用，推動政府、勞資三方協作，支援僱主大量招聘新增職位人手，讓疫下閒置或脫離本業多時的勞動力重新投入就業市場，助勞資雙方渡過難關。澳門特區政府已率先推出各種政策激活旅遊業，支持業界盡快恢復至疫情前水平。香港特區政府也應考慮、借鏡。

有意見認為，香港剛走出疫情，目前特區政府應節流，以消除赤字，確保財政穩健。過往經濟不景，特區政府便嘗試透過開源節流，結果未如理想，對解決財赤幫助不大，反而產生更棘手問題。事實上，假如經濟不景，稅收大幅下滑，政府如何節流，也只是杯水車薪。相反，政府財政穩健的根本，在於香港的繁榮穩定，在於香港的經濟發展。政府無時無刻都應該「節約」，妥善運用儲備，但同時也應該「應使則使」。經濟盡快復甦，政府收入自然會逐步回復至正常水平，相應地政府可逐步減少逆周期政策，赤字便會消失。政府若拖拖拉拉，刺激經濟政策「唔湯唔水」，香港經濟持續處於谷底，這才是政府財政穩健的最大傷害。與其緊守而衰，不如進攻而興。

我們已經看到，政府積極提高香港的競爭力，協助商界招商引資。事實上，生意好轉，投資增加，對就業市場有莫大幫助。同時，政府也要考慮，如何更好地讓基層市民享受經濟成果，獲得感和幸福感能隨經濟發展而提升。市場不會自行進行「二次分配」、「三次分配」，「二次分配」需要政府主動作為，讓缺乏議價能力的基層市民獲得更大保障；「三次分配」需要得到政府的鼓勵，形成風氣和社會共識，才可能持續推進、發展。

培育人才提升競爭力

由治及興的關鍵，是社會要同心同德。政府要處理好社會各種關係。其中，勞資關係非常重要，需要好好處理。在剛過去的行政長官答問會上，有代表商界的立法會議員表示人手不足，要求加大輸入外勞。李家超表示，相關政策既要重視競爭力，也要重視對本地就業的保障。希望能兩全其美，而非對立。事實上，香港要增強競爭力，輸入外勞並非唯一出路，甚至不一定是出路。例如基層外勞很多時會把大部分收入寄回家鄉，而非在本地消費。結果，商界雖節省了成本，但本地就業不佳，也壓抑了消費，造成惡性循環。而高端人才流動性相對較大，在全球尋找機會，不一定長期留在香港。培育本地人才，始終才是促進競爭力的不二法門和根本方法。輸入外勞只應作為特殊情況下的支援措施。

多加保障勞工權益

一直以來，本港基層勞工的權益保障不足，為人詬病。政府政策長期偏重商界，這種政策的弊端日益顯露。要留意的是，商界和勞工從來不是對立，而是唇齒相依，相輔相成。勞資雙方通力合作，創造更多價值，大家才能生活得更富足。勞工法例的本質和本意，並非要懲罰僱主，或要從僱主的口袋拿走什麼，而是要帶出社會對勞工權益保障的關注和關懷，由法例規範過渡至自發保障基層勞工權益的風氣。

僱主對員工好，員工士氣大增，為公司更賣力，公司也會發展得更好。員工獲得充分的職業安全保障，才能長期為僱主服務和打拚，對僱主百利而無一害。

2023 年 1 月 21 日《文匯報》

勇當四個「帶頭」，彰顯新時代港區人大代表新境界

2023年3月8日

「兩會」期間，中央政治局常委、全國人大會議主席團常務主席趙樂際接見港區全國人大代表團，代表中央肯定新一屆港區人大是愛國愛港中堅力量，並對香港工作提出三點「希望」，即守正創新、拼搏自強和團結奮進，以及指出對港區人大代表要做到四個「帶頭」。帶頭深入了解中央的大政方針、帶頭堅決維護國安、帶頭支持行政長官及特區政府施政，以及帶頭積極對接國家發展戰略。

趙主任對新時代下港區人大代表的履職工作作出精闢指導，也是我們必須要做、必定要做的，因為這是愛國愛港治港者必須有的擔當、責任和使命。同時，「帶頭」兩個字又對這些愛國者的基本功提出更高的要求，起到了升華的作用。不僅要代表自己落實這些工作，更要以點及面，在各自領域起到「帶頭」作用，發揮影響力、感染力，團結一切可以團結的力量。這跟對香港工作的三點「希望」是互為關係。要達致三點「希望」，就必須要香港全社會都能了解中央方針、堅決維護國安、支持特首和特區政府施政和積極對接國家發展戰略，人大代表必須以帶頭發揮代表性，勇於擔當，走在前！

我們要帶領社會學習「兩個確立」對「一國兩制」事業、香港良政善治的決定性作用；學習中央對港的方針政策，例如理解全面準確貫徹「一國兩制」方針的重要性，領悟「二十大」精神對香港政治、經濟、民生等

文章首發表於《巴士的報》。

各方面的關係，把握「十四五」規劃、「一帶一路」、大灣區發展對香港未來發展所帶來的機遇等。這需要我們更主動去做宣傳和推廣，走進群眾宣講，用群眾的角度、以深入淺出的方式解釋中央的政策方針，主動釐清坊間的誤解，以及一些反中亂港份子和外部勢力惡意的抹黑、扭曲和中傷。也因此，港區人大須更主動去認識和學習中央的大政方針，以身作則，做好帶頭示範作用。

我們要帶起堅決維護國家安全的風氣，形成對維護國家安全的共識和責任意識。國家安全，人人有責。國家安全最重要的「免疫屏障」，就是每一個人都建立起國家安全責任意識，注入國家安全「疫苗」，自覺抵制和舉報那些危害國家安全的行為和信息。也因此，港區人大代表更要作為榜樣，務必勇於鬥爭、善於鬥爭。在國家安全問題上，堅定不移，寸步不讓、寸土不讓。「以鬥爭求安全則安全存、以妥協求安全則安全亡；以鬥爭謀發展則發展興，以妥協求發展則發展衰。」

我們要帶頭支持行政長官及特區政府依法有效施政。回歸以來，反中亂港份子肆虐，用盡一切手段，結合亂港媒體拖垮政府運作，一方面為外部「主子」服務，擾亂、歪曲、破壞「一國兩制」，另一方面也直接、間接地為本地某些利益服務，從而令香港一些民生頑疾無法得以解決，讓其維持既有的剝削壟斷；三是他們一直以製造「不滿」和「恐懼」，作為反政府的賣點。也因此，拖垮政府，讓政府無法施政，引起市民不滿，便是他們「生計」、利益所在。以往政令不行，香港經濟和技術發展被大幅拖慢，民生問題不斷積壓滾大，社會無法得到健康、可持續的發展，長期受到壓抑。在落實愛國者治港後的今天，新一屆政府展現出積極作為的新作風，展現了作為「當家人」和「第一責任人」的擔當精神。也因此，需要市民更多的支持和配合，讓「興」的動能更強勁，讓政府可以更有效地去解決民生頑疾和深層次問題，去解決香港面對的發展瓶頸，讓香港浴火重生。作為港區人大，自然便須以身作則，更主動去支持行政長官和特區政府施政，起帶頭作用，成為政府與市民的橋樑，促進依法施政，有效暢順運作，讓政府和市民有更多的互動、更好的溝通。

我們要帶頭推動香港與國家發展戰略對接，形成一種自覺和慣性。首先我們要知道，國家目前有甚麼重大戰略，才能知道如何主動對接國家戰略。「二十大」提出要推動高質量發展，主要有六大戰略部署，包括構建內外循環相互促進的新發展格局、實施創新驅動發展戰略、全面推進鄉村振興、著力推進區域協調發展和構建互利共贏、多元平衡、安全高效的開放型經濟體系。其中，香港在外循環、創新驅動發展、區域協調發展和推動高水平對外開放等方面，可以有更大的貢獻。在「十四五」規劃，便明確了香港「八大中心」定位。作為港區人大，便更應該主動作為，深刻領悟，積極引領，出謀獻策，帶領香港各界融入國家發展戰略，發揮自身優勢。

趙常委將中央對香港的重視與關愛傳達給我們，人大代表帶頭要做的，就是整個愛國愛港力量應該要做的，香港要以守正創新的精神，守住「一國兩制」初心，破解發展中的難題和深層次矛盾，在由治及興新篇章中，繼續豐富一國兩制偉大實踐，發揮獨特優勢，聯通內外，不斷開拓新動能；在國家新發展格局中起積極作用，社會各界團結奮進，為實現中華民族偉大復興拼搏自強！

人民代表大會制度彰顯全過程人民民主優越性

2023 年 3 月 11 日

昨日舉行第 14 屆全國人大一次會議第三次集體會議，2,952 名代表用手中神聖的一票，全票選出習近平當選國家主席、中央軍委主席；韓正和趙樂際，也分別獲得全票當選，分別擔任國家副主席和全國人大常委會委員長。新一屆國家領導機關成員，體現出全國的集體意志，眾望所歸，令人振奮！

人民代表來自人民。人民代表大會由民主選舉產生。全國人民代表大會由省、自治區、直轄市、特別行政區和人民解放軍選出的代表組成。省、自治區、直轄市、設區的市、自治州的人民代表大會由下一級人民代表大會選出的代表組成。縣、自治縣、不設區的市、市轄區，以及鄉、民族鄉、鎮的人民代表大會由選民直接選出的代表組成。可以說，整個架構是由下而上一級一級組成。每一個全國人大代表投下的每一票都代表一方百姓，承載著人民的期望和重託，而代表們也在會前進行了充分的討論協商，將人民意志凝聚成選舉結果，過程非常嚴謹，具有廣泛而充分的代表性，這是我國選舉制度的一大優越性。

另一方面，全過程人民民主的優越性不僅體現在投票的這一刻，我形容這是一個莊嚴的起點，意味著從當選的這一刻起，便要時刻以「為人民服務」審視自身工作，自覺接受人民監督，為國為民不懈奮鬥。所以，我們看到全過程人民民主的連貫性以及全面性，這是從另一個角度談嚴謹性和優越性。

文章為《文匯報》訪問內容整理稿。

國家主席習近平在「二十大」報告指出：「全過程人民民主是社會主義民主政治的本質屬性，是最廣泛、最真實、最管用的民主。」全過程民主與西方民主最大的根本差異，不只是看投票的一刻，更著重於為人民實現了多少，是否真正讓人民「獲得」，時刻提升人民的獲得感。正如國家主席習近平便指出，「民主不是裝飾品，不是用來做擺設的，而是要用來解決人民要解決的問題的」。我們既有一個廣泛的代表機制，但當選只代表開始，而非結束。全過程人民民主包含民主選舉、民主協商、民主決策、民主管理、民主監督這五部分的有機結合，除了作為選舉系統，也作為決策、管理和監督的一部分，確保為「人民當家作主」而施政，把解決民生、經濟發展、社會治理等問題納入民主議事的一部分。

這些年，我們見證著中央領導不斷深化全過程民主的決心，作為港區全國人大代表，深有體會，我感到非常榮幸。中國人口龐大，地域遼闊，自由開放，能夠以全過程人民民主以及人民代表大會制度凝聚共識，體現民意，追求有過程有成果，有承諾有擔當的實質民主、優質民主。也正因如此，我們的國家領導人又得到如此擁戴，國家發展取得如此輝煌的成就，未來目標極具號召力，我深深的為此感到自豪，更要緊密團結在以習近平為核心的黨中央周圍，堅決維護兩個確立，在本職工作中堅持貫徹「二十大」精神。特別要將國家的民主實踐的故事帶回香港，我相信這一定會為香港走好香港特色民主之路增添信心！

尊重勞動價值，充分調動勞動積極性，勞資雙方為推動各業高質發展、就業高質提升而共同努力

2023 年 4 月 6 日

疫後復常、疫後重建是當前社會經濟民生發展的要求，也是政府和社會各界急待實現的目標。要儘快恢復經濟，首先取決於本身的經濟底子有多厚。就如一個病人要恢復元氣，取決於其基本體質。而無論體質多好，經過三年病患，恢復必有過程。香港經濟要恢復到疫前及黑暴前，便要有個適應期。生產要素中的人力資源是關鍵，疫情期間所失去或削減的崗位、人力市場要恢復供應哪能一步到位？企業要急於復常，也取決於有無能力增加資源投放，人力的復崗也要經歷市場的調整。如一時未能增加投放，又要跳過市場調整，就簡單化出口術，嚷嚷要輸血，要輸入外勞，這恐怕有點藥石亂投。病後急於進補，可是大忌。長遠計要能自己產血造血，自己調節生產要素，才能健康可持續發展，否則一味「谷雞血」，只會能「興奮」一時，實則造成永久傷害。

放寬輸入外勞如飲鴆止渴，恐加重社會負擔

對於輸入外勞，一般商界常有兩種考慮：一是補充效應，即輸入外勞只是為補充本地勞工供應不足，對本地勞工造成的影響相對較低。二是替代效應，即輸入外勞是用以取締本地勞工，這對本地就業便是嚴重負面影響。如外勞輸入不受管制，補充效應也會演變成替代效應，損害本地僱員就業機會，勢必加重社會負擔。

文章連載於《文匯報》，標題：「全面檢視勞工政策 理性討論輸入外勞」。

不難理解，商界多喜歡誇大勞工短缺的問題，甚至刻意製造勞工短缺的假象，以要求政府容許輸入外勞，壓縮經營成本；特別是疫後更不願增加資源投放，有甚麼能在不增加投資卻有更大的產出？這如意算盤太會打了！事實上，幾乎每個地方都有相應政策，防範外勞過度輸入。就算是面對嚴重勞工短缺的英國，曾一度有意放寬外勞規則以彌補勞動力缺口，也沒有容許無限量、無條件地輸入外勞，而是設「短缺職業清單」，以技術人員和關鍵人員為主，酒店零售之類均未有列入其中。新加坡的勞動力中，有約 40% 為外勞，但通常只是從事幫傭或本地無人做的工作，並就僱主僱用外勞收取外勞稅。這反映一個共識，就是保障本地就業是每個政府必然要做的，不能因商界聲言勞動力不足而輕易放寬，放寬的理據也必須非常充分，並能受到社會的理解與認同。

以現時香港的失業情況，商界要求輸入外勞，顯然考慮的只是自身成本的問題。如果本地勞工無工開，薪資又都發給外勞，而外勞在本地的消費通常極為有限，久而久之，本地經濟必然失去活力，商界利用輸入外勞壓低成本，也不過是殺雞取卵，只顧眼前利益。本屆政府強調高效市場，有為政府，相信會制訂出符合香港整體利益的可持續發展的政策。

疫後重建應提升就業質量，避免加重貧富差距

疫情期間，香港失業率高企，現在剛剛踏上復常之路，業內本身存在「有人無工開」的情況，商界急不可耐的要求輸入勞工，實在吃相難看，無異於對本地勞工市場落井下石。對於「有工無人開」的情況，也要先審視，是甚麼原因導致「有工無人開」。常見的有，聘用條件太差而要求相對太高，還存在職業配對問題，比如信息不對稱。部分行業，例如建造業，行內的付酬制度不是月薪制，而是日薪甚至時薪，職業穩定性低，社會形象較低，職業安全保障不足，年輕人寧可找不到工作也不願入行，自然難以吸納生力軍，便出現青年失業率高，同時建造業人手又不足的情

況。如果只考慮輸入外勞解決，是解決了僱主的問題，但勞工和青年失業問題卻未有解決。據統計，香港 15 至 19 歲、20 至 24 歲和 25 至 29 歲年齡群組的青年，失業率分別為 9.3%、8.7% 和 4.5%，合計約 3.3 萬人失業。建造業熟練和半熟練工人的預計短缺人數只是 1.5 萬人，如果可以在失業青年中，吸納到一半加入建造業，便已經解決了業界人手不足的問題，同時也解決了青年就業問題。

商界可以只顧自身利益，動輒輸入外勞，政府卻要做全面的勞工政策考慮，引導閒置和失業的勞力投身請人困難的行業，這也涉及精準扶貧。至於疫情期間，對院舍護理員的需求是比較緊張，非常時期臨時輸入，無可厚非。現在是要復常，相應的政策也要復常，非常手段更要慎之又慎，一旦形成依賴導致本地勞工失去飯碗，人手不足是假，就業不足是真，便是後患無窮。這是政府需要堅守的底線所在。

失業率顯示輸入外勞理據不足

下表（見下頁）就選定行業分別在疫情前後失業情況做對比分析，2022 年 12 月到 2023 年 2 月，建造業的失業人數 16.0 千人，失業率 4.5%；運輸業的失業人數 6.3 千人，失業率 3.2%；零售、住宿及膳食服務業失業人數 23.8 千人，失業率 4.3%。

疫情前的 2018 年，建造業的失業人數 17.1 千人，失業率 4.6%；運輸業的失業人數 4.6 千人，失業率 2.1%；零售、住宿及膳食服務的失業人數 25.8 千人，失業率 3.9%。

	2018 年		2022 年 12 月到 2023 年 2 月	
	失業人數（千人）	失業率（%）	失業人數（千人）	失業率（%）
建造業	17.1	4.6%	16.0	4.5%
運輸業	4.6	2.1%	6.3	3.2%
零售、住宿及膳食服務	25.8	3.9%	23.8	4.3%

現時建造業失業率只是輕微低於 2018 年，而運輸業以及零售、住宿及膳食服務的失業率甚至高於 2018 年時水平，根本沒有輸入外勞的充分理由。

再看一下運輸業、住宿及膳食服務業的實質工資變化。運輸業的實質工資指數（1992 年 9 月 =100），在 2018 年 12 月為 111.6，而在 2022 年 12 月則只有 109.3，反映實質工資相對 2018 年減少了。而就住宿及膳食服務活動，2018 年 12 月的實質工資指數為 112.3，在 2022 年 12 月則為 113.9，幾乎沒有變動。

	實質工資指數（1992 年 9 月 = 100）	
	2018 年 12 月	2022 年 12 月
運輸業	111.6	109.3
住宿及膳食服務業	112.3	113.9

而就名義工資來看，運輸業的名義工資指數自 2020 年 9 月開始便持續下降，直至 2022 年 9 月才逐步回升。運輸業界勞工經歷了疫情的衝擊和減薪，現在才逐步重上軌道，如在這個時候引入外勞，是否公平和合適呢？現時運輸業的失業人數，比 2018 年時還要多 1.7 千人。人手短缺之說，從何而來？如此，商界借人手不足引入外勞以壓低成本之心，昭然若揭！

五一關注勞動價值，政府須全盤考慮勞工及福利政策

商界有意將特定行業人手不足與限制輸入外勞混為一談，實情則更多是職位錯配所致。如果說有香港存在勞工短缺，為何我們仍有約 11.5 萬失業人口和 4.8 萬就業不足人口呢？香港沒有估算自然失業率，所以我們無法知道，究竟現時的失業率是否低於自然失業率。不過，可以分析一下勞工市場的環境，比如勞資雙方，誰的議價能力較大？如果在勞工普遍和嚴重短缺下，勞工的議價能力會較高，也很容易轉工和找到新工作。但我們現時觀察到的，是普遍僱員擔心飯碗不保，僱主的議價能力比普遍僱員高很多，可以隨意壓榨。這間接說明了，就業市場普遍情況，不是勞動力短缺，而是供應充足。另外也可參考勞動人口參與率，新加坡在 25 至 29 歲、30 至 34 歲、35 至 39 歲、40 至 44 歲等年齡群組，參與率全部超過 90%，而香港在這些群組只是 80%。香港在所有年齡群組的勞動人口參與率均低於新加坡，也同樣低於日本，證明香港不是缺乏勞動力和缺乏勞工，政府有責任研究為何未有充分配對和利用人力資源。而針對短期內個別行業因為自身困難出現請不到人的情況，須政府推出相應的支援政策協助解決，工聯會提出的「創就業復業基金」就是要政府在復常初期，與勞資雙方共渡時艱。順便一提，現在為何有不少基層市民充分就業不高，更是因為公屋住戶收入限額過低、與現實脫節，導致市民要自行「節制」工作，以免超額享受不了有關社會福利。這也是勞動力未能充分發揮的另一原因。對此政府必須調整政策。

五一臨近，工聯會呼籲政府和社會關注勞動價值、尊嚴和權益，深入推敲商界口中的人手不足，背後隱藏的是本地勞工的薪酬待遇急需改善，在解決勞工市場問題上，應更多考慮的，是勞、資、政府三贏的解決方案，絕非簡單的輸入外勞。工聯會在呼籲積極勞動的同時，堅決維護勞工權益，敦促商界實事求是，政府擔當有為，以「共建共榮，共享共贏」理

念，推動高質量就業，讓本地勞工為經濟發展注入新動能，促進本港經濟高質量發展良性循環，並分享發展成果！

全面檢視勞工政策 理性討論輸入外勞（上）

吳秋北 工聯會會長 行政會議成員

疫後復常、疫後重建是當前香港社會經濟民生發展的要求，也是特區政府和社會各界急待實現的目標，其中補充人力資源是關鍵。香港現時正經歷人力資源短缺的時期，但部分人提出的輸入外勞建議，並不可取。要盡快恢復經濟，首先取決於本身的經濟底子有多厚。就如一個病人要恢復元氣，取決於其基本體質。無論體質多好，經過三年病患，恢復必有過程。面對人手短缺問題，根本之計還是要培訓本地人才，如果市場因爲一時缺人而急於輸入外勞，甚至過分依賴外勞，只會損害本地僱員就業機會，勢必加重社會負擔。商界不能只顧眼前利益，隨便提出輸入外勞，但缺人問題的確需要有效解決，特區政府要全面檢視勞工政策，引導失業人士投身招聘困難的行業。

疫情期間所失去或削減的崗位，香港市場需時復設、改善。輸入外勞一般造成兩種效果：一是補充效應，即輸入外勞能補充本地勞工供應不足，對本地勞工造成的影響相對較低；二是替代效應，即輸入外勞取代本地人力，這就會對本地就業造成嚴重負面影響。輸入外勞政策必須小心翼翼，若不受管制，補充效應隨時會演變成替代效應，損害本地僱員就業機會。

僱外勞不可作為減成本手段

部分商界人士反映，本港勞工短缺，令他們長期面對招聘困難，認爲要輸入更多外地勞工，以回應社會和經濟發展的需要。事實上，在疫後復常階段，商界多不願投放更多資源於僱用員工上。可是，不投放資源，又怎會有更大的產出呢？輸入外勞，絕對不能作爲降低經營成本的手段。事實上，全球各地都有相應政策，防範外勞過度輸入。就算是面對嚴重勞工短缺的英國，曾一度有意放寬外勞規則以彌補勞動力缺口，也從不打算無限量、無條件地輸入外勞。相反，當地政府設「短缺職業清單」，把招聘外勞的對象集中於技術人員和關鍵人員，至於酒店、零售之類的崗位，均未有列入其中。新加坡的勞動力中，雖然有約40%爲外勞，但通常只是從事幫傭或本地無人願意做的工作，而且新加坡政府會向僱用外勞的僱主收取外勞稅。這反映一個共識，就是保障本地就業，是每個政府必然秉持的宗旨，不能因商界聲言勞動力不足而輕易放寬，即使要放寬，理據也必須要非常充分，並能取得社會的共識。

以現時香港的就業情況來看，商界要求輸入外勞，顯然摻雜了降低經營成本的考慮。如果本地勞工無工開，薪資都發給外勞，而外勞在本地的消費不多，久而久之，本地經濟必然失去活力，商界利用輸入外勞壓低成本，只不過是殺雞取卵，看不到長遠的傷害。特區政府強調高效市場、有爲政府，相信會作出符合香港整體利益的可持續發展政策。

部分崗位工作條件差才致難招人

疫情期間，香港失業率高企，現在剛剛踏上復常之路，有許多人仍是「無工開」，商界急不及待要求輸入勞工，不利本地勞工市場恢復活力。對於「有工無人開」的情況，政府也要先審視其中的核心原因。根據觀察，「有工無人開」的崗位，通常是聘用條件太差而工作要求太高，以及存在職業配對問題，比如工作崗位信息不足夠，求職者難以了解工作內容。部分行業，例如建造業，行內的薪酬制度不是月薪制，而是日薪甚至時薪，職業穩定性低、社會形象較低、職業安全保障不足，難以吸引年輕人入行。在這些因素影響下，市場自然難以吸納生力軍，出現青年失業率高，同時行業人手又不足的情況。如果只考慮輸入外勞緩解現狀，只是解決了僱主的短期需要，但勞工和青年就業問題始終不獲妥善處理。

（未完，明日續。）

2023 年 4 月 11 日《文匯報》

全面檢視勞工政策 理性討論輸入外勞(下)

吳秋北 工聯會會長 行政會議成員

據統計，香港15-19歲、20-24歲和25-29歲年齡群組的青年，失業率分別爲9.3%、8.7%和4.5%，合計約3.3萬人失業。建造業熟練和半熟練工人的預計短缺人數則是1.5萬人。如果可以吸納一半失業青年加入建造業，便已經解決了業界人手不足的問題，同時也解決了青年就業問題。

數據顯示缺人情況並不嚴重

疫情期間，院舍對護理員的需求是比較緊張。在非常時期，特區政府推出臨時措施輸入外勞，無可厚非。現在社會復常，相應的政策也應要復常，如一直維持非常手段，將之化爲恒常措施，容易使業界產生依賴，導致本地勞工失去飯碗，後患無窮。這是政府需要堅守的底線。

根據政府數字，2022年12月到2023年2月期間，建造業的失業人數爲16,000人、失業率4.5%，對比2018年，當時的失業人數是17,100人、失業率4.6%，現時建造業失業率只是輕微低於2018年。至於運輸業，2022年12月到2023年2月的失業人數6,300人，失業率3.2%，2018年失業人數4,600人、失業率2.1%；零售、住宿及膳食服務業方面，2022年12月到2023年2月的失業人數23,800人，失業率4.3%，2018年失業人數25,800人，失業率3.9%。兩個行業失業率甚至高於2018年時水平，根本沒有輸入外勞的充分理由。

再看一下運輸業、住宿及膳食服務業的實質工資變化。運輸業的實質工資指數在2018年12月爲111.6，而在2022年12月則只有109.3，反映實質工資相對2018年減少了；住宿及膳食服務活動，2018年12月的實質工資指數爲112.3，在2022年12月則爲113.9，幾乎沒有變動。

就名義工資來看，運輸業的名義工資指數自2020年9月開始便持續下降，直至2022年9月才逐步回升。運輸業界勞工經歷了疫情的衝擊和減薪，現在才逐步重上軌道，如在這個時候引入外勞，是否公平和合適呢？現時運輸業的失業人數比2018年時還要多1,700人。「人手短缺」之說從何而來？

商界將特定行業人手不足與限制輸入外勞混爲一談，實情則是職位錯配所致。如果說香港存在勞工短缺，爲何我們仍有約11.5萬失業人口和4.8萬就業不足人口呢？香港沒有估算自然失業率，所以我們無法知道，究竟現時的失業率是否低於自然失業率。

不過，我們可以分析一下勞工市場的環境，比如勞資雙方，誰的議價能力較大？如果在勞工普遍和嚴重短缺下，勞工的議價能力會較高，也很容易找到新工作。不過現時的環境，是僱員普遍擔心飯碗不保，僱主的議價能力比普遍僱員還是高。這間接說明了，就業市場普遍情況，不是勞動力短缺，而是供應充足。

香港尚有剩餘人力資源可動用

另外，社會也可參考各地的勞動人口參與率，了解人手供應問題。新加坡在25-29歲、30-34歲、35-39歲、40-44歲等年齡群組，參與工作的比率全部超過90%，而香港在這些群組只是80%。香港在所有年齡群組的勞動人口參與率均低於新加坡，同樣也低於日本，反映了香港不是缺乏勞動力和缺乏勞工。政府須着重研究，爲何社會餘下的人力資源未有充分配對和運用。針對短期內個別行業因爲自身困難出現請不到人的情況，政府須推出相應的支援政策協助解決。工聯會提出的「創就業復業基金」就是要政府在復常初期，與勞資雙方共渡時艱。順便一提，現在有不少基層市民充分就業率不高，是因爲公屋住戶收入限額過低、與現實脫節，導致市民要自行「節制」工作，以免收入超額而享受不了相關社會福利。這也是勞動力未能充分發揮的另一原因。對此政府必須調整。

五一勞動節臨近，工聯會呼籲政府和社會關注勞動價值、尊嚴和權益，深入研究所謂人手不足問題背後導致的原因。本地勞工薪酬待遇急需改善，而更應多考慮的，是給出讓勞、資、政府三贏的解決方案，絕非簡單地輸入外勞。在鼓勵人們積極勞動的同時，政府也需要堅決維護勞工權益，敦促商界實事求是，以「共建共榮，共享共贏」理念，推動高質量就業，讓本地勞工爲經濟發展注入新動能，促進本港經濟高質量發展，僱主和僱員一同分享成果。

(續昨日，全文完。)

2023年4月12日《文匯報》

貫徹「二十大」精神，加強調查研究，提升政策倡議及議政能力水平

2023 年 4 月 16 日

夏主任和調研的各位領導來港考察調研，已有幾日，大家對夏主任印象是很親切，對香港情況很熟悉，我們都感受到中央非常重視和關心香港的發展，也衷心感謝夏主任幫助香港止暴制亂，對抗顏色革命，重新聚焦民生經濟發展。

「沒有調查，就沒有發言權。」調查研究是貫徹實事求是作風的必然要求。習總書記指出，沒有調查也沒有決策權。正確的決策離不開調查研究，正確的貫徹落實同樣也離不開調查研究。立法會作為香港治理體系至關重要的組成部分，貫徹「二十大」精神，加強調查研究，提升政策倡議及議政能力水平，是完善選舉制度，落實愛國者治港後，立法會工作的應有之義。

「二十大」報告指出，中央支持香港發展經濟、改善民生、破解經濟社會發展中的深層次矛盾和問題。香港要以高質量發展實現由治及興，就一定要解決經濟社會發展存在的問題，要讓發展成果惠及全社會，共建共榮，共享共贏。

首先，要主動調查，掌握民情民意；我們要推動政府踐行「以人民為中心」的施政理念，就要重視普羅大眾最迫切的需求，既要用心傾聽也要主動去問，要通過行之有效的方法，找到問題所在。也要通過調查提升對民情民意的判斷力和把控力。

文章為回應國務院港澳事務辦公室夏寶龍主任在香港考察、會見立法會議員。

其次，要深入研究，解決問題，提出對策；與調查相配合的環節就是研究，兩者也沒有先後之分，通過科學的方法調查研究，有助於找到解決問題的辦法，作出正確的決策。調查研究，有助於提出有質量、負責任的政策倡議，避免施政原地踏步、做了不如不做。

最後，要跟進落實，看到成效，總結經驗；決策之後便是執行落實，在貫徹落實的過程中，更要通過考察調研防範走樣變形，也要在實踐過程中，及時發現問題及時作出調整。

事實證明，調查研究是行之有效的方法。我們要帶頭提升調查研究的積極性責任感，也要提升政策研究的水平，帶動社會注重調研的良好風氣。同時也要支持政府擔當作為，特別是，廣納社會意見的同時，也要培養自身的調研能力，做到議而有決，兼聽則明。

昨天，夏主席出席全民國家安全教育日活動，指出維護國家安全仍是目前香港工作的首要任務，我們要警惕對外部勢力的干預，要推動高質發展，解決市民生活中面臨的難題。以民心築牢國安防線，以法制保障國家安全。所以，我認為，立法會議員有責任與地區層面緊密合作，主動調查研究，提出以人為本、科學合理、符合香港實際情況和整體發展利益的政策倡議，實事求是提升議政能力，支持並監督政府提升治理能力，整體提升香港的管治水平。

本地就業優先恐成紙上談兵

2023 年 4 月 27 日

工聯會旗幟鮮明反對上星期三立法會討論的「加快輸入人力，補充本港勞動力」議案。雖然全體議員僅有九票反對，但是大多數議員都表示要保障本地就業優先，故希望政府能夠謹慎處理，千萬不能把事情簡單化，本地就業優先這個先決條件是必須要充分得到落實。

議案的通過，令人遺憾。商界代表的說法，很多時以個別現象來代替整體需求，比如某某行業可能出現短缺，便把有關現象說成是全港性短缺。這並不是一個可以大而化之的議題，我們應具體行業具體分析。某些行業請不到人，有可能與該行業的就業前景、待遇、培訓、職業錯配有關，而非勞動力不足所致。也有說法，香港的個人報稅表三年減少了 37 萬，稱這是勞動力流失的證明。事實上，個人報稅表的變動，更多是反映收入種類和收入情況的變動。雖然勞動人口確實是有所減少，但很主要原因，是勞動參與率下降了 2.9%。勞動參與率減少，與政策和經濟因素有關，政府應更多考慮如何鼓勵更多人（特別是青年人）投入勞動市場，尤其是香港本來的勞動參與率便偏低。按照世界銀行的數據，2021 年中國內地的勞動參與率為 69%，而香港只有 59%（剛好只達世界平均數，低於東亞及太平洋地區的 66%）。加拿大的勞動參與率為 65%，韓國的勞動參與率為 63%，而新加坡的勞動參與率更是 71%。人口老化的日本，也有 62%。

支持輸入外勞的原因五花八門，荒誕奇怪，卻明顯缺少基本的調查研

文章首發表於《巴士的報》。

究。有一種說法，是社會復常，人手不足，所以要輸入外勞。事實上，現時的失業率和失業人數仍高於 2018 年同期。2018 年 12 月至 2019 年 2 月的失業率為 2.6%，而最新 2022 年 12 月至 2023 年 2 月的失業率為 3.1%（2023 年 1 月至 2023 年 3 月的失業率臨時數字也是 3.1%）。失業人數方面，2018 年 12 月至 2019 年 2 月的失業人數為 102.6 千人，而 2022 年 12 月至 2023 年 2 月的失業人數為 115.7 千人。社會仍未完全復常，經濟仍未完全復甦，人力需求與經濟表現有關。現時經濟仍未回復到疫情時的水平，以 2020 年環比物量計算的本地生產總值，2018 年的為 2,911,880 百萬港元，而 2022 年的為 2,748,435 百萬港元。就算按照財爺預測最高 5.5% 的增長，也仍未回復到 2018 年時的水平。失業率未回復到疫情前的水平，經濟亦然。疫情期間，商界借疫情下的經濟不景，要求政府大力補貼，同時又減薪、凍薪甚至裁員。社會一復常，便急不及待要求輸入外勞，不免令僱員心寒！

另一說法，是透過輸入外勞吸納人才。事實上，政府本身便有輸入專才和人才的計劃，更有人才服務窗口和高端人才通行證計劃。如果是輸入本港稀缺的人才，無可厚非。但借輸入人才之名，行替代本地勞工之實，則並不可取。若能確保在保障本地工人優先就業的前提下適當補充短缺，固然理想。但事實上，一旦開了缺口，便難以保證本地工人優先就業，特別是一些低技術工種，外勞對本地工人便有很高的替代性。就算設了限額、限時，商界也可以不斷要求加額，不斷聲稱「不足」。事實上，當外勞工資低於本地工人時，自然就會出現「短缺」。這種「短缺」不是基於生產力或競爭力的需要，更多是出於對成本的考慮而已，但卻是以本地工人的工作穩定作為代價的。

有商界也提出，「羊毛出自羊身上」，人手不足，工資上升，會轉嫁給消費者。但反過來，如果本地勞工都失業了，誰還有錢去消費呢？連飯碗都失去了，還要考慮加不加價的問題嗎？而事實上，物價水平受各種因素影響，工資是其中之一部分，但非絕對。2022 年名義工資的升幅為 2.6%，綜合消費物價指數升幅 1.9%，反映物價水平並不完全受工資影響。消費券也會導致物價水平上升，為何商界就不反對呢？商界在消費券派發期間，大幅加價，可有考慮物價提高對市民的傷害？「羊毛出自羊身上」是藉口，輸入外勞後，商界會承諾不加價嗎？難道輸入外勞後，經營成本下降，商界就會主動降價，回饋市民？

有人說，輸入外勞不是「洪水猛獸」。但問題是，輸入外勞後，本地工人的權益肯定會進一步被蠶食和剝削。香港社會一直都是強資本，弱勞工，在輸入外勞後，本地工人的議價能力只會變得更低。這樣公平嗎？公義嗎？誰來保障本地工人？誰又能作出保證和承擔得起？

區議會的前世今生
—— 完善地區治理的必要性

2023 年 5 月 29 日

當前區議會基本運作失效失靈，之所以變成如斯制度崩壞，源於 2019 年區議會選舉，被反中亂港份子滲透、奪權，為何形成制度漏洞，為何必須變革，那便要從其前世今生說起。

一，開埠至 1980 年，香港地區治理架構的演變。

談到區議會改革，不少人和媒體，都會比較回歸前的情況。那不妨把時空往前推到 1842 年，英國侵佔香港之初。當時沒有分區和劃界，主要就只有「維多利亞城」，即現在我們所說的灣仔、中上環和西環一帶的港島地區，當中有稱為「四環九約」。後來到 1860 和 1898 年相繼把九龍和新界納入英屬香港。新界劃分為八約，並設有新界理民府，下細分為北約及南約兩區。開埠初期，立法局和行政局議席由政府官員壟斷，到 1850 年才有居港英商獲委任，後來到 1880 年才有華人伍廷芳獲委任入立法局稱為首位華人非官守議員。1926 年首位獲委任為行政局華人非官守議員是周壽臣爵士。

日佔時期，日本建立了所謂的民治部，把港島分為 12 區，九龍分為 6 區，後來增至 10 區，並把新界分為 7 區。到英國重佔香港，1963 年，港英政府把港九劃分為地市多個法定分區。1968 年開始，市區設立類似理民府的民政處制度，港島分為 4 個區（初期為西區、中區、灣仔和東區，後

文章連載於《文匯報》。

來變為中西區、灣仔、東區和南區），而九龍初期分為 6 區，後來變為 5 區（深水埗、油尖旺、九龍城、黃大仙和觀塘）。直到 1980 年前，百多年來英國根本從未想到要設甚麼鬼議會。

二，回歸前，地區行政的改變與英國撤退的鋪排。

1980 年 6 月，港英政府發表《地方行政模式綠皮書》，而在 1981 年 1 月，港英政府發表《地方行政白皮書》，作為香港未來的地方行政架構。而當時不少人便認為，這是英國政府針對香港回歸中國的部署。在這個基礎上，便有所謂的「法定分區」、「行政分區」和「議會分區」。「法定分區」就是「地址」，「行政分區」就是我們經常說到的「18 區」（最初其實是「19 區」）。「議會分區」則是按照地區直選而劃分。

白皮書把香港的地方行政分為三級，第一級是行政局和立法局，第二級就是市政局和區域市政局，對應的是市政總署和區域市政總署。第三級便是區議會和地區管理委員會。

在 1982 年區議會成立以前，地區行政主要由市政局負責。戰前的市政局只有兩個民選議席，二戰期間曾廢除，1952 年恢復為兩席，後來到 1965 年增至 10 席。到 1973 年市政局改組前，民選議席一直維持 10 個。1973 年的市政局改組，確立市政局議員人數為 24 人，其中 12 人為有限度選舉權下以全港單一選區選出，另外 12 人為委任議員。到 1983 年，市政局的議員人數增至 30 人，仍舊一半是民選、一半是委任。1989 年，市政局新增 10 名區議會代表，後來到 1994 年改為 9 名區議會代表。到 1995 年，市政局所有委任議員取消，設 32 席民選議員和 9 名區議會代表（表 1）。

表 1：1946 至 1997 年地區議員數目變化

<table>
<tr><th></th><th>官守</th><th>委任</th><th>民選</th><th>區議會代表</th><th>議員總數</th></tr>
<tr><td>1946</td><td>5</td><td>6</td><td>沒有設立</td><td rowspan="8">沒有設立</td><td>11</td></tr>
<tr><td>1952</td><td>5</td><td>6</td><td>2</td><td>13</td></tr>
<tr><td>1953</td><td>5</td><td>6</td><td>4</td><td>15</td></tr>
<tr><td>1954</td><td>6</td><td>6</td><td>4</td><td>16</td></tr>
<tr><td>1956</td><td>6</td><td>8</td><td>8</td><td>22</td></tr>
<tr><td>1965</td><td>6</td><td>10</td><td>10</td><td>26</td></tr>
<tr><td>1973</td><td rowspan="6">沒有設立</td><td>12</td><td>12</td><td>24</td></tr>
<tr><td>1983</td><td>15</td><td>15</td><td>30</td></tr>
<tr><td>1989</td><td>15</td><td>15</td><td>10</td><td>40</td></tr>
<tr><td>1994</td><td>15</td><td>15</td><td>9</td><td>39</td></tr>
<tr><td>1995</td><td>沒有設立</td><td>32</td><td>9</td><td>41</td></tr>
<tr><td>1997</td><td>9</td><td>32</td><td>9</td><td>50</td></tr>
</table>

註：1982 年區議會成立以前，地區行政主要由市政局負責。
1982 年前，市政局議員（官守、委任、民選）。
1982 年後，區議會議員（委任、民選、區議會代表）。

港英時期，首屆區議會選舉在 1982 年舉行，當時設有當然議員和委任議員的安排。港英急急推動所謂的地方行政改革，搞代議政制，就是想搞所謂的「三腳櫈」，利用所謂的「香港民意」來延續港英的「治權」，美其名為推動香港「民主」，有計劃地一步步改變其諮詢架構本質。（早期區議會只是單純的諮詢組織，沒有任何財權、實權和事權。地區治理的工作，更多是由真正擁有實權，擁有強大行政權和獨立財權的市政局和區域市政局負責，進行討論和制訂政策，批出撥款，再交由兩個市政總署執行。）在 1984 年發表的《代議政制綠皮書》，直接提出要建立一個「使其權力穩固地立根於香港，有充分權威代表港人意見，同時更能較直接向市民負責」的政制，其實就是以「還政於民」為名，培植英國在 1997 年香港回歸後的「治權」代理人。及至 1994 年，港英便乾脆廢除所有委任區議員議席。在 1994 年的區議會選舉，除保留鄉事委員會主席作為當然議席外，區議會議員全面由地方直選產生。

港英管治香港百多年，早不發展「民主」，臨撤退才良心發現，真是皇恩浩蕩！

實質港英臨別秋波積極搞代議政制、區議會，並非為改善地區治理和民生，更多只是出於港英的政治部署，就是要削去回歸後特區政府的權力，讓權力下移。然後再透過所謂「選舉」的方式，把表面上下移到港人手上的權力，重新授權給港英培殖的「治權」代理人，改變社會政治生態和風氣，令地區問題變得政治化。港英除了變更政制外，同時刻意推出所謂公民教育，進行親西方價值引導，也同時支持類似《蘋果日報》等媒體的發展。究其原因，就是確保下移了的權力，能透過意識形態的操控，延續其在港利益，實現沒有英國人的英國管治。

三，臨時區議會。

在 1997 年 6 月 16 日回歸前夕，候任行政長官宣佈委任 468 名議員進入 18 個臨時區議會，由 1997 年 7 月 1 日起，前區議會由臨時區議會取代。當時明確表明，「臨時區議會的主要功能，是就影響區內居住或工作人士的問題，向政府提供意見」。值得一提的是，按照《臨時區議會條例》，當時臨時區議會議員接受席位，須按照《臨時區議會接受席位宣誓書》宣誓，當中內容便包括擁護《基本法》和效忠中華人民共和國香港特別行政區。另外，《臨時區議會條例》也規定，區議會由不超過 40 名議員組成，由行政長官委任，任期在 1999 年 12 月 31 日屆滿。臨時區議會也與臨時立法會有一定的合作和聯繫，臨時立法會議員輪流與 18 個臨時區議會議員舉行會議，接受臨時區議會議員轉介的問題。

四，1997 年後區議會，逐步提升的民選比例和政治權利。

到 1998 年，特區政府檢討區域組織的架構和職能，把區議會的英文名稱「District Boards」改為「District Councils」，並確立第一屆區議會選舉在 1999 年 11 月 28 日舉行。按照 1999 年 3 月 11 日通過的《區議會條例草案》，區議會將由三個類別的議員組成，即民選議員、當然議員和委任議員。而首屆的議員人數有民選議員 390 席，委任議員 102 席及當然議員 27 席，合共 519 席。區議會的主要職能是對影響有關區內居民的事宜，包括與食物及環境衛生服務有關的事宜，向政府提供意見。

同時，政府也決定精簡地方行政架構，推出《提供市政服務（重組）條例草案》，廢除第二級的市政局和區域市政局，將兩個臨時市政局的財產、職能、權利和法律責任轉交政府及其他法定機構，並強化區議會在地方行政方面的擔當。不過，區議會並沒有承接市政局和區域市政局原有的職能。政府廢除第二級市政局的原因，是三層議會架構部分職能重疊、政治功能日漸淡化，而香港地方細小、人口密集，無須三層架構，因而精簡為兩級。特別是在禽流感事件後，反映出食物安全和環境衛生的工作協調欠佳的問題，因而決定改為交由政府直接負責。而當時，政府也特別提到《基本法》第 97 條，是一條寬鬆的條文。當時是這樣說的：「《基本法》第 97 條是一條寬鬆的授權條文，讓特區可以設立非政權性的區域組織，接受特區政府就有關地區管理和其他事務的諮詢，或負責提供文化、康樂、環境衛生等服務。至於有關架構、職能和成員組合等細節，則由特區政府自行決定。」這在今次的區議會改革方案中也再次體現和強調。

到第四屆區議會（即 2012 至 2015 年），委任區議員的數目便減至 68 人。而第五屆區議會，便全部取消委任議員，由 431 名民選議員加上 27

名當然議員組成。

可以說，區議會的委任議員制度由來已久，也只是在近兩屆才取消。事實上，一直以來，委任議員發揮很重要的功能，一是為政府提供專業意見；二是很多時政府委任的，都是社會賢達、在社會上有一定聲望的人士。有這類人士的加入和支持，也能提高政府施政的威信。比如港英時代便喜歡委任一些知名華人律師、大班或意見領袖。三是直選產生的，很容易走民粹路線。委任制度，政府可以委任一些小眾領袖加入，以支持一些移風易俗的措施，推動一些在某時間屬非主流的觀念。只是在唯直選才是「民主」的意識形態左右下，當年區議會的產生辦法反而被單一化了，被反中亂港份子蠱惑了！

有很多社會賢達，如果是政府委任，他們是樂意加入以提供意見的。但如果是要參與選舉，則未必人人願意。直選並非一個輕鬆的過程，而是很大的投入，甚至可能會影響本業。比如一名專業人士，平日工作已經非常繁忙，要他花精力、時間和金錢去參與直選，是很難的。就算去參與直選，也不一定懂得如何討好選民。結果，直選難以吸納這類人才。

五，取消委任制和超級區議會議席。

更甚的是，取消區議會委任制，更多是配合立法會制度的發展。《2012 年政改方案》通過後，新增了五席區議會（第二）功能界別議席，俗稱「超級區議會」，把區議會與立法會更直接掛鉤，而「超級區議會」當選者的得票甚至比立法會地區直選更多。「超級區議會」是當年反對派某黨在 2010 年 5 月，即《2012 年政改方案》表決前夕提出。當時該黨成員與中聯辦進行三小時的「破冰會面」，時任中聯辦副主任李剛引述該黨表示「不認同公投的立場、不參加公投」。大有以此換取「民主」、「進步」的意味。

如果我們由今天回看，把非政權性的區議會，與屬於政權性質的立法會捆綁一起，便是明顯的錯誤安排，也讓反中亂港份子能利用區議會作為顛覆政權的平台。另一個問題是，由於區議會成為了立法會選舉的「預選」，甚至是票源，導致很多時一些個別小區的問題，也升格到立法會討論。雖然說民生無小事，但一些本來在地方層面可以處理到的問題，便變成每事都放在處理全港性議題的立法會，並非一個健康的做法。

六，地區治理改革勢在必行。

在落實「愛國者治港」、完善選舉制度後，立法會的組成起了根本變化，新制度徹底改善行政立法關係，一改特區政府以往政令不行、事事被政治內耗拖垮的情況。立法會撥亂反正，回復正軌，區議會當然也要按《基本法》回歸其原本角色功能，作出相應的改革。

所謂英雄莫問出處。關鍵不是在於如何產生，而是產生出來的區議員，是否能盡責地履行自己應有的職責，做好地區諮詢工作，為政府提供有價值、具意義、切合地區需要的建言，以及是否能提供優質的地區服務。英美標榜的所謂民主，很多時就是以所謂的民意「黃袍加身」而胡作非為，漠視民生需要。其實這個世界的運作，本來很多位置都不是能以選舉產生，而更重要的是如何建立一個制度，能成就整件事，讓每個人都能發揮自身的潛能，人盡其才。而不是鼓勵那種，用一兩句口號、一兩個「民主」主張，以反政府做招徠，形成欺騙市民、不做實事的風氣。如唯直選方為民主，這簡直就是一種令人恐怖的「民主原教旨主義」。

我們學習社會科學，其中一個很重要的理念是均衡。直選成分是需要，這是用以反映市民大眾的意見。但同樣，其他持份者的聲音、專業的參與，也是需要的。問題在於，要如何的比例，才能取得均衡，讓區議會能達到五光十色，不同地區人士都能發揮所長，從而協助政府達到良政善治，讓市民有更大的獲得感和幸福感。我們看到的是，區議會全面直選的結果，是碎片化和非專業化，也導致民粹化和泛政治化。每個區議員，都希望在會議上製造話題和噪音，做盡極端行為，比如佔領會場、拉布、場外絕食靜坐、暴力衝擊等等。結果是，區議會無法履行應有的職能，走上極端和失衡的道路。直選成分提高，沒有更好地讓市民的聲音轉化為良政善治，反而導致政府施政更為困難，這是其中一個教訓。

同時，從國家安全層面看，區議會雖然並非政權性組織，但資源來自公帑，自然不應成為反中亂港活動的資助和文宣平台。

七，完善地區治理方案。

是次完善地區治理，三個指導原則包括：一，國家安全必須放在首位，全面準確、堅定不移貫徹「一國兩制」方針，確保《憲法》和《基本法》規定的制度有效及持久落實；二，全面落實「愛國者治港」原則；三，充分體現行政主導。

改革主要有五部分：一，優化區議會諮詢及服務職能，回歸《基本法》第 97 條非政權性諮詢、服務組織定位；二，民政事務專員出任區議會主席；三，改革區議會組成，委任議員、地區委員會議員和地方選區議員比例為 4:4:2；四，優化區議員產生辦法，完善候選人提名機制，引入資格審查制度，貫徹落實「愛國者治港」原則；五，引入區議員履職監察制度。

西方有一種理念，就是政府與人民對立，政府就是天生的惡，所以必須時刻受到制衡，如生搬硬套這一套理念，往往不合實際。事實上，在西方現行所謂的民主下，人民無力監察政府，輿論在資本家與政客勾結下被壟斷。我們的理念，官民是一種協作關係，如何合作把社會搞好。以往，「制衡」政府（其實是反政府）的力量太強，導致政令不行，很多事情都無法迅速處理，小問題不斷累積成為大問題。打著「民主」旗號的那些政棍，實際上並不希望政府能有好的治理，而要藉此煽動反政府，增加個人政治籌碼，這就是他們事事拉倒、散播恐懼、拖垮政府的伎倆。

總括而言，改革的好處有以下數端：

第一，完善地區治理，可以讓政府強而有力，去處理積壓已久的地區民生問題，比如市容問題、衛生問題、交通設施管理問題。新制度下，民政事務專員就是地區治理的第一責任人，「承包」所屬地區的所有地區事務，解決地區民生問題，直接推動和參與地區發展。

第二，新的區議會構成，更著重區議員的素質和表現，要求區議員能盡責履職，所以引入區議員履職監察制度。以往區議會表現如何，無從得悉。尤其是在第六屆區議會，部分以政治口號掛帥成功當選的區議員，表現惡劣，不出席區議會會議，以自己親友作為辦事處職員。經常不在辦事處為市民服務。區議員享受公帑的高薪厚職，必須要受到監察，有具體客觀的工作指標。同時，是次改革也為區議員設定了至少 11 項的負面清單，實行全過程監察，以剔除害群之馬，重塑區議員應有的形象。

第三，加入資格審查及引入提名機制，以確保區議員的素質，並能遵行「愛國者治港」原則，擁護《中華人民共和國香港特別行政區基本法》，效忠中華人民共和國香港特別行政區。

區議會的構成更有廣泛代表性和均衡參與。關於議席比例的問題，坊間各有不同的意見。事實上，我們無法有一個先驗的均衡比例。不同類別議員的比例，需要按照社會情況而持續調節。現時的比例，在我看來，是一個比較慎重、負責任的比例。為何這樣說呢？一方面，社會在黑暴和疫情過後，百廢待興，需要有更強而有力的地方治理，追回時間，如果仍然抱殘守缺，依然故我，地區事務將難以恢復，杜談更好地發展，在短時間內不交出成績，政府將無法向公眾展現出對地區治理改革的決心。也因此，現時的比例安排，較重視政府執行上的一氣呵成，以結果為目標，符合社會整體利益和關注，充分體現政府的責任擔當。另一方面，黑暴份子仍然死心不息，伺機行事。社會在政治狂熱後，需要休養生息，需要時間回歸理性，以及處理黑暴。也因此，地區直選的比例在現階段也不宜太高。至於日後會如何調節，要看具體的運作情況，是否能達到良政善治。

結語：

2019 年黑暴肆虐，同年召開的中共十九屆四中全會便提出堅持完善「一國兩制」制度體系。其中，「建立健全特別行政區維護國家安全的法律制度和執行機制」，以及完善立法會的選舉制度，分別於 2020 及 2021 年落實。制度體系的完善應輪到地區治理了，我們必須全面準確貫徹落實中央治港精神，把地區治理的最後一環，最後一里路走好，改革好！

A17 文匯論壇 責任編輯：張卓立
2023年5月31日(星期三) 香港文匯報 WEN WEI PO

區議會的前世今生—完善地區治理的必要性

當前區議會基本運作失效失靈，之所以變成如斯制度崩壞，緣於2019年區議會選舉被反中亂港分子滲透、奪權，為何形成制度漏洞，為何必須變革，那便要從其前世今生說起。

吳秋北 行政會議成員 工聯會會長

一、開埠至1980年，香港地區治理架構的演變。

談到區議會改革，不少人和媒體，都會比較回歸前的情況。那不妨把時空往前推到1842年，英國侵佔香港之初。當時沒有分區和劃界，主要就只有「維多利亞城」，即現在我們所說的灣仔、中上環和西環一帶的港島地區，當中有稱爲「四環九約」。後來到1860年和1898年九龍和新界相繼被納入「英屬香港」。新界劃分爲八約，並設有新界理民府，下細分爲北約及南約兩區。開埠初期，立法局和行政局議席由政府官員壟斷，到1850年才有居港英商獲委任，後來到1880年才有華人伍廷芳獲委任爲立法局首位華人非官守議員。1926年首位獲委任爲行政局華人非官守議員的是周壽臣爵士。

日佔時期，日本建立了所謂的民治部，把港島分爲12區，九龍分爲6區，後來增至10區，並把新界分爲7區。到英國重佔香港，1963年，港英政府把港九劃分爲多個法定分區。1968年開始，市區設立類似理民府的民政處制度，港島分爲四個區(初期爲西區、中區、灣仔和東區，後來變爲中西區、灣仔、東區和南區)，而九龍初期分爲6區，後來變爲5區(深水埗、油尖旺、九龍城、黃大仙和觀塘)。直到1980年前，百多年來英國根本從未想到要設什麼區議會。

二、回歸前，地區行政的改變與英國撤退的鋪排。

1980年6月，港英政府發表《地方行政模式綠皮書》，在1981年1月，港英政府發表《地方行政白皮書》，作爲香港未來的地方行政架構。當時不少人便認爲，這是英國政府針對香港回歸中國的部署。在這個基礎上，便有所謂的「法定分區」、「行政分區」和「議會分區」。「法定分區」就是「地址」，「行政分區」就是我們經常說到的「18區」(最初其實是「19區」)。「議會分區」則是按照地區直選而劃分。

白皮書把香港的地方行政分爲三級，第一級是行政局和立法局，第二級就是市政局和區域市政局，對應的是市政總署和區域市政總署。第三級便是區議會和地區管理委員會。

在1982年區議會成立以前，地區行政主要由市政局負責。戰前的市政局只有兩個民選議席，二戰期間曾廢除，1952年恢復爲兩席，後來到1965年增至10席。到1973年市政局改組前，民選議席一直維持10個。1973年的市政局改組，確立市政局議員人數爲24人，其中12人爲有限度選舉權下以全港單一選區選出，另外12人爲委任議員。到1983年，市政局的議員人數增至30人，仍舊一半是民選、一半是委任。1989年，市政局新增10名區議會代表，後來到1994年改爲9名區議會代表。到1995年，市政局所有委任議員取消，設32席民選議員和9名區議會代表。**(表1)**

首屆區議會選舉在1982年舉行，當時設有當然議員和委任議員的安排。港英急急推動所謂的地方行政改革，搞代議政制，就是想搞所謂的「三腳凳」，利用所謂的「香港民意」來延續港英的「治權」，美其名爲推動香港「民主」，有計劃地一步步改變其諮詢架構本質(早期區議會只是單純的諮詢組織，沒有任何財權、實權和事權。地區治理的工作，更多是由真正擁有實權，擁有強大行政權和獨立財權的市政局和區域市政局負責，進行討論和制定政策，批出撥款，再交由兩個市政總署執行)。在1984年發表的《代議政制綠皮書》，直接提出要建立一個「使其權力穩固地立根於香港，有充分權威代表港人意見，同時更能較直接向市民負責」的政制，其實就是以「還政於民」爲名，培植英國在1997年香港回歸後的「治權」代理人。及至1994年，港英便乾脆廢除所有委任區議員議席。在1994年的區議會選舉，除保留鄉事委員會主席作爲當然議席外，區議會議員全面由地方直選產生。

港英管治香港百多年，早不發展「民主」，臨撤退才良心發現，眞是「皇恩浩蕩」！

實質港英臨別秋波積極搞代議政制、區議會，並非爲改善地區治理和民生，更多只是出於港英的政治部署，就是要削去回歸後特區政府的權力，讓權力下移。然後再透過所謂「選舉」的方式，把表面上下移到港人手上的權力，重新授權給港英培植的「治權」代理人，改變社會政治生態和風氣，令地區問題變得政治化。港英除了變更政制外，同時刻意推出所謂公民教育，進行親西方價值引導，也同時支持類似《蘋果日報》等媒體的發展。究其原因，就是確保下移了的權力，能透過意識形態的操控，延續其在港利益，實現沒有英國人的英國管治。　**(三之一，未完，明日待續。)**

1946-1997年市政局議員數目變化（表1）

	官守	委任	民選	區議會代表	議員總數
1946	5	6	沒有設立	沒有設立	11
1952	5	6	2		13
1953	5	6	4		15
1954	6	6	4		16
1956	6	8	8		22
1965	6	10	10		26
1973	沒有設立	12	12		24
1983		15	15		30
1989		15	15	10	40
1994		15	15	9	39
1995		沒有設立	32	9	41
1997		9	32	9	50

註：1982年區議會成立以前，地區行政主要由市政局負責。當時市政局由官守、委任、民選議員組成。至1982年，首屆區議會產生，市政局也改由委任、民選、區議會代表的議員組成。

2023年6月1日《文匯報》

區議會的前世今生——完善地區治理的必要性

吳秋北 行政會議成員 工聯會會長

六、地區治理改革勢在必行。

在落實「愛國者治港」、完善選舉制度後，立法會的組成起了根本變化，新制度徹底改善行政立法關係，一改特區政府以往政令不行、事事被政治內耗拖垮的情況。立法會撥亂反正，回復正軌，區議會當然也要按基本法回歸其原本角色功能，作出相應的改革。

所謂英雄莫問出處，關鍵不是在於如何產生，而是產生出來的區議員，是否能盡責地履行自己應有的職責，做好地區諮詢工作，爲政府提供有價值、具意義、切合地區需要的建言，以及是否能提供優質的地區服務。英美標榜的所謂民主，很多時就是以所謂的民意「黃袍加身」而胡作非爲，漠視民生需要。其實這個世界的運作，本來很多位置都不是能以選舉產生，而更重要的是如何建立一個制度，能成就整件事，讓每個人都能發揮自身的潛能，人盡其才，而不是鼓勵那種用一兩句口號、一兩個「民主」主張，以反政府做招徠，形成欺騙市民，不做實事的風氣。如唯直選方爲民主，這簡直就是一種令人恐怖的「民主原教旨主義」。

我們學習社會科學，其中一個很重要的理念是均衡。直選成分是需要，這是用以反映市民大衆的意見。但同樣，其他持份者的聲音、專業的參與，也是需要的。問題在於，要如何的比例才能取得均衡，讓區議會能達到五光十色，不同地區人士都能發揮所長，從而協助政府達到良政善治，讓市民有更大的獲得感和幸福感。我們看到的是，區議會全面直選的結果，是碎片化和非專業化，也導致民粹化和泛政治化。每個區議員，都希望在會議上製造話題和噪音，做盡極端行爲，比如佔領會場、「拉布」、場外絕食靜坐、暴力衝擊等等。結果是，區議會無法履行應有的職能，走上極端和失衡的道路。直選成分提高，沒有更好地讓市民的聲音轉化爲良政善治，反而導致政府施政更爲困難，這是其中一個教訓。

同時，從國家安全層面看，區議會雖然並非政權性組織，但資源來自公帑，自然不應成爲反中亂港活動的資助和文宣平台。

七、完善地區治理方案。

是次完善地區治理，三個指導原則包括：一、國家安全必須放在首位，全面準確、堅定不移貫徹「一國兩制」方針，確保憲法和基本法規定的制度有效及持久落實；二、全面落實「愛國者治港」原則；三、充分體現行政主導。

改革主要有五部分：一是優化區議會諮詢及服務職能，回歸基本法第九十七條非政權性諮詢、服務組織定位；二、民政事務專員出任區議會主席；三、改革區議會組成，委任議員、地區委員會議員和地方選區議員比例爲4:4:2；四、優化區議員產生辦法，完善候選人提名機制，引入資格審查制度，貫徹落實「愛國者治港」原則；五、引入區議員履職監察制度。

西方有一種理念，就是政府與人民對立，政府就是天生的惡，所以必須時刻受到制衡，如生搬硬套這一套理念，往往不合實際。事實上，在西方現行所謂的民主下，人民無力監察政府，輿論在資本家與政客勾結下被壟斷。我們的理念，官民是一種協作關係，如何合作把社會搞好。以往，「制衡」政府（其實是反政府）的力量太強，導致政令不行，很多事情都無法迅速處理，小問題不斷累積成爲大問題。打着「民主」旗號的那些政棍，實際上並不希望政府能有好的治理，而要藉此煽動反政府，增加個人政治籌碼，這就是他們事事拉倒、散播恐懼、拖垮政府的伎倆。

總括而言，改革的好處有以下數端：

第一、完善地區治理，可以讓政府強而有力，去處理積壓已久的地區民生問題，比如市容問題、衞生問題、交通設施管理問題。新制度下，民政事務專員就是地區治理的第一責任人，「承包」所屬地區的所有地區事務，解決地區民生問題，直接推動和參與地區發展。

第二、新的區議會構成，更着重區議員的素質和表現，要求區議員能盡責履職，所以引入區議員履職監察制度。以往區議會表現如何，無從得悉。尤其是在第六屆區議會，部分以政治口號掛帥成功當選的區議員，表現惡劣，不出席區議會會議，以自己親友作爲辦事處職員。經常不在辦事處爲市民服務。區議員享受公帑的高薪厚職，必須要受到監察，有具體客觀的工作指標。同時，是次改革也爲區議員設定了至少11項的負面清單，實行全過程監察，以剔除害群之馬，重塑區議員應有的形象。

第三、加入資格審查及引入提名機制，以確保區議員的素質，並能遵行「愛國者治港」原則，擁護基本法，效忠中華人民共和國香港特別行政區。

第四、區議會的構成更有廣泛代表性和均衡參與。關於議席比例的問題，坊間各有不同的意見。事實上，我們無法有一個先驗的均衡比例。不同類別議員的比例，需要按照社會情況而持續調節。現時的比例，在我看來，是一個比較慎重、負責任的比例。爲何這樣說呢？一方面，社會在黑暴和疫情過後，百廢待興，需要有更強而有力的地方治理，追回時間，如果仍然抱殘守缺，依然故我，地區事務將難以恢復、枉談更好地發展，在短時間內不交出成績，政府將無法向公衆展現出對地區治理改革的決心。也因此，現時的比例安排，較重視政府執行上的一氣呵成，以結果爲目標，符合社會整體利益和關注，充分體現政府的責任擔當。另一方面，黑暴分子仍然死心不息，伺機行事。社會在政治狂熱後，需要休養生息，需要時間回歸理性，以及處理黑暴。也因此，地區直選的比例在現階段也不宜太高。至於日後會如何調節，要看具體的運作情況，是否能達到良政善治。

結語：

2019年黑暴肆虐，同年召開的中共十九屆四中全會便提出堅持完善「一國兩制」制度體系。其中，「建立健全特別行政區維護國家安全的法律制度和執行機制」，以及完善立法會的選舉制度，分別於2020年及2021年落實。制度體系的完善應輪到地區治理了，我們必須全面準確貫徹落實中央治港精神，把地區治理的最後一環，最後一里路走好，改革好！

（三之三，全文完。）

2023年6月2日《文匯報》

國安法是香港由治及興的保障

2023 年 6 月 27 日

有的人或許至今都想不明白，香港實踐「一國兩制」到底得罪了誰？要令其策動 2019 年的黑暴顏色革命，企圖顛覆特區政權，要去之後快。可是「一國兩制」是中國的國策，是中國政體國體的有機組成部分，任何人任何勢力要破壞顛覆，便是和中國過不去，便得碰個頭破血流。只是國家在香港的止暴制亂，還是強調依法辦事；維護國家安全沒有法律，《基本法》第 23 條未落實嗎？我們便為香港立國安法，這就是《港區國安法》的由來。

如今《港區國安法》實施已經三周年，回頭看，這是立竿見影管用的良法，確保了香港的安全，好處顯而易見，從此香港有了安全穩定發展的法制基礎，社會治安得以全面恢復。那些企圖分裂、搞破壞的亂港份子，也不用再反覆試探底線所在，因為國安法已經畫出紅線，一試必然觸法，必然法辦。十九屆四中全會指出的，建立健全特區維護國家安全的法律制度和執行機制，現在已經完全落地落實。三年來，香港走出政治震蕩和黑暴籠罩，終於實現由亂及治，邁入由治及興，安居樂業，聚焦發展全新局面得來不易，必須倍加珍惜！

回歸以來，香港在國家安全問題一直存在重大缺口，導致反中亂港份子能在港肆無忌憚，持續離間人心，策動反中亂港勾當。後來，形勢逐漸變得惡劣，2014 年出現非法「佔中」，2016 年農曆新年期間出現「旺角暴動」，然後到 2019 年更出現「黑暴」，直接挑戰政權機關，過程可謂越演越烈。黑暴期間，暴徒到處打砸搶燒殺，圍堵政府總部，暴力衝擊立法會大樓，並入內大肆破壞。有暴徒更包圍衝擊中聯辦大樓，向國徽投擲雞蛋及油漆彈，公然挑戰國家主權。黑暴不但挑戰國家主權，也同樣威脅市民大眾和公職人員的生命安全和日常生活。「火燒人」、「掟死人」、「私刑」

（黑暴稱為「私了」）、火燒滙豐銀行石獅、掟汽油彈、非法禁錮《環球時報》記者，甚至公然鼓吹「殺警」和傷害政見不同人士。堵路縱火、佔領校園，更在民居建立軍火庫和儲藏大殺傷力炸藥，部署炸彈襲擊，既嚴重影響市民出行和導致社會半癱瘓，也讓市民人人自危。是可忍孰不可忍！不立國安法可以嗎？

早前有調查便發現，76.8% 受訪者認為《港區國安法》實施後，香港變得更加安全或十分更加安全。事實上，《港區國安法》是保障香港市民安全的護身符，是「止暴制亂」的寶劍，用以打擊極少數激進份子的恐怖活動，也起到震懾防範危害國家安全的作用。

《港區國安法》為香港奠定了維護國家安全和守護市民生命財產的法律基礎。《港區國安法》發揮強大的震懾力，讓政府的執法工作有更穩固的法律基礎，能更好地打擊危害國家安全行為和激進本土恐怖主義活動，讓市民免受本土恐怖主義的威脅。保安局局長早前便表示：「自《港區國安法》生效後，就涉及涉嫌從事危害國家安全的行為和活動的案件，截至 2023 年 3 月 31 日，共 250 人被拘捕；就這些案件，有 151 人及 5 間公司被檢控。」正是有了《港區國安法》，讓政府有法律基礎去主動打擊那些危害國家安全的惡勢力。

《港區國安法》讓香港重回正軌，治安大幅改善，變得更加安全。市民不用再如黑暴期間擔驚受怕，擔心被「私了」，也無需再擔心堵路縱火影響出行。2020 年 6 月，滙豐、怡和、太古和渣打等相繼發聲支持《港區國安法》。渣打的發言人表明，相信《港區國安法》能夠幫助維持香港的長遠穩定。滙豐發聲明表示：「在『一國兩制』的原則下，尊重和支持所有穩定香港社會秩序、振興經濟繁榮發展的法律。同時，滙豐也始終認為，穩定的環境是香港作為國際金融中心長期經濟復甦的關鍵。」時任滙豐亞太區行政總裁王冬勝更親自到街頭簽署「撐國安立法」聯署。最終該聯署只用了八天時間，便收集超過 292 萬人的簽署，證明《港區國安法》的立法是人心所向。

在 2021 年初，滙控集團行政總裁祈耀年（Noel Quinn）接受英國國會質詢時，便直接表明包括他本人在內的滙豐高層，親身經歷香港自 2019 年以來的各種困難和街頭暴力，因此支持《港區國安法》在香港實施，期望能恢復香港社會秩序，並認為這是讓香港重新回到發展軌道的適當做法。事實上，到了今天，證明了上述說法是對的，《港區國安法》確讓香港恢復社會秩序，重回正軌，並為香港長遠的穩定繁榮奠下了重要的基石。

國安法頒佈以來，不斷受到亂港份子及西方反華勢力的抹黑和攻擊，從側面充分顯示出立法的必要性，也折射出那些居心叵測的人的偽善。事實證明，有國安法這根定海神針，香港才有穩定繁榮，才能繼續探索、發展民主自由之路。

最後也要指出，《港區國安法》是一個維護國家安全和保障香港市民安全的重要法例基礎，在這個基礎上，仍存在一些需要解決的具體問題和執行問題，需要特區政府立法處理。比如有關間諜罪行和反間諜法，便未有涵蓋在《港區國安法》之中。這需要再在《基本法》第 23 條立法時處理。另一個問題是，雖然《港區國安法》具有域外權，但一些涉嫌違反《港區國安法》的外逃被通緝人士，仍未被繩之於法。當中涉及的法律和執法問題，還待特區政府研究如何處理。

人們也要清楚了解，當前我們正處於世界百年不遇的大變局，東升西降，中華民族正在復興，百年前侵略我們的西方列強正在走下坡路，西方無可奈何花落去，但心不甘情不願，必定還會繼續搞各式各樣的顏色革命或明槍暗箭，所以有國安法還不能一勞永逸，我們必須時刻保持國安意識，必須警鐘長鳴！

以「四點希望」為指引，特區政府施政展現新風貌

2023 年 7 月 1 日

去年 7 月 1 日，習近平總書記對香港特區新任政府班子發表重要講話，提出四點希望：一，著力提高治理水平；二，不斷增強發展動能；三，切實排解民生憂難；四，共同維護和諧穩定。這是香港解決民生、經濟、發展問題的科學指引和根本遵循。過去一年，香港政府和社會各界，都自覺主動地圍繞習主席的四點希望開展工作，發揮了凝心聚力的強大作用。政府跨部門統籌能力顯著提升，應對突發狀況迅速精準，行政立法關係暢順，高效有為。香港社會形成前所未有的團結局面，在政府有力領導下，一呼百應，真正做到心往一處想，勁往一處使。在這樣令人振奮的新風貌新格局下，過去一年取得的成績和轉變，有目共睹，廣受歡迎。

首先，以實際成績證明治理水平和效能得到提升。其中一個令人印象較深的，是政府打擊衞生黑點計劃，把北角春秧街幾十年來的街道堵塞問題得以解決。另一個是政府公佈完善地區治理建議方案，改革區議會，撥亂反正，讓非政權性的區議會能重新專注於地區諮詢事務上，完成建立健全特區維護國家安全的法律制度和執行機制的又一重要環節。

經濟復甦，保持優勢，開拓新發展動能。去年 9 月公佈的加拿大菲沙研究所的《世界經濟自由度 2022 年度報告》，繼續把香港評為全球最自由的經濟體，顯示香港的營商環境、市場效率及配套，受到國際認可，自由市場得到保障，優勢顯著。另一方面，隨著年初實行疫後復常後，香港逐

文章首發表於《文匯報》。

步走出了疫情陰霾。從失業人數可見，由 2022 年 5 月至 7 月份的 16.8 萬人，減少至 2023 年 3 月至 5 月份的 11.3 萬人，總共有 5.5 萬人脫離了失業大軍，失業率也由 4.5% 下降至 3%。這顯示就業市場正在恢復，不少僱員都受惠於復常和經濟復甦，展現出新氣象。本地生產總值在今年首季增長 2.7%，擺脫了去年的負增長。其中，私人消費開支大幅增長 13%，反映市民對經濟前景投下信心的一票，生活逐步好轉起來。

同時，本屆政府加大力度推進灣區共建共榮，除了政府官員主動帶隊前往大灣區內地城市，交流考察，推動民間交流外，也都切實推動政策落實。在今年 5 月 29 日，特區政府與廣東省民政廳簽署《關於共同推進粵港兩地養老合作的備忘錄》，在支持跨境養老、人才培養和標準化建設等方面加強合作。此外還有「港車北上」、擴大「港澳藥械通」覆蓋範圍等政策，都有助於香港發揮「一國兩制」獨特優勢，為香港注入新發展動能！

民呼我應，切實解決民生憂難。在房屋政策為例，特區政府以目標為本，急市民所急，提出興建「簡約公屋」，結合組裝合成，從而提速公營房屋的供應。公屋平均輪候時間，止升回跌，由高峰期的 6 年，下降至 5.3 年（截至今年 3 月）。今屆政府銳意解決房屋問題，把房屋視為重大任務，持續主動增加土地供應及簡化有關行政程序。近期政府也再次公佈私人參建房屋計劃「樂建居」（距離上次為 20 年前），積極為增加房屋供應想方設法。

精準扶貧，構建和諧穩定社會。去年 8 月，政府公佈「共創明 Teen 計劃」，惠及 2,800 名合資格學員，較原定目標超出四成。約 120 個企業和機構踴躍支持，協助籌得約 1.4 億元捐款，有來自各個領域的友師，以及豐富多元的團體活動供學員報名參加。這項目是一次跨階層跨領域的合作交流，體現出香港社會關愛共融的精神，不僅幫到真正有需要的基層學員，也為社會帶來正能量，為未來培育希望的種子。

七一將至，慶回歸的同時，也是重溫習主席講話的好時機，讓我們在新的節點不忘初心，再接再厲，珍惜得來不易的穩定和諧，繼續向著由治及興的目標攜手奮進。工聯會「新時代工運」將會繼續以「共建共榮，共享共贏」理念，支持特區政府擔當作為，依法有效施政，推動社會經濟發展以人為本，讓廣大市民都能參與建設，分享成果！

2023 年 8 月，會見市民。

以「四點希望」為指引 政府施政展新貌

吳秋北 立法會議員 工聯會會長

香港剛剛度過慶祝回歸祖國26周年的日子。去年國家主席習近平發表七一重要講話，提出「四點希望」：一、着力提高治理水平；二、不斷增強發展動能；三、切實排解民生憂難；四、共同維護和諧穩定。這是香港解決民生、經濟、發展問題的科學指引和根本遵循。過去一年，香港特區政府和社會各界，都自覺主動地圍繞習近平主席的「四點希望」開展工作，發揮了凝心聚力的強大作用。特區政府跨部門統籌能力顯著提升，應對突發狀況迅速精準，行政立法關係暢順，高效有爲。香港社會形成前所未有的團結局面，在特區政府有力領導下，一呼百應，眞正做到心往一處想，勁往一處使。在令人振奮的新風貌新格局下，香港過去一年取得的成績和轉變，有目共睹，廣受歡迎。

首先，以實際成績證明治理水平和效能得到提升。其中一個令人印象較深的，是政府打擊衞生黑點計劃，令北角春秧街幾十年來的街道堵塞問題徹底解決。另一個是政府公布完善地區治理建議方案，改革區議會，撥亂反正，讓屬非政權性質的區議會能重新專注於地區諮詢事務上，完成健全特區維護國家安全的法律制度和執行機制的又一重要環節。

改善市民生活 提升經濟競爭力

第二，經濟復甦，開拓新發展動能。加拿大菲沙研究所去年9月公布《世界經濟自由度2022年度報告》，繼續把香港評爲全球最自由的經濟體，顯示香港的營商環境、市場效率及配套，受到國際認可，自由市場得到保障，優勢顯著。另一方面，隨着疫後復常，香港逐步走出了疫情陰霾。失業人數由2022年5月至7月份的16.8萬人，減少至2023年3月至5月份的11.4萬人，總共有5.4萬人脫離了失業大軍，失業率也由4.3%下降至3%。這顯示就業市場正在恢復，不少僱員都受惠於復常和經濟復甦，展現出新氣象。本地生產總值在今年首季增長2.7%，擺脫了去年的負增長。其中，私人消費開支大幅增長13%，反映市民對經濟前景投下信心的一票，生活逐步好轉起來。

同時，本屆特區政府加大力度推進灣區共建共榮，除了政府官員主動帶隊前往大灣區內地城市交流考察，推動民間交流外，也切實推動政策落實。在今年5月29日，特區政府與廣東省民政廳簽署《關於共同推進粵港兩地養老合作的備忘錄》，在支持跨境養老、人才培養和標準化建設等方面加強合作。此外還有「港車北上」、擴大「港澳藥械通」覆蓋範圍等政策，都有助於香港發揮「一國兩制」獨特優勢，爲香港注入新發展動能。

第三，民呼我應，切實解決民生憂難。特區政府以目標爲本，急市民所急，提出興建「簡約公屋」，結合組裝合成，從而提速公營房屋的供應。公屋平均輪候時間止升回跌，由高峰期的逾6年，下降至5.3年。特區政府銳意解決房屋問題，把房屋視爲重大任務，持續主動增加土地供應及簡化有關行政程序。近期政府公布私人參建房屋計劃「樂建居」，積極爲增加房屋供應作出對策。

發揮關愛精神 培育未來種子

第四，精準扶貧，構建和諧穩定社會。去年8月，政府公布「共創明『Teen』計劃」，惠及2,800名合資格學員，較原定目標超出四成，約120個企業和機構踴躍支持，協助籌得約1.4億元捐款，邀請來自各個領域的友師，引導學員參加豐富多元的團體活動。這項計劃是一次跨階層跨領域的合作交流，體現出香港社會關愛共融的精神，不僅幫到眞正有需要的基層學員，也爲社會帶來正能量，爲未來培育希望的種子。

香港進入開創新局面、實現新飛躍的關鍵期。機遇和挑戰並存，機遇大於挑戰。重溫習近平主席講話，我們在新的節點應不忘初心，再接再厲，珍惜得來不易的穩定和諧，繼續向由治及興的目標奮進。工聯會新時代工運將會繼續以共建共榮、共享共贏理念，支持特區政府擔當作爲，依法有效施政，推動社會經濟發展以人爲本，讓廣大市民都能參與建設，分享成果。

2023年7月3日《文匯報》

「喪權」還是「棄權」，香港教育何去何從？

2023 年 7 月 11 日

夏寶龍主任首次提出「愛國者治港」時，便指出香港的司法、教育、媒體以及公務員隊伍，都需要刮骨療傷，徹底改革。顯然，教育局長在 7 月 4 日教育事務委員會上，或者認為，以「喪權辱國」形容教育資助委員會體系，相當刺耳；顯然，這個從港英時期沿用至今的殖民體系，已經與「一國兩制」嚴重背離；顯然，《憲法》和《基本法》賦予香港在教育方面的「主權空間」，並不允許被用來延續英殖利益，如果局方對此視而不見，左右閃躲，便再沒有立場談落實愛國者治港！

教育從來都不存在自主自為的狀態，教育也從來沒有失去過其目的性。教育就是知識控制，知識控制就要符合目的性，就要控制學甚麼和不學甚麼。這是自有教育發生以來就存在的事實。所謂上有所施，下有所效也。而人類所發現、創造的知識也從來不是自然發展發生的，狩獵耕作的知識是為了解決肚子餓的問題，數學是為了計算的需要；地理學是為了殖民擴張，人類數學是為了殖民統治和掠奪；互聯網是為了開打世界大戰，航天科技是為了星球大戰……所以，這個世上從來不存在無緣無故自動發生發展的知識，也不存在完全自由自主的教育。那些脫離國家主權的學術自由和教育自主的說法就像自撥頭髮離開地球般可笑！

回歸以來，教育主權問題始終沒有得以糾正，沿襲了港英體系，同樣延續了港英定義的「精英」標準，以及那種崇拜西方價值的風氣。結果就是，社會最「精英」的份子，成為了 2019 年黑暴期間的先鋒、爛頭

文章首發表於《巴士的報》。

卒！大家當還記得，黑暴教師的言行令人驚嘆，香港的教育體系怎容得這樣的害群之馬荼毒學子？！然而這些走入歧途的黃師，不正是回歸後的教育系統培養出來的嗎？黃師是因也是果，問題出在根本，那便是有人鑽了教育主權的空子，不斷搞滲透，不斷進行逆向愛國主義教育，培養對喪權辱國甘之如飴，洋洋自得的「亂港精英」！教育資助委員會研資局在 2002/2003 學年到 2019/2020 學年這 18 年間，竟與駐港美領館合作推「研資局—富布萊特（香港）學人計劃」（RGC-Fulbright [Hong Kong] Scholar Programme），據報道，「美領館由港美中心搭橋，輸入 25 名『富布萊特學者』來港，滲透香港八所大學設計通識教育課程、執教及培訓，變相操控香港高等教育重要課程」。對於這種喪權辱國的資敵行為，政府怎可一句「無權監管」便全身而退，更有甚者，到目前還搞不清誰該受問責！教育官員有責任糾正問題，拿起棄而不用教育主權，大刀闊斧改革高等學府的體制、資助制度，強化監管和治理，重新建立與「一國兩制」相適應的教育體系！

事實上，港英政府將教育主權發揮得淋漓盡致，一心一意為港英管治服務，既要塑造合乎港英管治需要的社會風氣，也要生產他們想要的「精英」。所謂的「精英」，其實就是為英國服務的高級買辦。所以在教育語言上，以英文為尊。英文流利，願意服侍英國「老闆」，就是港英所定義的「精英」，就可以獲得高薪厚職。所以 1960、1970 年代，便催生個別名校標榜不教中文和中國歷史，改為教授英國文學或法文等，以培養「高級華人」，甚至有一些學生以不會寫中文為榮，這是何等扭曲的價值觀，因為被殖民，而放棄學習自己民族的語言，這不是喪權辱國是甚麼？！

以往港英教育，著重守規矩，經濟發展為先，嚴格禁止討論政治，也刻意讓 1949 年後的中國歷史在教育體系內處於空白，避免在港華人建立起民族觀。回歸前夕，為配合代議政制的推展，大搞公民教育，宣揚所謂的民主自由、公民身份，引入所謂法治、人權觀念。這個所謂的公民身份，是只有西方價值，沒有國家觀念的公民身份，正正就是為港英對港的意識形態操控服務，也為「港獨」問題埋下伏線。

現在所謂的主流教育，很多都是源自西方知識體系，以西方價值觀看事物。比如經濟學，是西方經濟學，學很多工具性的「理論」，看似科學，其本質就是對西方資本主義和重商主義的鼓吹。既然主張學術多元，為何不能同時教授馬克思主義的政治經濟學，以及改革以來的社會主義市場經濟學？諸如此類問題長期存在，西方主流單一的學術知識，成為了唯一認定標準。試問在這樣的教育下，如何建立身為中國人的道路自信、理論自信、制度自信、文化自信？

「二十大」重申實施科教興國戰略，強化現代化建設人才支撐。指出教育是國之大計、黨之大計。培養甚麼人、怎樣培養人、為誰培養人是教育的根本問題。香港同樣需要明確教育定位，否則融入國家發展大局只會貌合神離，甚至造成國家戰略的薄弱環節。教育、科技、人才是全面建設社會主義現代化國家的基礎性、戰略性支撐，「一國兩制」是中國特色社會主義制度的重要組成部分，香港有責任為國家培養人才，幫助完善科技創新體系，所以，當局必須搞清楚香港教育培養甚麼人、為誰培養人，學術研究向來受政治、資本操控，面對美國對中國的科技壓制，難道還能天真的認為知識可以無國界嗎？

科教興國，人才興邦，香港要與國家共進退，教育必須去殖、防滲透，改革教資會體系，是香港教育制度去殖化的關鍵，當局也應有所擔當，拿起多年來棄之不用教育主權，不要再以學術自由蒙蔽社會，自我開脫。知識從不是自然產生和存在，都有特定的目的性，在愛國者治港新時代，仍然沿用為港英統治服務那一套，講得通嗎？！再次強調，香港的教育體系必須與「一國兩制」相適應，要為國家和香港培養人才，為「一國兩制」實踐，推進中華民族偉大復興培養接班人！

臆造「去國際化」風車，在為誰帶風向？

2023 年 7 月 25 日

去年 7 月 1 日，習近平總書記在香港第六屆特區政府就職典禮上，對香港治理提出「四個必須」和「四點希望」。「四個必須」，邏輯縝密、環環相扣，是香港長治久安的基石，一個不能少。「保持香港的獨特地位和優勢」是習主席指出的第四個必須，同時也強調了香港的顯著優勢是「背靠祖國、聯繫世界」，中央支持香港長期保持獨特地位和優勢，鞏固香港的國際金融、航運和貿易中心地位，維護自由開放的營商環境及保持普通法制度。與之相呼應的，2022 年《施政報告》，也將「四個必須」和「四點希望」逐一細化，落實到各項工作中。同年 11 月，金管局舉辦國際金融領袖投資峰會，匯聚了超過 200 位來自全球 120 家金融機構的國家和地區負責人，盛況空前，特首在峰會開幕式致辭中向全世界宣佈香港重返國際舞台的中心！今年 2 月啟動「你好，香港！」，準備好迎接海內外人士及盛事來臨香港！隨後香港也與內地恢復通關，全面啟動疫後重建，進入「由治及興」快車道。

「背靠祖國，聯通世界」，既是中央的要求，香港的優勢，也是特區政府一直在重點推進的工作，然而，近日出現個別文章，提及所謂「去國際化」，其觀點建立在把「國際化」與「國家安全」（以至國安法）置於對立面；另有建議香港應專注搞經濟，聲稱「安全概念」被濫用，這又是把發展經濟與國家安全放在對立面。姑且先不去猜測擔心「去國際化」的都是些甚麼人，有何代表性以及散播這種不攻自破的荒謬觀點，背後有何目的。就其臆斷、概念化、脫離實際便很令人不知所云。只是香港是經歷

文章發表於《環球時報》，標題：「抹黑香港『去國際化』，是殖民思維」。文章連載於《文匯報》。

過顏色革命，吃過苦頭的，經此一役，對於國家安全是民生經濟發展的前提，有更深刻的教訓和認知。

2019 年，香港黑暴肆虐，人人自危，普通市民也遭到恐嚇和攻擊，商店銀行、愛國團體，甚至政權機構都受到暴力衝擊，渣打和滙豐等外資機構，也於報章刊登全版廣告，呼籲社會反對暴力，維護香港國際金融中心地位。這種街頭暴力的背後推手是英美代理人，那種以搞亂香港、推翻「一國兩制」為目的，危害國家主權、安全和根本利益的「國際線」，就是國安法的「對症下藥」。《港區國安法》猶如定海神針，維護住香港安全、高效、開放、國際化的營商環境。這都是顯而易見且符合國際慣例的，為何會有「去國際化」的杞人憂天？真個陰陽怪氣，咄咄怪事！

《港區國安法》落地後，有些人仍死心不息，以「軟對抗」的方式潛伏，繼續試圖迷惑市民，散播「反中亂港」和「港獨」思想。一旦鬆懈，便很可能被人有機可乘。我們絕不能好了傷疤忘了痛，國家安全必須警鐘長鳴。「明者防禍於未萌，智者圖患於將來」，對於極端思想和恐怖主義，必須及早打擊，這是任何負責任的政府都應該做的。特別是在世界各地恐怖主義泛濫的今天，歐美各國極其重視國家安全和反恐工作，未敢鬆懈，又有誰會叫歐美做少一點國家安全和反恐相關工作，擔心會影響「國際化」程度？事實上，濫用「安全」概念最多的，應該是歐美國家。特別是美國，屢屢以「安全理由」作為制裁和打擊異己的藉口。那些人不會說美國在「去國際化」，因為他們的腦袋，早已把美國等同於「國際化」。

說回香港，香港的「國際化」，必然是以全面準確貫徹「一國兩制」和維護國家安全為前提，不存在所謂「為了防止顏色革命而要減少對外開放」。香港的國家安全工作做得越牢固，市民的國家觀念和國家安全意識越強，香港的對外開放空間才會越大。舉例說，假如某些界別經常暗地搞「港獨」活動，便很可能會被禁止以「中國香港」的名義參與國際活動，甚至被取消資格。香港能以正式及單獨成員身份和「中國香港」的名義參與和舉辦各種國際盛事和會議，前提就是以「一國」為先的「一國兩制」。

再者，香港的「國際化」，並不等同於「西化」。香港是國際橋樑，融和東西，貫通中外。有些人仍抱殘守缺，停留在殖民思想。把「西化」當做「國際化」，把「西方價值觀」當做「普世價值」，無視世界其他各國的想法。他們以為「西化」的相對比重降低了，就是「國際化」程度在下滑。事實上，香港現在不是「去西化」，更不是「去國際化」，而是要提高「非西方」的部分，讓香港不單只是為「西方」發達國家服務，而是真正為一個更大的「國際」服務。比如在行政長官互動交流答問會，便討論到如何把香港建設成為「中外國際法律人才培訓基地」。「中外國際」所包含的法系，不只有英美法系的普通法，也有歐陸法系的大陸法，以及伊斯蘭法。香港不是要否定普通法和「去普通法」，而是要進一步認識其他法系，建立更廣闊的「國際」視野，讓我們可以服務更多的國家，提供更多的服務選擇。香港需要有更高水平、更恢弘的「對外開放」，不單是對「西方」開放，更要對「非西方」開放，這樣的「國際化」，是未來國際大局的必然走向，才能讓香港發展行穩致遠。

同樣地，以往因為部分官員的「殖民」思維，抗拒與內地合作和互動，導致香港在與內地聯通上程度不足，窒礙了香港作為聯繫中西的角色。當我們撥亂反正，加強這方面的工作，便有人覺得「只往內看」。事實上，長久以來，香港的經濟發展，與內地息息相關。很多跨國企業在港設立基地，就是為開拓內地的龐大市場。今年初特首「中東之行」，中東方面便提到，非常重視香港「背靠祖國、聯通世界」的獨特優勢和機遇，包括國家「一帶一路」倡議、「十四五」規劃、粵港澳大灣區發展等。與內地的合作，正是為香港創造國際機遇的前提。沒有「背靠祖國」的優勢，香港對國際社會的吸引力便大大降低。

其實，由於西方近百多二百年的殖民侵略和統治，香港更多長期存留著西方思維定式問題，而不是有太多的國家和國民意識問題，更不存在太多要「去國際化」的主張。是唯西方馬首是瞻太多，國家觀念太少的問題！

以行政長官為首的特區政府，一直旗幟鮮明地推動香港的國際化，也從來沒有官員說過「國際化」會破壞國家安全，那些無的放矢、臆造出來的「去國際化」到底所來何處？有些人長年拉黑香港，詆毀香港，把本來正常不過的工作和政策，扭曲成他們幻想中的「極端」和「嚴重威脅」。我們能做的，就是做好自己，通過「做實事」讓世界認識香港，理解到香港的獨特優勢所在，無須浪費時間跟他們糾纏。

A11 文匯論壇

責任編輯：張卓立

2023年7月28日(星期五) 香港文匯報 WEN WEI PO

臆造「去國際化」風車，為誰帶風向？(上)

「背靠祖國、聯通世界」，既是中央的要求，香港的優勢，也是特區政府一直在重點推進的工作。然而，近日出現個別文章，提及所謂「去國際化」，其觀點建立在把「國際化」與「國家安全」以至國安法置於對立面；另有聲音指，香港應專注搞經濟，聲稱「安全概念」被濫用，這又是把發展經濟與國家安全放在對立面。姑且先不去猜測擔心「去國際化」的都是些什麼人，有何代表性以及散播這種不攻自破的荒謬觀點背後有何目的。就其臆斷、概念化、脫離實際，便很令人不知所云。香港是經歷過港版「顏色革命」，吃過苦頭的。經此一役，對於國家安全是民生經濟發展的前提，社會應有更深刻的體會和認知。

吳秋北 立法會議員 香港工聯會會長

去年七月一日，習近平總書記在香港特區第六屆政府就職典禮上，對香港治理提出「四個必須」和「四點希望」。「四個必須」，邏輯縝密、環環相扣，是香港長治久安的基石，一個不能少。其中，「保持香港的獨特地位和優勢」的部分，強調了香港的顯著優勢是「背靠祖國、聯通世界」，中央支持香港長期保持獨特地位和優勢，鞏固香港的國際金融、航運和貿易中心地位，維護自由開放的營商環境及保持普通法制度。與之相呼應的，是2022年特區政府施政報告將「四個必須」和「四點希望」逐一細化，落實到各項工作中。同年11月，金管局舉辦國際金融領袖投資峰會，匯聚了超過200位來自全球120家金融機構的國家和地區負責人，盛況空前，特首在峰會開幕式致辭中向全世界宣布香港重返國際舞台的中心！今年2月啓動「你好，香港！」準備好迎接海內外人士及盛事來臨香港！隨後香港也與內地恢復通關，全面啓動疫後重建，進入由治及興快車道。

維護國家安全工夫必須做足

2019年修例風波期間，香港市民人人自危，許多人遭到恐嚇和攻擊，商店銀行、愛國團體，甚至政府機構都受到暴力衝擊，渣打和滙豐等外資機構，也於報章刊登全版廣告，呼籲社會反對暴力，維護香港國際金融中心地位。這種街頭暴力的背後推手是英美代理人，那種以搞亂香港、推翻「一國兩制」為目的，危害國家主權、安全和根本利益的「國際線」，就是國安法針對的對象。香港國安法猶如定海神針，維護香港安全、高效、開放、國際化的營商環境。這都是顯而易見且符合國際慣例的，為何會有「去國際化」的杞人憂天？真個陰陽怪氣，咄咄怪事！至於認為維護國家安全到七八成就夠，再做更多便要付出更大代價而效果卻更小，這就更為荒謬！維護國家安全只能是百分百，而不能只有七八成。那不足夠的兩三成國家安全，誰能保障？或者說，缺了兩三成就能成就「國際化」嗎？類似蠱惑人心的言論更應加強警惕！

「軟對抗」必須有效制止

香港國安法實施後，有些人仍死心不息，以「軟對抗」的方式潛伏，繼續試圖迷惑市民，散播反中亂港和「港獨」思想。我們絕不能好了傷疤忘了痛，國家安全必須警鐘長鳴。至於散播要防「去國際化」的言論就更具迷惑性。「明者防禍於未萌，智者圖患於將來」，對於極端思想和恐怖主義，必須及早打擊，這是任何負責任的政府都應該做的。特別是在世界各地恐怖主義泛濫的今天，歐美各國極其重視國家安全和反恐工作，未敢鬆懈，又有誰會叫歐美少做一點國家安全和反恐相關工作，擔心會影響國際化程度？事實上，濫用「安全」概念最多的，應該是歐美國家。特別是美國，屢屢以「安全理由」作為制裁和打擊異己的藉口。那些人不會說美國在「去國際化」，因為他們的腦袋，早已把美國等同於「國際化」。

(未完，明日續。)

2023年7月28日《文匯報》

臆造「去國際化」風車，為誰帶風向？（下）

吳秋北 立法會議員 香港工聯會會長

香港的國際化，必然是以全面準確貫徹「一國兩制」和維護國家安全爲前提，不存在所謂「爲了防止顏色革命而要減少對外開放」。香港的國家安全工作做得越牢固，市民的國家觀念和國家安全意識越強，香港的對外開放空間才會越大。舉例說，假如某些界別經常暗地搞「港獨」活動，便很可能會被禁止以「中國香港」的名義參與國際活動，甚至被取消資格。香港能以正式及單獨成員身份和「中國香港」的名義參與及舉辦各種國際盛事和會議，前提就是以「一國」爲先的「一國兩制」。

再者，香港的國際化，並不等同於「西化」。香港是國際橋樑，融和東西，貫通中外。有些人仍抱殘守缺，停留在殖民思想。把「西化」當做國際化，把「西方價值觀」當做「普世價值」，無視世界其他各國的想法。他們以爲「西化」的相對比重降低了，就是國際化程度在下滑。事實上，香港現在不是「去西化」，更不是「去國際化」，而是要提高「非西方」的部分，讓香港不單只是爲「西方」發達國家服務，而是眞正爲一個更大的「國際」服務。比如在行政長官互動交流答問會，便討論到如何把香港建設成爲「中外國際法律人才培訓基地」。「中外國際」所包含的法系，不只有英美法系的普通法，也有歐陸法系的大陸法，以及伊斯蘭法。香港不是要否定普通法和「去普通法」，而是要進一步認識其他法系，建立更廣闊的國際視野，讓我們可以服務更多的國家，提供更多的服務選擇。香港需要有更高水平、更恢弘的「對外開放」，不單是對「西方」開放，更要對「非西方」開放，這樣的國際化，是未來國際大局的必然走向，才能讓香港發展行穩致遠。

同樣地，以往因爲部分官員的「殖民」思維，抗拒與內地合作和互動，導致香港在與內地聯通上程度不足，窒礙了香港作爲聯繫中西的角色。當我們撥亂反正，加強這方面的工作，便有人覺得「只往內看」。事實上，長久以來，香港的經濟發展，與內地息息相關。很多跨國企業在港設立基地，就是爲開拓內地的龐大市場。今年初行政長官李家超「中東之行」，中東方面便提到，非常重視香港「背靠祖國、聯通世界」的獨特優勢和機遇，包括國家「一帶一路」倡議、「十四五」規劃、粵港澳大灣區發展等。與內地的合作，正是爲香港創造國際機遇的前提。沒有「背靠祖國」的優勢，香港對國際社會的吸引力便大大降低。

其實，由於西方近百多二百年的殖民侵略和統治，香港更多長期存留着西方思維定勢問題，而不是有太多的國家和國民意識，更不存在太多要「去國際化」的主張；而是唯西方馬首是瞻太多，國家觀念太少的問題！

以行政長官李家超爲首的特區政府，一直旗幟鮮明地推動香港的國際化，也從來沒有官員說過國際化會破壞國家安全，那些無的放矢、臆造出來的「去國際化」到底所從何來？有些人長年抹黑香港、詆毀香港，把本來正常不過的工作和政策，扭曲成他們幻想中「寧左勿右」的「極端」和「嚴重威脅」。我們能做的，就是做好自己，通過「做實事」讓世界認識香港，理解到香港的獨特優勢所在，無需浪費時間跟他們糾纏。 **（續昨日，全文完。）**

2023 年 7 月 29 日《文匯報》

第6002期 2023年7月28日 星期五
■编辑 高颖 ■美编 赵莹 电话(010)65369563
环球时报
国际论坛 15

抹黑香港“去国际化”，是殖民思维

吴秋北

“背靠祖国，联通世界”，既是中央的要求、香港的优势，也是特区政府一直在重点推进的工作。然而，近日出现个别文章抹黑香港所谓“去国际化”，恶意将“国际化”与“国家安全”置于对立面；此外还有人将发展香港经济与维护国家安全放在对立面。姑且先不猜测渲染“去国际化”的都是些什么人，他们为什么散播这种不攻自破的荒谬观点，就其臆断、概念化、脱离实际便很令人不知所云。香港是经历过动荡，吃过苦头的，对于国家安全是民生经济发展的前提，有着更深刻的教训和认知。

2019年，香港“黑暴”肆虐，人人自危，不少普通市民也遭到恐吓和攻击，商店银行、爱国团体，甚至立法机构都受到暴力冲击。渣打和汇丰等外资机构在报章刊登整版广告，呼吁社会反对暴力，维护香港国际金融中心地位。这种街头暴力的背后推手是英美代理人，那种以搞乱香港、推翻“一国两制”为目的，危害国家主权、安全和根本利益的行为，就是香港国安法“对症下药”治疗的恶疾。香港国安法犹如定海神针，维护并稳定住了香港安全、高效、开放、国际化的营商环境。这是显而易见且符合国际惯例的，为何会有“去国际化”的杞人忧天？真个阴阳怪气，咄咄怪事！至于认为维护国家安全到所谓“七八成就够”，再做更多便要“付出更大代价”的说法，就更为荒谬。维护国家安全绝不能缺斤少两。那欠缺的两三成国家安全，说这种话的人能保障吗？或者说，用牺牲“两三成的安全”就能换来香港“国际化”吗？这显然是颠倒黑白的无稽之谈。

香港国安法落地后，有些人仍死心不息，以“软对抗”的方式潜伏，继续试图迷惑市民，散播“反中乱港”和“港独”思想。对国家安全的弦一旦松懈，就很可能让他们有机可乘。我们绝不能好了伤疤忘了痛，国家安全必须警钟长鸣。“明者防祸于未萌，智者图患于将来”，对于极端思想和恐怖主义，必须及早打击，这是任何负责任政府都应做的。特别是在恐怖主义泛滥的今天，欧美各国极其重视国家安全和反恐工作，又有谁因为担心会影响其“国际化”程度而叫欧美少做一点国家安全和反恐相关工作？事实上，滥用“国家安全”概念最多的是欧美国家，特别是美国。华盛顿屡屡以“安全理由”作为制裁和打击异己的借口。说香港在“去国际化”的那些人不会说美国在“去国际化”，因为他们的脑袋早已把美国等同于“国际化”了。

焦点话题

说回香港，香港的“国际化”，必然是以全面准确贯彻“一国两制”和维护国家安全为前提的，不存在所谓“为了防止‘颜色革命’而减少对外开放”。香港的国家安全工作做得越牢固，市民的国家观念和国家安全意识越强，香港对外开放的空间才会越大。举例说，假如某些界别经常暗地搞“港独”活动，便很可能会被禁止以“中国香港”的名义参与国际活动，甚至被取消资格。香港能以正式及单独成员身份和“中国香港”的名义参与和举办各种国际盛事与会议，前提就是以“一国”为先的“一国两制”。

再者，香港的“国际化”，并不等同于“全盘西化”。香港是国际桥梁，融汇东西，贯通中外。有些香港人仍抱残守缺，思想还停留在被殖民时代。把“全盘西化”当作“国际化”，把“西方价值观”当作“普世价值”，他们以为“西化”的相对比重降低了，就是“国际化”程度在下滑。事实上，香港现在不是“去西化”，更不是“去国际化”，而是要提高“非西方”的部分，让香港的盘子更大，为一个更大的“国际”服务。比如在行政长官互动交流答问会上，曾讨论过如何把香港建设成为中外国际法律人才培训基地。“中外国际”包含的法系，不只有英美法系的普通法，也有欧陆法系的大陆法等。香港不是要否定普通法或“去普通法”，而是要进一步认识其他法系，建立更广阔的国际视野。香港需要有更高水平、更加恢弘的对外开放，不单是对“西方”开放，更要对“非西方”开放，这样的“国际化”，是未来国际大局的必然走向，才能让香港发展行稳致远。

同样地，以往因为部分官员的殖民思维，导致香港与内地的联通程度不足，一定程度上阻碍了香港作为联系中西角色作用的发挥。当我们作出调整，补上这方面短板时，便有一些人觉得香港“只往内看”。事实上，长久以来，香港的经济发展与内地息息相关。很多跨国企业在港设立基地，是为了开拓内地的庞大市场。今年初特区行政长官“中东之行”，中东方面便提到，非常重视香港“背靠祖国、联通世界”的独特优势和机遇，包括国家的“一带一路”倡议、粤港澳大湾区发展等。与内地的合作，正是为香港创造国际机遇的前提。没有背靠祖国的优势，香港对国际社会的吸引力将大大降低。

其实，由于西方一百多年的殖民侵略和统治，香港社会实际存在的问题在于长期存留的西方思维定势，而绝非国家和国民意识“太多了”，更不存在“去国际化”的问题。唯西方马首是瞻太多、国家观念太少，才是香港真正需要改善的问题。

以行政长官为首的特区政府，一直在中央的支持下旗帜鲜明地推动香港的国际化，从来没有官员说过香港国际化会破坏国家安全，那些无的放矢、臆造出来的“去国际化”到底从何而来？一些人长年抹黑香港，诋毁香港，我们最重要的就是做好自己，通过做实事让世界认识香港，理解到香港的独特优势所在，而无需浪费时间跟他们纠缠。▲（**作者是香港立法会议员、香港工联会会长**）

2023 年 7 月 28 日《環球時報》

發展人文精神，弘揚愛國主義
—— 慶祝香港《文匯報》75 周年

2023 年 8 月 29 日

如今說起「讀報」，已是一種有些年代感的習慣，卻是我在年少時期洞察社會，充實知識結構的重要管道，特別是過去資訊還沒有這麼發達和高速，每天清晨，買到一份飄著新鮮油墨味兒的報紙，是很多人開啟一天的必定動作。而我的父親，正是這樣一位愛國報章的追隨者，父親甚至會以身作則，教曉我製作剪報，印象最深刻的便是 1997 年 7 月 1 日，父親買了多份香港《文匯報》和《大公報》，認為頭版慶祝回歸的場面會成為歷史的烙印，畫面可通過報紙的報道而定格，何時讀起也彷彿親身參與其中。這些對歷史的尊重、對國家的牽掛、對「回歸」的激動，都深深地影響著我，並且必然伴隨一生。

熟悉我的人都知道我的工會背景，其實我是半路出家，回想當初全身投入工運事業，除了工會前輩的引領，還少不了與《文匯報》的一份淵源，因為最初對工聯會的認知，正是透過閱讀《文匯報》。而工聯會和《文匯報》的關係更是一路同行。幾年前，我收集到陳耀材老會長生前的剪報集，其中就有不少《文匯報》的內容。例如，工聯會在 1963 年和香港中華總商會代表一同向廣東省總工會提出建議，希望引東江水到香港，促進了內地開展東深供水工程。事實上，《文匯報》不僅是國家和香港歷史進程中，很多重要時刻的見證者，也一直陪伴港人成長，1950 年代，《文匯報》的副刊曾有一個王牌專欄「生活信箱」，作者是旺角勞工子弟學校的校長黃永剛先生，此專欄是很多年輕讀者的傾訴對象，也通過回信互動，

文章為《文匯報》慶祝 75 周年特約稿。

為無數迷惘的香港青年，指出正確的人生方向。

近日欣聞今年 9 月，《文匯報》將踏入 75 周年，作為忠實讀者，能夠受邀撰文，我深感榮幸，《文匯報》無疑是香港人文精神的記錄者和推廣者，一家報館能做到 75 載孜孜不倦，屹立不倒，必定秉承著對香港的深情熱愛，也必定是廣受認可，群眾基礎深厚的。這一點與工聯會也有共通之處。今年也是工聯會成立 75 周年，在此也要感謝一路走來，《文匯報》對工聯會的報道，增加了工聯會的社會影響力和群眾號召力，幫助工聯會、基層勞工發聲，傳遞社會正能量；同時，我們也透過《文匯報》的各類報道、評論和分析，掌握社會動向，及時豐富和調整工作安排。

《文匯報》也見證了香港很多風風雨雨，經濟和政治上的起伏。其中，2019 年黑暴港版顏色革命對香港的人文精神傷害最大。當黑暴打砸堵燒殺時，竟有人在吶喊叫好，有反中亂港政黨高層甚至聲言「暴力有時或可解決問題」。言語暴力、欺凌、行私刑⋯⋯以上種種都是反人文精神的。同時，黑暴文宣到處，迷惑民眾，幸好有包括《文匯報》在內的正氣媒體，走在前線堅持說實話、報道真相，才不讓黑暴虛構假新聞欺騙所有人。及至《港區國安法》的實施、愛國者治港的全面落實，才能打擊黑暴政治邪教，讓香港擺脫泛政治化泥潭，是重建香港人文精神的關鍵。

全面貫徹落實愛國者治港，我們才能把更多專注力放在民生事務上，以人為本，提高治理水準，切實排解民生憂難。正如國家主席習近平在去年的七一講話中提到，「香港最大的民心，就是盼望生活變得更好，盼望房子住得更寬敞一些、創業的機會更多一些、孩子的教育更好一些、年紀大了得到的照顧更好一些」。這種以民為本、以民心為依歸的精神，正正就是香港社會需要重塑和弘揚的。

香港社會要重塑人文精神，關鍵在於如何發出更多正面聲音，凝聚社會共識，提高愛國民族觀念，重建秩序，並把中國傳統的人文精神傳揚廣播。其中一個重要的部分，就是如何講好中國故事，提升香港市民對國家的真切認識和認同，建立愛國價值觀，推動構建人類命運共同體。《文匯報》堅持「文以載道、匯則興邦」，以「文匯」為名，正是傳媒界中「人文精神」使命擔當。

習總書記在給香港培僑中學學生的回信中提到，「深入了解祖國的歷史文化和現實國情，厚植家國情懷」，《文匯報》在這方面具有提供教材的作用，有很多關於內地發展的特稿，提高公眾對內地全面準確的了解。最近河北災情，工聯會率先捐款 50 萬，並呼籲香港社會為救災出一份力；《文匯報》也積極報道內地人民如何團結奮力抗災，一方有難八方支援，在抗災期間中國人民如何展現出人性的光輝和人文精神。這種中華兒女血脈裏的善良和團結，是我們的民族精神，也是集體主義、愛國主義的體現。

工聯會和《文匯報》共同邁進 75 周年，我們都是愛國愛港事業的奮鬥者，是「一國兩制」偉大實踐的護航手。香港愛國工運史幾乎是半部香港史，愛國工運是對人文精神的勇敢實踐和高尚追求，這些動人的故事都催人奮進，激勵人心。掌握時代脈搏，是勇於擔當優秀傳媒的體現，歷史和人文精神便是這樣一字一句，日復一日，代代傳承。過去工聯會和《文匯報》合作無間，未來都希望繼續同向同行，為民發聲，共同見證每一個歷史節點！正是「同心同德同向同行穩致遠，共建共榮共享共贏得輝煌」。

A12 

責任編輯：楊生華

2023年8月29日(星期二) 香港文匯報 WEN WEI PO

弘揚人文精神 傳承愛國主義

如今說起「讀報」，已是一種有些年代感的習慣，卻是我在年少時期洞察社會、充實知識結構的重要渠道，特別是過去資訊還沒有現在這麼發達和高速，因此，每天清晨，買到一份飄着新鮮油墨味的報紙，是很多人開啟一天的必定動作。我的父親正是這樣一位愛國報章的追隨者，父親甚至會以身作則，教曉我製作剪報，印象最深刻的便是1997年7月1日，父親買了多份香港文匯報和大公報，認為頭版慶祝回歸的場面會成為歷史里程碑，畫面可通過報紙的報道而定格，何時讀起也彷彿親身參與其中。這些對歷史的尊重、對國家的牽掛、對香港回歸祖國的激動，都深深地影響着我，並且必然伴隨一生。

吳秋北 工聯會會長 立法會議員

熟悉我的人都知道我的工會背景，其實我是半路出家。回想當初全身投入工運事業，除了工會前輩的引領，還少不了與香港文匯報的一份淵源，因為最初對工聯會的認知，正是透過閱讀香港文匯報，而工聯會和香港文匯報的關係更是一路同行。幾年前，我收集到陳耀材老會長生前的剪報集，其中就有不少香港文匯報的內容。例如，工聯會在1963年和香港中華總商會代表一同向廣東省總工會提出建議，希望引東江水到香港，促進了內地開展東深供水工程。事實上，香港文匯報不僅是國家和香港歷史進程中很多重要時刻的見證者，也一直陪伴港人成長。上世紀五十年代，香港文匯報的副刊曾有一個王牌專欄《生活信箱》，作者是旺角勞工子弟學校的校長黃永剛先生，此專欄是很多年輕讀者的傾訴對象，也通過回信互動，為無數迷惘的香港青年指出正確的人生方向。

今年9月，香港文匯報將踏入75周年。香港文匯報無疑是香港人文精神的記錄者和推廣者，一家報館能做到75載孜孜不倦、屹立不倒，必定秉承對香港的深情熱愛，也必定是廣受認可、群眾基礎深厚的。這一點與工聯會也有共通之處。今年也是工聯會成立75周年，在此也要感謝一路走來，香港文匯報對工聯會的報道，增加了工聯會的社會影響力和群眾號召力，幫助工聯會、基層勞工發聲，傳遞社會正能量；同時，我們也透過香港文匯報的各類報道、評論和分析，掌握社會動向，及時豐富和調整工作安排。

走在前線堅持說實話

香港文匯報也見證了香港很多風風雨雨，經濟和政治上的起伏。其中，2019年的修例風波對香港的人文精神傷害最大。同時，黑暴文宣到處迷惑民眾，幸好有包括香港文匯報在內的正氣媒體走在前線堅持說實話、報道真相，才不讓黑暴虛構假新聞欺騙所有人。及至香港國安法的實施、「愛國者治港」的全面落實，才能打擊黑暴政治邪教，讓香港擺脫泛政治化泥潭，是重建香港人文精神的關鍵。

全面貫徹落實「愛國者治港」，我們才能把更多專注力放在民生事務上，以人為本，提高治理水平，切實排解民生憂難。正如國家主席習近平在去年的七一重要講話提到，「香港最大的民心，就是盼望生活變得更好，盼望房子住得更寬敞一些、創業的機會更多一些、孩子的教育更好一些、年紀大了得到的照顧更好一些」。這種以民為本、以民心為依歸的精神，正正就是香港社會需要重塑和弘揚的。

以民為本以民心為依歸

香港社會要重塑人文精神，關鍵在於如何發出更多正面聲音，凝聚社會共識，提高愛國民族觀念、重建秩序，並把中國傳統的人文精神傳揚廣播。其中一個重要的部分，就是如何講好中國故事，提升香港市民對國家的真切認識和認同，建立愛國價值觀，推動構建人類命運共同體。香港文匯報堅持「文以載道、匯則興邦」，以「文匯」為名，正是傳媒界中「人文精神」使命擔當。

反映中華兒女的善良和團結

習近平主席在給香港培僑中學學生的回信中提到，「深入了解祖國的歷史文化和現實國情，厚植家國情懷」，香港文匯報在這方面具有提供教材的作用，有很多關於內地發展的特稿，提高公眾對內地全面準確的了解。最近河北水災災情，工聯會率先捐款50萬元，並呼籲香港社會為救災出一分力；香港文匯報也積極報道內地人民如何團結奮力抗災，一方有難八方支援，在抗災期間中國人民如何展現出人性的光輝和人文精神。這種中華兒女血脈裏的善良和團結，是我們的民族精神，也是集體主義、愛國主義的體現。

工聯會和香港文匯報共同邁進75周年，我們都是愛國愛港事業的奮鬥者，是「一國兩制」偉大實踐的護航手。香港愛國工運史幾乎是半部香港史，愛國工運是對人文精神的勇敢實踐和高尚追求，這些動人的故事都催人奮進，激勵人心。掌握時代脈搏，是勇於擔當優秀傳媒的體現，歷史和人文精神便是這樣一字一句，日復一日，代代傳承。過去工聯會和香港文匯報合作無間，未來都希望繼續同向同行，為民發聲，共同見證每一個歷史節點，這正是「同心同德同向同行穩致遠，共建共榮共享共贏得輝煌」。

2023年8月29日《文匯報》

寫在出席「中國工會第十八次全國代表大會」開幕之前

2023 年 10 月 8 日

中國工會第十八次全國代表大會即將開幕，非常榮幸作為團長與香港工會代表團來到北京出席「十八大」，今次大會是屬於全國工會組織和億萬職工群眾的一次盛會，我謹代表香港各工會團體，預祝「中國工會第十八次全國代表大會」勝利召開，圓滿成功！

香港工會代表團的構成，包括：香港工會聯合會及屬會、港九勞工社團聯會及屬會、香港高級公務員協會、香港公務員總工會、香港公務員工會聯合會、政府紀律部隊人員總工會、香港特區政府公務人員聯會、香港建造業註冊專門工種職工會聯會等，都是香港主要的工會組織。

這次中國工會「十八大」是在我國邁上全面建設社會主義現代化國家新征程、向第二個百年奮鬥目標進軍的關鍵時刻召開的大會，意義重大，影響深廣；大會將高舉中國特色社會主義偉大旗幟，全面貫徹黨的「二十大」精神，以習近平新時代中國特色社會主義思想為理論指引，全面總結「十七大」以來工會工作的成果和經驗，繼往開來，勇擔新時代工會組織的使命和責任，為新時代工運事業明確指導思想，定立新的目標任務。

過去五年，世界百年未有之大變局進一步深刻發展，加上世紀疫情帶來衝擊和挑戰，國家在黨中央的堅強領導下，攻堅克難，全面發展，乘風破浪，取得舉世矚目的成就，提升了在國際上的地位，提高了人民的獲得感、幸福感和安全感，得來不易。其中便少不了工會組織發揮重要作用，全國上下，各級工會帶領全體職工，深刻領悟「兩個確立」的決定性意義，自覺做到「兩個維護」，為國家高質量發展提供強大、穩固的生產力。

不斷以科技裝備、推動職工提升生產水平，支撐產業發展，為建設中國特色社會主義現代化國家貢獻工運力量。

過去五年，香港也經歷了刻骨銘心的轉折，在黑暴和疫情的雙重打擊下，可以說經歷了九死一生。所幸有中央出手，以雷霆之勢，建立健全香港維護國家安全的法律制度和執行機制，完善了特區行政長官和立法會的產生辦法等。正是中央一系列的「組合拳」，從根本上解決了多年累積疊加的難題，香港得以由亂及治，國家安全得到保障，經濟民生得以發展，並邁進由治及興的新發展階段。香港愛國愛港的工會組織也都有所共識，我們要團結一致，凝心聚力，共同推動勞工界積極參與，融入大局，為社會民生經濟發展出力，實現共建、共榮、共享、共贏的和諧共富社會，讓工人階級成為當之無愧的持份者，公平的享有話事權！

實現愛國者治港，其應有之義就必須有愛國工運的參與，這也是香港新時代愛國工運事業的使命擔當。今年 12 月 10 日將進行新一屆區議會選舉，這是提升特區管治能力水平，改革、完善地區治理的重要一環；區議會也是香港治理架構中，最深入群眾的諮詢架構和服務網絡，也是構成社會穩定、維護國家安全的重要一環，更是我們發展基層工會，組織群眾的重要依託。所以，勞工界都要積極參與，推選、協助一批實幹有為，勇於擔當的社區治理人才進入議會，讓區議會回復為民服務、協助政府施政的本職功能。

以史為鑒，無論如何，工會組織都要做到回應時代要求，積極為職工維護應有權益、提供更好服務。而「新時代工運」事業，必須貫徹落實黨的「二十大」精神，善用習近平新時代中國特色社會主義思想解決問題，把準方向，守正創新，踔厲前行，這是各地工會的共同使命，亦是我們未來在香港開展工會工作共同遵循。

香港工會一直獲得內地工會，特別是中華全國總工會的鼎力支持，也只有通過合作，才能做到「職工有所呼，工會有所應」，過往兩地工會積極開展了各項職工交流、技能競賽和培訓等方面的合作，也正是通過推動香港和內地的職工交流，推動了大灣區建設及融合，為國家整體發展作出了應有的貢獻。

今次香港工會代表團能夠參加中國工會「十八大」會議是一次非常難得的學習交流機會，有助於我們深入了解內地工會的寶貴經驗，從而更好的挖掘和借鑒，這對未來發展香港工運事業大有幫助。代表團成員，一定把握這次難得機會，認真學習，深刻領悟，並回港積極宣傳，講好中國工運故事。

最後，我僅代表香港工會代表團，衷心感謝內地兄弟工會，以及中華全國總工會對香港工會的深厚情誼，也衷心感謝全總中國職工交流中心、以及香港中聯辦的悉心安排及聯絡，相信中國工會「丨·八大」之行，一定會在我們每一位代表的心中都留下深刻的印象。

再次祝願大會完滿成功，億萬職工奮發有為，共享發展榮光和成果，為強國建設，民族復興再建新功！

2023年10月8日，香港、澳門工會代表團應邀出席中國工會「十八大」。

激發新時代工人偉力

2023 年 10 月 9 日

今日，中國工會第十八次全國代表大會在京召開，國家主席習近平等中央領導人出席會議，為全國億萬職工奮進新征程帶來無限鼓舞！中華全國總工會主席王東明昨天在接見港澳工會代表團時表示，歡迎港澳工會特邀來賓來京出席大會。香港工會聯合會、澳門工會聯合總會作為香港、澳門愛國工會組織的中堅和骨幹力量，長期以來與中華全國總工會保持著密切的聯繫和合作，為發展壯大愛國愛港愛澳力量，形成更廣泛的支持「一國兩制」的統一戰線作出了重要貢獻。中國工會「十七大」以來的五年，內地和港澳工會開展了多種形式的交流合作，關鍵時刻大家守望相助，充分顯示了內地和港澳工會之間的深厚情誼，彰顯了內地和港澳職工的同胞深情。

王東明主席又表示，中華全國總工會將繼續深入貫徹落實習近平總書記重要指示精神和中央對港澳工作方針政策，進一步加強與港澳愛國工會的交流與合作，幫助廣大港澳職工更好地融入國家發展大局，更好發揮工會港澳工作在國家港澳工作全局中的作用。

此次出席會議，深刻感受到全體職工在工會組織的凝聚下，緊緊圍繞黨中央的領導，堅決貫徹落實「二十大」精神，以習近平新時代中國特色社會主義思想組裝頭腦，指導實踐的決心和熱情，同時，也深刻的認識到黨中央要求工會堅持推動產業工人隊伍改革，做好維權、服務工作，以及發揮橋樑作用的重要意義。本人深受鼓舞，並且希望也能將這種崇尚勞動、構建和諧勞動關係，團結奮進的思想和氛圍帶回香港，弘揚開來。

在香港實現由治及興的新篇章中，勞工群體是不可或缺的重要力量，也理應是發展成果的分享者，實現共同富裕的推動者。這次在京期間，時常聽到內地工會代表發自肺腑地講出一句：「咱們工人有力量！」這其中散發的底氣、自信和驕傲，是中國特色社會主義的一大亮點，也是實現新時代中國式現代化強國建設、民族偉大復興的重要基石。而香港要實現新輝煌，同樣需要工人階級貢獻力量，而香港新時代愛國工運，正正就要承擔起激發這種力量的歷史使命！工聯會提出以「共建共榮，共享共贏」為理念的「新時代工運」，也正是回應時代呼喚，應運而生。此次上京獲益良多，也希望所有香港工會代表都能深刻領悟大會精神，堅持主動以習近平新時代中國特色社會主義思想指導香港愛國工運發展，讓我們的事業不斷壯大，為國為港為勞工，貢獻力量！

2023 年 10 月 8 日，香港、澳門工會代表團應邀出席中國工會「十八大」（《工人日報》記者楊登峰攝）。

共建「一帶一路」新輝煌，發揮香港所長，推進人類文明新境界

2023 年 10 月 17 日

回顧歷史，古絲綢之路的形成，有其歷史的偶然和必然性，當年漢武帝抗擊匈奴，衛青、霍去病從軍事上打通了通往西域的道路，張騫「鑿空」則更多開通了外交通道。漢武帝是萬萬沒有想到要建立絲綢之路的。此後歷經千餘年，歷朝歷代就這樣踏著前人的足跡，開闢商道，形成了這條絲綢之路，建立了中西交流的通道。

古代中國的強大同時也帶動了西域、中東和歐洲各國的發展，阿拉伯民族的發展壯大並佔領歐洲，以至影響歐洲的繁榮，歸根究底中國是重要的因素和動力。

古代絲綢之路由發生到形成，便逐漸發展出自身的發展邏輯，也有了國家戰略意義，際此世界正經歷百年未有之大變局、中華民族要實現偉大復興，習近平總書記高瞻遠矚，鑒往開來，提出了 21 世紀「一帶一路」倡議，賦予古絲綢之路新意義和內涵，絕對是歷史發展的必然要求，也可謂是偉大復興的戰略部署。

「一帶一路」十年贏得世界廣泛認同

今年是共建「一帶一路」倡議提出的十周年。經過十年的發展，從零開始，從被西方不看好、唱衰和抹黑，到以美國為首的七國集團大搞被視

文章首發表於《巴士的報》。

為美版「一帶一路」的「全球基建投資夥伴計劃」，以及美國為首的 20 國集團宣佈建設「印度—中東—歐洲經濟走廊」，聲稱要「抗衡」「一帶一路」，顯示西方按捺不住，也反映共建「一帶一路」倡議確實做出了成績，成為當今世界最具影響力的倡議。

事不經過不知難，我們雷厲風行做出成果：自 2013 年 9 月和 10 月，國家主席習近平先後提出共建「絲綢之路經濟帶」和「21 世紀海上絲綢之路」倡議。2014 年成立絲路基金，同年發佈《絲綢之路經濟帶和 21 世紀海上絲綢之路建設戰略規劃》。2015 年 3 月發佈《推動共建絲綢之路經濟帶和 21 世紀海上絲綢之路的願景與行動》，推進「一帶一路」的全盤工作部署由此訂下。2016 年 1 月，亞洲基礎設施投資銀行（亞投行）正式成立，成為「一帶一路」沿線亞投行成員國相關基礎設施建設項目的主要融資渠道之一。

截至 2023 年 6 月，中國已經同 152 個國家和 32 個國際組織簽署二百餘份共建「一帶一路」合作文件，形成超過三千個涉及互聯互通、貿易、投資、金融、社會、海洋、電子商務、科技、民生、人文等領域的合作項目，投資規模近一萬億美元，足見共建「一帶一路」倡議獲全球各國積極響應和歡迎。

拓展「一帶一路」新里程

按照世界銀行的研究報告估計，到 2030 年，共建「一帶一路」倡議每年將為全球帶來 1.6 萬億美元的收益。中國發起的這個倡議，致力促進沿線國家經濟發展，幫助他們實現《2030 年議程》的減貧目標，使相關國家 760 萬人擺脫絕對貧困，3,200 萬人擺脫中度貧困。高質量的共建「一帶一路」發展，是「共建人類命運共同體」的一個重要構成部分，也是對世界發展大勢和時代進步要求的最佳回應。這也是美國不願意見到的，就是世界各地的發展中國家正聯合起來，參照中國經驗和通過與中國合作，自立自強起來，擺脫美國霸權的支配和剝削。這就是共建「一帶一路」發展所帶來的群體效應，也成為百年不遇的大變局中的一個重要里程碑。

推進合作共贏新關係

共建「一帶一路」倡議全面提升了中國與世界各國的交流和合作，達至互利共贏的局面。就以習主席最先提出共同建設「絲綢之路經濟帶」倡議的哈薩克斯坦為例，十年來兩國成功完成了數十個重要合作項目，全面強化了兩國經貿往來和人文交流。中國企業寰泰能源在七年前進入哈薩克斯坦市場，至今成為當地最大的清潔能源供應商之一，累計為當地提供14.1 億千瓦時綠色電力，減少碳排放共計 141 萬噸。截至 2022 年底，中國企業在哈參建的可再生能源項目總裝機容量已超過一千兆瓦，為哈薩克斯坦的發展注入能源。中國也積極推動兩國的設施互通，由中建新疆建工（集團）有限公司建設、即將竣工的「塔爾迪庫爾干—卡爾巴套—烏斯季卡緬諾戈爾斯克國家級公路改建項目 KM287—325 標段」（簡稱「TKU 公路項目」），將成為連接歐洲與中國及其他亞洲國家的國際過境運輸走廊，既是共建「一帶一路」倡議的重要項目，也對接哈薩克斯坦「光明之路」新經濟政策，目的就是強化中哈與周邊國家的互聯互通，促進哈薩克斯坦的經濟發展。中企在建設期間，優先聘用當地人並傳授各類施工技術，幫助當地人脫貧，服務當地社會，改變沿線地區人民的命運。

又例如早在 2016 年 1 月，國家主席習近平訪問沙特，便與沙特國王共同出席中沙延布煉廠的投產啟動儀式。這一項目由沙特阿美持股62.5%，餘下股份由中國石油化工集團持有。國家主席習近平在啟動式中便說：「（此項目）既符合沙特經濟優化升級、能源產業升級的國家發展戰略，也契合中國同絲綢之路沿線國家在『一帶一路』框架內開展互利合作的發展思路。」與此同時，在習近平主席和沙特薩勒曼國王共同見證下，銀川育成、廣州開發區工業發展集團、沙特阿美共同簽訂合作備忘錄，商定三方組建合資公司（後加上朱拜勒和延布皇家委員會形成四方股東），共同合作建設吉贊經濟城，讓一片沙漠的吉贊變成一座現代化工業新城、「一帶一路」倡議在中東的重點項目。中國在推動共建「一帶一路」倡議的同時，全面配合和對接沙特「2030 願景」，實現互利共榮，推動沙特綠色安全、幸福沙漠和智慧城市的發展，提升當地的交通、輸水、公共衛生和基礎設施的水平，改善當地人民的民生條件，並優先為當地創造就業。

2018 年，上海電氣與 ACWA Power 公司簽訂迪拜水電局光熱四期七百兆瓦電站項目總承包合同，是全球規模最大的光熱電站，擁有世界最高的太陽能塔和熱能儲存能力，每年可減少 140 萬噸碳排放和為 27 萬家庭提供清潔能源。

2017 年 10 月，中國建築工程總公司與埃及方面簽署了有關埃及開羅以東 45 公里新首都中央商務區項目總承包合同，合同金額 30 億美元，中國的銀行為該項目提供 85% 的貸款資金。埃及住房部長穆斯塔法・馬德布利在 2018 年的開工儀式中表示，該項目是「引領埃及進入全新時代，與世界上眾多現代化城市競爭的重大項目之一」。

共建「一帶一路」倡議，關鍵在於「共建」，說明這不是中國強加於別國，而是通過尋找互惠互贏的合作方式和共識，推進中國與各國的互聯互通、民心相通，攜手構建人類命運共同體，讓沿線各國人民都能享受到經濟發展和民生建設提升所帶來的機遇和成果，有更大的參與感、獲得感和幸福感。這些機會和成果屬於世界，造福全球人類。

推進中華民族復興與人類新文明

共建「一帶一路」倡議，對實現中華民族偉大復興也有重大意義。近日，我有幸參與港區人大為期八日的甘肅考察團，對共建「一帶一路」倡議有更深刻的體會。首先，大家必須在中央的領導和統籌下，同心合力，優勢互補。「一帶一路」沿線城市各有所長和優劣。「一帶一路」沿線國家／地區的人口佔全球 63%，佔全球經濟超過 35%，當中涉及 44 億人口。市場規模龐大，需要更廣大的合作共同滿足需求，合作大於競爭。

甘肅有強大的工業基礎和技術，也有深厚的歷史文化，但缺乏融資平台加速擴大投資規模，香港可作為甘肅的國際融資平台，開拓資金，加速新能源、綠色科技、中醫藥、文創文化、旅遊產業的發展，提高在創新研發上的投入。香港也可與甘肅合作，作為甘肅歷史文化、紅色旅遊的國際推廣平台。另一方面，香港工業式微，可借助甘肅加速香港的「再工業化」，推動產學研合作以及科技成果的轉化和應用。

探索更多合作機遇，形成互惠共贏，是成就共建「一帶一路」倡議的關鍵所在。在共建「一帶一路」倡議下，我國各沿線省市，和各國互相促進，加強交流合作和民心互通，自能形成同心共圓中國夢的強大合力，為實現中華民族偉大復興作出重大貢獻。

在百年未有之大變局中，絲綢之路必然被賦予新的內涵和生命力。香港作為「一帶一路」戰略的重要建設節點和平台，特區政府必須深刻理解其深厚的歷史背景和精神核心，不僅要看到機遇，更要明白自身的擔當和責任。

堅決支持落實《基本法》第 23 條立法

2024 年 2 月 2 日

萬眾期待，政府終於就《基本法》第 23 條立法進行公眾諮詢。維護國家主權、安全和發展利益是「一國兩制」的最高原則。本人非常期待第 23 條立法工作，能以速戰速決之勢，完善、穩妥、周密地早日完成。

《基本法》第 23 條立法，是特區政府的憲制責任。《基本法》第 23 條規定：「香港特別行政區應自行立法禁止任何叛國、分裂國家、煽動叛亂、顛覆中央人民政府及竊取國家機密的行為，禁止外國的政治性組織或團體在香港特別行政區進行政治活動，禁止香港特別行政區的政治性組織或團體與外國的政治性組織或團體建立聯繫。」同時，《香港國安法》第 3 條也列明：「香港特別行政區應自行立法禁止任何叛國、分裂國家、煽動叛亂、顛覆中央人民政府及竊取國家機密的行為，禁止外國的政治性組織或團體在香港特別行政區進行政治活動，禁止香港特別行政區的政治性組織或團體與外國的政治性組織或團體建立聯繫。」所以，特區政府必須完成《基本法》第 23 條立法，是法律上的規定，也是不可逃避的責任。完成立法，是對「一國兩制」法律基礎的完善，也是滿足憲制對特區維護國家安全的要求。

「法無授權不可為，法不禁止即自由」這是當年反中亂港份子諱莫如深、千方百計阻撓落實《基本法》第 23 條的考慮。就是沒有「法」，政府對維護國家安全只能無所作為；沒有「法」，反中亂港份子危害國安，便為所欲為。黑暴顏色革命期間，極端恐怖份子製造暴亂，公然挑戰國家

文章首發表於《文匯報》。

主權，到處宣揚「港獨」，甚至向青少年以至兒童灌輸各種極端暴力思維等等惡行，正正利用無法可依而肆意妄為。《港區國安法》實施以來，黑暴顏色革命才止息，香港社會秩序得以全面恢復，讓商家不用擔心被人打砸搶燒殺，讓市民和遊客的人身安全得到保障。政治長期動蕩，投資者自然卻步，經濟活動也無法正常進行。沒有國安法更談不上人權、自由的保障。現時，黑暴份子仍死心不息，仍在進行「軟對抗」，勾結外部勢力，不斷散播「反中亂港」意識，密謀捲土重來。我們必須要建立好能防範「港獨」的「免疫機制」、織好抵禦外部勢力的「安全網」，讓香港社會秩序和國家安全得到保障。第 23 條立法必須補上維護國家安全的「短板」，為香港「由治及興」補上重要的一塊拼圖，為香港「興」的動能奠定基礎。

現時是第 23 條立法的最佳時機，而且越快越好。在落實「愛國者治港」以來，行政立法關係大幅改善，社會各界也得以團結起來。社區治理層面有愛國愛港的關愛隊和區議員，能協助政府向公眾解說第 23 條立法的重要性、迫切性，以及對香港社會發展的正面作用。政府也設立了多條專隊負責解說工作，並設立「應變反駁隊」回應網絡上的不實抹黑。在政府宣佈啟動第 23 條立法的諮詢期，社會各界紛紛表示對立法的支持，體現充分共識。

維護國家安全是國際慣例。香港黑暴過後的 2021 年初，美國國會山也出現嚴重暴動，事件發起人在社交媒體號召衝擊美國國會。最終，美國警方拘捕了 850 多名參與者，美國司法部以涉嫌煽動叛亂罪起訴為首的 11 人，有份策劃的驕傲男孩兩名領導人分別被判處 17 年和 22 年監禁，而極右翼組織誓言守護者創辦人羅德斯被判 18 年監禁。去年 7 月，英國正式通過最新的《國家安全法案》，將「外國干預」列為刑事罪。根據英國《國家安全法》，若有人公開且持續地呼籲外國對其英國本國實施制裁，便可能觸犯「破壞罪」和「外國干預罪」。近年來，西方國家不斷推出更多更辣的國家安全法，甚至泛化國家安全概念，作為打擊別國的工具。美西方

2024 年 3 月 2 日，工聯會立法會議員以及工聯會社會事務委員會和工會代表一行二十多人到美國駐港澳總領事館抗議，嚴厲譴責美國政府干預香港《基本法》第 23 條立法。

國自身動機不純，「只許州官放火」。正如特首李家超所言，「世途險惡豺狼當道」，「香港縱然『君子』也須防範『小人』」，我們需要儘快完成第 23 條立法，讓香港社會得到應有的保障，完善維護國家安全的法律制度及執行機制，這是我們的正當權利。我們更要立一條管用、具前瞻性、能應對未來複雜多變局勢的法例。

本人及工聯會將全力支持今次立法，積極協助政府做好解說工作，確保立法順利進行，讓公眾認同和理解立法用意。工聯會作為群眾組織，一直旗幟鮮明也以實際行動支持推動《基本法》第 23 條立法，我們將一如既往、用最大力度，發放群眾最強音，支持配合落實立法工作，並堅決與反中亂港及一切境內外反對立法勢力作鬥爭！同時，也在此呼籲社會各界，大力、全力支持立法工作，展示我們的團結、維護國家安全的勇氣、決心和意志！

A18 ◆責任編輯：張卓立　　文匯論壇　　香港文匯報 2024年2月2日(星期五)

二十三條立法　奠定香港「興」的基礎

政府就基本法第二十三條立法進行公眾諮詢。維護國家主權、安全和發展利益，是「一國兩制」方針的最高原則。正如特首李家超所言，世途險惡豺狼當道，香港縱然「君子」也須防範「小人」，完善維護國家安全的法律制度及執行機制，是香港特區的憲制責任。立法可補齊維護國家安全的法律工具，為香港由治及興補上重要的一塊拼圖，為香港「興」的動能奠定基礎。各界要積極協助政府做好解說工作，確保立法工作能以速戰速決之勢，完善、穩妥、周密地完成。

吳秋北 立法會議員 工聯會會長

基本法第二十三條立法是特區政府的憲制責任。過去，反中亂港分子散播各種歪理謬論，煽動市民阻撓特區政府就基本法第二十三條進行立法。背後目的，就是希望沒有國家安全相關法律，特區政府就算感受到、看得到國安風險，也是束手無策、無可奈何；沒有國家安全相關法律，反中亂港分子就可以肆意進行各種危害國安的行為。修例風波期間，反中亂港分子進行暴力破壞活動，公然挑戰國家主權，到處宣揚「港獨」，甚至向青少年、兒童灌輸各種極端思想。2020年，中央出手制定實施香港國安法，黑暴活動才得以平息，香港社會秩序得以全面恢復，實現由亂到治。商家再不用擔心被人打砸搶燒，市民和遊客的人身安全也得到保障。政治長期動盪，經濟活動無法正常進行。沒有國安法更談不上人權、自由的保障。現時，黑暴分子仍死心不息，仍在進行「軟對抗」，勾結外部勢力，不斷散播反中亂港意識，密謀捲土重來。我們必須要建立好能防範「港獨」的「免疫機制」，織好抵禦外部勢力的「安全網」，讓香港社會秩序和國家安全得到保障。

結合地區力量為立法作解說

現時是基本法第二十三條立法的最佳時機，而且越快越好。在落實「愛國者治港」以來，行政立法關係大幅改善，社會各界也團結起來。社區治理層面有「關愛隊」和區議員，能協助政府向公眾解說基本法第二十三條立法的重要性、迫切性，以及對香港社會發展的正面作用。政府也設立了多隊專隊負責解說工作，並設立「應變反駁隊」回應網絡上的抹黑。在政府宣布啓動基本法第二十三條立法的諮詢後，社會各界紛紛表示支持立法，體現充分共識。

維護國家安全是國際慣例。2021年初，美國國會山莊也出現嚴重暴動，事件發起人在社交媒體號召衝擊美國國會。最終，美國警方拘捕了850多名參與者，美國司法部以涉嫌煽動叛亂罪起訴爲首的11人，有份策劃的「驕傲男孩」兩名頭目分別被判處17年和22年監禁，而極右翼組織「誓言守護者」創辦人羅德斯被判18年監禁。去年7月，英國正式通過最新的《國家安全法案》，將「外國干預」列爲刑事罪。根據英國《國家安全法》，若有人公開且持續地呼籲外國對英國本國實施制裁，便可能觸犯「破壞罪」和「外國干預罪」。近年來，西方國家不斷推出更多更辣的國家安全法，甚至泛化國家安全概念，作爲打擊別國的工具，他們的詭辯和謊言必須被認清。

有效應對未來複雜多變局勢

正如李家超所言，世途險惡豺狼當道，香港縱然「君子」也須防範「小人」，我們需要盡快完成基本法第二十三條立法，讓香港社會得到應有的保障。完善維護國家安全的法律制度及執行機制，是香港特區的憲制責任。我們要立一條管用、具前瞻性、能應對未來複雜多變局勢的法例。各界要積極協助政府做好解說工作，確保立法順利進行，讓公衆認同和理解立法用意。工聯會作爲工人組織，一直旗幟鮮明，以實際行動支持推動基本法第二十三條立法。我們將一如既往，用最大力度支持配合落實立法工作，並堅決與反中亂港以及一切境內外反對立法的勢力作鬥爭。社會各界要全力支持立法工作，展示我們的團結，以及維護國家安全的勇氣、決心和意志！

2024年2月2日《文匯報》

夏寶龍主任的加持，香港的底氣

2024 年 3 月 2 日

中共中央港澳辦、國務院港澳辦主任夏寶龍來港考察七天，完滿結束。最後一天訪港的上午，適逢就是財政預算案發表時間。財政預算案的其中一個重點，就是「堅定信心」，這與夏主任訪港是互相呼應的。夏主任來港，釋出的最重要信息，就是表達中央對香港的支持，為港打氣，提振香港發展的信心。

夏主任的行程緊密，先後進行超過 20 場會面，並與主要官員、行會議員、立法會議員、區議員、企業家、外國商會、學者和法律界人士會面。夏主任也走進基層，分別到坑口和黃大仙飲早茶，到訪獅子山公園，考察深水埗全港首間社區客廳，參觀警察總部，前往香港故宮文化博物館與包括青年團體代表、青年內地實習及交流計劃及「共創明『Teen』計劃」的青年交流，聆聽青年心聲，與青年合唱〈獅子山下〉和〈東方之珠〉。

豐富而緊密的行程，目的就是要去了解香港的經濟情況和民生民情，為香港把脈，也為香港打氣。特首李家超在總結夏主任行程時，引述夏主任就經濟發展上提出的三個重點：第一是肯定特區政府的工作；第二是強調要堅定發展信心；第三是表明中央對香港發展的全力支持。

夏主任重申：「中央將一如既往全力支持香港發展經濟、改善民生，全力支持香港鞏固提升國際金融中心地位，而且中央對香港的支持是實實在在的，是持續不斷的。」夏主任也說，更多惠港政策將陸續有來。

在地區治理方面，夏主任也提出了三個重點：第一是肯定新一屆區議員表現和地區「三會」及「關愛隊」成員的履職盡責；第二是強調做好地區治理是香港實現良政善治的必然要求；第二是希望各方面共同努力做好地區治理。

可以說，這是夏主任對特區政府「拼經濟、保民生」的支持和指導。夏主任今次的考察，有三個非常重大的成果。

首先，夏主任是以行動來給予香港最大的肯定，讓唱淡、唱衰香港的論調不攻自破。正如特首李家超所述，香港有走向更好明天的實力和能力，不是誰想「唱衰」就「唱衰」得到的。香港有中央全力支持，有國家作為最強的後盾，有「一國兩制」的獨特優勢，香港有著美好、光明的前景，不用擔心別有用心者如何指指點點。

第二，夏主任為香港提振信心，鼓勵香港社會各界團結一心，搞好香港。夏主任特意走訪香港不同階層，正是要讓各界感受到中央對香港的關懷，強化各界對香港發展的信心。在新形勢下，香港面對外部多變的政治和經濟環境，需要有相應的調整和適應，把握國家發展大局和「一帶一路」帶來的新機遇。在中央的全面支持下，香港未來的發展必然光明，必然繼續是世界經貿的重要中心。

第三，夏主任鼓勵特區政府做好地區治理，紓解民困，造福香港普羅市民，讓每一位市民都能安居樂業。中央政府的心始終同香港同胞在一起，深深牽掛，期許特區政府能切實排解民生憂難，提升香港市民的獲得感、幸福感、安全感。夏主任此行，正是要展現中央對香港市民（特別是基層市民）福祉的關切。我相信香港普羅市民都能感受到中央這份心意。

香港這一段時間以來，面臨複雜地緣政治影響，美西方反華勢力企圖「唱衰」、「做空」香港，遏制中國發展，可是形勢比人強，中國式現代化進程不斷向前，中華民族偉大復興勢不可擋，東升西降勢所必然。中華文明歷久彌新，不是「海盜文化」可以匹敵的。國家有力支持就是香港最堅強的後盾。一切對香港的敵視和亂港伎倆都只會搬石頭自砸腳；儘管連串動作「唱衰」、「做空」，但無損香港底子。那些與香港興旺發達過不去的資本，那些怯於美國淫威左右搖擺者，終將為自己的誤判、為虎作倀而付出代價！

團結一心建設香港，展現愛國愛港隊伍新氣象

2024 年 3 月 7 日

第十四屆全國人民代表大會二次會議召開的第二天上午，主管港澳事務的國務院常務副總理丁薛祥和香港代表一起審議政府工作報告，本想爭取機會向中央領導建言，但由於香港《基本法》第 23 條立法工作，請假回港，只能以書面表達。

在以習近平總書記為核心的黨中央的堅強領導下，《港區國安法》頒佈實施，「愛國者治港」原則貫徹落實，香港撥亂反正，聚焦經濟民生發展，實現「由亂到治」到「由治及興」的轉接，社會發展迎來新的機遇和挑戰。過去一年，中央港澳辦成立，香港新一屆區議會成立，從中央到特區，管治香港架構系統改革基本完成，社會恢復穩定，為經濟發展、改善民生，提供了基礎。「一國兩制」實踐取得重大新成果，具里程碑意義。

2024 年 3 月 5 日，一眾港區全國人大代表參加全國人大開幕會，會前在人民大會堂前合影留念。

在黨的「二十大」報告中，習近平總書記談到堅持和完善「一國兩制」，推進祖國統一問題時指出，要發展壯大愛國愛港愛澳力量，增強港澳同胞的愛國精神，形成更廣泛的國內外支持「一國兩制」的統一戰線。堅決打擊反中亂港勢力，堅決防範和遏制外部勢力干預港澳事務。今天我發言的主題是「團結一心建香港，展現愛國愛港隊伍新氣象」，「團結」、「有為」是「愛國者治港」新篇章的必然要求，也是愛國愛港隊伍展現給香港市民，以至全世界的新氣象。

能做到這一點，首先，與黨中央和國家的指引分不開。在「一國兩制」實踐新征程上，「中央全面管治權與特區高度自治權相統一」這一原則被賦予新的活力。港澳辦夏寶龍主任一年內兩度親臨香港調查研究，與社會各界，包括普通市民良好互動，進一步拉近了中央與特區的距離，讓「全面管治權」變得具體且親切，也是生動的寫照。另一方面，夏主任訪港的時間點都很關鍵，一個是完善地區治理立法前，一個是《基本法》第23條立法前，都為社會各界團結一心，完成重大工作作出重要指示，意義重大。

第二，與「愛國者治港」原則的貫徹落實分不開。習總書記在2022年「七一」重要講話時對香港提出「四個必須」，其中就有必須落實「愛國者治港」原則，堅決打好政權保衛戰、守護好管治權，任何時候毫不動搖，唯有如此，才能保證香港長治久安，達致繁榮穩定。黑暴港版顏色革命讓香港付出慘痛代價，證明「愛國者治港」、「維護國家安全」是社會「由治及興」的基礎，要時刻謹記，堅決貫徹落實。特別是面對美西方勢力的不斷抹黑和無恥政治操弄，甚至制裁，愛國愛港力量更要堅定自信，勇於承擔，敢於鬥爭、善於鬥爭！

第三，與執行行政主導分不開。過去一年，香港推出多項刺激經濟、改善民生的措施，香港各界謹遵習總書記的囑託，積極配合特區政府依法有效施政。重中之重是從立法改革到區議會選舉，順利完成完善地區治理的最後一公里，在社區築牢維護國家安全防線的同時，也讓治理能夠從政府直達社區，大大提升了施政的效率和質量。

第四，與愛國愛港社團鄉團的團結合作分不開。新的政治格局讓愛國愛港鄉團社團有了更大的發揮空間，也承擔著更大的使命，對特區治理具有前所未有的參與度，這便更講求大格局、大團結。一方面，在本屆人大代表中，很多都是香港主要社團的領袖、代表人物，既要代表一方利益，更要以國家和香港整體利益為重；另一方面，在新一屆區議會選舉中，具有鄉團背景的參選人也明顯增多。這也對傳統政黨格局形成新的合力，「共建共榮，共享共贏」的政治理念是大勢所趨，也是新時代對愛國愛港隊伍的必然要求。

團結一心建設香港，是愛國愛港隊伍共同的使命，絕不能流於口號。團結是為了更好地幹事業，我們的事業要靠真操實練才能做出成績，愛國愛港隊伍新氣象還是要落在「建設」的實際行動上，接下來，愛國愛港隊伍要把過去被帶偏跑散的人心攏回來，共同拓闊做深團結面和程度，徹底改變政治生態，更好維護社會穩定和發展基礎。我們還要將這次會議精神帶回香港，發揮人大代表橋樑和紐帶的作用，將黨中央的指示落實到具體工作中，以愛國愛港隊伍通力合作，發揮帶頭作用，推動全社會團結奮進，共同為香港經濟民生建設，為國家現代化強國建設、實現第二個百年奮鬥目標作出應有的貢獻！

不一樣的「履職」，一樣的全心全意

2024 年 3 月 12 日

今年是國家推動高質量發展的關鍵一年，「全國兩會」萬眾矚目，如期召開，人大代表、政協委員會聚京城，履行職責、參政議政。對我而言，今次尤為特別。往年的 3 月，多是和其他代表一起駐紮北京，全程見證「兩會」的進行。今年則是出席了大會開幕後，5 日下午便第一時間回港，不過這到此一遊的「打卡」式履職，可不是因為偷懶，而是為了加緊處理《基本法》第 23 條立法工作，好在有代表工聯會提交了 14 項人大建議，件件關乎民生經濟發展，反映人民急難愁盼，算是對盡心履職有所交待！當然，完成《基本法》第 23 條立法，是香港的憲制責任，能參與和推動這一歷史任務，實在使命光榮！所以，履職不問身在何處，定當全心全意為人民服務！

雖然來去匆匆，但在北京期間的感受還是很深。首先，今次行程充分感受到中央對港區全國人大代表團的高度重視。

第二個感受，是內地部門、新聞媒體和輿論對港區人大代表的意見非常關注，對我們的建議都仔細研究，氣氛熱烈，很是催人奮進！毋庸置疑的是，大家都是為了建設好香港，這既讓我感受到滿滿的同胞之情，真正把香港視為「掌上明珠」，也讓我感受到民族團結，勢不可擋！

第三個感受，是「兩會」代表履職、委員參政議政是真心實意要將國家建設好，實事求是，不避難，不畏難，形成集體智慧，體現出全過程人

文章首發表於《文匯報》「兩會日記」專欄。

民民主和人民代表大會制度的優越性，這種氣氛在香港落實「愛國者治港」原則後，也展現出異曲同工之妙，放在以前只能是天方夜譚。

「兩會」期間，《基本法》第 23 條提交立法會，隨即展開日以繼夜、夜以繼日的審議工作，人大代表們在北京審議政府工作報告等，為新一年國家發展定下目標，條例草案委員會的香港立法會議員們在香港為完善維護國家安全，努力拼上最後一塊拼圖，北望神州，遙相呼應，香港與祖國永遠是命運共同體，祖國永遠是香港最堅實的靠山和後盾！

最後，在此熱烈祝賀「全國兩會」勝利閉幕，中國式現代化強國建設正在路上！未來五年是香港全面復甦的關鍵期，冀《基本法》23 條立法，早一日得一日，之後便能更好聚焦經濟發展，發揮「八大中心」優勢，為發展新質生產力和高質量發展貢獻香港力量！

兩會日記

不一樣的「履職」一樣的全心全意

港區全國人大代表、工聯會會長 吳秋北

今年是國家推動高質量發展的關鍵一年，全國兩會萬眾矚目，如期召開，人大代表、政協委員會聚京城，履行職責、參政議政。對我而言，今次尤為特別。往年的3月，多是和其他代表一起駐紮北京，全程見證兩會的進行。今年則是出席了大會開幕會後，5日下午便第一時間回港。不過這「到此一遊」的「打卡」式履職，可不是因為偷懶，而是為了加緊處理基本法第二十三條立法工作，好在有代表工聯會提交了14項人大建議，件件關乎民生經濟發展，反映人民急難愁盼，算是對盡心履職有所交代！當然，完成基本法第二十三條立法，是香港的憲制責任，能參與和推動這一歷史任務，實在使命光榮！所以，履職不問身在何處，定當全心全意為人民服務！

雖然來去匆匆，但在北京期間的感受還是很深。首先，今次行程充分感受到中央對港區全國人大代表團的高度重視。

第二個感受，是內地部門、新聞媒體和輿論對港區人大代表的意見非常關注，對我們的建議都仔細研究，氣氛熱烈，很是催人奮進！毋庸置疑的是，大家都是為了建設好香港，這既讓我感受到滿滿的同胞之情，真正把香港視為「掌上明珠」，也讓我感受到民族團結，勢不可擋！

第三個感受，是兩會代表履職、委員參政議政是真心實意要將國家建設好，實事求是，不避難、不畏難，形成集體智慧，體現出全過程人民民主和人民代表大會制度的優越性。這種氣氛在香港落實「愛國者治港」原則後，也展現出異曲同工之妙，放在以前只能是天方夜譚。

兩會期間，基本法第二十三條提交立法會，隨即展開日以繼夜、夜以繼日的審議工作，人大代表們在北京審議政府工作報告等，為新一年國家發展定下目標，條例草案委員會的香港立法會議員們在香港為完善維護國家安全，努力拼上最後一塊拼圖，北望神州，遙相呼應，香港與祖國永遠是命運共同體，祖國永遠是香港最堅實的靠山和後盾！

最後，在此熱烈祝賀全國兩會勝利閉幕，中國式現代化強國建設正在路上！未來5年是香港全面復甦的關鍵期，冀二十三條立法，早一日得一日，之後便能更好聚焦經濟發展，發揮「八大中心」優勢，為發展新質生產力和高質量發展貢獻香港力量！

2024 年 3 月 12 日《文匯報》「兩會日記」專欄

二十三條立法，二十六年歷程
—— 寫在《維護國家安全條例》通過之後

2024 年 3 月 19 日

事不經過不知難，事已經過只等閒，過程是艱巨的，路程是曲折的，結果是令人振奮的！共同完成了一個歷史任務，令人感慨萬千！

1997 年，按照《基本法》規定，本來香港應自行就國家安全相關事宜立法，但一直未有進展。

2003 年初，政府提出就《基本法》第 23 條立法，結果未能順利通過。香港進入政治動蕩的年代。

2014 年，戴耀廷發起違法佔中，煽動所謂的「公民抗命」，視法治如無物。亂港份子「學聯」和「學民思潮」發動罷課集會和所謂重奪「公民廣場」行動，衝擊立法會綜合大樓，並配合戴耀廷啟動違法佔中，歷時 79 日。我聯同愛國愛港人事成立「反佔中，保普選」大聯盟，與反中亂港勢力堅決鬥爭！

2015 年「兩會」期間，我提出〈關於讓香港納入新國家安全法適用範圍的建議〉，呼籲及時堵塞香港國安漏洞，防範國安風險。

2016 年，全國人大常委會全票通過對香港《基本法》第 104 條的解釋，我們與各界好友成立「反港獨，撐釋法」大聯盟，舉行集會支持釋法，表達香港各界市民反對「港獨」及支持釋法的強烈意願，與「港獨」誓不兩立。

2019年，我們發起「護港安全修例大聯署」行動，支持修訂《逃犯條例》，短時間內收集到逾93萬個簽名。

2020年的「兩會」期間，我提交了關於制訂港區維護國家安全法制涵蓋內容的建議。5月21日晚，第13屆全國人大三次會議大會發言人宣佈該次大會審議包括《全國人民代表大會關於建立健全香港特別行政區維護國家安全的法律制度和執行機制的決定（草案）》。對此，我與工聯會當晚即發佈聲明表示強烈支持，表明我們義不容辭支持推動維護國家安全的相關立法。5月28日，全國人大會議閉幕，表決有關「港區國安法」的決定草案，授權人大常委會就建立健全香港維護國家安全的法律制度和執行機制，制訂相關法律。同年6月30日，全國人大常委會通過《港區國安法》並納入《基本法》附件三在香港實施。

2021年3月11日，第13屆全國人大四次會議通過《關於完善香港選舉制度的決定》，完善香港的選舉制度，落實「愛國者治港」。工聯會全力支持修訂《2021年完善選舉制度（綜合修訂）條例草案》，推動良政善治，並積極投身新選舉制度，提升香港的管治效能和民主質量。

2024年，政府就《基本法》第23條進行立法。公眾諮詢期間和立法過程中，美西方勢力、逃犯和反中亂港份子裏應外合，試圖抹黑、干擾和干預立法工作，製造謠言和恐慌，影響公眾和境外對立法的信心和認同。工聯會一眾成員和立法會議員，走在前線抗爭，在議會內外全力、積極支持立法。

在維護國家安全的各個環節，工聯會從不缺席，始終站在最前！今日《維護國家安全條例草案》得以通過，有賴我們堅定的意志，以及堅持與外部勢力和反中亂港份子抗爭！祝願在維護國家安全法例的利劍保護下，香港行穩致遠，繁榮穩定！

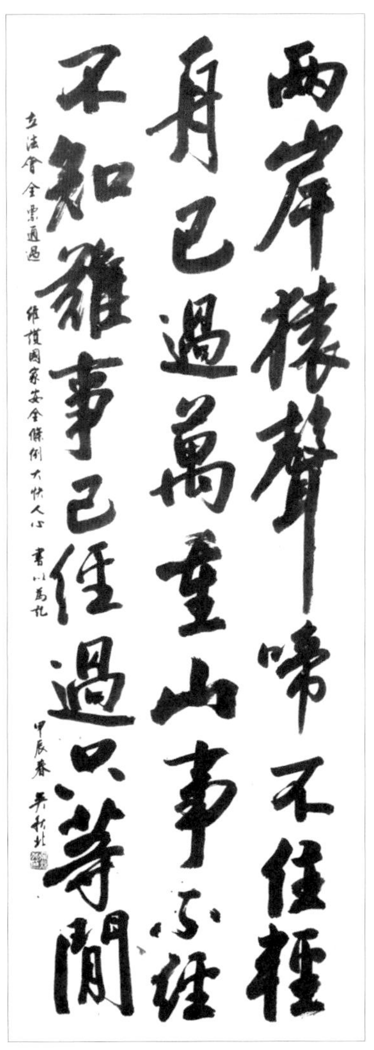

2024 年 3 月 19 日，立法會全票通過《維護國家安全條例》，大快人心，題字抒懷以為記。

擊破反華勢力的對港「認知戰」

2024 年 3 月 21 日

香港已經完成《基本法》第 23 條立法。在這前後，美西方反華勢力操作連連，對第 23 條立法加以抹黑，還不斷借各種機會唱衰香港。猶記得 2019 年「修例風波」期間，這類造謠、抹黑和唱衰論調也曾頻繁出現。然而真金不怕火煉，到了今天，全球大多數民眾對香港的未來依然信心滿滿。特區政府去年 12 月公佈的調查顯示，2023 年母公司在海外及內地的駐港公司數目達 9,039 家，恢復至疫情前的高水準；初創企業更由 272 家增加至 4,257 家，創歷史新高。這些數據無疑是對外界抹黑的有力回擊，充分證明了香港的投資吸引力依然。

反華勢力的「認知作戰」，其實都是同一套路，主要有三種「論述」。首先是「取代論」，聲言香港會被某某地區取代。這些地區，可以是香港的主要「競爭對手」新加坡，也可以是其他中國的城市，比如澳門、深圳以至上海。事實上，香港與新加坡是良性競爭，跟其他中國城市也是互相補足，合作多於競爭。香港是無可取代的，關鍵還是在於，香港自身要爭氣，把握國家發展機遇，做好超級聯繫人的角色。國家「十四五」規劃，確立香港「八大中心」的定位，既有四個傳統中心，即國際金融中心、國際航運中心、國際商貿中心、國際航空樞紐中心，也包括四個新興中心，即亞太地區國際法律及解決爭議服務中心、國際創新科技中心、區域知識產權貿易中心、中外文化藝術交流中心。香港背靠祖國，聯通世界，這個獨特地位、角色和使命，獲得中央全力支持，「取代」與否，輪不到反華勢力說了算！

文章首發表於《環球時報》。

第二種「論述」，是說「一國兩制」已死，說香港內地化，甚至與內地普通城市無異。類似的論述，也並不新鮮。美國國務院 2020 年便在社交媒體發文，表示把香港與中國大陸其他城市「一視同仁」，香港不再享有特殊待遇。美國製造「已死論」的劇本早已上演。事實上，變的不是「一國兩制」，而是在地緣政治和中美緊張局勢升溫下，反華勢力更著力試圖利用香港來推動他們遏制中國的崛起。顯然，這些「攻勢」並無奏效，外界依然肯定香港的國際金融中心地位。其中，國際貨幣基金組織的評估報告，持續肯定香港作為主要國際金融中心。菲沙研究所發佈的《世界經濟自由度 2023 年度報告》，香港繼續位居前列。這些足以說明，反華勢力的「內地普通城市化」的論述不攻自破。

第三種「論述」更為誇張，說香港「玩完」，甚至是「國際金融中心遺址」、「國際航運物流中心遺址」，製造香港風光不再的假象。事實上，香港現時不單仍是世界主要的金融中心、航運物流中心、商貿中心等等，前景更是一片光明。中央港澳辦主任、國務院港澳辦主任夏寶龍，上月來港考察，以事實和數據證明香港強勁的核心競爭力及走向更好明天的實力和能力，指出香港的發展前景不是誰想「唱衰」就「唱衰」得到的！香港背靠祖國，既有中央全力支持，也有大量獨特優勢（包括地理優越、政策便利營商、簡單稅制和低稅率、健全的司法制度和金融體系、自由兌換貨幣、貨幣穩定、零關稅的自由貿易港等等），前景之美好，毋容置疑。種種刻意為之的視而不見和抹黑攻擊，除了居心叵測，實在找不到其他解釋！

以上種種論述，目的只有一個，就是要打擊信心：打擊對香港的信心，打擊全球投資者和人才對香港的信心。所以，我們必須對「一國兩制」下的香港有更正確的認知，把準方向，堅定自信。現時香港正處於黑暴、疫後的復甦期，全球經濟不景，美國加息，代理人戰爭持續，自然經濟發展受壓。世界其他經濟體也有類似情況，新加坡去年全年的經濟增長只有 1.2%，反觀香港去年全年的實質增長為 3.2%。同樣面對複雜的外圍環境因素，香港的表現略勝一籌，不正是「一國兩制」獨特優勢之體現？

先有「中國崩潰論」未遂，又拋出「香港崩潰論」，都是一樣伎倆，都注定只是美西方勢力自欺欺人的小丑劇；所有抹黑只會自黑；所有「死亡論」只會自取滅亡；所有「崩潰論」只會自我崩潰；所有「做空」香港，只會自空；所有「去香港中心」的，都會被自我邊緣；所有攻擊香港的，都只會搬起石頭自砸腳，奉勸與自身利益過不去的資本，在美國淫威下左搖右擺、為虎作倀者，自求多福，好自為之！

第6191期　2024年3月21日　星期四

■编辑 高 颖 ■美编 陈孟乔 电话(010)65363452

环球时报

击破反华势力的对港"认知战"

吴秋北

香港已经完成基本法第23条立法。在这前后，美西方反华势力操作连连，对23条立法加以抹黑，还不断借各种机会唱衰香港。犹记得2019年"修例风波"期间，这类造谣、抹黑和唱衰论调也曾频繁出现。然而真金不怕火炼，到了今天，全球大多数民众对香港的未来依然信心满满。特区政府去年12月公布的调查显示，2023年母公司在海外及内地的驻港公司数目达9039家，恢复至疫情前的高水平；初创企业更由272家增加至4257家，创历史新高。这些数据无疑是对外界抹黑的有力回击，充分证明了香港的投资吸引力依然。

焦点话题

反华势力对香港的"认知作战"，其实都是类似套路，主要有3种论调。首先是"取代论"，声称香港会被某某地方取代。这些地方，可以是香港的主要"竞争对手"新加坡，也可以是其他中国城市，比如澳门、深圳或者上海。事实上，香港与新加坡是良性竞争，跟其他中国城市也是互相补足，合作多于竞争。香港是无可取代的，关键还是在于香港自身要争气，把握国家发展机遇，做好"超级联系人"的角色。"十四五"规划确立了香港"八大中心"的定位，其中既有4个传统中心，即国际金融中心、国际航运中心、国际贸易中心、亚太区国际法律及解决争议服务中心，也包括4个新兴中心，即国际航空枢纽中心、国际创新科技中心、区域知识产权贸易中心、中外文化艺术交流中心。香港背靠祖国，联通世界，这个独特地位、角色和使命，获得中央全力支持，压根不存在"取代"一说。

第二种论调，是说香港"内地化"。类似论述，也并不新鲜。美国国务院2020年便在社交媒体发文，表示要把香港与中国其他城市"一视同仁"，香港不再享有特殊待遇。事实上，变的不是香港，而是在地缘政治激烈博弈和中美关系紧张局势升温的大背景下，反华势力更着力利用香港来试图压制中国的崛起。显然，这些"攻势"并未奏效，香港的独特性和优势依然。香港的国际金融中心地位、自由开放规范的营商环境、畅通便捷的国际联系等，并没有受到影响。国际货币基金组织发布的评估报告，持续肯定香港作为主要国际金融中心的地位。菲沙研究所发布的《世界经济自由度2023年度报告》，香港继续位居前列，排名全球第二。诸如这些足以说明，关于香港"内地化"的论调不攻自破。

第三种论调更为夸张，说香港"玩完啦"，甚至是"国际金融中心遗址""国际航运中心遗址"，试图制造香港风光不再的假象。事实上，香港不单现在仍是世界主要国际金融中心、航运中心、贸易中心等，其他行业发展前景也是一片光明。中央港澳工作办公室主任、国务院港澳事务办公室主任夏宝龙，今年2月下旬来港考察。他用事实和数据证明香港强劲的核心竞争力及走向更好明天的实力和能力，指出香港的发展前景不是谁想"唱衰"就"唱衰"得到的。香港背靠祖国，既有中央全力支持，也有包括地理优越、政策便利营商、简单税制和低税率、健全的司法制度和金融体系、自由兑换货币、货币稳定、零关税的自由贸易港等大量独特优势，前景美好，毋庸置疑。种种刻意为之的视而不见和抹黑攻击，除了居心叵测，找不到其他解释。

以上种种论调，目的只有一个，就是试图打击香港对自身发展的信心，打击全球投资者和人才对香港的信心。所以，我们必须对"一国两制"下的香港有更正确的认知，把准方向，坚定自信。现在的香港正处于"修例风波"、疫后的复苏期，全球经济发展整体不景气，俄乌冲突、巴以冲突等持续延宕，各地经济发展均受压。世界其他经济体也有类似情况，新加坡2023年的经济增长只有1.1%，而香港去年的GDP增速为3.2%。同样面对复杂的外部环境因素，香港的经济表现略胜一筹，不正是"一国两制"独特优势的体现吗?

美西方反华势力先炮制"中国崩溃论"未遂，又抛出"香港崩溃论"，都是一样的伎俩，都注定只是美西方势力自欺欺人的小丑剧本。所有抹黑只会自黑；所有"玩完论"只会自取灭亡；所有"崩溃论"只会自我崩溃；所有"做空"香港，只会自空；所有"去香港中心"的，都只会将自己边缘化；所有攻击香港的，只会搬起石头砸自己的脚。▲(作者是港区全国人大代表、工联会会长、香港立法会议员)

2024 年 3 月 21 日《環球時報》

2024 年 10 月下旬，「棠棣之華」大書法作品（京都）國際名家邀請展暨張華慶大書法藝術館五周年慶特展在日本舉行，特此捐贈作品參展。

最低工資迷思揭破

2024 年 6 月 25 日

工資決定於資本家和工人之間的敵對的鬥爭。勝利必定屬於資本家。資本家沒有工資能比工人沒有資本家活的長久。

最低的和唯一必要的工資額就是工人在勞動期間的生活費用，再加上使工人能夠養家糊口並使工人種族不致死絕的費用。

——馬克思，《1844 年經濟學哲學手稿》

在工資問題上，香港有一個特殊群體，這群體只佔勞動人口的 0.6%，約 1.77 萬人，是最不能自我保護、最沒有議價能力的一群，也是最不願意「躺平」的一群。

在工資問題上，香港還有一個特殊僱主群體，這群老闆人數或是少數，但一發聲便代表全體老闆，個個體面光鮮，卻觀感予人是最錙銖必較的一群。

最沒議價能力的一群遇著最錙銖必較的一群，在最低工資問題上更充分體現各自之「最」，可是社會公義和名聲卻因此蕩然無存，社會再繁榮發達也並不光彩！由此可見，僱員和僱主之間的意識形態矛盾確實是無法調和。資本的邏輯就是：老闆主動加薪哪怕再多都可以，但被動加薪哪怕再少，就是不願意！不是加多少的問題，而是由誰加的問題。

何以這樣？且聽道來：

最新最低工資的安排

最低工資委員會建議採用方程式以實行一年一檢，新機制得出的首個最低工資水平，將會在 2026 年 5 月 1 日生效。方程式設計可用以下公式表示：每年法定最低工資的調整幅度（%）= 整體甲類消費物價指數的按年變動率（下限為零）+「共享經濟繁榮」因素（「共享經濟繁榮」因素為「（最近一年的實質本地生產總值的增長率－最近十年的實質本地生產總值趨勢增長率）×20%」。這因素的上限為 1%，下限為 0。）

由於上述兩個組成部分的下限為 0，也因此該方程式屬於「可加不減」機制。最低工資按照這兩個因素調整，有其原因。第一，最低工資以甲類消費物價指數（開支較低住戶購買商品或服務的價格水平）來調整，目的就是讓最低工資的增長，足以抵銷通脹，特別是低收入家庭所面對通脹壓力尤其大。所以，薪酬增長至少可抵銷通脹，是普遍合理預期，爭議不大。

第二，最低工資應反映經濟增長變化，讓收取最低工資的勞工可分享經濟增長成果。即除了抵銷通脹，還應該有實質性的增長。

有報道便引述香港餐飲聯業協會會長黃家和說，新的方程式是勞資雙方都能接受的共識，相信計算出來的加幅會符合經濟情況，未來亦不需要再經常爭拗如何釐定最低工資水平。當然，還是有商界人士存在一些質疑和迷思，例如認為公式沒有考慮商界的負擔能力，甚至聲稱最低工資會導致商界的成本暴增，削弱競爭力，最終業務萎縮，引致惡性循環。

所謂競爭力迷思

首先，說到競爭力，我們很多時以新加坡與香港作比較。在 2022 年 8 月 15 日，新加坡零售業勞資政工作組公佈對零售業漸進式薪金模式

（Progressive Wage Model）的建議，由 2022 年 9 月 1 日至 2025 年 8 月 31 日，把零售業低收入僱員的總月薪增長設在 18%，複合年均增長率則設在 8.4% 至 8.5%，最低總月薪（包括津貼及績效獎金等可變動薪資）為 1,850 新加坡元（以當時匯價 1 新加坡元大概等於 5.7 港元計算，即等於約 10,500 元），至 2025 年 9 月 1 日達到超過 2,175 新加坡元。當時新加坡共有約 1.4 萬名收銀員和零售助理的月薪低於 1,850 新加坡元。在 2023 年 2 月，新加坡人力部宣佈，餐飲業也在同年 3 月 1 日開始實施漸進式薪金模式，快餐和超市熟食檔員工薪金上漲至 1,750 新加坡元，2024 年同月增至 1,915 新加坡元，到 2025 年同月達至 2,080 新加坡元，涵蓋至少 2.6 萬名全職員工和 1.5 萬名兼職員工。（因應漸進式薪金模式，新加坡政府也設有漸進式加薪補貼計劃，資助加薪額由 30% 至 50% 不等。）

新加坡推出了這樣進取的薪金模式，是否代表新加坡將會失去競爭力，香港比新加坡將更有優勢？新加坡人力部長近日發表勞動節獻辭時說：「政府已將漸進式薪金模式擴展到零售業、食品服務業、垃圾管理業、行政人員和司機行業等領域和行業。每十名低收入工友中，已有多達九人受惠於漸進式薪金所涵蓋的範圍。」用香港商界的思維，新加坡理應完全失去了競爭力。然而事實是新加坡 2024 年 2 月的零售業銷售額，與 2023 年同比增長 8.4%，表現強勁，獲得不少經濟分析師唱好，認為有望繼續增長。

勞工不是機器，而是有感情的。銷售和餐飲都是服務行業，員工表現對服務品質影響很大。僱主爭相壓低員工的工資，導致勞工要長時間工作才能維持生活，甚至如何工作也無法應付生活壓力。這樣被壓榨下的員工，如何能提供好的服務？如勞工努力工作，也只處於僅能糊口的狀況，如何能提升自身？結果，勞工無法提升，服務不好，生意慘淡，如是者，僱主為維持經營再壓縮成本，進一步對僱員壓榨，這才是對競爭力最大的損害，才是最大的惡性循環！當商界以持續壓榨勞工為出路，政府便有責任撥亂反正，保障勞工權益。這既是對社會負責，對勞工負責，也是在促進商界跳出惡性循環，提升業務，增加質量，提高生產力和競爭力的有效動力。

香港部分商界人士，或許是習慣了壓榨式對待員工，忘記了生意之道，是把僱員視為自己的夥伴，同甘共苦。最低工資現時每小時只是 40 元，按照這個水平，就算是新機制下，可能只是加一至兩元。為何非得要和這最弱勢的一群過不去呢？就算沒有法例要求，給底層員工每年加這麼一丁點，有必要如此這般的「算死草」？這樣的調薪，大部分正常營運的企業，應付綽綽有餘。如果一家企業，連最底層員工應有的最基本工資都付不起，便需要檢討經營之道，而不應甩鍋「最低工資」。「拔一毛而利天下，不為也」的生動寫照不需再現。

事實上，最低工資只是一條底線，是社會對最底層員工最起碼的生活保障的底線，讓他們可以最低限度用自己的勞力，換取一個合理、能應付基本生活的收入。如果社會連這樣的底線也沒有，勞動便失去了應有的意義和尊嚴，這對社會進步危害深遠。

所謂成本增加的迷思

其次，最低工資對經營成本的影響非常有限。一方面，收取最低工資的底層員工，基本上佔極少數。比如按照勞工及福利局長孫玉菡的說法，現時領取最低工資的僱員人數，只佔勞動人口約 0.6%，大概只有 1.7 萬人。商界有所謂的「漣漪效應」。現時每月就業收入中位數大概 2.1 萬元左右。收取最低工資的，如每月服務 150 小時，加兩元的結果，是每月只多了 300 元而已。對月入 2.1 萬元的員工來說，300 元只是人工的 1.4%。一般企業加幅都比這高；加得太少，很可能的結果是，企業留不住人才，就是僱員「炒老闆魷魚」，所以所謂「漣漪效應」，更多是製造假象、危言聾聽。更何況，底層員工的人工加幅其實對其他員工（特別是中高層的員工）影響微乎其微，甚至不成為其參考指標。

所謂漣漪效應的迷思

另有一種奇談，說的是以飯盒價格上漲為例，聲稱從以前的二十多元漲至現在的幾十元。事實呢？就算沒有最低工資，香港的物價也是在持續上升的。在 1980 年代尾至 1990 年代，沒有最低工資，但物價指數的升幅大概維持在每年 8% 至 10%，最高為 1991 年的 11.6%。顯然，物價上漲並非最低工資所致。在 2023 年，最低工資調整由 37.5 元升至 40 元，升幅 6.7%，而 2023 年的物價水平只按年增加了 2.1%。實際上，2015 至 2023 年每小時工資中位數的增幅為 27.3%，而這段期間的最低工資加幅只有 23.1%。當中，最低工資 2021 至 2022 年被「凍薪」，37.5 元維持了四年。這可以證明，最低工資並非物價高企的關鍵因素。反而，百物騰貴的最根本原因，更多是其他方面的成本，尤其是租金成本。那麼，如果商界這樣憂慮成本和競爭力，為何從不要求規管租金水平呢？不規管一下地產霸權？！所謂的「漣漪效應」，是偽命題，更是一種恫嚇手段，更多是針對沒有議價能力卻又堅持勞動的底層員工的壓榨、利益最大化的貪婪話術！

打破迷思，達至共贏

在勞工權益上，香港為最底層員工所做的實在太少。為最底層員工，做這麼一丁點最基本的法例保障，理所當然，理應獲得更多和更廣泛認同。全球首個最低工資由新西蘭於 1894 年制訂，全球爭相仿效，現時大多數國家 / 地區均設最低工資標準，以此作為對收入不均的一種調節，作為對底層勞工權益最基本保障。如果最低工資是洪水猛獸，會嚴重破壞競爭力，為何各地還會實施？香港不是唯一實行最低工資的地區，但香港到 2011 年 5 月 1 日才開始實施最低工資，在勞工權益的保障上遠遠落後於全球趨勢。香港在勞工權益保障上，只是處於起點。本屆政府優化最低工資機制，提高對勞工權益保障的重視，值得肯定。

前述少數老闆所代表的商界及其意識形態，其實是不會用自己的利潤給員工發薪、加薪的，老闆從來都是讓消費者為員工發薪、加薪埋單的；商品價格是商品銷量的關鍵因素，定價權在老闆，這就解釋了有的老闆堅決抗拒最低工資的原因。只是這樣一來，資本主義的生產關係還能持續嗎？老闆當然可以說，能否持續不是他要考慮的，他只考慮如何壓低成本，追求更高利潤；要考慮就讓政府考慮去！那就要支持政府訂立最低工資標準了！

事實上，資本主義從野蠻發展到現代，工資調整是達到資本主義生產關係可持續發展的關鍵因素，合理的工資才能產生消費動能，刺激經濟發展。市場不是靜態的，也不是零和遊戲。老闆資本家要是利益全取，經濟難以活起來，唇亡齒寒那就變成「攬炒」了。所以，老闆雖心不甘情不願，還是需要政府合理干預的！

最低工資新機制最終能否讓底層僱員分享經濟發展成果還未可知，儘管可能有這樣那樣的問題，但其立意是對的，各方走前一步才能有繼續推進的可能，勞資雙方還是達成了共識願意接受，政府及時檢討機制，化解了協商機制崩壞的危機，這是「由治及興」，各利益相關方達至共贏的結果。期望這是香港新型勞動關係發展的標誌。

三、
演講

同心創新 開啟愛國工運新里程
—— 工聯會成立 70 周年會慶晚宴

2018 年 4 月 15 日

工聯會成立 70 年，歲月崢嶸，與香港同歷滄桑蛻變，與市民同心，與社會同步，也與全港打工仔一起成長。工聯會創會 70 周年意義重大，我們熱烈慶祝，表示我們牢記使命，堅定初心，並繼往開來，同心創新，團結奮進，決心開啟工運新里程！

回顧歷史，令人心潮澎湃！工聯會 1948 年成立至今，從開始時的 24 家工會發展至現在 250 多家工會，會員人數由 2 萬多人增至今天的 42 萬多人，成為了香港最大的勞工團體。這是我們一代一代工聯人接力奮鬥和默默奉獻的結果。

工聯會由歷史走來，歷史也刻記著工聯會走過的腳印。從成立前的海員大罷工、省港大罷工，到成立後的迎接新中國誕生；從「兩航起義」到「六七反英抗暴」鬥爭；從迎接香港回歸祖國到支持和實踐「一國兩制」事業，工聯人一直在高舉著愛國旗幟，參與譜寫波瀾壯闊的愛國主義動人篇章。

70 年來，工聯會在努力爭取和維護工人權益、發展工人福利事業、增進工人團結和友誼的同時，也關心香港民生和社會發展。從奔走於東江水供港到協助賑濟救災工作；從提供醫療服務到興辦學校；從業餘進修到優惠購物以至興辦各類社會企業，工聯會都是急市民所急，想市民所想，憂市民所憂。

去年，我們舉行了一系列活動，慶祝香港回歸祖國 20 周年。香港回歸祖國，是中華民族洗刷百年恥辱的大事。回歸後實行的「一國兩制」，是我們國家邁向全面統一的偉大實踐。二十多年來，香港工聯會一直沒有忘記自己的初心和歷史使命。

香港回歸祖國之初，工聯會根據香港政治情況發生根本變化的事實，及時調整了工作方針，從「迎接香港回歸，促進香港平穩過渡」迅速轉入「落實一國兩制，支持特區政府依法施政」，並相應提出了處理與香港特區政府關係的「支持合作、批評監督」八字方針，決心在新時期發揮好「四大作用」：在工運中起主力作用；在社會中起穩定作用；在落實「一國兩制」中起基礎作用；在愛國主義教育中起旗幟作用。在工聯會成立 50 周年，也就是香港回歸祖國第二年時，明確提出了「與香港同步，與基層同心」的口號，既彰顯了時代的精神，也反映了工聯會永遠代表基層和為勞工服務的本質。跨進 21 世紀，工聯會以「更新觀念、務實進取、努力開拓世紀工運的新局面」為工作目標。

進入新世紀的頭幾年，受世界經濟形勢的影響，加上「沙士」、「禽流感」等自然災害的衝擊，香港經濟出現了持續性的下滑，企業倒閉潮和勞工權益受侵害等情況相當嚴重，工聯會號召並帶領廣大會員「維護權益，促進就業，團結關懷，共渡時艱」，昭示了工聯會與基層勞工風雨同舟、戰勝困難的決心。

在香港回歸祖國十周年前夕，工聯會從香港社會經濟快速轉型，勞動力結構已出現重大調整，會員結構也已出現較大變化的事實出發，緊跟社會發展的步伐，提出了「與時俱進，開拓革新，全力推動工會發展和轉型」的口號，拉開了會務全面轉型發展的序幕。之後，由於「金融海嘯」的衝擊以及香港政治生態的演變，在維護勞工權益方面出現了許多新課題，工聯會又針對性地作出了「應對金融海嘯，強化工會職能，維護勞工權益」的部署。

近年來，隨着工會轉型發展的深入，以及從深度和廣度上維護勞工權益的需要，工聯會逐步加大了社會參與的力度，獨立舉旗參選兩級議會，相應提出了「加強工會基礎建設，推動工運持續發展」和「擴大愛國團結，強化會務根基，推進工運新發展」的要求。同時還深入開展了工會廠部和住區「兩個基層」建設，開展了全面接觸會員的運動，擴大了會員的團結。還通過反「佔中」、反「港獨」、反分裂、捍衛「一國兩制」的鬥爭，激發了廣大會員的愛國情懷。

工聯會近二十多年的發展，是在香港回歸祖國後的大背景下實現的。二十多年的發展，既是過去半個世紀發展的持續，也是繼續向前發展的新起點。登高望遠，我們看到祖國的發展邁進了新時代，香港的發展進入了新階段，工聯會的發展也面對著新里程。我們將全力協助僱員把握粵港澳大灣區和「一帶一路」發展機遇，並協助青年拓寬就業網絡及發展空間，讓香港更好融入國家發展大局。為香港的發展和社會進步，我們願和社會各界加強合作；我們也會繼續團結勞工界並連同市民一起，為美好幸福生活而奮鬥。

記得去年習近平主席訪港發表講話時，曾引用唐代詩句：「長風破浪會有時，直掛雲帆濟滄海」，勉勵港人對國家要有信心，對「一國兩制」要有信心。我們全體工聯人，不僅對國家實現「中國夢」充滿信心，對香港「一國兩制」的成功充滿信心，對工聯會的自身發展也同樣充滿信心。只要我們繼承好前輩的光榮傳統，同心創新，團結奮進，就一定可以開啟愛國工運的新里程！

進一步夯實「一國兩制」制度基石

2021 年 3 月 7 日

夯實「一國兩制」制度基石，必須從貫徹落實《港區國安法》和完善香港選舉制度兩方面發力，確保香港能夠在「一國」之下充分發揮「兩制」優勢，融入國家發展大局。

《港區國安法》是守護香港安寧的定海神針，自去年 6 月頒佈實施以來，效果立竿見影。香港政局逐步穩定，街頭暴力事件迅速減少，社會秩序恢復正常，民心安定。一批反中亂港頭目，如黎智英、黃之鋒、戴耀廷等人相繼被捕，顯示《港區國安法》不是無牙老虎，而是具有強大威力。我們必須堅定執行到底，將外部勢力埋在香港的「港獨」毒瘤連根拔起，做到除惡務盡，揚善必果。

《港區國安法》是國家安全的法律防線，而要實現良政善治，就需要完善選舉制度，從制度上保障「愛國者治港」原則得到準確貫徹落實。「愛國者治港」原則是確保「一國兩制」不走樣不變形，維護國家安全、抵禦外來干預和顛覆，正本清源、濾除沉渣、對抗港獨「病毒」的一劑「疫苗」。我們為香港終於可以掃除政治亂象，聚焦民生經濟，全力以赴融入國家發展大局而欣慰、振奮。有關制度的安排完全是中央事權，必須由全國人大依法作出決定。這符合《憲法》、《基本法》的規定，符合「一國兩制」理論和實踐初心，是落實中央全面管治權的重要體現。我們完全贊同，堅決擁護！

2021 年 2 月，「全國兩會」期間，韓正（時任國務院副總理）看望港區全國人大團代表發言。

建立健全「愛國者治港制度」將開啟「一國兩制」偉大實踐新征程。接下來，愛國者要勇擔使命，積極作為，開拓創新，謀求發展。為此，我提出以下建議：

（1）加強《憲法》、《基本法》、《港區國安法》宣傳教育工作。將同「一國兩制」相適應的法治觀念植入民心，強化市民守法意識，是確保香港長治久安的基礎性工作。修例風波的一個惡劣影響就是破壞了香港人寶貴的法治精神。在改革司法、法律制度，設立有效監督機制的同時，要加強法治教育，樹立正確法治觀念，幫助香港市民更全面深入認識《憲法》和《基本法》，把握「一國兩制」核心要義；要落實國家全面管治權，進一步增強國家向心力，提高香港市民的責任感。

（2）學習領會新發展理念。香港各界應掌握新發展理念，領會新發展理念核心精神，只有將香港的發展規劃融合新發展理念，才能讓香港發展融入國家發展大局；只有在思想行動上和諧統一，才能在改革中恪守底線，在發展中把準方向。

（3）樹立愛國者模範人物。榜樣的力量是無窮的，愛國者不是生硬的標準，而是一個又一個鮮活的人。愛國者來自普通市民，更存在於市民之中。要出台政策措施，推崇愛國者代表人物，傳遞正能量。以點帶面，營造愛國氛圍，凝聚愛國能量。

（4）加強香港青少年愛國主義教育。國情教育至關重要。增強責任感、使命感對於培養青少年國家觀念意義重大。香港作為特別行政區，無須向國家繳稅；香港青年也不需要為國土安全戍守邊疆。但維護國家安全、培養家國情懷需要有親身經歷和具體體驗。切身感受的力量勝過萬語千言，應創造條件，在大灣區構建平台，為香港青少年兒童提供軍訓機會。在軍訓中，讓他們感受軍營生活，增強作為中國人的自豪感，同時加強宣傳，鼓勵參加。

最後我要強調，夯實「一國兩制」制度基石還要靠廣泛愛國者共同努力，愛國者因愛國而奮發有為，愛國者治港永葆愛國者使命初心！

工聯會第 38 屆會員代表大會閉幕

2021 年 3 月 28 日

各位代表：

大會審議通過了工聯會第 37 屆理事會工作報告，為未來三年工作作了部署，也審議通過了財政和修章、提案報告。

工聯會第 38 屆會員代表大會，如期召開，既是順理成章，又極不平凡。回望過去幾年，世界格局深刻調整，國家經歷了中美關係博弈戰、新冠疫情阻擊戰、全面脫貧攻堅戰，完成「十三五規劃」，還有關乎香港的政權保衛戰！月初，「兩會」在北京成功召開，萬眾一心，要以優異成績迎接中國共產黨建黨一百周年。「十四五」規劃和「2035 年遠景目標」藍圖繪就，國家發展進入建設社會主義現代化強國新征程。這正是百年不遇大變局和中華民族偉大復興的歷史交會。習主席在 2021 年新年賀詞中講到，中華兒女每個人都了不起！工聯會愛國愛港旗幟鮮明，歷史悠久，能和國家並肩作戰，同心同德，任重道遠，與有榮焉！

在香港，「一國兩制」偉大實踐開啟全新篇章，以「愛國者治港」為原則的治理體系正在完善落實。中央下定決心，為香港撥亂反正。相信「完善香港治理體系」的一系列舉措，定能從根本上解救香港，排除外部干預，終止內耗，重新出發。以行政長官為核心、愛國者為主體管治團隊的重要職責，就是要確保中央全面管治權，和特區高度自治權得以準確落實，「一國兩制」行穩致遠，香港長治久安，並保持長期繁榮穩定。工聯會是愛國愛港最堅定的主力軍，為新時代「一國兩制」偉大實踐保駕護航，責無旁貸！

工聯會一貫秉持「愛國、團結、權益、福利、參與」的工運方針，始終與工友們憂戚與共，肝膽相照。我們堅決與反中亂港勢力作鬥爭，始終堅定支持特區政府依法有效施政。我們團結群眾，對抗黑暴，抵制反動工會組織政治罷工，我們與打工仔共渡時艱，顧全大局，維護社會穩定。工聯會的努力與誠意得到各界廣泛認同以及中央政府高度肯定！

各位代表，我們國家已進入新時代，踏入新發展階段。歲月崢嶸，不容蹉跎，工聯會也要善用新發展理念，構建新發展格局。開展「新時代工運」如箭在弦！今屆代表大會以「新時代 新工運」為主題。「新工運」就是要打破資本壟斷，改革土地房屋政策，讓市民真真正正安居樂業。我們要幫助廣大打工仔在新一輪產業革命中提高競爭力，讓工友不掉隊。我們要建設一個「人人有機會」的智慧型社會，全民共建共榮，共享共贏。我們要身體力行、積極全面融入國家發展大局，分享與分擔中華民族偉大復興的榮光和歷史使命！

「愛國者治港」是「一國兩制」的新時代，也是愛國工運的新時代，過往阻礙社會發展的政治內耗、利益壁壘、制度僵化、效能不彰等問題都必須徹底改革！工友們醒覺，為社會進步而奮鬥，不是為哪個資本家而打工！我們不再只為一日三餐營營役役！「新時代工運」要團結打工仔向政府展示我們的力量與智慧，展現群眾的能量與擔當！我們要團結在一起，凝聚成一股力量，打造共同的家園，在社會、集體的勝利中，成就小我，實現自我！

工聯會的愛國工運起步於建國前，走過港英時代，陪伴香港回歸。香港的回歸之路並不平坦，「一國兩制」實踐也有挑戰。工聯會的愛國之心從未改變！接下來，我們勢必要在愛國者治港的主體中發揮更大的作用，我們要加強團結勞工界以及社會各界，增強工聯會的社會影響力，讓我們的事業蓬勃壯大。實踐出真知，實績是試金石，我們要勇於創新，主動求變，為香港再創輝煌而奮鬥，無負韶華，不辱使命，打拼出一個屬於我們的新時代！

我要向工聯會的前輩們致敬！輝煌的歷史與成績，鞭策著一代又一代的工聯人奮發向上，是工聯永恒的財富！對於年輕一輩，我們也要做出勉勵並且自勉，我們要不斷提高業務能力與思想覺悟，要時刻保持先進性為「新時代工運」事業做貢獻！工聯是個大家庭，工運事業離不開群眾的支持，我要衷心地感謝在座各位代表、列席代表、工作人員；向所有不辭勞苦險阻，面對黑暴仍然迎難而上的工聯兄弟姐妹、義工朋友，表達敬意和謝意；也要代表工聯會向一直以來關心支持幫助工聯工運事業的各地工會、社會各界，致以衷心感謝！

最後我謹祝願各工會、地區和福利服務機構會務、業務興隆，會員隊伍不斷發展壯大；祝各位身體健康，家庭幸福！現在，我鄭重宣佈，香港工會聯合會第 38 屆會員代表大會全部議程圓滿完成，勝利閉幕！

2021 年 3 月 28 日，工聯會第 38 屆會員代表大會。

善用「雲互動」做好新時代人大履職工作，完善機制突破香港代表履職禁區

2021 年 4 月 26 日

新時代，人大代表如何更好履職？

先談「雲互動」。

人大代表聽取民意是依法履職的重要部分。新時代人大代表的工作要善用新媒體、新科技、新平台與群眾互動。不僅要聽，還要及時互動、宣講。習主席多次要求領導幹部們要增強同媒體打交道的能力，善於運用媒體宣講政策主張、了解社情民意、發現矛盾問題、引導社會情緒、動員人民群眾、推動實際工作。我想，這對人大代表的工作也極具指導意義。

我建議要在各種媒體平台推廣人大代表與群眾的恒常互動機制。比如「兩會」期間的「代表通道」，與媒體有一個互動，這種形式或許可以通過「雲互動」推廣到平時的工作中，不僅和媒體互動，更要通過媒體和市民、網友互動。這樣就實現了人民代表來自人民，回歸到人民的初心。

又例如我們的全國人大官方微博，除了定期發放一些人大有關的資訊，其實也可以有一些直播、互動的環節，讓人大履職這件事更生動。

再談突破人大在港履職禁區。

列席第 13 屆全國人大常委會第 28 次會議，在與委員長座談會上的發言。

近年來香港局勢令人關注，2019 年的暴亂嚴重，港區人大代表因而近年來更主動地在各類媒體社交平台上發聲。以往港區人大並不是特別活躍在市民的視野中。但是香港暴亂體現出來輿論鬥爭的重要性，讓我們意識到，要積極發聲，掌握話語權。當然首先要提高自己的業務能力，包括知識水準、文化內涵，對民生、時事、社會脈搏、民意動向的掌握。先保證不要說錯話，然後才能敢於說話。另一方面，也要通過持之以恒地學習黨中央的各類檔案，學習新發展理念等等，有了理論支撐，加上堅定的立場，才能在和群眾，甚至和敵人的交鋒中，言之有物、擲地有聲。

回歸以來，港區人大雖然以不同的頭銜、身份活躍在各類社會事務中，但是往往有意識弱化全國人大代表的身份，小心翼翼，唯恐干預了「一國兩制」。事實上這種自我設限並不利於「一國兩制」偉大事業的實踐。在十九屆四中全會上，中央作出完善「一國兩制」制度體系的重要決定，其中自然應該包括完善港區人大代表在港履職機制，例如在港調研、視察、監督和執法檢查等。這是中央對港全面管治權的重要體現，是「愛國者治港」原則的有力落實。同時對增強中央與香港的雙向互動，必然發揮積極正面的成效。近年來，越來越多的市民主動找到人大代表表達心聲和訴求，希望向中央轉達。這是群眾的認可與要求，港區人大就要擺正位置，堂堂正正在香港履職，依法行使全國人民賦予的權利，擔當起實踐「一國兩制」的時代使命。所以，在新時代以及「一國兩制」新階段下，我們要主動打破港區人大代表在港履職的禁區。

新媒體、雲互動，是一種被群眾廣泛接受及使用的交流方式，我們新時代的宣講工作，就要善用這些新科技，也要提高宣講效率，提升履職效果；我們也要拓寬人大履職在香港的工作領域。拓展港區人大代表的履職空間非常重要，有利於捍衛「一國兩制」不走樣不變形，化被動為主動。

2021 年 4 月 27 日，列席全國人大常委會會議，與陳亨利代表（中）、蔡毅代表（右）合影。

工聯會 2021 年「五一」國際勞動節宣言

2021 年 5 月 1 日

新時代　新工運

安居樂業　人人有份

各位市民，各位工友兄弟姊妹：

新冠肺炎疫情持續，失業浪潮未見減退。「有工開，有飯開！」在今時今日的香港並非理所當然！香港人從來都是肯做敢闖，行行出狀元，我們相信靠自己的一雙手，總會創出一片天。然而黑暴加疫情，政局不穩加經濟慘淡，社會哀鴻一片。打工仔除了無薪停工，凍薪、減薪、裁員等損害權益的情況，比比皆是。我們明白非常時期，全社會要有難同當，所以打工仔咬緊牙關，全力配合政府的防疫措施，竭力滿足老闆的要求，用最大的忍耐面對逆境，卻換不到共渡時艱的結果！

全世界都在抗擊疫情，也在各盡所能應對失業。反觀特區政府竟然屢次資助「疫市賺錢」的大企業、大財團，但是對於失業工友就冷酷無情，對於設立失業援助金制度的訴求無動於衷，部分官員固執力推「堅離地」政策，口惠實不至地處理民生大事。試問綜援可以解決緊急失業的問題嗎？借錢渡日又能捱得多久？政府就連最低工資也凍結！這種「重資本，輕勞工」的做法明顯違反「以人為本」的執政理念，「一國兩制」下的資本主義制度絕不允許無視民困！香港貧富懸殊嚴重、資源分配不均，社會發展窒礙、深層次矛盾尖銳，然而這些本是政府「高度自治」範圍內，施政要解決的問題，難道還指望中央打救？如今，「一國兩制」制度體系不斷完善，「一國兩制」實踐進入新階段，愛國者治港正是要為全香港市民，實實在在解決難題，提升管治效能和意志的時候。不擔當不作為的一定會被時代淘汰！

工聯會在剛舉行的第38屆會員代表大會上提出，「新時代、新工運：撐勞工、為基層、爭公義」的綱領，我們深刻認知政權建設、經濟發展與民生福祉三者的關係，工聯會愛國愛港，為勞工打拼，眼前水深火熱中的工友發出了「我要工作，我要工道」的疾呼，能不令人動容！我們認為特區政府要正視打工仔的處境，扭轉資本壟斷造成的社會不公；政府積極作為，緊貼民心，才能讓市民安居樂業。我們決意團結一切可以團結的力量，推進社會進步，彰顯「共建、共榮、共享、共贏」的社會發展理念和價值觀。

「共建、共榮、共享、共贏」的發展理念也是制訂政策、落實工作時的核心價值和奮鬥目標。香港的成就是靠全社會一齊打拼出來的，榮辱與共，同舟共濟。未來如何走下去？打工仔當然要有話事權！政府要扭轉嚴峻的就業生態，解救打工仔於水火！當務之急工聯會提出五大訴求，包括：

（1）即時發放緊急失業 / 停工現金津貼；
（2）增設多元職業培訓及提高津貼至港幣9,000元；
（3）創造就業，結合防疫抗疫火速設置臨時職位；
（4）儘快落實取消強積金對沖機制；及
（5）取消政府外判、保障基層勞工收入。

各位，「五一」國際勞動節要彰顯的是勞動光榮，勞動者的偉大。作為百業生產的服務者，推動社會進步的建設者，資本壟斷過程中的被壓榨者，我們要做不再沉默、積極求變的改革者。同時，我們是「一國兩制」偉大事業的實踐者，是立場堅定、把準方向、勇於鬥爭的愛國者。工會的力量永遠來自工友群眾，維護勞工權益和勞動尊嚴是工聯會73年從未改變的初心與追求。工聯會高舉新工運旗幟，響應新時代的召喚，呼籲廣大工友緊密團結凝聚力量，加入工聯會、支持工聯會，成為愛國愛港最堅定的一份子，在國家「十四五」規劃中充分發揮，把握發展機遇，共創美好未來！

「選委會第五界別港區人大政協界別分組當然委員」記者會

2021 年 9 月 9 日

各位市民，各位代表、委員，各位媒體朋友：

大家好！

我是港區全國人大代表吳秋北，現在就港區第 13 屆人大代表履職，以及擔任香港特別行政區新一屆選舉委員會委員的情況作簡短匯報，感謝諸位悉心聆聽。

港區全國人大代表組別是完善選舉制度下，新一屆選舉委員會的當然委員，本屆（第 13 屆）港區人大有 36 位代表，其中有 29 位出任人大政協組別選委。在「愛國者治港」原則下產生的新一屆選舉委員會，將在具有香港特色的民主選舉制度的相關工作中，發揮重要作用，關乎香港未來發展路向、整體利益，關乎每一位香港人的共同福祉。

港區全國人大具有愛國者的天然屬性，港人參與國家事務的管理，是「一國兩制」制度的重要體現，也是制度本身。港區全國人大代表團的組成具有廣泛的代表性和認受性，36 人分別來自香港政治管治的不同層面和機構，就職於不同專業、行業和領域。擔任新選委會委員，我們會一如既往，矢志不渝地為「一國兩制」行穩致遠保駕護航，以落實愛國者治港原則、保持香港長期繁榮穩定為己任，堅定維護國家主權、安全、發展利益。

港澳辦夏寶龍主任就香港問題的兩次重要講話中，先後提出「愛國者治港」原則和治港者要有「五個善於」，這是理所當然，是「一國兩制」

的應有之義。港區全國人大代表是當然的愛國者，而這也只是治港者的底線要求，作為選委要以「五個善於」為指引，為香港選出賢才能者，構建成良政善治的管治聯盟。那麼我們更要有自覺和擔當，作為表率。

在過去每五年一屆的履職過程中，我們的人大代表們都時刻為兩地融合、共建共贏出謀獻策，每年的人大建議都廣納民意、貼近民生、緊跟時代發展。36 位代表，每人每年都會有十篇八篇的建議提交給中央，議題各有特色也會反映共識，這種形式既科學又有效率，除了每年「全國兩會」的集中辦理，每兩個月一次的人大常委會也是港區人大代表與中央直接溝通的好機會。香港有一名人大常委委員，每次會議還會有幾位代表列席。我們與中央的溝通是非常緊密的，管道與機制也是完善有效的。

以近幾年為例，新冠疫情出現之初，人大代表就在兩地聯防聯控方面作出及時建議，聯署推動粵港澳地區健康碼互認措施，為恢復全面通關創造條件。在 2020 年初第一時間向武漢捐贈口罩 66,000 個，捐款 180 萬。上個月再次帶頭捐款 162 萬，慰問河南受災同胞，資助災後重建。互助互愛是中華民族的美德，中國人，一家人，是血濃於水的體現。

港區人大代表總是第一時間將中央的聲音帶到香港，也不遺餘力地為香港福祉爭取中央政策。在維護國家安全、響應「一帶一路」倡議、建設粵港澳大灣區、深港科技創新合作區、搭建科研、學術交流平台方面所提出的建議，均受到國家高度重視。大家也看到，在國家「十四五」規劃中，深港河套區被列為大灣區四個重大合作平台之一，日前新出台的《前海方案》，更直觀、具體的展示了深港合作的任務和前景、機遇與挑戰。這其中都有人大代表的努力。還有大灣區減免港人 15% 個人所得稅的「港人港稅」政策；成功優化 CEPA；廣東省內科研資金過境香港；註冊中醫師灣區執業；以至於灣區金融基礎設施建設等惠及各界的大量建議，都變成了一項又一項的中央惠港政策。

2021 年 9 月 9 日，「選委會第五界別港區人大政協界別分組當然委員」記者會。

請允許我分享一個人大履職中的感人事例，以小見大。工聯會在 2015 年提出「港人在內地可購買醫保」的建議，受到中央重視，經過多方配合，在去年 1 月政策落地。感觸頗深是因為當時工聯的內地諮詢服務中心協助一位 93 歲的港人，第一時間辦理手續。他在惠州生活二十多年了，終於有資格享受內地醫保，不再為在內地看病、住院擔心，也不用舟車勞頓返港覆診。我們都很感動。越來越多港人選擇在內地養老、就業、就學，他們是非常龐大的一個群體，常住人口達到 40 至 50 萬，他們是大灣區融合的推動者，理應也是受益者，他們的權益、民生問題，值得兩地政府關注，未來我也還會在這方面繼續努力。

港區人大代表就像一雙溫暖有力的手，將祖國和香港牽在一起，拉近心的距離；人大代表工作並不容易，「一國兩制」是史無前例的創舉，港區人大代表同時實踐兩種制度，親身見證「兩制」各有所長，可以說是最具有發言權的。

以國安法的制訂和實施為例，香港作為國家一部分，中央對港具有全面管治權，治港政策必定通盤考慮，維護國家安全更是如此。國際形勢嚴峻複雜，在以西方為首的敵對勢力的圍攻下，和本地反中亂港份子勾結下，中央經過謹慎佈局，各部門緊密配合，一旦時機成熟，便以雷霆萬鈞之勢通過以及實施《港區國安法》，這過程值得細細領會。維護國家安全，急不得也慢不得，必須因勢利導，久久為功，必須及時適時見效。

我對香港維護國家安全問題高度關注，多年來始終積極參與，此刻回望整個過程，我深刻地體會到中央政府的戰略部署能力，以及國家對香港的重視，體會到我國的制度優勢，民主協商，多黨合作，緊密團結，上下一心才有言必行、行必果的效率，才能辦成事。一個成功的執政黨必定是團結的，因為團結才有力量；一個受人民支持、擁戴的政府必定是心繫人民安全利益的。急人民所急，全心全意、齊心協力辦有利人民的事，使人民生活美滿幸福，這樣的政府自然是人民的好政府。猶記得 2020 年人大代表高票通過《港區國安法》時，全場經久不息的掌聲，這是民心、民意的體現，也是民心、民意的重託，每每回想起來，仍感到激動，也都激勵著我們 36 位人大代表，在日常履職中，在選委工作中，盡職盡責，做好「愛國者」，選好「愛國者」，治港安民，選賢任能！

謝謝各位！

「香港的民主道路」座談會

2021 年 12 月 23 日

尊敬的各位領導、各位來賓：

大家好！

幾日前，香港新一屆立法會成員新鮮出爐，在各方共同努力下，順利完成了完善選舉制度後的首場立法會選舉，全過程展現的是激烈的良性競爭，本人作為港島東地區直選的四位競選人之一，深有體會，也有發言權。候選人比政綱、比理念、比擔當、比政績，展現的是政治為民生服務，以發展為綱，以人為本的實質性民主，相較之下，以往選舉所呈現的更多是形式、選票導向，華而不實，惡性競爭，泥漿摔跤，並把政治對抗延續到議會，倒行逆施，遺禍深廣，社會有目共睹。此際，國務院推出《「一國兩制」下香港的民主發展》白皮書，以無可辯駁的歷史和事實，闡述香港「一國兩制」下民主的優越性和進步性，值得我們認真學習。

以下我就幾點學習體會作分享交流，請各位指正。

首先是要理順「一國兩制」政治倫理，「一國」是「兩制」的根本，根基穩固才有利於豐富「一國兩制」實踐，有利於發展香港特色民主，有利於香港維護國家和自身的根本發展利益。中國共產黨作為「一國兩制」偉大構想的創造者，構建出「一國兩制」制度體系，建立了保障、規範香港特區民主制度的相關法律，開啟了史無前例的「港人治港」實踐。「一國兩制」之所以偉大，在其創造的智慧，也在於堅定不移的執行。中國共產黨不僅是特區民主制度的設計者和創立者，也是維護者和推進者。《港區國安法》的頒佈實施，以及「愛國者治港、反中亂港者出局」原則，和

「完善選舉制度」的準確落實，都一次又一次的印證著這句話：沒有人比中國共產黨更懂「一國兩制」，沒有人比中國共產黨更希望發展好香港特色的民主。正如白皮書所指出的，香港在回歸前漫長的殖民統治時期，並沒有民主可言，作為華人，甚至談不上基本的「尊嚴」。正是香港的回歸祖國，中央政府將發展香港民主的方式方法寫進了《基本法》，在國家《憲法》和《基本法》的有力保障下，香港才有條件、有法可依實踐自己的民主道路。

其次是正確理解「港人治港」。香港是中國的香港，愛國者治港本來就是「港人治港」的應有之義，發展香港特色民主就要以「中國人」的立場出發，也就是說，香港的民主發展必須符合中華民族整體利益、根本利益，絕不能以維護外部勢力和西方代理人的利益為目的。香港自古以來就是中國的一部分，2019 年的暴亂顏色革命，再一次證明香港與祖國是風雨同路，興衰、命運與共。這種民族血統的連結，主權的歸屬，是殖民統治割不斷，外部勢力干擾不了的，當然更不應有任何制度隔閡！那些將香港發展利益與中國發展利益對立起來的荒謬言論，都是西方政客操控的騙術，是時候撕去他們假民主、真霸權的虛偽面具了。

「一國兩制」作為國家治理體系的一個組成部分，香港的民主發展自然也是中國民主發展的一部分。能否準確透徹地理解「中國民主」，對發展「一國兩制」下的香港民主具有關鍵作用。拒絕了解就沒有資格評判，所以我希望白皮書能夠受到社會關注，新聞媒體也有責任廣泛報道，加強宣傳普及。早前國務院推出《中國的民主》白皮書，向世界總結出中國民主發展的經驗和方案，為人類社會的民主發展帶來新的思路，在這個東升西降、世界百年不遇大變局的新時代，香港特色民主發展具有劃時代的意義。「港人治港」先要擺脫殖民思維，建立中國人的主人翁意識，要在發展中塑造自信，走自己的路，而非生搬硬套西方民主，那是離地的，不符合香港人民根本利益、根本訴求，不符合「一國兩制」基本國策和中國國情。就是習主席昨天接見特首時所講的，香港的民主發展要體現出廣大香港同胞當家做主的權利。最好的香港製造就是創造出「一國兩制」下的香港特色民主，愛國者們做得到，香港人做得到。

事實上，實踐「一國兩制」下的香港民主已經在路上，一直在路上，過往的政治風波、社會動盪所暴露出的問題、漏洞，在中央主導下平穩解決，將損失控制在最小範圍，這就是「一國兩制」對香港民主發展的保障，是中國民主、香港民主制度的優越性。民主是全人類的共同追求，但是沒有任何國家和地區的民主發展可以允許破壞國家主權、安全和發展利益，維護特區的管治權威和安全，就是維護國家利益、人民利益。中國是中華人民共和國，一切權利屬於人民，要讓世界看得見、聽得到，就要講好中國故事。香港有責任講好中國故事，而走好「一國兩制」下的香港民主道路，就是最生動的中國故事，最美麗的香港故事！本人是幹工運的，也是人大代表，如今又多了一個立法會議員的身份，實在感到任重道遠，早前工聯會提出的「新時代工運」主張，希望在新制度下充分發揮工會角色，多渠道多層面參與特區管治，改善民生，維護廣大基層利益。工聯會在這次立法會選舉中九人出選，奪取三個界別八個席位，創歷史新高，正是新制度廣泛代表性、均衡參與的體現，讓代表勞工、基層的聲音在議會發揮更大的力量，相信這股力量反響到群眾中，會凝聚更多的正能量，將香港建設成人人有機會、人人分享經濟發展成果的社會，「共建共榮，共享共贏」，就是「一國兩制」下的香港民主美好願景，讓我們共同為之奮鬥！

謝謝各位！

工聯會 2022 年「五一」國際勞動節宣言

2022 年 5 月 1 日

各位市民，各位工友，工聯會的兄弟姊妹們：

五一國際勞動節始終是勞工大團結、維護勞工權益和勞動尊嚴的一面旗幟，勞動光榮、勞工神聖永遠是推動社會發展進步的精神動力！

不經不覺間，這已經是第三個在疫情下度過的五一國際勞動節，這場突如其來的疫症深刻地改變了人類的生活工作習慣，對各行各業都造成相當殘酷的衝擊。香港第五波疫情剛剛穩定下來，最新公報首季度失業率回升至 5%，就業不足率回升至 3.1%，意味著有 18.85 萬人失業，11.7 萬人就業不足，相信現時情況只會更嚴重。疫情肆虐，凸顯了我們應對風險和制度的脆弱性。雖然政府推出多輪一次性紓困措施，始終難以從根本解決問題。對於手停口停的打工仔而言，一份工就是一份生存下去的希望，更關乎勞動者的尊嚴和社會健康發展，所以工聯會以「保就業，創職位，人人樂業安居」作為今年五一宣言的主題，要求政府積極作為，為就業市場注入活力與希望，安定民心，穩固社會。

疫情持續也令貧富差距加劇，更加凸顯基層市民的艱辛與無奈。例如前線基層工友，防疫物資是保障勞動安全的必需品，也是一份沉重的經濟負擔。劏房住戶一人染疫，幾戶中招的現象屢見不鮮，如若遇到無良僱主被迫放無薪假，勞動權益受損，生活雪上加霜。疫症無情，人間有愛，工聯會發揮團結互助精神，疫境自強，與市民同心抗疫，共赴水火。作為工會，我們幫助打工仔維權，爭公道；在議會為打工仔發聲，建言獻策，要求政府解救勞苦大眾；作為愛國愛港團體，工聯會第一時間組織千人義工隊，發動五萬人次義工行動，奔走在社區抗疫最前線，及時為有需要的市民送上抗疫物資，上門支援感染市民逾四萬戶；和樂群等慈善機構一起為劏房戶送上抗疫援助金；參與主辦疫苗接種活動，為期 38 天。工人醫療所開展線上義診，為新冠患者答疑解難。總而言之，為工友服務是工聯會矢志不渝的初心使命，新時代的工聯人，新工運的實踐者正在積極地身體力行，向工聯會「愛國、團結、權益、福利、參與」方針致敬。

然而這些還不足以回應新時代對工聯會的要求，工聯會作為全港最大的勞工團體，要肩負起改革社會，推動發展的使命擔當，從根本上解決問題，為廣大勞工、普羅市民謀福祉，建設一個「共建共榮，共享共贏」的公義社會。

去年工聯會提出「新時代工運」論述，指出香港社會的深層次矛盾，要打破資本壟斷形成的發展僵局，為香港打造新發展機遇，加速融入國家發展大局；提出要完善財富再分配制度，設立全民綜合退休保障，建立失業援助制度和全方位福利保障體系，令全香港打工仔無後顧之憂，晚年生活同樣過的有尊嚴。

各位，今年是香港回歸祖國 25 周年，在經歷了黑暴和疫情之後，隨著港區國安法的頒佈實施以及完善選舉制度，貫徹落實愛國者治港原則等系列舉措，香港「一國兩制」進入了新階段，工聯會將會在「支持合作，批評監督」的原則下，與社會各界衷誠合作，支持監督政府依法有效施政，以改革政府管治文化，提升治理能力為目標，踐行「以人民為中心」的施政理念，使全香港市民住有所居、學有所教、勞有所得、病有所醫、老有所養，生活幸福。

時值香港第六屆行政長官競選之際，工聯會歡迎候選人以問題、目標和效果為導向，解決長期困擾香港的深層次矛盾。同時希望新一屆政府能夠重視勞工權益，切實回應勞工訴求，堅定取消強積金對沖的決心，並且加速落實，令香港的勞工政策，乃至方方面面都能得到更好的提升和發展。

接下來，我要提出工聯會今年的五一國際勞動節六大訴求，包括：

（1）政府應補漏拾遺，支援疫下受影響行業工友；
（2）發放緊急失業 / 停工津貼，長遠建立失業保障制度；
（3）政府帶頭取消外判；
（4）制訂人力資源政策，加強職業培訓；
（5）創造優質多元職位，扶助就業；
（6）加快土地開拓，積極興建房屋。

各位，疫情一定會過去，香港還要繼續向前。生活生產勞動不僅要恢復正常，還要更好更強！讓我們加強團結，堅定信念，真抓實幹，為我們的理想和目標而努力奮鬥！

堅決支持特區政府實現良政善治，彰顯維護「一國兩制」堅強意志——中聯辦學習習近平主席重要講話座談會

2022 年 7 月 2 日

尊敬的駱惠寧主任，各與會嘉賓，各位市民，各位媒體代表：

大家早上好！

很高興出席今天的座談會，一起學習習總書記昨天的重要講話。剛剛駱主任的分析解讀讓我們深受啟發，接下來請允許我結合自身工作情況，以「堅決支持特區政府實現良政善治，彰顯維護『一國兩制』堅強意志」為題，就習總書記昨天的講話分享幾點思考。

第一，習總書記作為中央最高領導，以無可辯駁的事實、嚴密的邏輯說理以及最權威的表述，再次向香港、向全國、向全世界宣示中央政府對

2022 年 7 月 2 日，中聯辦學習習近平主席重要講話座談會。

維護、準確落實、長期堅持「一國兩制」國策的堅強意志和決心。香港無論在歷史上，還是以「一國兩制」方式重新納入國家治理體系以後，都與祖國和中國共產黨血脈相通骨肉相連。所以堅持「一國兩制」作為習近平新時代中國特色社會主義基本方略，將展現出強大的生命力。任何勢力企圖破壞改變這種血肉關係，就是對中華民族偉大復興的挑戰，必將付出無可承受的代價！

第二，習總書記的講話，回顧總結香港回歸祖國後，三方面的發展經驗，我認為這也是接下來我們必須鞏固和提升的三個方面。首先，香港作為連結祖國和國際的橋樑和窗口，要努力實現「十四五」規劃中對香港八個中心的定位；其次是要以法治保障香港自由開放、世界一流的營商環境；其三則是香港的民主發展要符合香港的憲制地位，符合「一國兩制」，要有利於保持香港長期繁榮穩定。對此我非常認同，香港要避免政治紛爭，保持穩定，這是一切發展的基礎。而作為管治團隊便要懂政治，講政治，必須也要有維護政權、維護「一國兩制」的擔當、堅強意志和決心。如果還有以「政治中立」來偷換概念的，這顯然不符合「一國兩制」政治現實，結果將必令「一國兩制」走偏走斜，爭拗內耗不斷，社會發展停滯不前。

2022 年 6 月 30 日，習近平總書記訪港出席香港回歸祖國 25 周年慶典。

第三，習總書記指出「一國兩制」必須長期堅持。那麼所有參與治港的愛國者、建設力量的各層級都要真抓實幹，支持特區政府依法有效施政，以實際行動體現維護「一國兩制」的堅強意志和擔當，愛國者個個都要是實幹派！同時我認為要確保政權牢牢把握在愛國者手中，就必須保持與反中亂港份子鬥爭到底的政治警覺和實力，強化自身的主體責任，勇於擔當，主動維護國家主權、安全和發展利益，維護社會穩定；另外，總書記提出的四點希望，是對特區治理提出的要求，也是未來檢查工作成效的標準。本人無論在行政會，立法會還是工會、以及地區層面的工作，都會以這四點檢視自身工作，監督及協助政府有效施政。

習總書記的講話全面深刻，貼近民心，我看到很多網友表示真切地感受到總書記的心牽掛著廣大市民，希望特區政府能夠落實好總書記的囑託，讓市民對香港未來有信心有期望。本人必將恪盡職守，不負初心，帶領工聯會踐行「共建共榮，共享共贏」的「新時代工運」理念，團結社會，服務市民，建設國家！

謝謝！

霞光燦龍鳳喜朝陽時引
鶴雛平地起抱來鼇圈
共天翔圖畫智心襄
登高望瑞潔舒揚嘯志
歌懷開富路剛強明睿起
新航清境紫荊香

望江南 慶香港回歸祖國廿五周年 前輩施伯天詞
壬寅 回歸紀念日 吳秋北錄

2022 年 7 月 1 日，書前輩施伯天詞賀回歸。

慶祝香港回歸祖國 25 周年暨工聯會地區服務處成立 30 周年活動啟動禮

2022 年 7 月 10 日

尊敬的陳茂波先生、何靖副主任、麥美娟局長、周蔚副部長、李運福副部長、胡啟明副部長、蘭滔處長、祝小東副部長、王林暢副處長、王卉副部長、羅文臻副處長，各位來賓，各位工會、地區的義工朋友，各位同事：

歡迎大家出席慶祝工聯會地區服務處成立 30 周年啟動禮，各位都是工聯會的同路人、支持者和老朋友，工聯會地區服務處 30 年歷經新舊時代，篳路藍縷，「開疆拓土」，開啟工會地區工作新領域，為工聯的發展壯大，為香港的社區和諧、社會繁榮穩定作出了卓有成效的貢獻。所取得的每一分成績都有賴於各位的付出，以及各大友好社團組織的幫扶，所以工聯會地區服務處的 30 年，是團結奮進，為民為港為國，值得自豪的 30 年。

是的，工聯會地區服務處傳承了工聯會的優良傳統。工聯會創會近 75 年來始終秉持服務工友，維護權益，團結各業工友的初心使命，與社會同步，與基層同心，貫徹「愛國、團結、福利、權益、參與」方針，發揮著推動社會發展進步的重要作用。早年隨著香港工業生產線外移，產業結構發生轉變，勞工市場也相應產生新狀況；為更有效聯繫會員，更好服務廣大市民，以及因應香港回歸祖國，積極參與社會、建設香港的需要，工聯會於 1992 年成立首個地區服務處 —— 港島東地區服務處，隨後各區地區服務處也逐步投入服務。至今，工聯會已成立了 16 個地區服務處和 2 個地區聯絡處，服務網絡覆蓋港九新界，一直和屬會、會員及家屬保持密切聯繫，並透過工聯會立法會議員、區議員、社區幹事及時將市民生活中遇到的難題向政府反映，為會員及居民爭取合理權益，共同建設社區，改善民生，督促政府不斷完善各項社會政策。

30 載風雲變幻，櫛風沐雨。工聯全人服務市民工友矢志不渝。回歸以來，香港確實經歷了不少的困難和挑戰，工聯會始終高舉愛國愛港旗幟，堅定地維護國家以及香港的安全和發展利益。家國情懷是工聯前輩們的光榮傳統，也是新時代工聯人的精神面貌。過去 30 年，是地區服務處不斷壯大的 30 年，作為工會力量的延伸，擴大了工會的力量，發揮了條塊結合的優勢，實現工會地區兩翼齊飛的戰略部署。同時，工聯會地區服務處也起到穩定社會的重要作用，發展了大量居民及婦、青、長者等地區組織，並將工會與各組織及友好社團連結起來，並結合工聯醫療所、業餘進修中心、工聯優惠中心等福利服務，優勢互補，合作共贏，更好服務市民工友。

今年 2 月開始，第五波疫情形勢嚴峻，習主席下令，穩控疫情是香港當前壓倒一切的任務。中央派出專家組、醫療隊支援特區抗疫。工聯會同樣全力投入抗疫工作，第一時間組織千人義工隊深入社區，率先籌集四百多萬港元購買防疫物資，透過地區網路送到市民手上，與基層市民工友疫境同行。我們 250 多個屬會贊助會、16 個地區服務處和 2 個地區聯絡處，以及工人醫療所、進修中心、優惠中心等機構始終堅守服務，協助配合政府各項措施，衝在抗疫最前線。工聯會先後派發口罩 1,500 萬個，快速檢測包 50 萬盒，連花清瘟膠囊等中成藥 12 萬盒，還有數以萬計的食品飲料和清潔用品等。在 3 月底政府全民快測行動中，工聯會兩天內動員 8,000 人次

2022 年 4 月 2 日，李家超（時任政務司司長）向北角春秧街住戶派防疫包。

義工，積極參與 30 場全港 18 區防疫包包裝活動。

各位，相信在座每一位都深有體會，地區工作無疑是辛苦的，同時也充滿成就感。一分耕耘一分收穫，社區裏有我們這些務實肯做，心繫街坊的工聯幹事，香港一定會更加和諧穩定。地區服務處是鍛煉政治人才的重要平台，為工聯會和香港培養出一批又一批務實敢拼有擔當的骨幹，是愛國愛港人才庫的重要來源。總結 30 年來的地區經驗，我們深切體會到群眾路線是發展地區力量的方針，是社區發展的重要抓手，地區服務就是群眾事業，無論是處於任何時代，面對任何挑戰，只有全心全意相信群眾、依靠群眾、服務群眾、組織群眾，從群眾中來，到群眾中去，便能戰無不勝，使我們的事業不斷壯大！

在這工聯會地區服務處成立 30 周年之際，我謹代表工聯會衷心感謝中聯辦、特區政府、各界社團及友好一直以來對工聯會的支持和幫助；感謝義工，感謝同事，感謝這個愛國愛港有能力有擔當的團隊！大家任勞任怨扎根地區，是維護「一國兩制」的中流砥柱。同時，義工的支持和市民的信任也在督促我們不斷進步，工聯會現時有 7 位立法會議員及 3 位區議員、50 多位社區幹事／主任，186 個地區組織，1.9 萬名義工，地區組織會員總數達 18 萬多。我們這支強大隊伍，將一如既往竭誠服務各區居民，共建美好家園。

工聯會地區服務處成立 30 周年適逢香港回歸祖國 25 周年，「一國兩制」邁進新階段，愛國者治港為香港開啟新篇章，習近平主席在七一重要講話上強調，必須準確貫徹落實「一國兩制」，必須將政權掌握在愛國者手中；希望特區管治能夠切實排解民生憂難，共同維護和諧穩定。這就是我們工聯人新時代的使命擔當！在「一國兩制」新篇章中，工聯會以「新時代工運」為號召，響應時代呼喚，凝聚人心，團結社會，踐行「共建共榮，共享共贏」理念，支持監督特區政府依法有效施政，實現良政善治。

工聯的兄弟姊妹們，工聯會參政為勞工，根基始終在群眾，工聯會地區服務處要與時俱進，為市民會員提供更優質的服務，回應市民關切。相信我們的議員社幹都會時刻謹記「以人民為中心」理念，齊心協力！在此衷心祝願工聯會地區服務處成立 30 周年，再接再厲，再創佳績，祝福香港「一國兩制」行穩致遠再創輝煌，祝福祖國繁榮昌盛！

多謝各位！

2023 年 2 月 26 日，工聯會地區服務處 30 周年義工嘉許禮。

紀念香港海員大罷工勝利一百周年研討會

2022 年 7 月 16 日

各位嘉賓，各位朋友：

下午好！今天我們在這裏舉行「紀念香港海員大罷工勝利一百周年研討會」。首先，我要向海員工運先輩致以最崇高的敬意！也謹代表紀念活動籌備委員會向在座所有來賓表示熱烈的歡迎，並對四位講者嘉賓，劉智鵬教授、劉蜀永教授、邱逸博士、蔡思行博士撥冗到場為我們作主題演講表示衷心的感謝！鑒古知今，我們懷著熱切的期待聆聽各位專家學者的高見，為「新時代工運」帶來有益的啟示！

鴉片戰爭以後的中國近代史，其中就有香港被迫割讓的屈辱；發生於一百年前的香港海員大罷工，正是在香港被英國殖民統治的背景下發生的，大罷工聯動省港以至全國，持續了 56 天，震驚中外。由原來海員反對剝削爭取合理待遇，演變為反帝反殖的鬥爭，最終取得了勝利，這標誌著中華兒女在英國高壓殖民統治下，在團結工人維護權益及民族意識上的覺醒，是中國以至世界工運史上值得濃墨重彩書寫的一筆。海員大罷工也為中國工人運動史奠定了高度的起點，也為中國革命奠定了基礎並提供了理論和人才的準備，是近代中華兒女救亡圖存歷史上偉大的事件，影響深遠！

適逢今年也是香港回歸祖國 25 周年，25 年來香港儘管經歷風雨，「一國兩制」也取得了舉世矚目的成功。我們紀念大罷工的勝利，也是對洗刷百年屈辱、香港回歸祖國的呼應。而今天舉辦這場研討會，也是對在海員大罷工的感召下，百年來香港工人運動所進行可歌可泣偉大鬥爭的紀念和致敬。同時更希望藉此勉勵年輕一代奮發向上，秉承愛國家愛民族的精神，積極參與工運，為建設更美好的香港而努力。

中華民族五千年文明源遠流長，底蘊深厚，一路走來，大部分時間我們一直站在世界的前列，直至近代錯過了現代化進程、被列強侵略，才落後於世界，被殖民掠奪，山河破碎，生靈塗炭，遭受了前所未有的劫難。為了挽救民族危亡，中國人民前赴後繼，奮起反抗。在中國人民和中華民族的偉大覺醒中，中國共產黨應運而生，中華民族的發展方向和進程才發生深刻的改變，中華民族偉大復興的步伐，才有力地踏上征程。如今中國已成為世界第二大國，從未如此接近中華民族偉大復興，這是包括海員、中國工人和無數中華兒女以鮮血和生命換來的，我們必須銘記！

2022 年 7 月 16 日，紀念香港海員大罷工勝利一百周年研討會。

由於被殖民統治的餘毒未消，加上教育上的某些缺失，香港年輕人對國家民族歷史、世界大勢普遍認識不深，更有不乏道聽途說的。加上西方列強對我們的敵意與野心從來沒有改變。一直以來，他們從政治、經濟、文化、軍事圍堵我國，鼓吹傾銷西方的一套來瓦解我們的價值觀，企圖將香港變成西方滲透內地、顛覆中央政權的橋頭堡。我們看到他們是如何通過教育、輿論、網絡來荼毒香港的年輕人，並策動顏色革命。在長期的意識形態滲透下，部分青年便因此喪失了國家和民族的自尊和自信，甚或成為叛徒、民族罪人，不禁令人扼腕。最大的國安漏洞在於思想和人心，我們必須牢牢補上這一課！

各位，香港的愛國工運起步於上世紀初、建國前，走過港英時代，如今在愛國者治港原則下，迎來了新時代新工運的使命與挑戰。一百年過去了，香港海員大罷工仍然是香港愛國工運的精神資源，是我們今天的事業和未來發展源源不絕的動能。目前世界正處於百年未有之大變局，中國人民憑藉艱苦奮鬥、自強不息、勇於創新的民族精神不斷發展崛起，改變國家面貌，影響世界格局。香港在這場變局中必須堅定方向，長期堅持、準確落實「一國兩制」國策。正如習主席在七一講話中所說，香港必須將政權牢牢掌握在愛國者手中，必須共同維護和諧穩定，還要開拓新發展動能。工聯會的新工運，正是愛國工運事業、建設力量的中流砥柱，是社會穩定的基石；要堅持與社會同步，與基層同心；要顧大局謀長遠，以建設促改革，提升工運本領，團結各方，勇於鬥爭善於鬥爭；踐行新工運「共建　共榮，共享共贏」理念，立足香港，爭先世界，為香港繁榮，良政善治，為國家富強，民族復興作出應有的貢獻！

最後，祝研討會完滿成功，在座各位收穫滿滿！多謝大家！

2022 年 7 月 16 日，紀念香港海員大罷工勝利一百周年研討會。

慶祝香港回歸祖國 25 周年
暨公眾貨物裝卸區啟用 48 周年
—— 圖片展覽活動

2022 年 8 月 27 日

各位主禮嘉賓、裝卸業界嘉賓，各位工會工友兄弟姊妹，各位朋友：

大家下午好！很高興能代表工聯會出席慶祝香港回歸祖國 25 周年暨公眾貨物裝卸區啟用 48 周年圖片展覽！這是裝卸區業界首次舉辦的大型紀念及推廣航運業的活動，同時慶祝香港回歸祖國 25 周年，意義非凡！

根據政府 2021 年的統計數字，全港勞動人口有 368 萬，從事運輸、倉庫及相關行業約有 30 萬。當中公眾貨物裝卸區、躉船、貨櫃車、船務公司、倉庫等勞動密集行業，提供了大量穩定的就業機會。據業界估計，公眾貨物裝卸區直接及間接僱用勞工約為十萬多人，是支撐香港物流業的重要力量。

今天展出的圖片見證了本港裝卸業的發展歷史，使我們知所從來，啟發未來發展。當下世界政治經濟環境多變，疫情影響深遠，全球供應鏈緊張。運輸業一眾工友齊心協力，一方面為本港抗擊疫情，確保大量防疫抗疫物資及時裝運送，作出巨大貢獻；另一方面，在區域同業競爭及合作中尋找發展機遇，勇於求變，不斷革新，穩住香港作為世界級港口、國際航運中心及物流中轉港的地位，在此向大家付出的努力致以衷心感謝及崇高的敬意！

各位，大家都說香港是塊寶地、福地。香港在「一國兩制」下，獨具優勢。國家「十四五」規劃綱要中強調要支持港澳發展，香港正向打造「八大中心」全速前進，當中「國際航運中心」是我們物流大顯身手的舞台。香港在國際國家雙循環中有不可取代的作用，在區域航運樞紐中的地理優勢尤為突出。現在香港已經由亂及治，並將由治及興，新政府、新作風、新氣象，良政善治正在展開，而國家經濟穩步發展，正向第二個百年目標邁進，「一帶一路」及粵港澳大灣區發展將帶給業界無限機遇未來發展勢頭無與倫比。工聯會為迎接新時代新挑戰，去年提出「共建共榮，共享共贏」新工運理念，決意和社會各界一同解決土地房屋等長期困擾香港的深層次矛盾及一系列困擾市民的民生憂難，締造一個更公平和諧的社會。期待業界和社會各界和我們一齊去實踐！

這裏，我想補充兩點。一，我們都關注青年們的成長和發展，社會必須打破職專訓練不如學術文憑的過時觀念，行行出狀元。在物聯網全球一體化的趨勢下，運輸物流業早已成為專業，從業員需要通過不斷進修，提升技能，配合行業發展，實現自我。青年是希望所在，業界有責任為初入行人士提供向上游的機會，為青年搭建良好的培養機制。我相信通過業界同仁共同努力，與社會各界團結協作，運輸業的前景一定越來越明朗，未來一定會更美好。二，職業安全至關重要，一方面希望科技運用可以減輕傳統運輸從業員的勞損，也希望僱主、工友提高職業安全的意識，共同制訂落實職業安全有效法規和措施，達至作業零意外。最後，祝願活動順利舉行，各位身體健康！

繼承光輝偉業，勇擔新工運使命
—— 香港海員大罷工勝利一百周年紀念大會

2022 年 9 月 25 日

尊敬的何靖副主任、麥美娟局長、孫玉菡局長、羅建君副部長、何啟明副局長、張世添主席，各位嘉賓，各位工會的兄弟姊妹：

今天我們在這裏隆重舉行香港海員大罷工勝利一百周年紀念大會。首先，我謹代表紀念活動籌備委員會向海員以及參與大罷工的工運先輩致以最崇高的敬意！向海內外所有支持工運事業發展的人士表示衷心的感謝！也向在座所有來賓、工會代表表示熱烈的歡迎和誠摯的問候！

1922 年 1 月 12 日，為了反剝削、反壓迫、反歧視、爭取華人海員合理工資待遇，香港海員工會（前身中華海員工業聯合總會）發動和領導了震驚中外的香港海員大罷工。當時香港的英資公司渣甸和太古等，嚴重剝削華人海員，薪酬僅得洋人海員的五分之一甚至十分之一，雖然當時面對港英政府的高壓管治，香港的工運仍處於起步階段，但是大罷工反響強烈，得到海員及全港各業、全國各地工人、華僑以及國際進步力量的支持！這場持續 56 天反帝反殖的工人運動最終取得了勝利，同時吹響了中國工人運動風起雲湧的號角，成為「中國第一次罷工高潮第一怒濤」。香港海員大罷工在工運史上有規模大、時間長、影響深遠等難以比肩的高起點，為近現代中華民族奮鬥史書寫了動人的篇章。

如今，我們重溫這段光輝歷史，前輩們愛國、正義、拼搏以及團結的精神，是激勵我們工運勇往前行的無比動力。隨著時間的沉澱，香港海員大罷工在中國工運史、中華民族解放史，以至世界工運史上的重要地位和意義越發彰顯：

2022 年 9 月 25 日，香港海員大罷工勝利一百周年紀念大會。

第一，大罷工體現出華人海員的愛國情懷以及團結精神、捍衛勞動及民族尊嚴的決心，沉重打擊了帝國主義的氣焰。威迫利誘、花言巧語，甚至是武力封閉工會、軍警鎮壓、搜捕工會負責人，這些野蠻惡劣的手段都不能令罷工退卻，工人們冒著生命危險，有理有利有節，鬥爭到底，敢於勝利，隨著時空的遠離，其精神光芒越發閃耀照人。

第二，大罷工的勝利不僅改善了華人海員的待遇，達成加薪的訴求，也令其他行業的工人加薪或改善工作環境的要求得以實現。並且鼓勵了上海工人成立現代工會，由此蔓延至全中國。

第三，大罷工的勝利極大的鼓舞中國工人志氣，推動了中國工人運動的發展及壯大，形成了中國近現代第一個工運高潮。最初是受到世界工人運動浪潮及內地工人運動新發展形勢影響，之後的勝利則奠定了內地工人運動的信心，累積了寶貴的實戰經驗。中國勞動組合書記處（中華全國總工會前身）藉此契機在廣州召開第一次全國勞動大會，並且確立了中國共產黨反帝反封建政治綱領。值得一提的是，當時中國共產黨在廣州的組織成立後援會，做返穗工人的後盾。而海內外各地的工人和華僑也紛紛捐款，支持罷工，大罷工由此牽動了世界。

第四，大罷工鍛煉了一批工運和革命領袖。這是一次艱難曲折、百年一遇的工人運動，規模龐大，歷時持久，為後來的內地革命培養出一批優秀的工人領袖和革命骨幹，如林偉民、蘇兆徵、鄧發、陳郁、林鏘雲、馮燊等。另外，海員大罷工的鬥爭實踐對後來的省港大罷工也提供了寶貴經驗。所以說，香港海員大罷工為現代中國革命提供了人才儲備和思想理論準備。

第五，大罷工的勝利推動了中國革命的進程。這次工人運動得到孫中山先生的支持，包括致電慰問、派員協商和籌募經費。同時，孫中山先生也在這次罷工的勝利中目睹到工人階級的偉大力量，促使他萌生聯共和輔助農工階層的思想。這為後來的國共合作奠定了基礎。

各位，以史為鑒，開創未來。一百年來，香港海員大罷工不斷激勵我們的工運事業發展，是催人奮進的源源動力。香港的愛國工運起步於建國前，鬥爭奮發於港英時代，參與香港回歸祖國後「一國兩制」的實踐，如今在愛國者治港原則下，迎來了新時代的使命與挑戰。

首先，「一國兩制」作為基本國策寫入國家《憲法》，是中華民族復興偉大進程中重要組成部分，我們要長期堅持，穩步實踐，使之不走樣不變形。當今世界正處於百年未有之大變局，中國人民憑藉艱苦奮鬥、自強不息、勇於創新的民族精神，洗脫百年屈辱，不斷發展以至崛起，改變了國家的面貌，影響了世界的格局。香港在這場變局有重要角色，當中香港的愛國工運更是積極的參與者和關鍵因素。未來更必須秉承工運先輩的遺志，和香港一起堅定方向，積極融入國家發展，為民族復興作出應有的貢獻！

第二，昔日國家積弱積貧，所以香港被割讓，華人勞工受盡欺凌，但是我們從大罷工的勝利中看到民族尊嚴，家國情懷；如今國家走向富強，香港也早已回到祖國懷抱，國家必將重新站在世界的最前列。我們更要提升作為中國人的光榮感和自信心，做好香港的當家人，要維護好國家主權、安全和發展利益，保持長期繁榮穩定。正如習主席今年在香港的七一講話中所說，香港必須將政權牢牢掌握在愛國者手中，共同維護和諧穩定，開拓新發展動能。

第三，工聯會以「新時代工運」為號召，以「共建共榮，共享共贏」為理念，回應新時代要求。工聯會以及各屬會、贊助會要認清變局，堅守愛國愛港立場；把準方向，勇當「新時代工運」先鋒；要更具前瞻性和全局觀引領香港工運，全力推動工會現代化，全面提升工運理論和業務水平，與時俱進，成為僱員勞動者的有力靠山。

第四，工會也要「以人民為中心」服務工友群眾，要從思想上樂於，情感上衷於，能力上善於為工友群眾排難解憂。只要我們真心實意幫助工友，肯做事，能做事，善做事，做成事，我們的工運事業就會根深蒂固，枝繁葉茂。

第五，工會組織要凝聚工友也要團結社會各界，做好宣講工作，讓社會了解工會並且認同我們的理念，建立廣泛的社會基礎，增強工會的社會影響力，讓我們的事業蓬勃壯大，共建公義社會，打拼一個屬於我們的新時代！

各位，香港回歸祖國 25 周年，中國共產黨「二十大」召開在即，我們紀念歷史的同時也在創造歷史，「功成不必在我，功成必定有我」，讓我們以團結奮進致敬前輩，鑄就新時代工聯人工運氣魄，創造「新時代工運」新輝煌！

2022 年 9 月 25 日，香港海員大罷工勝利一百周年紀念大會。

以「二十大」精神，踐行「人民至上」理念，團結奮進，建強築牢愛國愛港統一戰線

2022 年 11 月 17 日

尊敬的各位領導、政團主席、社團領袖、各界朋友：

大家好！

感謝駱主任！主任的輔導解讀令人深受啟發，獲益匪淺。也非常榮幸今天能得到這個非常寶貴的機會，就「二十大」精神，和大家交流學習，談心得體會，我也非常認同前面幾位嘉賓前輩談到的觀點。

我發言的題目是「以『二十大』精神，踐行人民至上理念，團結奮進，建強築牢愛國愛港統一戰線」。

「十八大」以來，黨和國家經歷了世所罕見、史所未有的風險與挑戰，特別是過去五年，世界格局深刻調整，香港也經歷了顏色革命的衝擊，險些成為危害國家安全的漏洞。在以習近平總書記為核心的黨中央的堅強領導下，在習近平新時代中國特色社會主義思想的指導下，在全黨和全國各族人民的共同努力下，我們取得了輝煌的成就，一次又一次證明了中國行，中國共產黨行！「二十大」報告精闢地闡釋了中國共產黨，從打江山、守江山到得民心、守民心的覺悟提升，從馬克思主義的追隨者、踐行者到馬克思主義中國化時代化創造者的升華。中國共產黨從實踐中提煉科學理論，再將理論指導實踐開拓，始終以人民為中心，追求真理，守正創新。中國共產黨黨史、黨章值得世界上所有政黨學習借鑒，這次更將全面準確、堅定不移貫徹「一個國家、兩種制度」寫入黨章，香港作為「一國兩制」實踐的主體，我們更要認真反覆研習，落實到日常工作中，內化到思

想覺悟中，以體現愛國者治港的使命擔當。

「二十大」報告為國家未來發展指明了方向，是實現中國特色社會主義現代化強國奮鬥目標的行動綱領，同時也為世界和人類文明發展提供了中國方案，其中有一個關鍵詞，就是「團結」，這裏主要談四個層次的團結，敬請指正。

第一，黨的團結是一切事業成功的保證。以修訂黨章方式，確立習近平總書記作為全黨的領導核心地位，確立習近平新時代中國特色社會主義思想作為全黨的指導地位，並長期堅持。這是一個重大政治成果，是黨中央和全黨全軍思想團結，行動一致的體現和保障。是國家能夠劈風斬浪，應對一切風險挑戰的精神力量。作為治港愛國者，我們也要自覺做到「兩個維護」，貫徹「習思想」，並與黨中央高度一致，緊密團結，這不僅是「一國」之本的應有之義，也是落實中央全面管治權與履行好特區高度自治權的要求和保障。做到了思想上的團結，自然而然就能夠在香港的發展規劃中，充分發揮「兩制」優勢，自覺積極為實現中國式現代化、中華民族偉大復興作貢獻。

保持團結的關鍵是立黨為公，執政為民，勇於自我革命。這也是百年大黨永遠年輕、永葆生機的奧秘！自我革命永遠在路上是走出治亂興衰歷史周期律的第二個答案，是新時代對中國共產黨的要求，是習近平治國理政思想體系的組成部分，也是馬克思主義時代化中國化的重要體現。2019年，香港局勢在黑暴中岌岌可危，中央能夠及時果斷出手，以一系列舉措為香港除暴安良，力挽狂瀾，就是因為「習核心」和「習思想」所起到的決定性作用，也是團結、正義和人民的勝利！

第二，必須擴大團結，團結一切可以團結的力量，建立愛國愛港統一戰線。我們擁護中國共產黨，因為我們熱愛我們的祖國，因為我們見證中國共產黨帶領中國人民站起來、富起來、強起來，把中國人的民族自信心和自豪感找回來。過往香港的管治系統內有一部分人糾纏於愛國是否一定要愛黨、不提「一國」空談「兩制」，這是一種自我懷疑、自我分化、糊裏糊塗、有礙團結的思想，具有不同程度的破壞性。所以我們要貫徹愛國者治港原則，必須以「習思想」、黨的法寶，構建廣泛且牢固的愛國愛港統一戰線。工聯會一直強調團結，因為團結就是力量！作為勞工團體，固然要團結工友市民，也要團結社會各界，以及一切可以團結的力量，達致共建共榮，共享共贏！

第三，不斷加強整個國家和民族的團結，也就是人民的團結，以實現中華民族偉大復興。大家都知道毛主席在 1945 年就如何跳出治亂興衰歷史周期律，給出第一個答案 —— 民主，即讓人民來監督政府。這既符合馬克思主義政黨的人民屬性，也體現了執政黨權力來自人民、服務於人民、屬於人民的要求。人民民主專政體制以及人民代表大會作為國家最高權力機關，都是這一屬性的有形載體，確保施政「以人民為中心」，落實全過程民主。毛主席更進一步說，民主是要讓「人人起來負責」，這便是凝聚民心，團結人民力量，起來為國家擔當。如果我們能理解這一內在邏輯，就能夠反思香港人對建設香港，香港對國家發展，還要提升主人翁意識，才能夠認識到徹底全面去殖民化的重要性。香港回歸祖國 25 年了，徹底清除殖民統治餘毒和後殖民主義「陰魂」這一課，是時候要補上了，否則由治及興將蒙受陰影。

第四，世界人民大團結是人類未來的希望。習總書記在「二十大」報告中再次重申構建「人類命運共同體」，反對冷戰思維，呼籲各國之間團結互助，和平發展。而堅持走和平發展道路也是中國式現代化的五個特徵之一。另一方面，從構建人類命運共同體的偉大倡議也能看到馬克思主義政黨對世界發展的理想和對人類未來命運的擔當。

各位，中華民族近代以來，曾經是一盤散沙，經歷過被殖民掠奪，任人宰割，生靈塗炭的屈辱歷史；「團結」是用血與淚總結出來的其中一條重要的革命途徑，在新時代新征程上要不斷強化發揮作用，正如總書記所說，中華民族偉大復興已經踏入不可逆轉的歷史階段，沒有任何力量能夠阻擋。而前提必須是團結一致擁護中國共產黨的領導！

「二十大」報告在黨和國家的歷史進程中承前啟後，為新征程掌舵領航，指引包括香港特區在內的全中國，向良政善治、第二個百年奮鬥目標團結奮進，新征程的勝利一定屬於偉大的中國人民，新篇章的輝煌一定能夠成就中華民族偉大復興！

香港社會各界學習中共「二十大」精神分享會

2022 年 11 月 17 日

尊敬的駱惠寧主任，各位領導，各位政團社團領袖，各位嘉賓，各位朋友：

中共「二十大」是一次具有劃時代、里程碑意義的重要大會，吹響了向全面建設社會主義現代化國家奮進的號角，唱響了香港新階段奮鬥的主旋律，為做好新時代香港工作指明了方向。細讀「二十大」報告，「人民」二字作為關鍵詞，貫穿始終，從「始終同人民同呼吸、共命運、心連心」，到「江山就是人民，人民就是江山」，字裏行間都是滿滿的人民情懷。

習近平總書記高度關心香港市民福祉，始終支持、推動香港聚焦發展，改善民生。愛國愛港政團社團一直秉持以人民為中心的發展理念，始終把香港市民福祉作為工作依歸。今天，我非常榮幸作為政團社團代表，就如何以人民為中心的發展理念，發揮優勢、匯集力量，促進良政善治，為保持香港長期繁榮穩定作貢獻，與大家分享四點體會：

一，我們要發揮政團社團優勢，帶頭貼近市民服務市民。「二十大」報告強調「維護人民根本利益，增進民生福祉，不斷實現發展為了人民，發展依靠人民，發展成果由人民共享，讓現代化建設成果更多更公平惠及全體人民」。習近平總書記 7 月 1 日在港重要講話也指出，要切實排解民生憂難。廣大市民都切實感到民生福祉的殷切關懷。政團社團要發揮廣泛聯繫社會各階層、工作網路覆蓋全港的優勢，堅守愛國愛港初心，厚植為民情懷，引領全港堅持「人民至上」的理念，及時準確掌握社情民意，民有所呼，我有所應，群策群力，大力支持特區政府拿出更果敢的魄力、更有效的舉措，破解土地房屋、扶貧助弱安老等方面的深層次矛盾問題，切實提高香港市民的獲得感、幸福感和安全感。

二，我們要順應香港發展新階段新要求，合力提升社會治理水平。「二十大」報告強調要「堅持行政主導，支持行政長官和特別行政區政府依法施政，提升全面治理能力和管治水平」。習近平總書記 7 月 1 日在港重要講話也指出「完善治理體系、提高治理能力、增強治理效能」。政團社團一直是堅定支持行政長官和特區政府依法施政的重要力量，在「愛國者治港」原則的新階段，我們要順應社會形勢的新變化新要求，凝聚治理共識、強化治理思維、培育治理人才、鞏固治理基礎，協助特區政府提高管治水平，把有為政府同高效市場有機結合起來，用扎扎實實的工作成效，合力推動香港實現良政善治。

三，我們要把握歷史發展新機遇，推動香港加快融入國家發展大局。「二十大」報告科學擘劃中國式現代化宏偉藍圖，強調「鞏固提升香港在國際金融、貿易、航運航空、創新科技、文化旅遊等領域的地位」。我們要放眼世界格局劇烈變化，立足國家現代化建設總要求，把握歷史發展新機遇，以更積極主動的姿態，以「香港所長」對接「國家所需」。要發揮政團社團與兩地密切聯繫的優勢，大力促進人文交流合作、經濟融合發展，推動香港發揮背靠祖國、聯通世界的橋樑和窗口作用，主動對接「十四五」規劃、粵港澳大灣區建設和「一帶一路」高質量發展等國家戰略，帶動香港市民積極主動融入國家發展大局，奮力譜寫中國式現代化的香港華章。

四，我們要發揚和衷共濟的團結精神，鞏固發展愛國愛港統一戰線。「二十大」報告特別提出「要發展壯大愛國愛港力量，增強香港同胞的愛國精神，形成更廣泛的國內外支持『一國兩制』的統一戰線」。政團社團要心懷「國之大者」，不斷加強自身建設，增強凝聚力，擴大影響力，提升感召力，更好地團結廣大市民。我們要大力弘揚以愛國愛港為核心、同「一國兩制」方針相適應的主流價值觀，要發揚香港包容共濟、求同存異的優良傳統，以「共建共榮，共享共贏」的新理念，擴大團結面，畫出最大同心圓。要深入市民深入基層講好「二十大」精神，增進香港市民對國家的歸屬感和自豪感。要以適當方式走出去，向世界講好中國共產黨與「一國兩制」成功實踐的故事，更廣泛地形成國際社會對「一國兩制」的認同和支持，匯聚起「一國兩制」行穩致遠的強大合力。

各位，今天的香港已進入由治及興新階段，今天的中國已邁上全面建設社會主義現代化國家新征程，今天的中華民族偉大復興已經進入不可逆轉的歷史進程。我們要將學習宣傳貫徹「二十大」精神轉化為推動加快香港發展，促進良政善治的強大動能，堅定信心、同心同行、克難而進，以實幹家的精神譜寫「一國兩制」新篇章，共享祖國發展和民族復興的偉大榮光！

2022 年 12 月 15 日，第 14 屆港區全國人大代表換屆選舉投票日。

粵港澳大灣區工會第三次聯席會議

2023 年 2 月 23 日

尊敬的何靖副主任、呂業升主席、王舟波秘書長、黃華蓋副秘書長、夏方明巡視員、李從正理事長，以及各位來賓、工會的兄弟姊妹們：

大家好！首先要特別歡迎來自廣東、澳門和全總的各位領導和工會代表，蒞臨香港，出席這場期盼已久的盛會，也要特別感謝中聯辦對本次活動的大力支持。去年 10 月，中國共產黨「二十大」勝利召開，工聯會隨即展開四百多場學習交流會，號召勞工界共同學習「二十大」精神，還有幸邀請到何靖副主任做我們的主講嘉賓，對我們準確理解、貫徹落實「二十大」精神，做好新時代下工會工作具有非常深刻的指導意義。也是為了響應「二十大」，我們將此次大會的主題定為「建新時代工會　創新百年偉業」。希望能在習近平新時代思想的指導下，乘風破浪，再立新功！

今年是工聯會 75 周年，工聯會一直以來高舉愛國愛港旗幟，無懼艱險，勇擔使命，切實維護勞工權益。我們經歷過回歸前港英政府的打壓，也經歷了黑暴勢力的襲擊，更無懼疫情，奔走在社區抗疫第一線。接下來，我們會推出一系列會慶活動，弘揚愛國精神，宣傳新工運理念，講好工聯會的故事，講好香港和國家的故事。

去年是香港回歸祖國 25 周年，在中央的堅強領導下由亂及治，邁入由治及興新篇章。習總書記在去年的七一重要講話中對特區管治提出「四個必須」和「四點希望」，工聯會於 2021 年初，提出「新時代工運」理念，以「共建共榮，共享共贏」為號召，團結各界，推動社會高質量發展，提升市民的幸福感、獲得感、安全感。「新時代工運」的使命就是要引領香港工運事業把準方向，堅定立場，督促政府提高治理效能，踐行「以人民為中心」施政理念，改善民生、解決香港深層次矛盾，增強新發展動能。所以，我們不斷加強工會凝聚力，壯大會員隊伍。積極參與特區管治，向政府、立法會輸送愛國愛港政治人才，積極組建關愛隊，參與地區治理，確保社會穩定。我們也非常重視加強政策倡議能力，特別是在勞工政策、民生議題上，要多向政府提出可行性建議。

習總書記在「二十大」報告中指出，工會作為聯繫基層群眾的重要組織，要深化工會組織改革和建設，有效發揮橋樑紐帶作用。結合過往的工作，我對總書記所說的「發揮橋樑紐帶作用」深有體會。香港疫情嚴峻之時，我們收到全總、省總和內地各兄弟工會捐贈的各種抗疫物資，工聯會也發動工會和地區的服務網絡，組織千人義工隊，及時將物資送到有需要的會員和市民手上。同胞情深，同舟共濟，正是工會發揮了橋樑和紐帶的作用，將祖國的關愛送到香港，將兩地人民的心連接在一起。

另一方面，工會網絡對於推動大灣區發展也是大有作為。粵港澳大灣區發展是新時代國家改革開放下的重大戰略部署，多年來，粵港澳大灣區工會通過不同形式的交流和合作，2020 年更成立了粵港澳大灣區工會聯席會議，逐步形成合力，更好為三地職工服務，並就不同行業進行技能交流，推動行業進步。去年年初，工聯會成立了大灣區服務社，至今舉辦了 14 場不同主題的大灣區講座，透過 6 個不同的電子平台，全方位發放灣區生活資訊。疫情期間，更投得教育局「跨境學童全人發展計劃」，為學童提供學習輔導等服務。我們也非常關注青年就業問題，即將承辦特區政府大灣區青年就業計劃的支援服務部分，為參與計劃的畢業生提供生活支援，協助他們更多適應內地城市的生活。工聯會還計劃組織青年職工到內地掛職鍛煉，希望能得到內地工會及各單位的支持，共同為工運事業注入新動力！

新時代對工會工作提出了更高的要求，未來更要守正創新，深化改革，因應大灣區居民求學、創業、就業、就醫，以及法律援助等，完善政策銜接，更好協助港人融入大灣區，同時也希望能夠推動產業合作，就香港「八個中心」定位，與大灣區內地城市形成產業鏈，充分發揮香港背靠祖國、面向世界的獨特優勢。

各位，奮進新征程，建功新時代，工聯會熱切期待與在座各位緊密團結，砥礪奮進，讓我們的新時代工會事業，在建設中國式現代化強國，實現第二個百年奮鬥目標的新征程上，勇擔使命，再創輝煌！共同實現中華民族偉大復興！

最後，預祝大會圓滿成功，大家乘興而來，滿載而歸！謝謝！

2023 年 2 月 23 日，粵港澳大灣區工會第三次聯席會議大合照。

加快解決基層民生問題，鞏固香港良政善治新局面

2023 年 3 月 7 日

尊敬的趙樂際常委，各位領導，各位代表：

李克強總理的政府工作報告，貫徹了中國共產黨「二十大」精神及中央經濟工作會議的部署，對未來工作作出穩中求進的建議，體現黨實事求是，攻堅克難的優良作風。是一份值得肯定、有亮點的政府工作報告，也為「一國兩制」行穩致遠穩定了人心，增強了信心。

去年黨的「二十大」勝利召開，擘劃了強國建設、民族復興的宏偉藍圖，國家抗疫取得決定性勝利，黨和國家各項事業取得新的重大成就。在黨中央的堅強領導和全力支持下，香港邁入從「由亂到治」走向「由治及興」歷史新階段，「愛國者治港」原則得到有效落實，選舉產生第六任行政長官，新一屆特區政府有效運作，市民成功走出疫情陰霾，香港社會全面復常。這些都充分體現出「兩個確立」的決定性意義。

黨的「二十大」報告，和習近平總書記去年七一在港重要講話，都對香港發展作出重大指示，這是解決資本主義社會深層次矛盾和問題的法寶，也是新時代「一國兩制」行穩致遠的重要保障。作為港區全國人大代表，我們要深刻理解中央的關心和要求，推動並協助特區政府拿出決心和舉措，下大力氣解決基層民生問題。對此有以下四點思考：

2023 年 3 月初，第 14 屆一次全國人大會議期間，中央政治局常委趙樂際到香港代表團聽會，吳秋北作為勞工代表發言。

第一，深悟「江山就是人民，人民就是江山」的道理。解決基層民生問題，做好了就能夠「減負為正」，減輕社會負擔，釋放生產力。當前，一方面香港許多基層市民正處於住房難、搵食難的困境，底層勞工更面臨開工不足、保障不足、支援不足的問題；另一方面，香港產業單一化嚴重，政府對勞動人口分配和規劃還有不足，導致出現「有工無人做、行業反映勞動力不足，有人無工做、政府要以綜援救濟」的矛盾處境。解決基層民生問題與實現高質量發展是相輔相成的，我們要推動特區政府樹立大局觀，守正創新，在制訂房屋、勞工、青年等政策時，堅持「以人民為中心」，與內地緊密合作解決民生問題，不要被資本牽著鼻子走，避免埋下社會動盪禍根。

第二，以香港「八個中心」新定位，積極對接國家「十四五」規劃。一方面，要努力提升傳統支柱產業的競爭力，另一方面，要通過新興產業增加新動能。例如爭取在國家和特區層面同時發力，振興香港旅遊業，把訪港人次由目前的 50 萬恢復到 2019 年的 680 萬高峰。也要支持香港的科創、技術、商品和服務更便利地進入內地市場。以香港傳統和新產業動能助力內迴圈大市場，拉動香港經濟實現較快增長，貢獻國家所需。

第三，切實做好大灣區人才、人力規劃。提前部署好包括香港青年在內的大灣區勞工及高端人才的引流和培訓，支援中年勞動力升級轉型，為其投身大灣區建設提供更寬泛和低門檻的吸引政策。例如，粵港澳三地職業資格互認機制，能夠涵蓋更多的行業，同時簡化行政程式。

第四，以更開放的思維推動改革，讓大灣區 9+2 城市之間的融合發展取得質的飛躍。通過溝通協商，推動香港與內地在規則銜接、機制對接上取得實質性進展。當前尤其要在生活、教育、醫療、福利以及法律等方面實現對接。

2023 年是全面深入貫徹落實黨的「二十大」精神的開局之年，是香港進入由治及興新階段關鍵期的起步之年。我們要不斷深刻領悟「兩個確立」的決定性意義，不斷增強「四個意識」，堅定「四個自信」，堅決做到「兩個維護」。要堅定歷史自信、把握歷史主動，充分發揮「一國兩制」制度優勢，堅決貫徹「愛國者治港」原則，堅持中央全面管治權與特區高度自治權相統一，以解決基層民生問題維護社會和諧穩定，以挖掘新動能推動高質量發展，以香港所長對接國家所需，鞏固香港良政善治新局面，在國家新發展格局中主動擔當，為建設中國式現代化強國貢獻香港力量，同心奮進實現中華民族偉大復興！

2023 年 3 月，第 14 屆全國人民代表大會第一次會議，香港代表合照。

中聯辦舉辦「2023 年『兩會』精神學習會」

2023 年 3 月 16 日

尊敬的鄭雁雄主任，各位領導，各位代表：

「全國兩會」圓滿閉幕，在全體人員共同努力下取得豐盛成果，展現出新時代全國人大民主、團結、求實、奮進的嶄新精神風貌，身為其中一員，我深受鼓舞。首先，要感謝鄭主任對香港代表團的指導，對我們堅定貫徹「二十大」精神，準確理解「兩會」精神，大有幫助。在鄭主任的鞭策下，代表們踴躍發言，積極發聲，向香港傳遞中央對香港的關愛與重視，增加香港社會對國家的認知，對國家最重要的政治生活的了解，同時，代表們也向內地展示出香港代表的獨特風采，和對融入國家發展大局的積極與熱切，真正做到了雙向交流。而且效果也是較為明顯的，據紫荊研究院的民調顯示，近七成香港市民對「兩會」表示關注，逾六成市民對國家和香港發展前景有信心。我相信，在鄭主任的領導下，由我們 36 位港區人大組成的這座橋樑，一定會是堅實又亮麗的多功能綜合大橋，會將這此次大會民主、團結、求實、奮進的精神融入未來的履職當中，不忘初心，主動發揮帶頭作用，堅決維護「兩個確立」，維護「一國兩制」，貫徹落實「二十大」精神，把握歷史主動，保持鬥爭精神，守正創新，為強國建設，民族復興勇毅奮進！

第 14 屆是我的第三個人大征程。這次出席「兩會」，我最深的感受就是高效和專注，從中更深刻地體會到全過程人民民主和全國人民代表大會制度的優越性和獨特魅力。這次大會依法將「二十大」精神貫徹落實成為國家意志，正如李強總理在中外記者會上所講的，新一屆政府的工作就是把黨中央的決策部署好、落實好，把黨的「二十大」擘劃的宏偉藍圖變成施工圖，與全國人民一道，一步一個腳印把宏偉藍圖變成美好現實。在以習總書記為核心的黨中央的堅強領導下，在國家強大的制度保障下，在人民擁戴和信任下，我們有充分的理由相信，中國強國建設，民族復興，沒有任何力量可以阻擋這一必然的歷史進程。

同時，我也深刻領悟到「兩個確立」的決定性意義，體會到「兩個確立」是過去十年國家取得輝煌成就的根本原因，是實現第二個百年奮鬥目標的根本依靠。所以，我決心自覺增強「四個自信」、提升「四個意識」，做到維護「兩個確立」，在工會及議會工作中，時刻以「人民至上」審視自身工作，將黨中央的指引落實到香港基層市民的生活工作中，聚焦民生就業，鞏固香港良政善治，推動香港高質量發展，實現香港由治及興，做好新時代「一國兩制」偉大實踐！

另一方面，我的體會是，要不斷加強學習，時刻與中央保持一致，要不斷提升對世界局勢的判斷力，增強政治定力、戰略定力，增強決策力、應變力以及感染力。人大代表要在愛國者中發揮帶頭作用，就要勇擔當勇發聲勇作為，同時就要能擔當會發聲懂作為，要追求不僅要做更要做好，要以高質量履職推動高質量發展。

工聯會是歷史悠久的「愛國者」團體，在 2021 年初，為響應時代呼喚，提出「新時代工運」理念，以「共建共榮，共享共贏」為號召，團結各界，推動社會高質量發展，倡導經濟成果惠及各個階層，建設人人有機會的共富社會。「二十大」精神為香港發展指明方向，也為「新時代工運」事業指名了方向。

習總書記在閉幕式上的講話，特別提到港澳台事務，主席說強國建設，民族復興離不開港澳長期繁榮穩定，中央堅定不移，長期堅持「一國兩制」，支持港澳發展經濟，改善民生。香港更要理解國家用心良苦，香港作為「一國兩制」的第一個實踐者，獨特地位受到世界的關注，把資本主義的香港治理好，就是最生動亮麗的中國式現代化故事，所以，我深感「一國兩制」行穩致遠，意義重大，能夠擔任港區全國人大代表，我感謝國家對我的信任，也誠摯的接受各位的監督指導。最後，我也要特別感謝各位代表對我副團長工作的支持配合，我為能夠服務大家感到榮幸，也希望接下來大家緊密團結，積極合作，一起努力做好工作，謝謝。

2023 年 3 月，第 14 屆全國人民代表大會第一次會議。

向前輩們致敬暨祝賀潘叔百歲壽辰

2023 年 3 月 19 日

工聯會 75 周年向為香港愛國工運事業揮灑的熱血青春致敬！

尊敬的潘叔潘嬸，各位前輩，麥美娟局長、劉蜀永教授、尹小平會長，各位來賓：

大家好！

2023 年 3 月 19 日，工聯會為潘叔舉辦百歲生日會。

向大家報告一下，「全國兩會」剛剛在北京圓滿閉幕，取得豐盛成果，順利選出國家新一屆領導人，習近平總書記全票連任國家主席、中央軍委主席，體現民心所向，眾望所歸，同時，大會也將「二十大」擘劃的宏偉藍圖，貫徹落實成為國家意志，國家和全國各族人民在以習近平為核心的中國共產黨的領導下，踏上了不可逆轉的民族復興歷史進程，向中國式現代化強國建設、第二個百年奮鬥目標勇毅前行，團進奮進！

「百年」也是今天我們匯聚一堂的主題，工聯會的百年工會很多，也有很多令人敬佩的前輩，在座的就有胡達叔、周坤叔、麥燦叔、梁權東叔、李雄枝叔等前輩，他們都將寶貴的青春奉獻給了香港工運事業，為萬

「打工仔爭取應有的權益！今年特別的是，有一位前輩開啟了個人第二個百年奮鬥目標，真正應了百年工運路、百歲工運人，十分寶貴！他就是我們敬愛的工聯會會務顧問潘江偉 —— 潘叔的百歲壽辰，在他面前，75 年歷史的工聯會不敢說悠久，國家第二個百年奮鬥目標也並不遙遠！要感謝潘叔給了我們如此寶貴的機會，讓我們再一次向歷史致敬，向前輩致敬，向愛國愛港為國為民的工聯精神致敬！

潘叔是真正搞過革命的，是東江縱隊的老戰士，保家衛國，挨過日軍的槍子，我還記得潘叔說過：「雖然受了這麼多痛苦，亦毫無後悔。作為中國人，這是我應盡的義務。」國家興亡，匹夫有責。只要國家需要，哪怕是奉獻生命，也只有光榮！相較之下，我們是多麼幸福，中國式現代化強國建設堅持走和平發展道路，然而在沒有硝煙的戰場上，同樣需要我們堅定的意志，勇於擔當，不負使命。相信大家都有留意到，前兩日國家頒發了《黨和國家機構改革辦法》，其中就在原國務院港澳辦之上設立中央港澳辦，顯示國家對港澳事務的重視程度進一步提升，也說明「一國兩制」事業不容有失。我們作為愛國愛港中堅力量，必定要維護「一國兩制」行穩致遠。習近平總書記在人大閉幕會上發表重要講話，短短十幾分鐘發言，特別強調強國建設、民族復興離不開香港澳門長期繁榮穩定，國家支持香港澳門發展經濟，改善民生。香港經歷了暴亂和疫情，更加真切的體會到國家作為靠山後盾的深刻含義，那是在迷茫混沌時指引香港走出泥沼的堅強領導，是在無助絕望時義無反顧引領香港走向希望的溫暖依靠。而這一切，正是因為「兩個確立」的決定性作用，它是新時代「一國兩制」偉大實踐必勝的根本保障。我們要自覺維護，主動看齊！

今天，我們致敬歷史和前輩不僅是表達敬意，更是傳承與承諾，傳承工聯會最堅定地愛國愛港基因，在新時代下繼續貫徹「愛國、團結、權益、福利、參與」方針，以「共建共榮，共享共贏」理念推進「新工運」，帶頭貫徹黨和國家的意志，推動香港高質量發展，解決深層次矛盾，鞏固良政善治，實現由治及興！

各位，工聯會 75 周年會慶將至，「向前輩們致敬暨祝賀潘叔百歲壽辰」活動為接下來一系列的慶祝活動拉開序幕，實在意義重大，令人振奮鼓舞！預示著革命尚未成功，75 載正青春，新時代只爭朝夕，新工運共創未來！

最後，我提議共同舉杯：祝福潘叔和前輩們福如東海，壽比南山；祝福工聯會百尺竿頭，更進一步！同時，也再一次歡迎並感謝各位來賓的到來！大家飲杯！

2023 年 3 月 19 日，工聯會為潘叔舉辦百歲生日會。

工聯會學習貫徹「全國兩會」精神宣講會——貫徹落實「兩會」精神六個切入點

2023 年 3 月 21 日

尊敬的陳冬副主任，各位來賓，各位同事：

「全國兩會」圓滿閉幕，在全體人員共同努力下取得豐盛成果，展現出新時代全國人大民主、團結、求實、奮進的嶄新精神風貌，也展現出國家深化改革創新的決心，身為其中一員，我深受鼓舞。今天，特別感謝中聯辦陳冬副主任拿出寶貴的時間出席會議，相信等一下陳副主任的講話對我們準確貫徹「二十大」精神，深刻理解「兩會」精神，大有幫助。

這一屆我有幸擔任第 14 屆港區全國人大代表團副團長，對於新一屆代表們展現出來的新氣象更有體會，代表們踴躍發言，積極發聲，及時向香港傳遞中央對香港的關愛與重視，增加香港社會對國家的認知，對國家最重要的政治生活的了解；同時，代表們也向內地展示出香港代表的獨特風采，展現對於融入國家的積極與熱切，真正做到了雙向交流。這也有賴於中聯辦領導們及時給予指導和幫助，讓人大香港團組成了一座堅實又亮麗的多功能綜合大橋，將「兩會」精神融入履職當中，不忘初心，發揮帶頭作用，堅決維護「兩個確立」，貫徹「二十大」精神，把握歷史主動，保持鬥爭精神，守正創新，盡心竭力！

這次出席「兩會」，我最深的感受就是高效和專注，也從中深刻地體會到全過程人民民主和全國人民代表大會制度的優越性和獨特魅力。這次大會依法將「二十大」精神貫徹落實成為國家意志，正如李強總理在中外記者會上所講的，第一屆政府的工作就是把黨中央的決策部署好、落實好，把黨的「二十大」擘劃的宏偉藍圖變成施工圖，與全國人民一道，一步一個腳印把宏偉藍圖變成美好現實。在以習總書記為核心的黨中央的堅強領導下，在國家強大的制度保障下，在人民擁戴和信任下，我們有充分的理由相信，中國強國建設，民族復興，沒有任何力量可以阻擋這一必然的歷史進程。

同時，我也深刻領悟到「兩個確立」的決定性意義，體會到「兩個確立」是過去十年國家取得輝煌成就的根本原因，是實現第二個百年奮鬥目標的根本依靠。所以，愛國者們要自覺增強「四個自信」、提升「四個意識」，自覺維護「兩個確立」，在工會及議會工作中，時刻以「人民至上」審視工作成果，將黨中央的精神落實到基層市民的生活工作中，聚焦民生就業，鞏固香港良政善治，推動香港高質量發展，實現香港由治及興，做好新時代「一國兩制」偉大實踐！

另一方面，我的體會是，要不斷加強學習，時刻與中央保持一致，要不斷提升對世界局勢的判斷力，增強政治定力、戰略定力，增強決策力、應變力以及感染力。人大代表要在愛國者中發揮帶頭作用，就要勇擔當勇發聲勇作為，同時就要能擔當會發聲懂作為，要強調不僅要做更要做好，要以高質量履職推動高質量發展。

接下來，工聯會將著力從以下六方面貫徹落實「兩會」精神：

（1）做好各個行業復甦階段輔助工友的工作，推陳出新發展技能培訓，維護勞工權益，壯大工會，凝聚僱員。

（2）積極參政，提升議員社幹政策倡議水平，做新時代基層工友高素質的代言人。

（3）拓展社區網絡，參與社區治理，發揮穩定社會，改善民生的作用。

（4）進一步發揮大灣區服務社、工聯會內地諮詢服務中心的工聯會大灣區城市服務網功能，推動香港融入大灣區，融入國家發展大局。

（5）工聯會人大代表、政協委員發揮帶頭作用，做好宣講工作，在本職工作中攻堅克難，守正創新，堅決將「兩會」精神貫徹到工會和群眾中去。

（6）做好工聯會 75 周年會慶活動，講好香港愛國工運歷史，弘揚愛國愛港愛市民的工聯精神，講好香港愛國工運與中國革命的關係，弘揚愛國主義精神。

各位，習總書記在閉幕式上的講話，特別提到港澳台事務，總書記說強國建設，民族復興離不開港澳長期繁榮穩定，中央堅定不移，長期堅持「一國兩制」，支持港澳發展經濟，改善民生。香港更要理解國家用心良苦，香港作為「一國兩制」的第一個實踐者，獨特地位受到世界的關注，保持香港長期繁榮穩定，就是最生動美麗的中國故事，所以，「一國兩制」行穩致遠，意義重大。工聯會愛國愛港歷史悠久，一直擔當香港愛國工運的引領者角色，在新時代更要發揮帶頭作用，以「共建共榮，共享共贏」新工運理念回應新時代，共創新時代。要認真貫徹落實「二十大」精神、「兩會」精神，支持特區政府依法有效施政，推動香港融入國家高質量發展新格局，推動經濟發展與民生改善相輔相成，建設人民至上的共富社會，寫好新時代「一國兩制」新實踐，為強國建設、民族復興貢獻新工運的無窮力量！

2023 年 3 月 21 日，工聯會學習貫徹「兩會」精神宣講會。

大灣區內地城市與香港工會聯合會社會保障服務合作協議簽署儀式

2023 年 3 月 30 日

尊敬的翟燕立副主任、盧一先書記、陳國基司長、何靖副主任、夏青書記、曾國衛局長、羅建君部長，廣州主會場以及現場的各位領導，各位來賓：

大家下午好！

歡迎並感謝各位貴賓出席大灣區內地城市與香港工會聯合會社會保障服務合作協議簽署儀式，在廣東省政府、人社廳的大力推動下，灣區「社保通」與工聯會合作在香港落地，粵港社保「跨境辦」服務網站即將啟動，截至目前，港澳居民在粵參保超 30 萬人次，享受待遇 3.55 萬人，參保人數對比 2019 年底增長近一倍，社會保險促進人力資源流動、吸引保留人才的社會效應不斷顯現。此舉為推動大灣區融合，進一步實現灣區城市政策對接、福利銜接作出良好示範，貫徹落實了《粵港澳大灣區發展規劃綱要》中，建設大灣區共同家園的精神，是新時代下，「民有所呼，我有所應」的成功實踐。我謹代表工聯會感謝各方的信任，讓我們能夠更好為灣區居民提供便民措施，協助港人辦理享用內地社保服務的相關手續。

各位，剛剛勝利閉幕的「全國兩會」將「二十大」擘劃的宏偉藍圖落實成為具體的國家政策，並將會把施工圖一一落實為現實，全國人民凝心聚力，空前團結，催人奮進！習主席在閉幕會上強調，強國建設、民族復興離不開香港澳門的長期繁榮穩定。這證明了香港在國家發展大局中具有前所未有的重要地位，香港的繁榮穩定是促進強國建設的重要因素，強國建設也是香港繁榮穩定的最有力保障。香港作為國家整體規劃中，是實現使命目標的一份子，必須與灣區內地城市緊密合作，「拍住上」。過往工聯會充分利用工會優勢，發揮橋樑作用，通過內地諮詢服務中心幫助內地港人、新來港人士以及內地港漂等人群解決各類難題。多年來工聯會通過人大政協為內地港人持續爭取社保、醫保等待遇，關注並促成港人內地居住證的落實，見證著兩地互通政策的不斷完善，接下來工聯會大灣區服務社將進一步拓展並整合內地諮詢服務中心業務，全力協助粵港澳三地融合，將大事做細，小事做好，緊跟時代，做灣區人的貼心人。同時，灣區社也將承辦特區政府大灣區青年就業計劃的支援服務部分，也將組織教育大學的學生到灣區實習交流，也會提供更優質的調解與法律諮詢服務，未來工聯會將以「共建共榮，共享共贏」的「新時代工運」理念，不忘初心，守正創新，竭誠服務灣區市民，為國家發展、大灣區建設注入「新時代工運」的新動能。

最後，我再一次感謝廣東省政府、人社廳以及特區政府對工聯會的信任與支持，相信灣區「社保通」能夠幫助到更多有需要的市民，更加期望在各界共同努力下，讓每一個致力於大灣區建設的灣區人沒有後顧之憂！謝謝大家！

2023 年 3 月 30 日，灣區「社保通」簽約儀式。

樂群慈善籌款晚宴 2023

2023 年 4 月 12 日

尊敬的行政長官李家超先生、何靖副主任、何永賢局長、麥美娟局長、孫玉菡局長，各位社團領袖、議員，各位善長、來賓：

大家晚上好！

衷心感謝大家蒞臨支持「樂群慈善籌款晚宴 2023」，今晚我們非常榮幸能夠邀請到李家超特首、何靖副主任，以及三位局長，在百忙之中親臨指導，顯示出特首班子和中聯辦對慈善事業和基層群體的重視，同時也是對樂群的信任與肯定，對各位善舉的鼓勵，樂群全體同仁都感到非常振奮和鼓舞。

樂群社會服務處是 2000 年成立的一家慈善機構，一直致力於服務基層及弱勢群體，可惜一直都未能被納入政府社會福利恒常撥款體系之內，唯有努力籌款來維持機構及項目的營運，而投標項目式服務往往是階段性的，不利於服務的持續和人員的穩定，所以樂群也只能艱難經營，盡力而為，而未能更深廣的拓展恒常化服務，不無遺憾。好在還有社會各界善長及企業，就好像在座的各位，熱心公益，心繫基層，慷慨捐輸，傾情相助，樂群也積極努力，利用極為有限的資源，針對不同基層人士的需要，推出各類服務。我們的服務對象包括：基層家庭兒童、青少年、長者、新來港人士及其他弱勢社群等。服務項目包括：幼兒發展、青年成長、就業支援、義工服務及社會企業等，以「助人自助，敬業樂群」為宗旨貢獻社會，盡心盡力服務市民，為社會關愛和諧貢獻力量。

雖然沒有政府的恒常撥款，但樂群與政府也保持緊密合作，近年承辦多個項目，以專業、優質的服務，協助政府落實民生工程，傳遞政府對基層的重視與關愛。去年，樂群投得過渡性房屋項目，獲房屋局資助及發展商支持，推出「樂住．FUN享」過渡性房屋計劃；亦與民政事務總署合作，推行「三無大廈清潔服務先導計劃」，同時協助推廣「居民聯絡大使計劃」；此外，樂群也是「共創明 Teen 計劃」的營辦機構，負責九龍東區的具體事務。

各位來賓，樂群秉持服務基層的初心，經營至今23年，一路走來並不容易，但我們始終堅持「助人自助，敬業樂群」的服務宗旨，想盡辦法籌款，以求幫到更多有需要的人士，特別是青年、兒童和長者。今晚在座的人大代表，就有參加過樂群組織的中秋敬老愛幼活動，也有特別定向基層劏房住戶的百萬捐款，逐一配對上戶，在疫情經濟困難時，起到及時雨的作用。樂群是一個凝聚愛、傳遞愛的平台，也絕對是愛國者們可以信任依託的平台。過往，樂群積極策劃項目，向相關政府部門申請撥款，例如先自行籌款然後配對政府基金的攜手扶弱基金和兒童發展基金等。同時，樂群也要舉辦不同形式的籌款活動，例如今晚各位善長嘉賓的捐款贊助及買枱支持，都會全數用於樂群持續服務基層的工作。

經歷了過去幾年的動盪和疫情，香港終於撥亂反正，並走上由治及興。我們格外珍惜穩定和諧的社會環境，樂群雖是慈善機構，也堅決通過服務基層，參與社會建設，推動人心回歸，確保「一國兩制」行穩致遠。接下來，香港要聚焦高質量發展，鞏固良政善治。所以，樂群萬分期盼能以更大的擔當支持政府工作，與社會各界團結奮進，盡己所能，協助政府改善民生，讓更多基層社群分享到經濟發展成果！

最後，我要再次衷心感謝李家超特首、何靖副主任、各位局長、港區全國人大代表、政協委員、各位善長、議員同事們，以及各位社團領袖、商界翹楚、善長仁翁的愛心善舉及社會責任感，各位的出席本身就是最寶員的支持，更何況，絕對不僅只是出席，更會出錢出力出物品，在這樣的氣氛下，各位必定慷慨解囊，大力支持，並度過一個愛心滿滿、盡興、愉快的夜晚！多謝！

2023 年 4 月 12 日，樂群慈善之夜 2023。

深悟「二十大」精神，以認真履職，彰顯行政會議成員的責任擔當

2023 年 4 月 13 日

尊敬的夏寶龍主任、鄭雁雄主任、李家超特首、葉劉淑儀召集人，以及諸位同事：

大家下午好！

首先，作為行政會議勞工背景的成員，我謹代表我個人以及勞工界、全港打工仔，熱烈歡迎夏主任一行，來到香港考察調研。

一直以來，中央都非常重視香港的穩定繁榮，始終是香港最堅實的靠山，總能在關鍵時刻及時出手，救香港於水火。特別是面對反黑暴反顛覆鬥爭等，重大風險難題時，我們緊緊依靠「兩個確立」的堅強領導，才能撥亂反正，讓香港重新站上由治及興的跑道。這次夏主任帶隊親臨香港考察調研，體現出中央對港澳工作的高度重視，也是對「二十大」及「兩會」精神的貫徹落實，這必然會對香港地區治理、政治、經濟、民生、高質量發展，以及中央全面管治權與香港高度自治權的有機結合，和「一國兩制」行穩致遠，起到至關重要的作用。

習總書記在去年七一重要講話中，提出「四個必須」和「四點希望」，是香港治理的重要行動指南，是香港政治、經濟、民生發展的重要遵循。其中第一點希望，就是政府要著力提高治理水平。這體現出中央對特區政

2023 年 4 月 13 日，國務院港澳事務辦公室夏寶龍主任在香港考察調研，會見政府官員及行政會議非官守議員。

府，擔當起行政主導職能的要求和重視。特區政府作為香港治理的第一責任人，要堅決貫徹落實「二十大」精神，深悟「兩個確立」的決定性意義，做到自覺維護。在反覆不斷地學習和實踐中，充分利用好「習近平中國特色社會主義思想」，這一重要理論指導，守正創新，豐富「一國兩制」實踐，應對未來發展所要面臨的一切風險挑戰。

在李家超特首的帶領下，香港展現出嶄新風貌，特區政府盡心竭力，為香港重開新篇。實事求是地講，站在由治及興的新起點，各行各業都處在艱難的起步階段，更需要全社會多些守望相助，以整體利益，長遠發展為重，切不可為某一方或者眼前利益，破壞機制，打破規律，失去民心和信心。我也必將以認真履職，彰顯行政會議成員的責任擔當，與特首和特區政府一起，推動社會，實現「共建共榮，共享共贏」。

就我個人的履職體會，對於身兼不同社會職務，可能具體職責會有不同，不過總有一個共同的前提和目標，前提是效忠《憲法》、《基本法》，維護「一國兩制」，支持特首施政；目標是鞏固香港良政善治，為強國建設、民族復興，作出香港應有的貢獻。工會工作，就是要團結工友，穩定社會，維護勞工權益，監督政府施政，推動「以人為本」的高質量發展；議員工作，更有助於我將勞工和基層市民的聲音帶入立法會，並在立法層面推動改善勞工權益及民生議題；而行政會議成員，又更強調協調角色，一方面有責任幫助政府了解掌握勞工界以及基層群體的訴求，另一方面也要協助政府做好政策解說的工作，也包括發動工聯會，支持政策落地。我時刻謹記自己來自人民群眾，必定要以人民為中心，恪盡職守，廉潔奉公，讓履職成果能夠回饋到群眾中去，經受得住群眾的監督和考驗。

各位，還記得夏主任臨危受命，初掌管港澳事務時，一句「愛國者治港，反中亂港者出局」，為香港管治長久以來存在問題，打開了格局，帶來了突破困局、重建香港的信心。所以，我相信夏主任此次考察調研後，一定能為香港未來發展提出更多寶貴指導意見，更有利於新時代「一國兩制」實踐，更有利於保持香港長期繁榮穩定，也相信香港在中央、港澳辦、中聯辦的引領下，在李家超特首和特區政府的帶領下，香港一定會夠能量滿滿，動力十足，以新的成績和輝煌，完成新時代賦予我們的使命擔當！

謝謝！

貫徹「二十大」精神，團結奮進新時代愛國工運，為「一國兩制」保駕護航

2023 年 4 月 14 日

尊敬的領導們：

下午好！

熱烈歡迎夏主任一行，專程來港考察調研，並安排座談會，聽取各界意見。借此機會，我發言的主題是：「貫徹『二十大』精神，團結奮進新時代愛國工運，為『一國兩制』保駕護航！」懇請領導和諸位指正。

「二十大」精神為國家發展擘劃出宏偉藍圖，也為香港未來發展指明方向。習總書記指出，「一國兩制」是中國特色社會主義的偉大創舉，是香港回歸後，保持長期繁榮穩定的最佳安排，必須長期堅持。這為香港未來注入信心，有助於社會安定團結。同時，香港作為「一國兩制」的實踐者，我們也必須以實績，回報中央對我們的信任。本月 17 日，適逢工聯會成立 75 周年，我們將高舉新時代愛國工運旗幟，團結各界，以「共建共榮，共享共贏」理念，推動香港高質量發展，實現良政善治，由治及興。

新時代愛國工運，要做到以下幾點：

第一，支持政府依法有效施政，擁護中央全面管治權。愛國工會是香港最堅實的愛國者，在新時代更要發揮帶頭作用，堅定立場，做到「兩個

2023 年 4 月 14 日，國務院港澳事務辦公室夏寶龍主任在香港考察調研，會見社會各界人士。

維護」、貫徹落實中央治港方略，支持督促特區政府不斷提高治理水平和效能，做好治理香港的第一責任人，協助政府落實民生工作，改善基層群體的生活品質，建設和諧社區，發揮穩定社會的作用。

第二，凝聚共識，維護勞工應有權益，推動高質量就業。工會組織始終要代表最廣大僱員的利益，為基層發聲。愛國者治港為愛國工運事業帶來更大的發展空間，但是在新形勢下，也仍然存在不少阻力。為此，工聯會提出的「新時代工運」，進一步團結工友、團結社會各界，建立協商制度機制，加強溝通，凝聚共識，畫出最大同心圓。

第三，破解經濟社會發展中的深層次矛盾和問題，實現共同富裕。政府施政必須兼顧平衡，特別要注意避免重資本、輕勞工，否則累積的深層次矛盾不利社會穩定，也嚴重窒礙經濟發展。「習近平新時代中國特色社會主義思想」對於如何走好「一國兩制」下的資本主義道路，具有非常重要的指導意義，我們要支持並推動特區政府以新思想新政策，解決深層次矛盾，以人民為中心，發展經濟，實現共同富裕。

第四，共建大灣區，共享國家發展機遇。建設大灣區是國家現代化強國建設的重要戰略部署，也是香港新發展動能的重要來源，我們要做好服務和宣傳工作，做好政策銜接，做到便民、利民，讓有志投身灣區建設的香港市民無後顧之憂。

第五，去殖脫殖，做好人心回歸。黑暴風波暴露出香港在人心回歸工作上的缺失，對比回歸前，甚或更缺少對國家和民族的向心力。殖民餘毒甚至存在於管治架構內，所以，我們要堅決貫徹落實愛國者治港原則，刮骨療傷，勇於改革，重新建立與「一國兩制」相適應的治理體系。同時，民心工程，要以改善民生為依託，避免表面工夫、說教硬銷，要不斷提升人民生活的幸福感、安全感和獲得感。

過去幾年，黑暴一度將香港推到懸崖邊，幸得中央力挽狂瀾，推出《港區國安法》、完善選舉制度等一系列舉措，及時堵塞國安漏洞，讓香港由亂及治，為由治及興打好基礎。也讓我們深刻領悟到「兩個確立」的決定性意義。此次夏主任率領調研組，深入考察香港情況，為我們做好調查研究，全面掌握香港情況作好示範，也體現出中央對香港的重視和關注，也是督促我們要真抓實幹，珍惜香港得來不易的穩定局面，為由治及興開好局，保持香港長期繁榮穩定，讓「一國兩制」新實踐，為中國特色社會主義現代化強國建設，貢獻力量！

2023 年 4 月 14 日，國務院港澳辦夏寶龍主任到工聯會考察調研。

2023 年 4 月 14 日，國務院港澳辦夏寶龍主任到訪工聯會，了解工聯會發展歷程。

2023 年 4 月 14 日，國務院港澳辦夏寶龍主任與工聯會代表，在工人俱樂部合影留念。

夏寶龍主任到工聯會考察調研
勉勵為「一國兩制」行穩致遠發揮更重要作用

國務院港澳辦主任夏寶龍在中聯辦主任鄭雁雄等領導的陪同下，於 2023 年 4 月 14 日到工聯會考察調研，深入了解工聯會的服務工作，包括地區服務處、大灣區服務社、康齡服務社和就業輔導中心等，並聽取了我和理事長黃國等人的匯報和介紹。夏主任肯定工聯會的各項工作，並勉勵要把握社會大勢，明確奮鬥方向，為香港的繁榮穩定、為「一國兩制」行穩致遠發揮更重要的作用。

我向夏寶龍主任匯報工聯會 75 年來的發展情況。工聯會一直與打工仔並肩同行，堅守「愛國、團結、權益、福利、參與」方針，為打工仔爭權益、辦實事；想群眾所想、辦群眾所需。近年香港經歷前所未有的動蕩與挑戰，工聯會旗幟鮮明反對黑暴，無畏無懼；在對抗新冠疫情時，更積極主動協助特區政府防疫抗疫，保就業，救失業，與工友共渡時艱。

夏寶龍主任對工聯會 75 周年會慶表示衷心祝賀，期望工聯會在新形勢下繼續發揮更好作用。

工聯會非常感謝夏寶龍主任的肯定與勉勵，深受鼓舞！當前香港處於「由治及興」關鍵期，工聯會必定在「新時代工運」的號召下，以「共建共榮，共享共贏」理念，團結社會，共謀高質量發展，展現愛國者擔當，開創新時代「一國兩制」偉大實踐，為中華民族偉大復興，砥礪奮進，再創輝煌！

工聯會砥礪奮進 75 周年新書發佈會暨歷史文物圖片展

2023 年 4 月 15 日

尊敬的麥美娟局長、周蔚副部長、何啟明副局長、譚耀宗前人大常委，各位社團領袖、學校代表、工聯前輩、工會兄弟姊妹，各位來賓：

大家好！

衷心感謝各位來賓蒞臨今天的《砥礪奮進 —— 工聯會 75 周年歷史圖文集》新書發佈會暨歷史文物圖片展！大家的參與，使工聯的歷史和事業更加贈光添彩！

也多謝圖文集和文物圖片展的編輯製作人員的辛勤勞動！歷時一年，工聯會 75 周年會慶籌委會精心策劃並推出了這本多媒體圖文集，過程中我們秉持著對歷史的敬畏和對「新時代工運」的憧憬，力求準確完整地將工聯會的愛國工運事業展現在世人面前，讓更多人記住無數工聯前輩，愛

2023 年 2 月 10 日，為工聯會 75 周年圖文集錄製有聲書。

國愛港撐勞工的拼搏奉獻精神，以此激勵新一代工聯人，在新時代繼續為「一國兩制」行穩致遠，強國建設，民族復興，勇擔使命，團結奮進！

工聯會一直重視歷史，有持續整理會史資料的傳統，初心就是銘記歷史，總結經驗，致敬前輩。最新的成果就是這本圖文集。回歸後，愛國工會不再受到港英政府的政治打壓，終於可以通過宣傳「工聯人，工聯事」，講好香港愛國工運，波瀾壯闊的感人故事。工聯會的歷史幾乎就是半部香港史，遺憾的是香港一直缺少這方面的系統整理，所以這本圖文集極具歷史價值，也承載了工聯人對香港愛國工運事業，當仁不讓的使命感和熱愛。

也要感謝無數前赴後繼的歷史參與者和創造者！工聯會砥礪奮進 75 載，始終高舉愛國愛港偉大旗幟，堅持「愛國、團結、權益、福利、參與」方針，在不同歷史時期，都發揮著推動社會發展，凝聚民心的重要作用。回歸前，工聯會一邊與殖民統治作鬥爭，一邊帶領工友維護權益，提供各種福利服務；1980 年代開始，我們積極轉型，準備以主人翁的姿態參與回歸和管治，壯大力量，全方位推進工運事業，為「一國兩制」保駕護航！近幾年，我們毫無畏懼對抗黑暴，阻止反中亂港以「大三罷」搞顛覆，以及支持政府抗疫，與會員打工仔共渡時艱。2021 年，工聯會提出「新時代工運」主張，以「共建共榮，共享共贏」理念，與社會各界加強團結合作。未來，我們熱切期盼，在「二十大」精神的指引下，攜手愛國者們，共同推動香港由治及興，為香港高質量發展注入「新時代工運」新動能！

作為新時代的工聯人，我們有責任講好「工聯人，工聯事」，推動萬千打工仔融入國家發展大局，分享民族復興的偉大榮光，為此，我們特別招募了 81 位宣傳大使，他們主要來自各工會、地區的義工、尖子，都是工聯會工運事業的中堅力量。除了感謝 81 位宣傳大使的積極參與，也要寄語這班年輕人，要用真心、真行動，將工聯會愛國工運精神演繹出新時代風範，團結一切可以團結的力量，讓打工仔的聲音，在新時代收穫更有力的迴響！

最後，我要再一次感謝今天到場表達支持的卓永興副司長、麥美娟局長、周蔚副部長、何啟明副局長，各位社團領袖、學校代表、工聯前輩，和各工會的兄弟姊妹，以及每一位支持信任工聯會的朋友，未來讓我們繼續攜手並進，共同服務市民，建設香港，貢獻國家！

2023 年 4 月 16 日，工聯會 75 周年歷史文物圖片展。

2023 年五一國際勞動節
—— 慶祝工聯會成立 75 周年
暨「服務市民走在前」系列行動啟動禮

2023 年 4 月 25 日

尊敬的陳茂波司長、王松苗秘書長、孫青野副署長、楊義瑞副特派員、鄭國躍副司令員、梁君彥主席、葉劉淑儀召集人，各位來賓，工聯會的兄弟姊妹，全港打工仔：

大家好！

歡迎大家蒞臨工聯會 2023 年五一國際勞動節酒會，也是慶祝工聯會成立 75 周年暨「服務市民走在前」系列行動啟動禮。

勞動最光榮、最崇高、最美麗，5 月 1 日，是屬於勞動者的節日，首先，我謹代表工聯會向全港僱員致敬！呼籲全社會尊重勞動價值和尊嚴、維護勞工權益！我們全力支持政府，勇於擔當，拿出舉措，激發勞動積極性，充分釋放本地勞動力，讓香港由治及興，人人有機會！

今年適逢工聯會成立 75 周年。工聯會成立於 1948 年 4 月 17 日，是香港歷史最悠久、群眾基礎最龐大、愛國立場最堅定的工會組織。「愛國」是自百餘年前，香港海員大罷工、省港大罷工以來，為香港工運定下的正大顏色，工聯傳承這一基因，堅持以「愛國、團結、權益、福利、參與」方針，推動香港愛國工運事業。經過一代代工聯人的不懈奮鬥，目前，工聯會有 41 萬會員，252 間屬會和贊助會，涵蓋各行各業，服務機構和網點遍佈全港，除了 18 個地區服務處和聯絡處，還有工人醫療所、工聯優惠中心、勞工服務中心、業餘進修中心、就業輔導中心、職業再訓練中心、康齡服務社等。我們也非常重視大灣區發展，設有大灣區社會服務社和六個內地諮詢服務中心。

2023 年 4 月 25 日，五一國際勞動節暨慶祝工聯會成立 75 周年酒會。

工聯會砥礪奮進 75 載，為愛國愛港事業貢獻力量和大量人才，並樹立了標杆。愛國愛港、切實維權、依靠群眾、敢於鬥爭、善於鬥爭，正是這些寶貴的經驗和品質，讓我們的工運事業能夠迎風破浪，創造輝煌。

回歸前，工聯會團結工友反帝反殖，反英抗暴，對抗壓迫剝削，也為新中國建設貢獻力量！1980 年代，因應香港主權回歸祖國，工聯會及時轉型，護航「一國兩制」，積極參政為勞工。回歸後，工聯會提出「支持合作、批評監督」，處理與特區政府的關係，以主人翁精神支持政府依法有效施政，不斷完善勞工政策，維護勞工權益，與社會同步，與基層同心！

過去幾年，香港經歷危機和挑戰，敲響了國家安全警鐘，也再一次證明工聯會是捍衛「一國兩制」行穩致遠的錚錚鐵軍！2014 年，我們擔起大旗「保和平 反佔中」；2019 年，我們旗幟鮮明反顛覆反分裂反黑暴。2020 年，全力支持制訂《港區國安法》；2021 年，工聯會支持「完善選舉制度」落地，並提出「新時代工運」主張，號召香港工運事業在新時期站穩立場，在變局中把準方向，穩定社會、團結人心。帶頭落實「愛國者治港」原則，為香港撥亂反正，正本清源，貢獻工運力量！

疫情三年，工聯會再一次發揮團結互助，生命至上、人民至上的精神，第一時間成立「口罩工場」，承辦「寄藥行動」，設立「緊急失業慰問金」，提供「接種疫苗便民服務」，以及組織全港第一個「千人抗疫義工隊」，全力配合政府抗疫。與此同時，工會的維權和服務也絲毫未有鬆懈，經過勞資官三方，鍥而不捨的共同努力，終於爭取到「延長有薪產假至 14 周」、「兩假合一」、「取消強積金對沖機制」、「優化破產欠薪保障基金」，修訂《職業安全及健康條例》等政策和勞工立法；此外，工聯會職業再訓練中心成功申辦「國家職業技能等級認定考核」。下個月 2 日起，工聯會七間地區服務處，即將開通「灣區社保通」服務，助力灣區發展，建設更美好共同家園。

務實有為，不忘初心，是工聯會的光榮傳統，能取得這些成績，是得益於特區政府的信任和廣大市民和工友的信賴，得益於內地有關部門和香港社會各界人士的大力支持，在此，我謹代表工聯會向長期以來關心支持幫助工聯會發展的各界朋友和人士表示衷心感謝！

各位來賓、各位朋友，工聯會是腳踏實地、真心實意為群眾服務的，民心所向就是我們奮鬥的目標。社會穩定、經濟繁榮、生活幸福，就是最真切的民心所在。習近平主席在去年七一重要講話，提出「四個必須」和「四點希望」是我們發展經濟、改善民生、破解深層次矛盾的遵循。「二十大」精神，指引我們要發展壯大愛國愛港力量，增強愛國精神，形成更廣泛支持「一國兩制」統一戰線。日前夏寶龍主任來港調研，親臨工聯會考察指導，代表著中央對香港基層群體的關愛，以及對群眾工作的重視。

各位，香港能夠邁向「由治及興」的嶄新局面，幾經艱險，來之不易。其過程之艱辛，代價之慘重，讓我們不敢忘，不能忘！「新時代工運」主張愛國者大團結，以「共建共榮，共享共贏」理念，團結奮進，守正創新，支持政府，發展經濟，改善民生，切實破除就業、房屋、安老等深層次社會矛盾，減少貧富差距，讓高質量發展成果，惠及所有基層勞工市民，建設人人有機會的和諧共富社會。今年五一勞動節，工聯會以「發展經濟，創造就業，維護權益，共享成果」為主題，提出五項倡議，今天也將啟動「服務市民走在前」系列行動。

工聯會 75 載篳路藍縷，崢嶸歲月。感謝每一位工聯人的奉獻與拼搏，在「新時代工運」的號召下，我們竭誠期望，攜手各界，立足新階段，奮進新工運，建功新時代，為強國建設、民族復興、香港「由治及興」，團結奮鬥，再創輝煌！

感謝大家！預祝各位五一節快樂！

2023 年 4 月 25 日，五一國際勞動節暨慶祝工聯會成立 75 周年酒會。

工聯會 2023 年「五一」國際勞動節宣言：發展經濟，創造就業，維護權益，共享成果

2023 年 5 月 1 日

各位工友、市民、媒體朋友：

大家好，五一國際勞動節快樂！

五一來臨，香港正迎來了復常後的的第一個黃金周，預計會有至少 60 萬人次的遊客入境香港，為了刺激經濟，激發活力，政府也推出了「開心香港」活動，任何政策、項目，最後都要由前線工作人員去落實執行，例如，旅遊、酒店、餐飲、零售、服務業等等，各行各業的從業人員，都在為社會復常而努力工作，所以，我謹代表工聯會向全港僱員致敬，感謝大家付出的辛勞。疫後重建，香港要實現「由治及興」，離不開全港僱員的共同努力，同時，也希望喚起大家對勞動的尊重和熱愛，以勞動之美、之光，為香港注入正能量！

今年適逢工聯會成立 75 周年，愛國愛港，維護勞工權益，始終是工聯會的初心使命。回歸前，愛國工運只能以血肉之軀反抗港英政府的打壓和剝削；回歸後，才能以主人翁精神，推動政府改善勞工待遇。隨著勞工代表能夠參與到管治架構，香港愛國工運的形態也發生了改變。而在貫徹落實愛國者治港後，勞工背景的問責官員、立法會議員，也較以往更多，體現出中央及特區政府對勞工群體的重視，同時，也對新時代下的愛國工運事業，提出更高的要求和擔當。

今年五一，工聯會以「發展經濟，創造就業，維護權益，共享成果」為主題，舉辦線上線下記者會，向政府表達五項訴求，包括：

（1）創造高質量充分就業，「工」字有出頭；
（2）保障本地勞工優先就業，反對擴大輸入外勞；
（3）政府帶頭取消外判，完善最低工資形成機制，保障零散工權益；
（4）加強職業培訓，推動職學雙軌；
（5）加強職業安全，完善強積金制度。

剛剛，理事長以及工友代表，已經分別就各項訴求，作出比較具體的闡述。高質量就業是高質量發展的應有之義，保障本地勞工就業優先，才能構建穩定高質量的人力資源市場，才更有利於香港長遠可持續發展；新興行業正蓬勃發展，政府應主動規管維權，引導市場健康成長，我們也再次呼籲政府帶頭取消外判，為社企作出表率，我們樂見本屆政府願意檢討最低工資形成機制，同時也要求儘快拿出完善方案。另一方面，隨著科技進本，一線生產中的科技含量越來越高，政府必須加強職業培訓，幫助傳統行業和基層工友提升技能和及時轉型，以滿足行業發展的需求，及本地僱員的就業要求。

就業是民生之本，是社會穩定的基礎。政府有責任改善就業質素，提升勞工保障，人人都能參與建設和分享成果，這也更有利於凝聚成推動國家及香港高質量發展的強大動能。今天我們向政府表達打工仔的訴求，也是接下來工聯會繼續支持政府良政善治的幾個重點方向。

在新發展階段，工聯會以「共建共榮，共享共贏」理念，提出「新時代工運」主張，護航「一國兩制」，支持政府行政主導，團結社會各界，為民生福祉，香港繁榮共謀發展。過去一年，在工聯會持之以恒的推動下，終於通過取消強積金對沖，前兩日特首宣佈將於 2025 年 5 月 1 日正式落實，工聯會對此表示歡迎。同時我們也將繼續與政府商討完善機制，力求減少僱員損失。除此之外，立法會通過了「職業安全健康條例修訂（草案）」，這也是又一項工聯會持續爭取了十幾年的勞工政策。所以，我們希望，在愛國者治港選擇下的「一國兩制」新篇章，關於勞工權益和福利保障政策的完善，能夠提速提質，跟上新時代的發展需要。

各位，五一勞動節是全世界勞動者的節日，習近平總書記始終高度重視、十分關心勞工群體，始終把廣大僱員群眾掛在心上，前兩日，我和工會代表團赴京參加了「五一」國際勞動節暨全國五一勞動獎和全國工人先鋒號表彰大會，感受到國家工人階級和廣大勞動人民，為新時代建功立業的昂揚鬥志，深受感動。工聯會將始終高舉愛國愛港偉大旗幟，維護「一國兩制」行穩致遠，支持政府依法有效施政，切實維權，勇於擔當，維護社會穩定，推動高質量發展，以新工運奮進新征程，為香港「由治及興」，強國建設，民族復興，團結奮進，再立新功！

大灣區青年就業計劃支援服務暨大灣區就業機遇主題講座

2023年6月11日

尊敬的何啟明副局長、梁宏正副局長、梁毓偉主席、嚴偉初經理，各位嘉賓、同學、媒體朋友：

大家下午好！

歡迎蒞臨「大灣區青年就業計劃支援服務啟動禮暨大灣區就業機遇主題講座」，感謝大家對活動的支持！也請允許我藉此機會，謹代表工聯會大灣區社會服務社，感謝政府的信任與肯定，讓灣區社有幸參與承辦大灣區青年就業計劃支援服務，這次與勞工處、香港青年聯會合作推進，也是非常榮幸和愉快，讓我們發揮所長，助力灣區建設，以實際行動響應「二十大」精神的號召，向著「十四五」規劃及「全國兩會」擘劃的美好藍圖，砥礪奮進！

一人拾柴火不旺，眾人拾柴火焰高！在此也要一併特別感謝提供支援服務機構，分別是：香港管理專業協會、香港仲裁師協會、羅兵咸永道中國控股有限公司、廣州美利天律師事務所。衷心感謝大家的付出和支持！

各位，大灣區青年就業計劃，是特區政府在2021年試行的一項措施，收穫到非常正面的反饋，工聯會也向本屆政府首份《施政報告》建議繼續推行該項計劃，也都樂見政府接納建議，並於2023年開始恒常推行該計劃，讓更多青年受惠，也能為強國建設，實現香港由治及興，培養更多優秀人才。

青年發展和大灣區融合，一直都是工聯會著力推進的重點工作。工聯會很早便在廣東省多個城市設立內地諮詢服務中心，時刻緊貼社會發展的脈搏，從政策倡議到實際協助，發揮工聯會人大政協、立法會議員，以及服務網絡的作用，切實服務內地港人、港生，解決各類問題，讓大家順暢便捷的展開灣區生活。近年，隨著越來越多的香港學生選擇內地升學，工聯會內地諮詢服務中心與大灣區內地城市的地方政府、企業等聯手合作，參與並舉辦了多場針對內地港生的招聘會。

2021 年初，工聯會成立大灣區社會服務社，與工聯會六間內地諮詢服務中心互為支撐，更加全面系統地推進大灣區工作，這也是「新時代工運」事業的一項重要部署。今次受到政府委聘，深受鼓舞！一定會與香港青年聯會緊密合作，一起做好支援服務，讓該計劃發揮出最大的價值！新一期計劃面向 2021 至 2023 年完成本科或以上課程的畢業生，合資格人士有機會受本地企業派駐大灣區內地城市工作或接受在職培訓的機會。相信以我們的經驗與熱忱，一定能夠幫助更多有志投身大灣區建設的優秀香港青年，把握機遇，貢獻國家，實現自我！

我看到現場有參與活動的青年朋友們，特別想和大家交流幾句。今年的全民國家安全教育日，夏寶龍主任親臨香港，在開幕典禮的致辭中，特別講到，國家相信，廣大香港青年必將成為有為的一代、值得驕傲的一代，希望青年都能找準自己的定位，瞄準自己的目標，走好自己的人生之路，以愛國愛港老一輩為榜樣，追逐夢想、奮力打拼，為自己的未來、為香港的未來、為祖國的未來唱響美妙動聽的青春之歌。

習近平總書記更是向來重視青年工作，他曾多次講到，青年強，則國家強，指出「當代中國青年生逢其時，施展才幹的舞台無比廣闊，實現夢想的前景無比光明」。

各位，我們有責任讓香港青年樹立正確的國家觀、人生觀和世界觀，正確認識國家發展的歷史進程，看到國家發展蘊藏的重大機遇，幫助青年一代站上新時代的廣闊舞台，承擔起民族復興的歷史使命！

今天的啟動禮，已經邁出了非常有意義的一步，工聯會「新時代工運」，以「共建共榮，共享共贏」為號召，其中就包含「為灣區注入活力，為祖國貢獻青春」。我們鼓勵政府靈活應變，激發活力，充分發揮自身優勢，為香港青年在粵港澳大灣區建設中，謀劃更為廣闊高質的發展空間，新時代愛國工運事業，必定要扎根香港，建設灣區，積極支持與協助香港在灣區建設中擔當好重要引擎角色，同時也在灣區建設中增添新發展動能！

青年向未來，機遇在灣區，再過幾天就是父親節，無論是作為一位父親，還是一位前輩，我都真誠的希望更多的年輕人見識到大灣區的魅力，分享到國家昌盛、民族復興的偉大榮光！

最後，再次感謝各位官員、嘉賓、同學、媒體的到來，感謝所有為這次項目鼎力相助的朋友！預祝活動圓滿成功，提前祝大家父親節快樂！謝謝各位！

香港福建社團聯會座談會

2023 年 6 月 27 日

尊敬的周祖翼書記、施清流會長，各位領導，各位來賓：

大家好！

首先，非常歡迎周書記一行，來到香港考察。作為閩籍港人，這些年見證著家鄉發展越來越好，深深地感到驕傲。同時，也在不斷的思考，如何推動港閩進一步加深合作，推動港閩合作高質量發展，不僅能夠更好地服務相親，更是要齊心協力，為中國式現代化建設作出貢獻！「二十大」報告指出，要擴大愛國統一戰線，要團結海內外愛國力量，共同為國家繁榮穩定統一作出貢獻。香港作為特區責無旁貸，福建與台灣隔海相望，同宗同源，更是責任重大！所以，我堅信港閩合作一定大有所為，也必須勇擔使命，做出成績！

以下是我的幾點思考，請各位領導指正。

一，關於福建高質量發展，要以國家整體發展要求為方向。早在 2021 年習近平總書記到福建考察時，就指出福建要在服務和融入新發展格局上展現出更大作為，奮力譜寫全民建設社會主義國家福建新篇章。習近平強調，推動高質量發展，首先要完整、準確、全面貫徹新發展理念。在加快建設現代化經濟體系上取得更大進步，在服務和融入新發展格局上展現更大作為。我認為，在建設現代化經濟體系上，「一國兩制」下的香港無疑是福建值得交流研究的對象，建議福建政府分批派員到港考察調研，對比

2023 年 6 月 27 日，福建省委周祖翼書記來港，與閩籍各界人士舉行座談會。

分析，以習近平新時代中國特色社會主義思想為指引，為福建建設現代化經濟體系注入新動能，努力打造國內標杆示範城市。

二，關於港閩經貿合作，要以優勢產業為抓手。福建是一個會講故事，也適合講故事的省份。獨特的人文氣質和茶文化，以及自然風光，都是發展旅遊業得天獨厚的優勢。除了傳統的旅遊產業，還有美食遊。這個月初舉辦的家鄉市集效果不錯，相信以後香港政府、鄉團也會搭建更多的平台，把家鄉特色引入香港，建議省政府保持關注，借助這些機會，講好福建故事，帶動經貿合作。另外，福建省工業經濟的兩大「壓艙石」之一——鋰電新能源，也有潛力與香港合作。香港不僅要做用家，更要做推廣者，要利用好香港面向世界的櫥窗作用。特區政府 2021 年公佈《香港氣候行動藍圖 2050》，以「零碳排放．綠色宜居．持續發展」為願景，提出香港應對氣候變化和實現碳中和的策略和目標。新能源發展也在政府施政報告中有所著墨，都值得省政府領導關注。

三，關於社團建設，要以服務群眾為依託。福建社團聯會在回歸後，為「一國兩制」行穩致遠，為愛國愛港事業所做出的成績和貢獻，有目共睹。香港約有 120 萬閩籍鄉親，佔香港人口大概六分之一，凝聚好閩籍港人，是維護好社會穩定的重要工作。福建社團的成績也與福建省領導的支持密不可分，所以，我認為社團建設要注重兩點，一是服務好香港的福建鄉親，二是發揮推動港閩聯通互動的作用。例如，進一步加強完善服務機制及措施；每年舉辦香港閩南文化節，增強閩籍港人對家鄉的歸屬感，也能有助於在香港的台灣市民尋根，向世界宣傳海峽兩岸一家親。

最後，向周書記提前報告一下，下個月，我將參加立法會主席組織的福建考察團，到訪福州和廈門。我非常期待這次的考察，有一種以主人家姿態陪同議員同事們考察的心情，很期待，也很驕傲。

再次歡迎和感謝周書記一行專程來港，也感謝香港福建社團聯會今天的邀請。以上是我的發言，感謝各位！

創知中學 2023 年畢業典禮

2023 年 7 月 8 日

尊敬的齊忠森校監、黃晶榕校長，各位來賓、老師、同學們：

大家好！

感謝創知中學的邀請，讓我有幸參與這一重要時刻，首先，我要祝賀各位同學順利畢業，通過自己的努力，邁向更高的人生階梯。同時也要感謝各位老師的辛勤培育，您們的教導不僅為學生的個人發展奠定了重要基礎，也是為香港和國家培養人才，國家興盛才能實現教育自主，教育也有責任為自己的國家培養人才，我國正進入全面高速發展階段，提出科教興國戰略，我們要掌握主動，參與建設，實現自我，為中華復興貢獻力量！

創知中學的前身是勞工子弟中學，1946 年由 21 間工會發起組成港九勞工子弟教育促進會，並創辦第一間勞校，這也成為 1948 年，工聯會誕生的基礎。勞教會的骨幹前輩，很多都是在日本侵華期間，北上參與抗日，返來香港成立工會，支持香港重建，是載入史冊的愛國愛港骨幹，他們為創知中學和工聯會奠定了愛國基因。

創知中學為解決回歸前基層勞工子弟讀書苦難而成立，一路發展至今，服務對象已經不分階層。以「積極、誠懇、求真、創新」為校訓，致力於培養學生具備「平民本色，精英氣質；民族情懷，世界視野」。這些優秀品質，是創知中學除了知識以外，傳授給同學們的寶貴精神財富，必將受用一生。

今天我主要從「愛國」和「愛己」兩方面和大家分享一些體會。

同學們，我們的國家是中華人民共和國，上世紀初遭受西方侵略，受盡磨難，中國共產黨帶領各族人民浴血奮戰，貧苦大眾得以翻身，成立新中國，從此人民成為國家的主人！1949年建國以來，在黨中央的領導下，在全國人民的共同努力下，實現了從站起來，到富起來，再到強起來的重大飛躍，取得舉世矚目的成就，靠的正是每一個人的努力，一點一滴匯聚成新時代的強大力量。現在，是歷史上最接近中華民族偉大復興之時，同學們生逢其時適逢其會，在這個知識大爆炸的時代，一定要把握自主學習的大好時機，多聽多看多嘗試多思考。

中國人之所以能夠成就偉大，其中一個重要的原因，是培養了很多的平民精英，英雄不問出處，只要腳踏實地、敢拼肯幹，就能在中國這片土地上收穫成功，這也是新時代中國夢的魅力所在，是屬於我們每個中國人的驕傲！所以，愛國不僅是公民義務，更因為我們的祖國是一個值得愛、值得為之奮鬥終生的國家，希望同學們主動了解國情，掌握國家發展脈絡，把握中國式現代化強國建設的重大機遇！

「人人有機會」是社會公平公義，「行行出狀元」則要靠自身的努力。如果同學們覺得「為中華民族偉大復興而奮進」太過宏觀，那麼「為實現自身價值而不懈奮鬥」則具體得多。事實上，我們每一個人都與國家是命運共同體，所以愛國家也就是愛自己，習近平總書記說過「青年強，則國家強，青年興，則國家興」，只要我們樹立正確的價值觀，立志成為對社會有貢獻的人，無論我們從事甚麼行業，經營哪個領域，做前線還是管理，實業還是科技，都能實現自身價值，同時也在推動社會進步，利國利民。

所謂「愛己」，就是不要小看自己，要尊重和珍惜自己參與勞動的權利。過去三年的疫情改變了很多，很多青年變得不願意工作，甘願躺平，很多工作需要年長的人去承擔，更甚則需要輸入外勞，香港也存在這樣的情況，實在不樂觀。我是工會工作者，同學中也有工會子弟，我們在勞顧會、立法會層面不斷推動政策改革，維護勞工權益，尊重勞動價值，激發勞動熱情，實際上是在推動一種價值觀。我真誠地希望創知中學的畢業生能夠熱愛勞動，甘於奉獻，不斷探索，勇於創新，都能收穫豐盛、幸福、成功的人生！

最後，祝同學們鵬程萬里，一帆風順！謝謝大家！

工聯會「造星計劃」迎新分享會

2023 年 7 月 10 日

尊敬的中聯辦社工部周蔚副部長、中聯辦人事部王相振調研員、新入職的同事們，以及各部門代表：

大家早晨！

經過過去一段時間的共同努力，今天，各路英才匯聚工聯會，這是一個充滿朝氣、令人振奮的日子，我謹代表工聯會全體同仁，對各位新鮮滾熱辣的工聯新丁表示熱烈的歡迎，希望大家都能砥礪奮進，不負韶華！同時，也對各部門代表及來賓，對工聯會的信任與支持，表示衷心的感謝！

今年，適逢工聯會成立 75 周年，我們在全港組織了一系列的慶祝活動，致敬歷史，激勵新人，弘揚愛國愛港、團結僱員、維護權益、服務市民、推動社會進步的工聯精神！工聯會歷史深厚，系統龐大，業務範圍廣泛，共有 252 個工會，會員人數超過 41 萬，是香港最大的勞工團體，以「愛國、團結、權益、福利、參與」為方針，以「支持合作，批評監督」為原則，支持特區政府依法有效施政。2021 年初，因應香港局勢變化和發展需要，工聯會提出「新時代工運」主張，以「共建共榮，共享共贏」理念，回應新時代新思想，為香港愛國工運發展，把準方向，訂立目標，也為香港由治及興注入工運新動能。

工聯會非常重視人才培養，愛國工運事業從來都有人才出！百餘年前，震驚海內外的香港海員大罷工，為中國革命事業培養了核心骨幹，提供了寶貴經驗；1980 年代，工聯會積極參與回歸事務，為「一國兩制」、香港平穩過渡，出謀劃策，保駕護航；確定回歸後，工聯會主動轉型，積極參政，將勞工聲音帶入政府、立法會；2019年黑暴時，工聯會高舉愛國愛港旗幟，展現愛國者真本色，發揮穩定社會的重要作用，帶頭與反中亂港份子作鬥爭！多年來，工聯會為香港培養了很多優秀的工運人才、政治人才。目前，我們有2位全國政協委員、1位全國人大代表、2位工聯背景的政府官員、1位非官守行政會議成員、7位立法會議員、5位區議會議員、1位勞顧會代表及政府各諮詢架構委員，還有多個內地省、市、區政協委員，以及50多位18區社區幹事。在接下來的區議會選舉中，工聯會將全力以赴，積極參與，不拘一格培養人才，為新工運壯大隊伍，增強體魄，確保全面貫徹落實愛國者治港原則！

這次「造星計劃」人才培養項目，工聯會大力投放資源，精心策劃，嚴格選拔了四十多名培養對象。我們詳細制訂培養計劃，在接著下來的兩至三年內，將安排到各工會、地區、議員辦事處、福利服務、慈善機構等進行為期數月至半年的輪崗訓練，經過全過程輪訓後，基本在工聯會這個龐大系統內得到歷練。「玉不琢不成器，人不學不知道」，其間經過千錘百煉，披沙揀金，能經得起考驗的，是為明日之星，將得到長期聘用。所以各位新丁，希望大家要珍惜機會，堅定理想信念，胸懷家國，勤奮拼搏，提升各種能力水平，錘煉品德修養，努力成為工聯會工運事業的接班人！

各位，新時代新工運大有可為，新青年新起點適逢其會。香港回歸26年，新政府團結各界，同為香港開新篇，國家「二十大」勝利召開，在黨中央的帶領下，踏上強國建設、民族復興新征程！從此，每向前一步，都是更靠近偉大復興的重要一步，何其有幸，我們是偉大時代的締造者。今天，我要以「建功新時代，奮進新征程」寄語工聯新丁，我相信，只要大家不忘初心，胸懷人民，假以時日，一定「新丁」變「新星」！習總書記說過：「青年強，則國家強；青年興，則國家興。」同樣，工聯會需要心繫基層群眾的青年力量，新工運要靠志存高遠的年輕一輩來推進，再一次誠摯地歡迎大家加入工聯會大家庭，祝福各位都能在「新時代工運」事業中實現理想，為中華民族偉大復興貢獻力量！

謝謝大家！

工聯會砥礪奮進 75 周年系列活動
——「青」談工聯暨虛擬博物館啟動禮

2023 年 7 月 20 日

各位工聯會、工會、地區的兄弟姊妹，各位來賓：

大家好！衷心感謝各位蒞臨「工聯會砥礪奮進 75 周年系列活動——『青』談工聯暨虛擬博物館啟動禮」！今日，參與活動的有各工會、地區服務處負責人，工聯會立法會議員，以及工會青年代表，可見工聯會業務蓬勃，人才輩出，75 載正年輕！

工聯會成立 75 年以來，高舉愛國愛港偉大旗幟，堅守初心，團結群眾，切實維權，勇擔使命，敢於鬥爭，在不同的歷史階段，始終與祖國同心同行，並肩作戰！也正是這些寶貴的經驗和品質，讓我們的工運事業迎風破浪，創造輝煌！

今年我們推出了一系列會慶活動，其中的重頭戲之一就是整理出版了《砥礪奮進——工聯會 75 周年歷史圖文集》，圖文集記錄了工聯會從港英時代到回歸祖國至今，一代代工聯人用心血、汗水和生命共同寫下的波瀾壯闊的香港愛國工運史。這次到書展舉辦推廣活動，也是想讓更多人認識和了解工聯會的故事，共同講好香港愛國工運的故事！

回歸前，工聯會團結工友反帝反殖，反壓迫反剝削，為新中國建設貢獻力量！1980 年代，香港主權回歸祖國，工聯會及時轉型，全力支持「一國兩制」，積極參政為勞工，逐步形成了「愛國、團結、權益、福利、參與」的方針。回歸後，工聯會提出「支持合作、批評監督」，處理與特區政府的關係，以主人翁精神支持政府依法有效施政，不斷完善勞工政策，維護勞工權益，與社會同步，與基層同心！

目前，工聯會有 252 個屬會及贊助會，41 萬會員，有工人醫療所、優惠中心、職業再訓練中心等，服務網點遍佈 18 區。能取得今天的成績，是一代代工聯人，繼承了前輩們的寶貴精神，毋懼艱辛，甚至是生命威脅，堅持以人民為中心，為勞苦大眾、廣大僱員切實維權，竭誠服務。工聯精神是無數前輩奉獻一生鑄就而成，也必將凝聚更多的有志青年，將火熱的青春奉獻給愛國工運事業，繪製出人生的華彩！

事實上，工聯會一直非常重視青年發展和人才培養。早於 1970 年代成立「工聯會青年事務委員會」，成員為來自各行業工會的青年工作領袖，除了制訂工聯會青年工作政策、培育青年人才、推動各工會開展青年工作外，青委每年亦會開展各類有益身心的健康活動，同時積極與社會各青年團體交流合作，共同探索香港青年工作的目標和政策，致力為青年人提供平台，開拓空間，鼓勵積極的生活態度，啟發更多的思考和探索，為他們建立有抱負、有承擔的價值觀。同樣，工聯會和屬會也一直著重培養青年人才，有不少青年在屬會中擔任重要職位，成為工運事業接班人。

目前工聯會有兩名全國政協委員、一名全國人大代表、一名行政會議非官守議員、七名立法會議員、五位區議會議員、一名勞顧會代表及政府各諮詢架構委員，在愛國治港新時代，必定努力提升參政、議政水平，以「新時代工運」的「共建共榮，共享共贏」理念，團結各界，以「二十大」精神為根本遵循，支持、協助政府依法有效施政，落實習近平主席對香港的「四點希望」。為此，工聯會將更積極參與各級選舉，積極爭取加入諮詢和政府架構，以期從政策決策層面表達勞工訴求，維護僱員權益，建設人人有機會的和諧共富社會。

等下我們還有一個與青年對話的環節，讓我們透過青年視角，再讀工聯故事，相信又會別具新意！在此之前，我要先完成一個任務，就是介紹我們首次推出的「虛擬博物館」，以後就可以透過網上隨時隨地重溫工聯會的故事。

虛擬博物館以我們工人俱樂部的九樓禮堂實景作為背景，讓工聯人一進去就會覺得非常親切！

內容主要分為歷史展板和文物區兩大部分。歷史展板方面，內容與我們的 75 周年圖文集一樣，將工聯會 75 年來的歷史，分成三大時期去展示，有不少圖片和文字紀錄，展現了工聯會在「愛國、團結、權益、福利、參與」等方面的工作。而近年發生的大事包括《港區國安法》立法、百年黨慶、防疫抗疫工作、大灣區發展等，都以專題展板的形式呈現，讓市民更集中了解到近年發生的大事。

文物展區方面，則展示了二十多件來自工聯會、工會和服務單位的珍貴歷史文物，全部都是以 3D 掃描的形式將實物在網上重現。每一件文物的背後，都有著重大的意義，以及與工聯會甚至是香港歷史息息相關的故事，當中承載著不少工會前輩們的心血和汗水，非常值得一再回味細看。

今日，我們推出「虛擬博物館」，大家只要掃一掃特定的 QR CODE，就可以透過電腦、手機等智能設備，線上遊覽工聯會「虛擬博物館」。

各位，銘記歷史，永葆初心，不負時代，砥礪前行。下半年還有仍有幾項工聯會 75 周年大型活動即將舉行，8 月底有中央圖書館歷史文物展覽，9 月中將舉行文藝晚會。屆時歡迎大家積極參與！也請廣大市民打工仔繼續支持工聯會，和工聯會一起奮進新工運，建功新時代，推動香港由治及興，實現中華民族偉大復興！

奮勇共進新時代，服務市民走在前
—— 工聯會 75 周年歷史文物圖片展

2023 年 8 月 31 日

尊敬的楊潤雄局長、羅建君部長、何啟明署理局長、施榮懷全國政協常委，各位社團領袖、學校代表、工聯前輩、工會兄弟姊妹，各位來賓：

大家下午好！衷心感謝各位來賓蒞臨今天的「奮勇共進新時代，服務市民走在前 —— 工聯會 75 周年歷史文物圖片展」。今年是工聯會成立 75 周年，我們出版《砥礪奮進 —— 工聯會 75 周年歷史圖文集》並陸續舉辦了多場盛大的慶祝活動，包括在商場舉辦展覽、在會展舉行酒會、在社區舉行嘉年華活動、展開全港腎健康檢查活動、進行全港會務推廣宣傳活動；有眾多前輩們參與的「向前輩致敬」活動，也有面向青年人的「青」談工聯書展活動等等。下月中，我們還會在伊館舉辦大型文藝晚會，精彩節目接踵而來，讓人期待。特別一提是整個系列的會慶活動首次運用不同的新元素，務求以全新面貌向社會述說工聯故事，為市民提供更好服務，例如是次展覽就首次引入 AR 科技打造「AR 互動區」，相信會為大家帶來不一樣的體驗。

我們通過這些大大小小的活動，回顧了工聯會砥礪奮進 75 年發展歷史，特別是前輩們打下的基石，他們不畏艱難的精神一直感染著我們，鞭策著我們要不忘初心，回應時代訴求，為勞工、為基層服務。而工聯會將由一代又一代的年青人薪火相傳，與時俱進，繼往開來，推動香港工運的發展創新。

承傳工聯未來，砥礪奮進，薪火相傳。今天，我們有十多位來自創知中學的同學為我們擔任展覽的宣傳大使。早在工聯會成立之前，社會百業待興，勞工失業、失學問題嚴重，工會前輩透過勞教會籌款建立勞工子弟學校（創知中學前身），及時解決當時勞工子弟的教育問題，也為工聯會的誕生打下了基礎。在工聯會成立之後，也多次為勞校的校舍興建和辦學發展舉行大型的籌款活動。今次有十多位來自創知中學的同學主動報名加入我們宣傳大使的行列，讓我們見證工會精神的傳承，感受工聯的溫暖感情。我相信這班年輕人，會用真心、實際行動，將工聯會愛國工運精神演繹出新時代風範，團結一切可以團結的力量，讓打工仔的聲音，在新時代收穫更有力的迴響！另外，我們在各工會、地區也招募八十多位宣傳大使，就著工聯會 75 周年的日子為我們講好工聯人、工聯事，推動萬千打工仔推動香港高質量發展，更好融入國家發展大局。

習近平主席在香港慶祝回歸祖國 25 周年大會上發表重要講話，對香港提出「四個必須」和「四點希望」。工聯會將積極回應新時代號召，繼續堅定立場，為市民提供優質、貼心的服務，培養更多的工運人才，凝聚更多的有志青年，將火熱的青春奉獻給愛國工運事業，活出高光人生，一起翻開工運新篇章，為實現中華民族偉大復興，共同繪就國家發展宏偉藍圖！

工聯會 75 載篳路藍縷，崢嶸歲月，工聯光輝的歷史由每位工聯人所創造，向每位工聯人致敬，向每份拼搏、投入、奉獻致以崇高的敬意！展望未來，我們要在前輩積累的寶貴經驗中再創新猷，不斷進步，有新作為大作為！我們要在「新時代工運」的號召下團結各界，廣交朋友共同推進香港「一國兩制」行穩致遠，社會長期繁榮穩定，讓「興」動能生生不息，源源不絕，市民有盼頭！有奔頭！全面實現「共建共榮，共享共贏」！為國家實現第二個百年目標奮鬥、奮鬥、再奮鬥！多謝各位！

慶祝國慶 74 周年暨工聯會 75 周年《心懷家國香江情》文藝晚會

2023 年 9 月 17 日

尊敬的陳國基司長、何靖副主任，各位政府官員、社團領袖、團體代表，各個演出單位、工會兄弟姊妹，各位來賓：

大家晚上好！歡迎各位出席今晚「慶祝國慶 74 周年暨工聯會 75 周年《心懷家國香江情》文藝晚會」，非常高興能與各位聚首一堂，欣賞精彩的節目。

今年是工聯會成立 75 周年，由年初開始，我們舉辦了一系列慶祝活動，包括：「服務市民走在前」系列行動啟動禮，「75 周年歷史文物圖片展」，在全港各區舉行「關愛探訪行動」、「全民腎健康推廣運動」、「嘉年華活動」等；同時亦出版了《砥礪奮進 —— 工聯會 75 周年歷史圖文集》，都是要借此機會講好工聯故事，更是表達工聯會堅守初心，繼往開來，服務市民走在前！

文康活動始終是工會服務工友的傳統項目。工聯會和屬會在各個不同的歷史時期，都因應社會的發展和會員群眾的需求，創辦和展開各種形式的文康活動，以增進工人身心健康，凝聚會員，團結群眾，鍛煉和培養了工作人員促進了工會的發展和壯大。

這其中尤為經典的是 1978 年開始連續舉辦六次工人歌唱比賽，在歷屆歌唱比賽中均邀得本港及內地音樂界知名人士擔任顧問和評判，並於電台及電視台直播，盛況空前。憑一首《我的中國心》紅遍大江南北的張明敏先生就曾獲得 1979 年流行曲獨唱冠軍。工聯會和屬會開展各類文娛體育活動凝聚了大量的會員和工友，工聯會和屬會的負責人中不少都是當年會議於工會文娛康體活動的年青人。

文娛活動也是工會聯繫會員朋友重要平台，也是廣大打工仔豐富業餘文化生活的首選，深受歡迎，相信在座不少嘉賓朋友，都有參與過我們各式各樣的課程和班組。這些市民喜聞樂見的活動，也凝聚了不少專業的藝術愛好者，大家群策群力，積極參與提升了演出的整體水平。與此同時，我們還把文化藝術推廣至社會各個階層，對普羅藝術的發展貢獻力量。每逢工會會慶、嘉年華、文藝匯演等活動，不同興趣班組都會義不容辭地參與支持，在舞台上傾力演出。正如今晚的文藝晚會，除了有我們班組的參與，還有藝人演唱、步操樂隊、樂器獨奏、青少年粵劇等等，節目豐富，我就提議大家給些掌聲，鼓勵一下我們的表演者！

工聯會會歌有一句「與社會同步，與基層同心，時代裏奮勇共進」，正正唱出工聯會與廣大市民同舟共濟、風雨同行的工聯精神。工聯會 75 年，堅守著「愛國、團結、權益、福利、參與」的方針，高舉愛國愛港旗幟，堅持不懈為打工仔爭權益，為市民謀福祉，為全面貫徹「一國兩制」行穩致遠、保持香港繁榮穩定貢獻工運力量！

無論是辦學校、建醫療所，還是成立業餘進修中心、地區服務處、內地諮詢服務中心和大灣區社會服務社，以及反黑暴和抗疫工作，工聯會在不同的歷史階段都力求做到「民有所呼，我有所應」，服務市民工友，始終走在最前面。現在社會加緊復常工作，在香港進入由治及興的新發展階段，我們也希望透過舉辦各式各樣的會慶活動，豐富會員市民的文化娛樂生活，以喜聞樂見的文藝形式，為新時代建設鼓動加油，增添精神動力！

最後，再次感謝各位嘉賓好友蒞臨參與支特，也感謝各個表演單位的傾力演出。還有不到半個月就是中秋節，緊跟著就是國慶節，祝願各位中秋人月兩團圓！祝願國家富強昌盛，香港的發展更加美好，在座各位身體健康、萬事如意。謝謝大家！

2023 年 9 月 17 日，工聯會《心懷家國香江情》文藝晚會。

堅持「愛國者治港」，完善地區治理

2023 年 10 月 31 日

尊敬的李家超特首、鄭雁雄主任，各界代表領袖、各位來賓：

大家好！

新一屆區議會選舉將在 12 月 10 日進行投票，這是完善地區治理，重塑區議會的最後一公里「路程」，在這個重要時間節點上，特區政府召開研討會，進一步討論改革區議會的一系列問題，讓市民加深認識新區議會的重要性和優越性，很有必要。今天研討會的主題是「完善地區治理 共創美好社區」。今年 5 月，區議會條例修訂正要在立法會討論前，我便發表了〈區議會的前世今生 —— 完善地區治理的必要性〉一文。當中便涉及發展優質民主的內容。

完善地區治理，其中一個重要部分，就是區議會選舉制度。古今中外的選舉制度，其最終目的都是選賢任能。各級議會的選舉制度，也理應是為了實現服務市民，為社會創造出最大價值，作出最大貢獻。

但凡選舉或選拔制度，必然需要有相應的規範和準則。古今中外，任何選舉制度都要以維護政權及建制體制為前提，所以參選人和選舉人都必須是合格本國公民，並對國家政權效忠；合格公民必然是效忠和愛國。這是放諸四海而皆準的道理，借用夏寶龍主任的話：「真心維護國家主權、安全、發展利益，不從事危害國家主權安全的活動，這是對愛國者最低標

2023 年 10 月 31 日，政府舉辦「完善地區治理　共創美好社區」研討會。講話內容發表於 2023 年 11 月 2 日《文匯報》。

準。」可是在香港，「愛國」卻曾被反中亂港份子扭曲污名化，他們是以「煽動仇恨」、「製造分裂」為己任，以破壞社會和諧與安寧向外國主子交差。以爭取「民主」為名，行分裂國家、顛覆政權之實，把香港變成實施「顏色革命」的橋頭堡，嚴重衝擊國家《憲法》和香港《基本法》確定的憲制秩序，危害國家安全，損害香港繁榮穩定。反中亂港份子正正就是破壞香港民主發展的禍亂之源。2019 年產生的區議會就是活生生的反面教材。

所以，區議會的改革必須落實。接下來，我具體談五點。

首先，愛國者治港原則讓反中亂港者出局，是實質民主得以發展的政治基礎。

民主最終極的目的和初心，是要達到良政善治，滿足市民的需要，回應市民的訴求。所以，如果一個制度，所選出來的人，脫離市民的需要，只是為小部分人服務，甚至只是謀取自身的政治籌碼和私利，這樣便稱不上是真正的民主。我們看到西方所謂的兩黨政治或多黨政治，最終不是為人民服務，而更多淪為黨派之爭、政治酬庸，不是為自己的地方或國家的人民創造價值，而只是為自己的政黨服務。

習近平總書記說過，「民主不是裝飾品，要用來解決人民要解決的問題」，實質民主的關鍵，是以人民為中心，是以服務人民為己任。所謂「實質」，說的就是市民享有的服務和福祉，享有權利和參與的全過程，而非單純只是投票權。選舉和選票最終必須能轉化成對市民的負責和對民生訴求的回應，讓人民安居樂業，有更高的獲得感、幸福感和安全感。所以，香港需要堅決落實愛國者治港原則，不斷鞏固實質民主得以發展的政治基礎。

第二，新選舉制度優中選優，是優質民主發展的制度保障。

新的選舉制度讓區議會回歸《基本法》所規定的職能，專注民生經濟發展，協助政府落實地區治理，達至良政善治。當愛國者治港成為必然，市民就可以對參選人提出更高要求，參選者之間比能力、比擔當，當選者團結一致推動地區發展，更好地解決市民面對的地區問題。

優質民主發展的關鍵，是要能通過制度選出德才兼備的愛國愛港人士。「德」是忠誠、擔當；「才」是能幹事幹成事的能力，只有優中選優，選出德才兼備的優秀人才為市民服務，時刻維護香港的繁榮穩定，才能確保社會向優質民主發展。

第三，新選舉辦法合理、正當，凸顯優越性。

昨日區議會選舉報名剛剛截止，報名情況顯示，各區都競爭激烈，油尖旺南至少六人競爭。

事實上，有意參選者，如果本身持續在地區服務，有一定的政績，便能獲得「三會」總共九個提名，「三會」成員便是通過提名去考察有意參選者，聽其言，觀其行，為市民把好關，為選出真正有心服務和植根地區的人才，這就是新選舉辦法的正當性和優越性所在。

第四，香港地位獨特，民主發展要與「一國兩制」相適應。

香港的發展，離不開中央支持，離不開「一國兩制」。地區治理，既要愛地區、愛香港，也要愛國家。香港的民主發展，必須要與「一國兩制」相適應，必須對國家有充分和正確的認識和理解。香港在英國殖民統治下，根本沒有民主可言，而香港今天享有的民主發展，是國家《憲法》和《基本法》所賦予。正如《「一國兩制」下香港的民主發展白皮書》中所說：「根據『一國兩制』方針，香港特別行政區作為直轄於中央人民政府的地方行政區域，其政權的組織與運行必然同樣遵循民主原則，實行民主制度；同時，香港特別行政區可以根據實際情況建設具有自身特色的民主制度。」

我們也要認清只有堅持「一國兩制」，才能發揮香港的獨特性，才能確保香港的民主道路有健康、理性的發展，才能發展出具香港特色、符合香港憲制地位和實際情況的民主制度，讓香港的民主發展重回正確軌道。

第五，堅定香港特色民主道路自信，實實在在為港人謀幸福。

香港的民主道路，要以團結香港、造福全體市民、為港人謀幸福為依歸；區議會的好壞我們最有切身感受，制度的完善自必靠自己，絕不能假手於外國。在新制度下，重塑後的區議會引入區議員履職監察機制，表現欠佳和違規者可被懲處，對行為表現不符合公眾期望的區議員啟動調查，以加強區議員的問責性及工作透明度。可以預期，新一屆區議會的表現將會大幅改善，市民將可享有更好的地區服務，讓政府的地區工作有更好的支援，這就是全過程人民民主的體現。我對新制度非常有信心，我們有理由對香港特色民主道路有自信，能夠為廣大市民謀福祉，使一國兩制行穩致遠！

以上分享，請多指正，謝謝！

A14 ◆責任編輯：張卓立

文匯論壇

香港文匯報
2023年11月2日(星期四)

堅持「愛國者治港」 完善地區治理

新一屆區議會選舉提名期已結束，特區政府舉辦「完善地區治理 共創美好社區」研討會，特首李家超和中央政府駐港聯絡辦主任鄭雁雄出席並分別致辭和作交流分享。鄭雁雄的分享深刻把握完善地區治理的政治邏輯、歷史邏輯、法理邏輯、實踐邏輯，闡釋了「愛國者」的原則標準，讓社會各界及廣大市民更深刻了解全面貫徹落實「愛國者治港」原則，是「一國兩制」的應有之義和有利香港制度優質發展的必然要求。堅持「愛國者治港」原則，完成區議會選舉，走完重塑區議會的「最後一公里」，意義重大。在此重要時間節點上，進一步討論改革區議會的一系列問題，讓市民加深認識完善地區治理的重要性和優越性，很有必要。

吳秋北 工聯會會長 全國人大代表

但凡選舉或選拔制度，必然需要有相應的規範和準則。古今中外，任何選舉制度都要以維護政權及建制體制為前提，所以參選人和選舉人都必須是合資格本國公民，並對國家政權效忠；合資格公民必然是效忠和愛國。這是放諸四海而皆準的道理，借用國務院港澳辦主任夏寶龍的話，「愛國者必然真心維護國家主權、安全、發展利益」；「不從事危害國家主權安全的活動，這是對愛國者最低的標準」。可是在香港，「愛國」曾經被反中亂港分子污名化，以爭取「民主」為名，行分裂國家、顛覆政權之實，把香港變成實施「顏色革命」的橋頭堡，嚴重衝擊國家憲法和基本法確定的憲制秩序，危害國家安全，損害香港繁榮穩定。反中亂港分子正正就是破壞香港民主發展的禍亂之源。2019年產生的區議會就是活生生的反面教材。

對完善地區治理、落實區議會改革，我有五點意見。

首先，「愛國者治港」原則讓反中亂港者出局，是實質民主得以發展的政治基礎。

民主最終極的目的和初心，是要達到良政善治，滿足市民的需要，回應市民的訴求。所以，如果一個制度，所選出來的人，脫離市民的需要，只是為一小部分人服務，甚至只是謀取自身的政治私利，這樣便稱不上是真正的民主。我們看到西方所謂的兩黨政治或多黨政治，最終不是為人民服務，而是淪為黨派之爭、政治難肩，不是為人民謀福祉，只是為一己一黨謀取私利。

習近平總書記指出：「民主不是裝飾品，不是用來做擺設的，而是要用來解決人民需要解決的問題的。」實質民主的關鍵，是以人民為中心，是以服務人民為己任。所謂「實質」，就是市民享有的服務和福祉，享有權利和參與的全過程，而非單純只是投票權。選舉和選票最終必須轉化為對市民負責、對民生訴求的回應，讓人民安居樂業，有更高的獲得感、幸福感和安全感，才能稱得上實質民主。

「愛國者治港」原則在香港區議會選舉中得到全面的落實，才可徹底阻止反中亂港分子通過選舉進入特區治理架構。「愛國者」是有公認標準的，必須符合「三個真心」：必然要求真心維護國家主權安全、發展利益；真心尊重和維護國家的根本制度和特別行政區的憲制秩序；真心維護香港繁榮穩定。對愛國者的判斷，既要聽其言更要觀其行，不是喊兩句口號就能搖身變成「愛國者」。

所以，香港需要堅決落實「愛國者治港」原則，不斷鞏固實質民主得以發展的政治基礎。

第二，新選舉制度優中選優，是優質民主發展的制度保障。

改革後的區議會回歸基本法規定的職能，專注民生經濟發展，協助政府落實地區治理，達至良政善治。當「愛國者治港」成為必然，市民就可以對參選人提出更高要求，參選者之間比能力、比擔當，當選者團結一致推動地區發展，更好地解決市民面對的地區問題。

優質民主發展的關鍵，是要能透過制度選出德才兼備的愛國愛港人士。「德」是忠誠、擔當；「才」是能幹事幹成事的能力。只有優中選優，選出德才兼備的優秀人才為市民服務，時刻維護香港的繁榮穩定，才能確保社會向優質民主發展。

第三，新選舉辦法合理、正當，凸顯優越性。

區議會報名情況顯示，各區都競爭激烈，油尖旺南選區有6人競爭。

事實上，有意參選者，如果本身持續在地區服務，有一定的政績，便能獲得「三會」總共9個提名，「三會」成員便是通過提名考察有意參選者，聽其言、觀其行，為市民把好關，識別出真正有心服務和植根地區的人才，這就是新選舉辦法的正當性和優越性所在。

第四，香港地位獨特，民主發展要與「一國兩制」相適應。

香港的發展，離不開中央支持，離不開「一國兩制」。地區治理，既要愛地區、愛香港，也要愛國家。香港的民主發展，必須要與「一國兩制」相適應，必須對國家有充分和正確的認識和理解。香港在回歸祖國前，根本沒有民主可言，而香港今天享有的民主發展，是國家憲法和基本法所賦予。正如《「一國兩制」下香港的民主發展白皮書》中所說，「根據「一國兩制」方針，香港特別行政區作為直轄於中央人民政府的地方行政區域，其政權的組織與運行必然同樣遵循民主原則，實行民主制度；同時，香港特別行政區可以根據實際情況建設具有自身特色的民主制度。」

我們也要認清只有堅持「一國兩制」，才能發揮香港的獨特性，才能確保香港的民主道路有健康、理性的發展，才能發展出具香港特色、符合香港憲制地位和實際情況的民主制度，讓香港的民主發展重回正確軌道。

第五，堅定香港特色民主道路自信，實實在在為港人謀幸福。

香港的民主道路，要以團結香港、造福全體市民、為港人謀幸福為依歸；區議會的好壞我們最有切身感受，制度的完善自必靠自己，絕不能假手於外國。在新制度下，重塑後的區議會引入區議員履職監察機制，表現欠佳和違規者可被懲處，對行為表現不符合公眾期望的區議員啓動調查，以加強區議員的問責性及工作透明度。可以預期，新一屆區議會的表現將會大幅改善，市民將可享有更好的地區服務，讓政府的地區工作有更好的支援，這就是全過程人民民主的體現。

2023 年 11 月 2 日《文匯報》

立法會《維護國家安全條例草案》辯論發言

2024 年 3 月 19 日

二讀（恢復辯論）

主席，歷盡近 27 年的超長時間，就《基本法》第 23 條履行憲制責任的歷史時刻終於到來。離我最先在全國人大發聲建議讓《港區國安法》落地香港，也近十年了！我們以非法佔領、港版顏色革命等的慘痛經歷為教訓，凝聚了社會堅決立法、儘快立法的強烈共識，並以此彰顯「一國兩制」最高原則的維護國家主權、安全和發展利益。這次立法，除了落實《基本法》第 23 條，還貫徹了《港區國安法》、人大常委「五二八」決定的相關規定，更顧及總體國家安全觀，具前瞻性、有效性，能夠防範、制止、懲治一切危害國家安全的行為和活動。

主席，立法具重要性、必要性和迫切性。目前外部勢力對香港仍虎視眈眈，本地反中亂港份子，死心不息，他們勾結美英勢力謊稱民主、人權、言論和新聞自由受損，危言聳聽，製造恐慌。其實細讀條文，是次立法嚴格遵循法治、保護人權和各種合法權利的精神。同時強調，無論判罪與否，同一行為不再審，不再罰，符合一貫禁止「一罪兩審」、「雙重定罪」的做法，這也是符合普通法慣例的，也做到了嚴寬適度。

各地涉國安罪行最高刑罰比較

罪名	香港	英國	美國	加拿大	澳洲	新加坡
叛國罪	終身監禁	終身監禁	死刑	終身監禁	終身監禁	死刑
叛亂罪	終身監禁	終身監禁	—	終身監禁	終身監禁	終身監禁
公開表明意圖犯叛國罪	14年監禁	終身監禁	—	終身監禁	—	—
披露他人犯叛國罪	14年監禁	—	—	14年監禁	終身監禁	—
非法操練罪	7年／10年監禁（勾結境外勢力）	—	—	—	20年監禁	—
煽動意圖相關罪行	7年監禁／10年監禁（勾結境外勢力）	10年監禁	20年監禁	14年監禁	7年監禁	—
意圖犯指明罪行而管有煽惑性質的文件或物品罪	3年監禁	—	10年監禁	5年監禁	—	—
與國家秘密相關罪行（非法獲取國家秘密罪、非法管有國家秘密罪、非法披露國家秘密罪等）	5年監禁 7年監禁 10年監禁	—	10年監禁	14年至終身監禁	5年監禁 7年監禁 10年監禁	—
間諜活動罪	20年監禁	終身監禁	終身監禁至死刑	14年監禁	終身監禁	—
危害國家安全的破壞活動罪	20年監禁／終身監禁（勾結境外勢力）	終身監禁	20年至終身監禁不等	10年監禁	25年監禁	—
破壞電腦或電子系統罪	20年監禁	終身監禁	10年監禁	終身監禁	—	20年監禁
境外干預罪	14年監禁	14年監禁	—	—	—	—
在禁地附近作出妨礙罪	2年監禁	—	—	14年監禁	—	—
容許受禁組織在處所內集會罪	7年監禁	14年監禁	—	10年監禁	15年至25年監禁	—
煽惑他人成為受禁組織成員罪	7年監禁	14年監禁	—	10年監禁	15年至25年監禁	—
為受禁組織牟取會費或援助罪	7年監禁	14年監禁	—	10年監禁	15年至25年監禁	—
不得妨害調查危害國家安全的罪行	7年監禁	—	20年監禁	—	—	—

來源：香港文匯報資料庫

《文匯報》就國安罪行的最高刑罰比較的整理。

我這裏有一張《文匯報》的圖表，對比各地涉國安罪行最高刑罰，孰輕孰重，差異立見。美西方勢力越出聲越顯偽善可恥！

2024 年 3 月 19 日，立法會召開特別會議，二讀、三讀《維護國家安全條例草案》，工聯會立法會議員全體出席，並在會前合影記錄歷史性時刻，萬分期待投票支持通過。

主席，我本人同工聯會一貫全力支持立法，並嚴厲譴責美西方抹黑阻撓立法的無恥險惡行徑，堅決與一切反中亂港勢力作鬥爭；為了全程全力全速審議，一個多星期以來，我同其他法案委委員，廢寢忘食，日以繼夜，連日作戰，即希望儘快完成審議、通過、生效。而為了確保立法質量，我們鉅細無遺，就一個個細節提出一千多條質詢，在此要多謝連日來司、局長、副秘書長等政府代表的耐心解答，接納建議，主動提出修正案，才能有今天大會的辯論。也多謝各位同事的共同努力，真真正正體現「愛國者治港」原則下的議會新氣象，空前團結支持通過法案！

全體委員會審議

第一輪發言：

主席，在此，我要發言支持政府修正案。修正案總共九十多條，大部分經過委員討論而提出。在高效審慎的審議期間，委員討論超過一千條問題，全面優化《條例草案》。這九十多條的修正，正正體現了委員同事們的努力建言、高效高質的立法。當中有一些細節和文字上的優化，也更合乎千變萬化國安環境的修正，比如：加入對公職人員的指明，容許行政長官會同行政會議可藉刊憲指明某類人士為公職人員以禁止煽惑行為；加入對受禁組織的「影子組織」有關的罪行；延長羈留期、取消手令限期的規限以給予保安局局長更大靈活性，指明潛逃者、讓入境處處長無需處理潛逃者的特區護照申請，賦予行政長官會同行政會議，可訂立維護國家安全附屬法例的權力、國安相關人員的身份保密措施、加入有關國家安全教育的條文，以及進一步明確公務人員在協助維護國家安全上的工作等等。這些修正讓政府有更靈活的方式應對國安相關情況，讓《條例草案》得以全面優化，更好更平衡地維護國家安全。特別是有關訂立維護國家安全附屬法例，在面對突如其來的國安重大事件時尤其重要。

在國家安全事務上，國安委也應該有相應法例規定角色，法例應清晰列明。也因此，在新增的第 107A 條，列明國安委可就國安事務提出相關的意見。同時，國安委也可按照《港區國安法》的規定履行相應的職責，作出與國安事件相關的判斷、決定和跟進。這使國安委有角色、有責任，也讓本條例和《港區國安法》更好銜接，兼容互補，渾然一體。

2024 年 3 月 8 日立法會召開特別大會，就《維護國家安全條例草案》進行首讀及二讀。法案委員會全體委員隨即在下午開始召開會議，展開法案審議工作。

第二輪發言：

主席，我尤其關注國安教育部分。國安教育是另一維護國家安全的有力措施。加強宣傳教育，可強化市民維護國安意識和守法意識，並讓公眾更好理解總體國家安全觀和今次立法意義，至關重要！而政府也需要對國安教育有擔當，盡職責，有權才能有為，多謝政府接納了我的意見，增加第 107B 條，賦權，也是要求政務司司長更好統籌、監督和落實國安教育相關工作，創造更具維護國家安全的良好社會基礎。不論法例寫得如何細緻完美，公眾的理解和配合對法例的落實執行極為關鍵。社會形成維護國安的風氣，見疑即報，才能全面防範國安風險和恐怖活動，形成有機的國家安全免疫系統。我希望政府在本條例通過後，便立即開展與本條例相關的公眾教育工作，讓人都能充分理解在新條例下的角色、權利和責任，理解維護國安的重要性和好處，讓人人都成為「反駁隊」的一員，反駁抹黑，揭破歪理，主動支持和捍衛國家安全。

立法才有法可依。反中亂港份子正是深諳「無法無天」的「奧妙」。所謂「法無禁止即自由，法無授權不可為」，沒有法，他們便可為所欲為；沒有法，政府維護國安將處處受制、難有作為。經過大量的前期工作，今天，我們終於要通過立法，為國安補短板，堵漏洞。新的維護國安條例及修訂所防範、制止、懲治的對象，明確針對的只是企圖危害國家安全，和香港安寧的反中亂港份子，以及其勾結的境外勢力；犯法與否，有罪、無罪，罪犯、良民，都有更清晰界定，對市民安全和一切權利，對金融、媒體等合法活動，以至對外交往，都會有更大、更好、更全面的保障，讓海外投資香港的資本更有信心，對正當營商更為有利，確保「一國兩制」行穩致遠，香港繁榮穩定，有利於防範亂、達致興！

主席，我們一定要通過《條例草案》及修正案，我為我們開創歷史，勇擔使命，完成憲制責任感到自豪和光榮！謹此陳辭！

粵港澳大灣區工會第四次聯席會議主題發言

2024 年 4 月 9 日

尊敬的中華全國總工會職工交流中心張廣秘書長、廣東省總工會呂業升主席、澳門工會聯合總會何雪卿會長、澳門中聯辦黃華蓋秘書長、香港中聯辦周蔚副部長，各位領導、各地工會代表：

大家早上好，很高興粵港澳工會再次聚首，也很榮幸再次代表香港工會聯合會作主題發言。

今年的「粵港澳大灣區工會第四次聯席會議」由澳門工會聯合總會主辦並順利在澳門召開，會議主題是「加強粵港澳工會協作，助力灣區高品質發展」。首先，我謹代表香港工聯會衷心感謝主辦方的悉心安排，創造這樣好的機會讓我們和全總、粵港澳的工會領導以及各兄弟工會代表相聚一堂，共商合作與工運發展，增進感情，交流學習！剛才也聽取了三地工會的工作報告，我相信本次活動一定能為日後的工作增添新動力，留下美好回憶，再次感謝澳門工聯會並祝願本次大會圓滿成功。

回顧過去一年，香港工會聯合會繼續以「新時代工運」為號召，秉承「愛國、團結、福利、權益、參與」方針，實踐「共建共榮，共享共贏」理念，改革創新，砥礪奮進。

第一，維護勞工權益，壯大愛國工運。香港工聯會始終站在為勞工僱員發聲、切實維權的最前線，倡導「人人有機會」，讓每一個人都能參與社會建設，都能分享到經濟發展成果，經過多年爭取，取消強積金對沖將於明年 5 月 1 日實行，今年初，放寬連續性合約規定也達成共識，由 418 規定改為 468。同時也緊貼新發展趨勢，探索實踐新興行業的工會權益工作，要讓平台經濟從業員的合理權益得到保護，成立了服務業總工會自由工作者分會，還有改組傳統製造業成立創科產業人員協會等。去年，中國工會第 18 次全國代表大會提出「我們要始終堅持履行維權服務基本職責，不斷增強職工群眾獲得感、幸福感、安全感」，「著力解決好新就業形態勞動者、農民工、城市困難職工等重點群體的急難愁盼問題」，「持續推動構建和諧勞動關係，堅決維護好勞動領域政治安全」，為當前中國工運發展指出方向和要求，在「一國兩制」方針下，同樣值得港澳工會學習借鑒。

第二，堅持群眾路線，強化工會角色。去年是香港工聯會成立 75 周年，又是疫情過後全面復常的一年，工聯會透過會慶，推出「服務市民走在前」系列活動，以多種形式，結合新科技，與廣大勞工僱員、市民共同慶祝，一起講好香港愛國工運故事。過去一年，我們銳意發展會務，目前會員人數 42.5 萬。在工會服務方面，工聯會制訂了進一步推動和落實數字化會務策略，提升服務質量，拓展服務範疇。我們也發揮粵港澳大灣區融合發展的優勢，與港資牙科集團合作開展跨境會員醫療福利、與中資機構合作推出一系列會員優惠，為會員提供更多服務和福利。同時工聯會所屬機構大灣區社會服務社，也與香港政府緊密合作，借助灣區各個城市所長，大力推動青年發展。

第三，發揮橋樑和紐帶作用，凝聚人心，勇擔新發展使命。上個月，「全國兩會」勝利召開，重點提出發展新質生產力要求，會議期間習近平總書記下團組並發表重要講話，深刻闡述了發展新質生產力做甚麼、怎麼做。其中便講到在新發展階段下勞動者的重要性。習總書記表示：「大國工匠是我們中華民族大廈的基石、棟樑。我們要把職業教育發展好，要樹立工匠精神，把他們的待遇條件保障好。」這充分顯示出中央對職工地位和技能的重視，也是對勞動階級，在新時代使命擔當的要求和期待。弘揚「勞動精神」、「勞模精神」、「工匠精神」正是工聯會去年開始部署，今年將會逐步推進的重點工作之一，我們正在籌備五一勞動周的各項活動，以及在香港建立「先進工作者評選機制」，在此特別感謝省總工會，以及各兄弟工會對我們工作的大力支持，聽聞澳門工聯會在勞模評選方面已有經驗，所以這次我也專程來取經，同時，也希望未來粵港澳三地工會更多聯動，攜手共進，發揮各自優勢，增強交流，緊密合作，推動灣區高品質發展，為國家發展、灣區建設作出貢獻。

第四，以區議會為抓手，落實「工會 + 地區」協同發展。區議會是地區治理的重要一環，是最貼近市民群眾的組織，自然是愛國工運不可忽視的領地。工聯會堅守「參政為勞工」初心，積極參與各級選舉，在去年底的區議會選舉中突破往績，取得 43 席。在「愛國者治港」原則全面貫徹落實後，愛國工運更要當仁不讓，築牢「由治及興」的社會基礎，愛國工會組織更要配合政府依法有效施政，完成好新時代對新工運的要求，要將工會和區議會、18 區關愛隊等地區工作結合起來，將工會組織網絡透過區議會下沉到社區中去，做到哪裏有勞工傭員，哪裏有市民群眾，哪裏就有我們愛國工會的服務！

2024 年 4 月 9 日，在澳門出席「粵港澳大灣區工會第四次聯席會議」。

各位，「一國兩制」最高原則是維護國家主權、安全、發展利益。上個月我們剛剛完成了《維護國家安全條例》立法工作，為香港歷史寫下了關鍵一頁。工聯會作為愛國者隊伍中最最堅實的力量，76 年來，無論幾經艱辛，始終愛國愛港初心不變，香港回歸祖國 27 年來，工聯會堅定不移為「一國兩制」行穩致遠保駕護航。過去，香港在維護國家安全方面舉步維艱，國安漏洞讓我們付出慘痛代價，工聯會在維護國家安全有關的各個階段和環節，旗幟鮮明，從不缺席。在「立法」這片沒有硝煙的戰場上，工聯會引領愛國工運，敢於應戰，堅決鬥爭，發揮了重要作用。如今，終於履行憲制責任，完成《基本法》第 23 條立法，交出滿意答卷，未來可以更好地集中精力，發展經濟，改善民生，實現「由治及興」，為中國式現代化建設、實現第二個百年奮鬥目標作出應有的貢獻。

香港要實現「由治及興」，必須發揮「一國兩制」獨特優勢，把握粵港澳大灣區發展機遇，積極融入國家發展大局，對接「八大中心」定位，以香港所長，貢獻國家所需。而香港要扮演好在中國式現代化建設中的重要角色，更要與內地各省市，特別是大灣區內地城市強化合作，在創新研究、高等教育等領域深入合作，在發展新質生產力上下工夫、出成績，形成高品質發展的合力，共同助力灣區建設！

最後，請允許我再次表達，香港工聯會熱切期待與在座各位緊密團結，共同推進粵港澳大灣區工會建設上取得佳績。祝各位工會仝人工作順利，家庭幸福。謝謝！

2024 年 4 月 9 日，在澳門出席「粵港澳大灣區工會第四次聯席會議」。

《香港工會維護國家安全的使命擔當》講座

2024 年 4 月 13 日

2020 年，全國人大常委通過《港區安全法》，為香港維護國家安全方面的工作確立了重要基石和原則，推進了香港維護國家安全的法律制度和執行機制的健全化。至今年立法會通過《維護國安條例》，補齊國家安全短板，同時也進一步保障了香港的社會秩序和安全，讓我們愛國力量能專注拼經濟。

在維護國家安全上，社會各界皆有其功能和職責。每個界別都應仔細研究，能在新的國家安全形勢下，可以做到甚麼，可能在哪方面貢獻更多。作為工會領袖，自然也責無旁貸，要推動勞工界在國家安全上有所建樹，成為保家衛國其中之一條重要支柱。早前我有幸獲邀作為講座嘉賓，主題正是與國家安全有關，因而我把當中的內容加以整理，寫成這篇文章。

工會在理論和現實中的角色

工人階級是社會上人數最多、覆蓋面最廣的重要力量。自然地，工會也很容易成為顏色革命策動的「目標對象」，被人利用作為顏色革命的工具。從歷次的顏色革命，包括港版的顏色革命，我們清楚見到工會如何被幕後操控、被滲透，成為整場顏色革命中的重要部分，甚至作為先鋒部隊。我們必須有所警惕，時刻警鐘長鳴，特別是作為工會一份子的，更要留意。

本文是演講內容的整理，保留了口語表述風格。

工會，就是工人的組織，維護工人權益。有關工會的理論早在 19 世紀馬克思就有論述。可是在漫長的人類歷史，工會理論只有百多二百年，工會理論的出現只屬近代的事情。從理論當中，我們可弄清楚當中的各種關係。其中，1844 年的《共產黨宣言》，當中有關於工人運動的部分提到：「工人也沒有祖國。決不能剝奪他們原來沒有的東西。既然無產階級首先必須取得政治統治，上升為民族的階級，確定為民族；所以它本身暫時還是民族的，不過這完全不是資產階級所理解的那個意思。」

這段說話辯證的說明，工人究竟有祖國還是沒有祖國。最初這理論出現的時候，工人組織沒有獲得承認和肯定，需要通過鬥爭確立起社會地位。在馬克思來說，國家是階級統治的工具，所以要通過國家機器去進行統治。他的理想是，全世界的無產者聯合起來，所以他說工人無祖國。這對於馬克思來說是對的，因為通過無產階級的團結，才有可能推翻資產階級，建立由無產階級統治的沒有剝削和壓迫的社會。這是在理論層面上看。

但在現實中，不論工人還是資產階級，不論在資本主義國家還是社會主義國家，歷史告訴我們，無產階級奪取政權前，始終離不開有自己的祖國。更何況，我們國家實行社會主義制度，我們更加要樹立工人在政治上的作用。香港是中國的一部分，雖然香港實行資本主義，但我們國家領導人和中央都一直說，我們要建設內地的社會主義，也要建設好香港的資本主義。國家在主體上，是社會主義。不過，國家還是為了香港允許資本主義的存在。這就是「一國兩制」的基礎。在這層面上，我們更要強調工人階級和工會維護國家安全上的意識。

工運與社會穩定

總括來說，工人運動包括經濟鬥爭和政治鬥爭。例如國際工人協會就每日 8 小時工作的標準工作制的鬥爭，以及香港當年的海員大罷工，這些都是經濟鬥爭，因為都涉及工人待遇的問題，其中的手段就有遊行和罷工。政治鬥爭也有很多。馬克思也提到，工人應當摒棄「做一天公平的工作，得一天公平的工資」這種觀念，要鼓動無產階級團結起來奪取政權。所以按照他的說法，便要進行政治鬥爭。

中國的工人階級運動，也只是近一、二百年的事。19 世紀中葉，在一個很特殊的背景出現。當時我們受到帝國主義的侵略。近代以來，1840 年鴉片戰爭，令香港被迫割讓，被殖民統治。所以香港很早也建立起民族意識，而工運也很早便存在強烈的民族意識。雖然，口號上會說全世界無產階級聯合起來，但不妨礙談民族。近代以來，不論資本主義社會，帝國主義殖民擴張，都帶有很強的種族意識。所以在現實當中，工人階級始終要維護我們自己的民族。如果自己的祖國受到侵略、掠奪和剝削，很多時工人階級也會受到剝削。在這特殊環境和政治形態下，自然形成了工人與民族意識的互相連結和依存，互為推動和影響。工人爭取權益，向資本剝削說不，同時也是向資本支持下的帝國主義、殖民主義說不。

到了現代，時代不同，做法也不一樣。我們與時並進，不時調整，通過不同的手段去達到工運的目標。現在已形成一種穩定的、制度化的、社會化的工人運動。比如我們要去職工局登記，成為一個合法的工會組織。我們也有各種談判機制，勞資官三方的協商機制等等的制度。經過這些制度化過程進行維護勞工權益。

不論工運的形式如何、手段如何，根本的出發點，還是在於維護勞工權益。這是一個永遠不變的初心。工運的目的，從來不是要搞亂社會，製造事端，更不屑與西方霸權同流合污。我們維護工人權益，與資本剝削和霸權對抗。有時可能會影響社會運作，但影響社會運作最多只是手段，而非目的，這個影響也儘可能維持在合理、最低限度的水平。因為社會穩定，工人辛勞的成果才能獲得保障。保證社會穩定，經濟繁榮，讓人人都能靠雙手獲得有尊嚴的收入，為家庭帶來美好幸福的生活，這就是我們的初心，為人民服務的初心。

香港工運的發展

過去香港近百多二百年來的工運，經濟鬥爭和政治鬥爭相雜，始終還是以經濟鬥爭為多。其中在 1858 年、1884 年受到殖民侵略、帝國主義侵略，才會有比較多的純粹政治鬥爭。

1920 年之後，社會革命引入西方各種思潮的時候，特別是五四運動時，我們開始有一種現代工運的意識。伴隨著這種工運意識的成長和興起，我們不斷強化愛國主體。後來的香港海員大罷工、省港大罷工，一路發展起來。而省港大罷工，是純粹的政治性，因為中國人民受到帝國主義的欺負。

到 1967 年的反英抗暴，這個我們不能迴避，黑暴份子便經常刻意拿來比較，來試圖污衊工聯會或正當化自身行為。在反英抗暴期間的社會環境，工會的運作以至打工仔的情況都受到很大的壓抑，所以一有勞資糾紛，便造成社會極大的反響和抗爭，出現反英抗暴。這恰恰證明如果本身法律不健全、制度不健全，便會形成很尖銳的矛盾。所以我們見到，1967 年之後，便出現了首條的《僱傭條例》。雖然這個《僱傭條例》不是當時鬥爭的目標，但當時的港英政府也發覺，如果沒有一個制度化的法律規範，工會、群眾和政府之間的矛盾就會很尖銳。但黑暴期間的暴動和罷工，以至一連串的暴力行為，當中既沒有任何群眾基礎，也並非工人權益事件所引發，而是赤裸裸地為顏色革命服務。兩者不可混為一談。

直到 1990 年代，1997 年回歸，在「一國兩制」過程當中，香港工會力量始終是支持回歸和確保「一國兩制」行穩致遠的重大群眾基礎。因為我們始終相信，「一國兩制」的成功，就是工人階級的成功，就是對勞工福祉最佳的保障。

國家安全的重要性

「一國兩制」的最高標準、最高原則，就是維護國安主權安全發展的利益，即政權、主權、統一的領土、人民的福祉、經濟社會可持續發展等這些國家重大的利益，處於沒有危險和不受內外威脅的狀態，以及保障持續安全狀態的能力。國家安全永遠在路上，因為國家安全是動態的，要持續推進和保持安全。它的範圍很廣，如果我們沒有保護上述的措施，我們的主權、安全、發展利益將會受到威脅。

工聯會在維護國家安全上，落實《基本法》第 23 條的進程當中，26 年來從不缺席每一個環節，都是旗幟鮮明、立場堅定。2003 年我們也是站在最前線、旗幟鮮明去表示支持，從不退縮。接著的反黑暴、反港獨、反非法佔領等，我們都從不缺席。作為工會，在這些事件上，必須要站出來，因為這影響到我們打工仔的切身利益。黑暴期間，經濟活動受到嚴重窒礙和破壞，便是最好的例證。

顏色革命與國家安全

新中國成立以來，對國家安全威脅最大的因素之一，就是顏色革命。這是一種外部勢力透過與內部勾連，推動內部破壞的一種手段。在這裏，我們會談一下顏色革命慣常採用的手法。

顏色革命之父基恩．夏普（Gene Sharp）提出的非暴力政權更迭理論，羅列了 198 種手法，以實施所謂的「非暴力」顏色革命、政權更迭。其中有多達 22 種不同層次、階段的罷工，當中包括象徵性罷工、特殊群體罷工、日常產業罷工、限制性罷工和跨行業罷工等。除了罷工，還有勞工出走、勞工抵制和留守罷工等與勞工相關的手段。實際上，勞工在顏色革命的角色，就是把社會的經濟利益和運作作為政治籌碼，威脅癱瘓經濟活動來獲得政治讓步，甚至迫使政治下台和更迭。但代價是很明顯的，就是社會動蕩、經濟癱瘓，是一個犧牲勞工權益以促成政權更迭的手段。

美國中央情報（CIA）在上次的港版顏色革命非常活躍。它通過美國民主基金會（NDI）收買一些工會去搞顏色革命。另一個索羅斯，1997 年曾試圖衝擊港元，表面上是炒家一名，其實背後有很強的政治使命。他創立了一個開放社會基金，並通過這個基金搞顏色革命。所以表面上一個是搞研究的博士、一個是搞金融的大鱷，實際上就是顏色革命的推手之一。美國策動的顏色革命，概括來說有 12 招，其中第 4 部分就是以金錢收買當地的工會勢力，利用工會領袖發動所謂的革命。這是我們在顏色革命中見到的。

顏色革命黑手通過收買當地工會搞顏色革命，我們可說曾是身歷其境，深受其害。在 2019 年的港版顏色革命，我們香港不少工會參與其中，其中包括醫護、教師工會，明目張膽地搞所謂的「三罷」（罷工、罷課、罷市）。這種有政治性、有目的地去顛覆、癱瘓特區政府的政權，其實是一種非法罷工。這與爭取僱員勞工權益、《僱傭條例》所規定的權益或勞工的條件等等沒有任何關係，純粹就是通過罷工來癱瘓社會，從而達到其顛覆政權的根本政治目的。這種就是在國家安全條例下不能容許的，是違法的，所以我們特別需要警惕。為何我們工聯會在 2019 年的時候要旗幟鮮明去反對「三罷」？就是因為「三罷」損害到我們打工仔的根本利益，損害到我們國家的利益，損害到香港的整體利益。其他地方的一些罷工，有東歐的顏色革命、烏克蘭的、2010 至 2018 年期間的阿拉伯之春，這些都是存在罷工和工會的參與，通過 CIA 支持的非政府組織來進行，搞亂社會，最後令原有政權不保，達到政權更迭的目的。這就是慣常的手法。所

2024 年 4 月 13 日，勞工處主辦、工聯會協辦「職工會與國家安全」研討會。

以我們必須警惕。我們無法阻止別人去當漢奸、賣國賊、反中亂港份子，但我們可以選擇正確的路，潔身自愛，旗幟鮮明支持愛國愛港事業，為維護工人權益、維護社會穩定和維護國家安全作貢獻。

工會愛國及維護國家安全的使命擔當

在國際新形勢、國家發展新形勢，以及在「愛國者治港」和國安條例得以全面健全的新形勢下，我們一方面要守法，一方面更要做好我們工會自身的建設。在落實「愛國者治港」原則和完成國安法下，要更好地遵守國安法。在這些法律框架下依法維權，這是我們的使命。

一方面我們要講政治，在「一國兩制」下，維護香港高度自治、維護中央的全面管治權和高度自治權的統一。「一國兩制」是我們在政治層面上要維護的。我們也要通過認識國家、弘揚愛國主義精神，認識國家的過去、現狀、歷史，以加強愛國意識。

我們也要提高我們參政議政的水平，因為我們是這個社會發展參與的一份子。現在我們的立法會，為何會有勞工代表、工會的代表在內？這是因為我們參與其中，所以我們要讓參政議政的水平不斷提高。參政議政水平的提高，才能更好地從體制內爭取勞工權益、爭取市民權益，建立起人人有機會的社會，剝削、壓迫不再的社會。

此外，我們更要加強法例對勞工權益的合理保障，完善勞工相關的立法，不斷推進勞工權益。在新的形勢下，我們要弘揚勞動精神，建立起社會對勞動尊嚴的肯定，激發工友有更大的社會建設的熱情。通過凝聚人心，做好我們工友服務夯實「由治及興」的社會基礎。社會勞工穩定，「由治及興」才有可能。

我們也要有一種鬥爭精神，敢於鬥爭、善於鬥爭，與一切反中亂港份子作鬥爭，抵禦各種風險，特別是國家安全風險。同時也要支持特區政府依法有效施政，改善民生。因為改善民生，促進高質量發展，也是令打工仔得益、社會穩定的一個重大因素，所以我們做好維權和服務工友的工作，也是對國家安全的維護。

香港工會聯合會第 39 屆會員代表大會閉幕辭

2024 年 5 月 19 日

各位代表：

三年前，工聯會吹響「新時代新工運」號角，在「一國兩制」行穩致遠，「愛國者治港」嶄新篇章上，以「共建共榮，共享共贏」理念，積極發揮帶頭作用，引領香港工運正向發展，擴大愛國陣營團結面，鞏固「由亂到治」局面，奠定「由治及興」社會基礎。

在中央的關心和支持下，第 38 屆理事會團結帶領各工會、地區、福利服務單位、各部門和同事通力合作，工聯會在過去三年砥礪奮進，成果豐碩，向廣大工友、全港市民以及中央和國家，都交出了一份堅守初心、不辱使命，無愧於新時代的滿意答卷。

去年「兩會」，國家提出以高質量發展推進中國式現代化建設，今年「兩會」，更提出發展新質生產力實現高質量發展。在以習近平總書記為核心的黨中央的堅強領導下，在習近平新時代中國特色社會主義思想理論的指引下，國家進行了許多偉大鬥爭，有效防範、應對、處置、化解了國內外各種壓力及風險挑戰，保持住整體向好發展勢頭，取得了許多歷史性成就。全國各族人民空前團結，中華民族偉大復興踏入了不可逆轉的歷史進程。而香港也通過完善選舉制度、完善地區治理體系、完成《維護國家安全條例》立法等一系列舉措，全面完整地貫徹落實「愛國者治港」原則，為香港「一國兩制」偉大實踐翻開新篇章。

今天，工聯會召開第 39 屆會員代表大會，順利審議通過所有議程。我們以「勇擔新使命，積極推進新時代愛國工運高質量發展」為主題，體

2024 年 5 月 19 日，工聯會召開第 39 屆會員代表大會，主題是「勇擔新使命，積極推進新時代愛國工運高質量發展」。

現香港工運帶頭人的意志和決心。愛國工運始終是推動香港社會文明進步的強大動力。港英年代，我們反帝反殖，維護民族尊嚴，為勞工爭取權益；回歸前後，我們堅定支持「一國兩制」，是實現平穩過渡的群眾基礎；顏色革命爆發，我們是反「大三罷」、對抗黑暴的正義鐵軍。在維護國家安全各個環節，我們旗幟鮮明，義無反顧，全力支持。推動灣區建設，我們是歷史的先行者，偉大藍圖的實踐者。回歸以來，工聯會始終引領香港愛國工運發揮正能量，以主人翁姿態，支持協助特區政府依法有效施政。過往工聯會所取得的成績有目共睹，這也要求我們必須在新時代勇擔新使命，抓住歷史主動和機遇，團結各界，共同實現香港「由治及興」，為國家高質量發展貢獻新時代香港工運力量。

各位，工聯會要承擔新使命，推動愛國工運高質量發展，要靠每一個工聯人知行合一、齊心協力。在群眾中，尤其是工聯會機構之內，我們必須搞清楚參政議政和推動工運發展的關係；我們是工會，也是政團，我們需要明辨是非，不能自我懷疑。

首先，「參政為勞工」是 1980 年代，工聯會因應政治環境的轉變而探索出來工運路線，是「一國兩制」實踐的一部分。事實上，工運本身的發展就存在維權鬥爭和政治鬥爭兩個層面，一般的權益問題可以靠工會協調、勞資談判解決，深層次的勞資分歧，究其根本是階級矛盾，要靠政治干預，制度改革才能改變。如今，「一國兩制」制度優勢和「愛國者治港」原則，將愛國工運推向更高的政治層面，讓愛國工運成為社會治理的組成部分，這是前所未有的工運條件和環境，賦予了我們更大的能量，也大大降低了矛盾激化對社會發展、整體利益的損耗及政治隱患。所以，當前愛國工運和參政議政任重道遠，是發揚光大、互為促進的好時機，是新時代愛國工運能夠高質量發展的政治基礎。

第二，工聯會 76 年光輝歷史，我們以實績提煉出「愛國、團結、權益、福利、參與」工運方針，全心全意服務僱員工友、市民，是愛國愛港力量最鮮明的旗幟！港英殖民統治時期，政治環境不利，工會便有左右之爭；回歸前後，政府又被反中亂港勢力滲透、訛詐，往往以反中亂港工會制衡工聯力量，出現毫無代表性、以招牌作組織、以示威鬥遊行、以作秀當維權的鬧劇，搞亂整個工運生態。及至《港區國安法》出台，反中亂港勢力樹倒猢猻散，相關工會畏罪解散，扭曲的工運形態終於得以正本清源！時代在變、條件在變，工聯既要堅守初心，也要與時俱進，棄舊立新，以新思維新理念建言獻策，落實「愛國者治港」原則，我們要提升政策水平、加強理論建設，要想幹事，會幹事，能幹事，幹成事，積極探索「新時代工運」前所未有的可能性。這也是新時代愛國工運能夠高質量發展的思想基礎。

第三，當前，香港全面貫徹落實「愛國者治港」原則，維護國家安全屏障補齊短板，社會保持穩定，發展經濟改善民生成為主要課題。當政治爭拗的迷霧散去，水落則石出，勞資矛盾、民生訴求必然更加突出，這更加是發揮工會職能的時刻。我們必須堅持「愛國、團結、權益、福利、參與」工運方針和「共建共榮，共享共贏」的「新時代工運」理念，對外擴大團結社會各界，對內加強機構自身建設，統籌協調，達致「心同想，力齊發」。我們要壯大工會力量，堅持新時代群眾路線，進一步建設「工會+地區」、本地跨內地的服務網絡，加強條塊結合、實踐工聯特色的參政議政、地區和福利服務優勢，不斷壯大組織力量，讓「新時代工運」夯實實現「由治及興」社會基礎。這也是新時代愛國工運高質量發展的群眾基礎。

各位，習近平總書記「七一」重要講話指出的「四個必須」和「四點希望」，是檢驗「新時代工運」高質量發展的重要標準。香港要破解深層次矛盾、要打破利益固化的藩籬，愛國工運就不能只做「社會基礎」，還要再進一步，為實現由治及興增添新動能。如果認為「愛國者治港」就是天下太平，或者認為工聯會有資格「躺平」，那是嚴重的錯判形勢。今次代表大會提出了未來三年的工作方向，還需要具體細化，用有效的方法落實到實際工作中，在實踐中不斷檢討改進，達致質的飛躍。

各位代表、各位同事，我們要深刻領會習近平新時代中國特色社會主義思想的指導意義，將中央治港方略與「新時代工運」事業的實踐結合起來，貫徹落實「愛國者治港」原則，讓愛國工會，更積極充分參與社會治理，從政策制度上推動社會文明進步，推進新時代愛國工運高質量發展，弘揚勞動精神，彰顯勞動價值，激發勞動熱情，動員廣大群眾投入到偉大事業中，共建繁榮香港，共榮民族復興，共享發展成果，共贏美好未來！

現在，我宣佈，香港工會聯合會第 39 屆會員代表大會全部議程圓滿完成，勝利閉幕！

立法會「設立香港勞動模範評選機制」議員議案發言

2024 年 5 月 23 日

主席，感謝陳穎欣議員動議「設立香港勞動模範評選機制」，我深表認同，也是我們工聯會的主張。早前本人在報上發表題為〈尋找香港的勞動模範、大國工匠〉一文，今天的動議讓香港產生勞動模範成為可能。

其實，勞動模範，內地簡稱「勞模」，早在 1930 年代，就通過生產競賽選出「春耕模範」，後來便有制度化的評選獎勵。1940 年代有「勞動英雄」、「模範生產工作者」，1950 年代，為恢復經濟，廣泛動員生產建設，中華全國總工會組織召開全國工農兵勞動模範代表大會，授予代表「全國勞動模範」光榮稱號，其後每五年召開一次，表彰那些為國家建設、改革開放作出巨大貢獻的先進勞動者代表。

香港也有很多值得表揚的勞動者，只是我們不習慣這種思維。在資本主義社會下，勞動價值往往只淪為商品價值，勞動者貢獻社會，但得不到與其勞動價值相匹配的尊重和肯定。「工資」買斷了勞動力，將勞動簡化為「搵食」，將僱傭關係視為買和賣，在這種思維邏輯和社會風氣下，交易過後，好像就是互不拖欠。有人或許會認為，香港是資本主義社會，所以不能產生勞模，因為勞模的所有勞動成果都只會被資本家竊取，表彰勞模只會助長剝削。可是，無論甚麼社會形態和制度都必須通過勞動建設，無論甚麼勞動方式或關係，勞動創造的價值都不能忽略，更不能以香港行資本主義為名，消解於薪金和勞動力的買賣中。

香港確實需要設立勞動模範評選機制，弘揚勞動精神，重建完整、正確的勞動價值認知和觀念，讓勞動成為人的自我實現。讓不畏辛勞、貢獻卓越、表現優秀的勞動者，在除薪金以外，更能獲得應有的尊重、表揚和嘉許，樹立典型模範，把被忽略剝削的部分通過社會認同補回來。只有勞動階層的地位得以提升，社會以勞動為榮，以創造更大的勞動價值為目標，滿載勞動熱情，才能發展更大、更優質的生產力，也能達致社會和諧，避免走向純粹剝削，計算角力的勞資緊張。這是香港實現「由治及興」的力量源泉和關鍵要素。

最低工資一年一檢，是對勞動者的基本保障，也是對勞動的最基本尊重。常聽到的一套說辭是：「最低工資調整會推高生產成本，影響競爭力」，言外之意老闆佔有更多的剩餘價值，就會提升競爭力！難怪香港貧富懸殊世界居首，而且越來越嚴重！事實上，最低工資是基本保障，也是社會的人性底線。這次勞資官能有共識，具有里程碑意義，雖然實際效果還有待驗證和完善，新機制還是反映了政府對基層打工仔權益的重視，也體現了資方良心老闆的風範，是對「以人為本」施政理念的實踐，其價值遠遠大於價格，正如勞動者的勞動價值遠遠高於對勞動力的標價。我也希望勞模表彰同時帶來薪金待遇的改善，並進入互為促進的良性循環。加速發展新質生產力，建立新型共建共贏的勞動關係。

主席，本人謹此陳辭。

「弘揚勞模精神與促進社會發展」座談會開場致辭

2024 年 5 月 28 日

尊敬的政務司副司長卓永興、何靖副主任，各位勞模團代表團成員、廣東省總工會代表，各位勞工界的朋友、工會代表：

大家早上好！很榮幸邀請到廣東省全國勞模、大國工匠代表團來到香港，與勞工界和青年分享交流。向各位代表介紹一下，我們所在的位置是工聯會的工人俱樂部，成立於 1964 年，今年剛好是 60 周年，回歸前開始就是我們工友之家，所以，今天各位勞模代表是貴賓，也是回家了！

今次是全國勞動模範首次來港交流，這是對新時代香港愛國工運事業發展的重大鼓舞！我謹代表工聯會熱烈歡迎勞模代表團的到來，衷心感謝

2024 年 5 月 28 日，工聯會舉辦「弘揚勞模精神與促進社會發展」座談會。

各位在百忙之中專程來港，向打工仔和全社會講述勞模精神、勞動精神及工匠精神的重要意義。同時，也萬分感謝廣東省總工會及相關部門的鼎力支持，創造了一個破天荒的歷史時刻。我們希望通過勞模代表團的到來，讓香港社會更加生動的看到和理解勞模精神和工匠精神，激發勞動熱情，促進香港工運與社會發展，為香港實現「由治及興」增添新動能！

今天座談會的主題是「弘揚勞模精神與促進社會發展」。社會發展離不開勞動者的貢獻，勞動是推動社會進步的動力。這一點從各位勞模的事跡和國家飛速發展所取得驚人成就，可以得到充分體現。

事實上，香港也有很多愛崗敬業、甘於奉獻、勇於擔當的勞動者，支撐著香港經歷多次經濟轉型，打造出「香港製造」的金字招牌。但現階段我們沒有嘉許機制，基於社會形態的不同，社會對勞動價值的肯定也不充分，很多優秀的勞動者只能默默無聞，得不到應有的尊重和肯定，更遑論待遇的提高。

全國勞動模範表彰大會歷史深厚，是國家以最高規格，隆重表彰對社會發展建設作出卓越貢獻的優秀勞動典範，既有高端技術領域的攻堅克難，也不乏平凡中見偉大的基層勞動者。正如國家主席習近平所說：「勞模精神、勞動精神、工匠精神是以愛國主義為核心的民族精神和以改革創新為核心的時代精神的生動體現，是鼓舞全黨全國各族人民風雨無阻、勇敢前進的強大動力。」長期以來，工聯會在弘揚愛國精神和勞動精神方面，也做了大量的工作，並希望能在香港本地建立起廣受全社會認可的勞動模範評選及表彰機制，前兩日我們在立法會提出了有關的議員議案，獲得全體議員支持通過，也得到政府積極回應，希望能夠早日落實，這將是「一國兩制」制度優勢體現和實踐，既是新時代愛國工運的創新之舉，也是應有之義。相信會帶動更多打工仔，立志積極投入社會建設、灣區建設，激發出香港的新動能，以「共建共榮，共享共贏」理念構建香港新型勞動關係，讓三百多萬香港打工仔成為強國建設的一份子，共同為中華民族偉大復興而奮鬥！

所以，這次勞模代表團的到訪實在意義重大，再次向代表團一行表達衷心感謝，也再次感謝廣東省總工會的鼎力支持。祝代表團訪港一切順利，各工會蒸蒸日上。謝謝大家！

2024 年 5 月 28 日，工聯會舉辦「弘揚勞模精神與促進社會發展」座談會。
前排左起為工聯會理事長黃國、全國勞動模範葉世遠、全國勞動模範黃雲飛、卓永興、全國勞動模範唐奇、全國勞動模範朱永靈、中央人民政府駐香港特別行政區聯絡辦公室社會工作部副部長周蔚、工聯會會長吳秋北。
後排左起為勞顧會勞方代表賴美珠及林偉江、香港特區政府公務人員聯會副主席賴震暉、港九勞工社團聯會主席林振昇、香港高級公務員協會主席彭禮輝、政府人員協會主席張凱榮、香港公務員總工會主席馮傳宗、政府紀律部隊人員總工會主席何振邦、勞顧會勞方代表譚金蓮。

四、附錄

香港工聯會「新時代新工運」新論述劍指「地產霸權」

2021 年 4 月 10 日

房屋供應面臨斷層，造地不容繼續蹉跎。解決香港土地房屋問題迫在眉睫，政府官員與社會有識之士的辯論，持續多年此起彼伏。有呼籲填海造地；有提出香港不缺土地，缺的是策略規劃；有要求收回土地而加快覓地建屋；有提出倚靠「大板塊」土地而開發新發展區；有倡議灣區填海建香港城；有提議從廣東借地香港粵港聯手建屋；有呼籲濕地緩衝區放寬建屋密度；有要求加快覓地建過渡性房屋單位……來自北京的要處理香港房屋問題的訊息，最近無處不在，針對「地產霸權」的聲音也此起彼落。走進三月春天，香港工會聯合會（工聯會）轟「地產霸權」的輿論，在土地與房屋的辯論中，可謂「一石激起千層浪」。

3 月 28 日，工聯會第 38 屆會員代表大會在創知中學舉行，總結工聯會過去三年的工作及展望未來發展。大會提出以「新時代，新工運，撐勞工，為基層，爭公義」為主題。香港輿論有一共識：近年，工聯會的理論闡述和思想碰撞，在香港建制派政黨和社團中，可謂獨樹一幟而格外亮眼。在會員代表大會上，「改革創新」成為主線，有輿論詳述香港面對的困局，又指「地產霸權」如何窒礙香港社會發展，促政府應透過多項政策釋放土地。房屋問題一直是香港頑疾，是打工仔沉重負擔，影響數十萬打工仔的基本生計，「新時代工運」對此要尋求破解之策。香港的土地房屋問題已因為資本勢力盤根錯節、政府暗中襄助，在市民心中積怨成疾，強調新工運就是要發動變革力量，督促政府提高土地儲備，打破資本定律，用地於民。

《亞洲週刊》專訪。

在會員代表大會前夕，工聯會會長、港區人大代表吳秋北接連在香港報章撰文，發表論述「新時代工運」系列的三篇長文：2 月 24 日發表〈香港的變與不變都不能反動〉，2,500 字；3 月 3 日發表〈人人有機會的智慧社會〉，3,300 字；3 月 24 日發表〈安得廣廈千萬間〉，4,300 字。文章發表後，特別是劍指「地產霸權」的言論旋即引爆話題，支持者眾多，抨擊者也有。香港地產及建造界立法會議員石禮謙就奉勸吳秋北多了解現況，指房屋問題源於政府政策。他認為，吳秋北在文章裏批評政府將土地的使用、開發等權利放手給地產商，令土地價值只被極少數人佔有。石禮謙認為，現在已經沒有所謂的「地產霸權」，指吳秋北仍活在上世紀 50、60 年代，「如果他要用『霸權』兩個字，土地控制者就是政府」，「僅僅指控地產商，只是『文革』式的批評，無法解決問題」。

3 月 25 日，吳秋北在土瓜灣工聯會總部所在地接受《亞洲週刊》訪問。他說，他認為香港進入了一個新時代。2019 年暴亂之後，中央採取一系列措施改善香港的政治制度。中央對於香港的整體思路，在中共十九屆四中全會就定下來了，香港《國安法》實施，愛國者治港，改善選舉制度……他說：「我相信，一系列的改變會陸續會來。至於一系列變革包括哪些？除了管治團隊健全建設之外，還有解決深層次矛盾，就是香港固有資本既得利益影響了整個香港的發展，要解決的重要一環就是土地和住房問題。整個利益集團所把控的不僅是香港的土地，還有整個香港的經濟命脈，令香港這個資本主義社會失去以前活力，它沒辦法在現有基礎上找出新的增長點。現有利益不想變革，不求變革，這才是深層次矛盾，如果不改變，民眾看到香港的繁榮，但民眾分享不到繁榮的成果，這就會有越來越深重的民怨。」

2017 年 10 月中共「十九大」開幕式上，國家主席習近平政治報告中提到房屋問題時說：「堅持房子是用來住的，不是用來炒的定位，加快建立多主體供給、多管道保障、租購並舉的住房制度，讓全體人民住有所居。」2021年3月，分管港澳事務的國務院副總理韓正，在北京接見港區人大代表及特首林鄭月娥時說，住屋問題急需解決，控制樓價升幅和大幅增加房屋供應，早已是香港社會共識。韓正更批評特區政府和建制派，認為他們「以為自己過往做得不錯，可以沿用這種作風的話，那顯然是大錯特錯」。香港資深評論家黃麗君指出，「大錯特錯」是極嚴厲的批評，特首和建制派聽到了嗎？讓老百姓可以安居樂業的指導思想，相信是香港房屋策略的未來方向。從「房子不是用來炒的」這一主導思想來看，香港未來的土地和房屋政策可能也有翻天覆地的改變，到時誰要接招？是特區政府？是建制派？是地產商？拭目以待。

吳秋北提供了一系列數據。2020年香港房價是入息中位數的20.7倍。一個普通家庭累積超過20年以上的純收入才有可能買到一套住房，這在美國城市規劃諮詢機構Demographia歷年《全球房價負擔能力調查》報告中，連續11年居於榜首。2011年香港房價的入息中位數倍數為11.4，已是報告有史以來最難負擔地區。過去10年，除了2016年稍有回落以外，數字持續領先。租金增長遠超收入，過去10年，房屋租金增長2倍，香港整體工資率年均實質增長1.5%。香港人均居住面積只有15.8平方米，遠低於上海的24.2平方米、新加坡的25.1平方米、深圳的27.9平方米。

吳秋北指出：「香港不是土地不足，而是住宅土地開發不足。深圳土地面積2,050平方公里，人口1,259萬（比例為人均163平方米）；而香港土地面積1,106平方公里，人口745.1萬（比例為人均148平方米）。深圳的人均土地面積只是稍高於香港，但人均居住面積卻多香港七成五。僅僅1976年制訂的《郊野公園條例》，郊野公園面積便佔了香港的四成土地面積，而當中七成半的郊野公園屬於受保護用地。香港如此大規模、大比例的郊野公園土地，全球實屬罕見，有多少是真有保育價值，有多少只是地產商打手為高地價政策服務而渲染出來的『假保育』？」「有珍貴瀕危動植物的地方當然不能碰，但總不會佔到香港四成土地。事實上，只要當中能找到一成生態價值低的土地用來興建房屋，人均居住面積便可以翻一倍。」

吳秋北指出，現時香港用於私人住宅土地只有 26 平方公里，而用於公屋用地的則有 17 平方公里，低密度的鄉郊居所竟佔去 35 平方公里。要讓香港普遍市民的居住面積增加一倍，不過就是多找 43 平方公里，包括私人住宅用地和公屋用地的土地，佔整體土地也只是 3.8%。但諷刺地，作為全球最發達城市的香港，農地竟也有 50 平方公里，佔整體土地的 4.5%。地產霸權打手和文宣用盡各種藉口，阻止住宅土地開發。現在有些人又說農地不能動了，因為要搞本地農業和糧食「自給自足」。說穿了，這不過是為「地產霸權」壓抑住宅供應的手段。

吳秋北認為，住宅土地供應不足，一地難求，價高者得，結果成了樓價指標，最終極為有限的「可用土地」悉數成為個別地產商的囊中物，裙帶資本主義成為香港主流經濟結構。根據《基本法》第 1 章第 7 條規定，香港特別行政區境內的土地和自然資源屬於國家所有，由香港特別行政區政府負責管理、使用、開發、出租或批給個人、法人或團體使用或開發，其收入全歸香港特別行政區政府支配。「所以說香港土地所謂的擁有權或者產權其根本只是使用權，政府接受中央賦權，代為管理。那麼可否將政府視為香港土地的地主？作為地主，將土地的使用、開發、收益，放手放權給地產商，由地產商完全根據其本身的利益進行市場化操作，導致土地產值為極少數人佔有，未能用於推動社會均衡發展，實現全民共享，政府作為向中央負責的『地主』，實在有失職之嫌。」

吳秋北認為，填海造地是相對長遠的，中短期可做的，首先應是合理利用現有土地中大片的閒置用地。他建議港府效法內地及澳門，立法打擊囤地。他指內地《土地管理法》禁止閒置耕地，而《房地產管理法》則規定開發商要在指定年期內動工，如兩年內未動工政府可無償收回土地使用權。吳秋北建議港府可在土地合約內訂明動工和銷售期限，適時可徵收空稅甚至收回土地，亦可限制違規地產商競投新土地，以防止囤地及操控房屋供應。至於租務市場方面，吳秋北指有個別人士擁有多個以至大量物業，另有些人則沒有物業必須租屋，造成房東議價能力高、租客議價能力低，大幅加租和迫遷問題嚴重。吳秋北倡議租金管制，指租金加幅不應高於住戶收入升幅，以壓抑租金佔收入比例。

吳秋北指出，社會持續發展是要動態平衡的。支持政府在發展建設中投入必要資源，維護香港生態環境。但對社會上一些因噎廢食的觀點無法認同。如若政府真有決心解決基層房屋問題，更應善用手上權力啟動《收回土地條例》作為釜底抽薪之策。他強調：「工聯會新時代工運主張政府做好自由市場的平衡者，因應市場變化調整政策，防範資本一味傾斜造成壟斷。」「多年來，香港的土地房屋問題已經因為資本勢力盤根錯節、政府暗中相助，在市民心中積怨成疾。破局並非無門，新工運就是要發動變革的力量，督促政府提高土地儲備，打破資本定律，用地於民。」

有輿論指，香港正面對重大變革，除了政制安排，還有房屋樓價問題。北京為特區政府和建制派打分，解決高樓價、缺居所的難題，必然是高踞榜首的評分題目。短、中、長期的土地房屋政策必有大修正，長期左右樓價、壟斷市場的地產商要應戰了。（江迅）

中華天地

香港工聯會新時代新工運新論述劍指地產霸權

香港工聯會新論述「新時代新工運」，強調發動變革力量，會長吳秋北轟「地產霸權」窒礙香港社會發展，促政府應透過多項政策釋放土地，打破資本定律。

・江迅

2021年4月10日《亞洲週刊》

工聯會會長吳秋北：「一國兩制」下半場更輝煌

2022年6月15日

本港工聯會會長吳秋北日前接受本報記者專訪時表示，回望香港回歸祖國25年，這是中央、香港以及市民一起推進的歷程。雖然香港曾經走過風風雨雨，但都能克服種種困難。他有信心地表示，有中央的支持，加上全港市民團結一致，「一國兩制」下半場一定可以開啟新篇章、新局面，令「一國兩制」實踐更輝煌。

工聯會是愛國愛港主力軍

吳秋北表示，香港回歸祖國25年，是不斷成長的過程，也是「一國兩制」不斷完善的過程，更是值得紀念和慶祝的日子。他憶起1997年7月1日，香港回歸祖國的當天，仍然覺得很激動。他說：「我們這一輩人，有幸參與其中，適逢其會。國家的復興與富強，香港『一國兩制』是重要的一份子。這一輩人躬逢其盛，更要多做貢獻。將來回頭看，會為參與其中而感到自豪。」

他指出，對「一國兩制」50年不變而言，現在正是實踐的中途，並將開啟新局面。香港正處於回歸25年的節點上，正值「一國兩制」下半場的開始，因此開局要做得更好，鋪好基礎。

他回顧道，自己在1997年左右開始參與工會，往後在工聯會的工作，尤其是在反違法「佔中」、與「黑暴」及反中亂港份子作鬥爭的經歷

《香港商報》專訪。

中，對國家在實踐「一國兩制」的決心、對香港的大力支持有著深刻體會。他表示，關於維護「一國兩制」、支持特區政府依法施政，工聯會不僅參與其中，更是積極的參與者。他引述國務院副總理韓正的說法：「（工聯會）是愛國愛港的主力軍，是實踐『一國兩制』的同盟軍。」

「愛國者治港」將更充分落實

吳秋北續稱，中央訂立香港國安法、完善選舉制度後，三場重要選舉包括選舉委員會選舉、立法會選舉，以及行政長官選舉得以順利進行。有了這些基礎，在法律憲制的基礎保證下，接下來香港要更充分、準確地落實「愛國者治港」原則，推動特區政府進行社會、各方面的變革，達到良政善治，將「一國兩制」推往更好的方向發展。

「香港回歸是全國的事情，在祖國強大的支持下才能成功。『一國兩制』的實踐，需要祖國強大的支持。回歸 25 年是值得喜慶的日子，也要與內地同胞共慶，分享喜悅及自豪。」吳秋北如此說，中央對香港的支持是全方位的、無微不至的、全心全意的。

他對於祖國對香港的支持，懷著很大的感恩。身為港區全國人大代表的他，翻查了歷屆、歷年人大代表開會時，都會有段落撰寫香港部分；有關香港「一國兩制」實踐，每年的人大工作報告中一定會提及。這都顯示了國家對「一國兩制」實踐的意志及決心。正因為這個基礎，就能理解國家為何這麼大的力度支持香港抗疫；而當香港經濟不好的時候，亦給予支持，如金融風暴時，國家資金的鼎力支持。他進一步說：「無論香港甚麼情況，在順境還是逆境，都會得到國家更大的支持。香港是唯一受到國家如此重視的。」

「十四五」助港尋覓新增長點

國家迅速發展，為香港帶來各種機遇。吳秋北說，香港可從「十四五」規劃、粵港澳大灣區中找到新的經濟增長點，日後也可與深圳加強合作，並將創科發展成果在大灣區城市做好對接。他亦希望香港青年人各盡所能貢獻國家，實現自我成就。

吳秋北指出，國家的「十四五」規劃幫助香港重新定位，除了金融、貿易這些固有優勢外，更提出新增長點，如科技創新、人民幣交易中心、中外文化交流中心、法律仲裁等。他說香港在新潛力、新優勢之下要用好國家政策，與其他大灣區城市緊密合作。他認為，科研團隊的成果要化為商業及產品，大灣區城市就最能對接，因此香港要把握機遇。他說要發展中外文化交流中心，香港也擁有獨特的位置，能讓中國傳統文化與西方文化一同交流接觸，從而發展文化產業。

港深錯位發展加強合作

吳秋北指出，香港目前出現人口老化，還有勞動力的持續下降。相比之下，深圳的平均勞動力年齡三十多歲，是一座年輕、有活力、有潛力的城市，同時還吸納全國精英人才，既開放也發展得很快，生產總值超過香港，勢頭越來越強。他提醒說：「不是妄自菲薄，香港有很好的基礎，如金融、專業服務等現代服務業服務水平，深圳或許未追得上，但是香港的規模要超過深圳，是沒太大可能。」他認為香港要與深圳錯位發展，加強合作，從而帶動經濟。

吳秋北續稱，在粵港澳大灣區中，香港是組成部分，是當中的一份子。深圳前海對於香港有優惠政策，而在發展現代服務業時，香港要更積極地參與其中。香港要好好把握出現的新增長點、新希望。

工聯會於上世紀 90 年代起，已在深圳設立諮詢服務中心，服務當地港人。吳秋北說，港人需要工聯會幫忙時，如在深圳遇到突發事件，深圳當局與工聯會是合作無間的。他形容這是獨特的地位，也是對工聯會的認可。他再舉例，疫情期間工聯會要為滯留內地的港人送藥，就要得到深圳海關和各部門支持。

年輕人應抓緊國家機遇

吳秋北認同年輕人應抓緊國家機遇，同時也要認識國家，令他們重新找回作為中國人的自尊、自信。他期望年輕人要加強國家民族意識，而且要去思考：「作為中國人應有的身份、自尊和自信，要更好理解國家及中華民族是怎樣來的，要理解自己身處的時間節點，要知未來該走什麼新方向。」

回望許多中華民族先輩都有志氣，因此吳秋北冀望本港的年輕人要繼承。他說，現時國家是近百年來，最接近成為世界第一、最先進、最強的時刻。他稱年輕人如果沒深刻理解這過程，可能迷失方向。他堅定地說：「近百年的大變局，是東升西降的變局。年輕人要找回自信，（國家）將會重新站在世界最前列，年輕人要有使命感、參與度，要有責任和擔當。」他寄語年輕人各盡所能，發揮自身能力，為社會、國家作貢獻，乘國家發展好勢頭，同時實現自我成就。

融入國家發展大局持續改善勞工待遇

工聯會一直堅持為勞工爭取權益，是香港的重要工會。吳秋北指出，香港回歸祖國之後，工會與政府的關係有所改變。與港英時期受打壓截然不同，回歸後勞工的形勢有所改變，當家作主意識提升，工會與政府的關係亦得到改變。工會在回歸後採取「支持、合作、批評、監督」方針，各項勞工政策亦有進展，包括成功爭取最低工資等。除了最低工資外，其他議題如退休年齡、婦女產假、取消強積金對沖等，也都有一定的進展。

吳秋北表示，在勞工權益的爭取上，要團結各方力量，在討論中達成共識，並取得成果。他語重心長地說，勞工待遇要伴隨社會不斷提升，否則社會將失衡。

他總結稱：「勞工不安，社會不明。」在新時代工運下，社會要做到共建、共勞、共享、共贏，社會一起進步，勞工亦能分享成果。他預期這過程會曲折、艱巨，但仍相信當中希望。吳秋北表示，他有耐性為勞工爭取，令勞工的待遇持續得到改善。

吳秋北亦說，社會持續面臨新轉型，未來會更重視高科技、人工智能、高端行業。他同時提醒，香港本身產業過於單一，依靠金融、專業服務、貿易等「支柱」，打工仔出路較窄，疫情下僱員的就業質量不好，他們較難找安穩的工作，更形成在職貧窮。他表示，要推進香港產業多元化，有新的經濟、產業增長點，帶動更多本地就業機會，同時提升就業質量。這正是與國家經濟發展更好地融合的機會。他希望，香港要融入國家發展大局，抓住機遇做好轉型，效率也會更高，否則香港打工仔恐陷入困境。

期待下屆政府解決深層次問題

工聯會會長吳秋北身兼多職，除是港區全國人大代表外，也是立法會議員。他強調，工聯會一直抱著「參政為勞工」的宗旨，並體會到立法會在完善選舉制度後出現新局面，期望議會要發揮好作用，既監督政府，同時要配合及完善其施政，令社會不斷改善，形成良性循環。對於候任行政長官李家超及新一屆政府，他很有信心，認為在中央大力支持下、在李家超帶領下，香港可開啟良好的新篇章，更進一步是可早日告別劏房。

吳秋北肯定地說：「工聯會一直以來的參政都是為了勞工，無論是人大代表、政協委員、立法會議員、各諮詢架構等都是。」工聯會的參政者意識很強，參與絕不是為個人，亦不斷強調這使命感和精神，從而真正為市民、打工仔改善權益，反映勞工、市民的關切。

立法會在完善選舉制度後，產生了新議會。晉身立法會的吳秋北對此有切身體會，他認為現時的議會正處於新局面，可謂脫胎換骨，應要好好發揮議會的作用，一方面監督政府，亦要配合政府依法施政，幫助政府不斷完善政策。他續稱，議會在法律上、財務上都要為政府給予更好的支持，而當撥款得到支持，立法獲得保障，好的政策才可落實，如政策有不好的地方，議員都要作出批評及監督。

吳秋北特別指出，近年來的「黑暴」、新冠肺炎疫情都凸顯香港的短板。他希望政府推動變革，從而提升管治能力。他直言政府應更強調以人民為中心，這在國家適用，放在香港同樣適用。

他提及李家超在選舉過程中，得到方方面面的支持，各界別的支持度很高，而這是重要的基礎。他說有了這勢頭，社會將更團結，可做更多事。香港累積的深層次矛盾，如貧窮、房屋、勞動力下降、人口老化等，都要有計劃、有步驟地解決。他明白當中的過程不是一朝一夕，要制訂時間表、路線圖，但有了中央、市民的支持，相信這些問題將得到更好的解決。（香港商報記者 / 林駿強）

工聯會會長吳秋北：
「一國兩制」下半場更輝煌

本港工聯會會長吳秋北日前接受本報記者專訪時表示，回望香港回歸祖國25年，這是中央、香港以及市民一起推進的歷程。雖然香港曾經走過風風雨雨，但都能克服種種困難。他有信心地表示，有中央的支持，加上全港市民團結一致，「一國兩制」下半場一定可以開啟新篇章、新局面，令「一國兩制」實踐更輝煌。

香港商報記者 林駿強

工聯會會長吳秋北暢談對香港回歸25年的感受。記者馮俊文 攝

工聯會是愛國愛港主力軍

「愛國者治港」將更充分落實

「十四五」助港尋覓新增長點

年輕人應抓緊國家機遇

港深錯位發展加強合作

期待下屆政府解決深層次問題

特首林鄭月娥(左)早前到訪工聯會，感謝義務協助抗疫行動。

吳秋北出席立法會大會。

融入國家發展大局 持續改善勞工待遇

吳秋北表示，2004年起與內地工會合作，先後在廣州、深圳、東莞、惠州、中山、福建設立諮詢服務中心。

工聯會會長吳秋北宣讀勞動節宣言。

2022年6月15日《香港商報》

工聯家書：
憂危城，守崗位，更團結，相互助，渡難關

2019 年秋

親愛的會員：

2019 年夏，香港陷入重大社會危機，廣大港人沒有誰不揪心。情繫香港，無論你在哪個行業工作，或是家庭主婦和學生，大家都有一個共同願望——讓香港回復平靜，遠離紛爭破壞，鄰里守望相助，共渡難關。

時至今日，香港仍未能止暴制亂，「一國兩制」正受到前所未有的嚴重衝擊和破壞。少數暴徒變本加厲，如著魔撞邪一般，刻意衝擊公共機構，肆意破壞公物，阻礙交通，污損國徽，損毀國旗，公然衝擊「一國兩制」底線，企圖令香港陷入萬劫不復之境地。令人痛心的是，不少涉世未深的青年也被裹挾進去。

種種非法暴力行動，已經嚴重影響一般市民的生計，對社會秩序、各行各業造成嚴重打擊，據各工會掌握的情況，暴亂已造成 15 間酒樓結業，多達七百人向工會求助，追討遣散費多達一千萬元；的士司機生意銳減三至五成，有司機受襲，車子遭刑毀，須自掏腰包賠償車主；訪港旅客減少逾四成，酒店職工被迫放無薪假期。無辜工友蒙受即時經濟損失，手停口停，生活艱苦，暴徒們再怎麼披上「和理非」的羊皮，也難辭其咎。直面香港陷入回歸以來最艱難最嚴峻的境地，工聯會呼籲會員要更加發揚團結互助的精神。年長的，提點晚輩，守法自重，堅守職業崗位，守護行業名聲。年輕的，更盡一分力，勸諭上街朋友回頭是岸，儘快收手。

工聯家書

《憂危城 守崗位 更團結 相互助 度難關》

親愛的會員：

二〇一九年夏，香港陷入重大社會危機，廣大港人沒有誰不揪心，情繫香港。無論你在哪個行業工作，或是家庭主婦和學生，大家都有一個共同願望——讓香港回復平靜，遠離紛爭破壞，鄰里守望相助，共度難關。

時至今日，香港仍未能止暴制亂，「一國兩制」正受到前所未有的嚴重衝擊和破壞。少數暴徒變本加厲，如着魔撞邪一般，刻意衝擊公共機構，肆意破壞公物，阻礙交通，污損國徽，損毀國旗，公然衝擊「一國兩制」底線，企圖令香港陷入萬劫不復之境地。令人痛心的是，不少涉世未深的青年也被裹挾進去。

種種非法暴力行動，已經嚴重影響一般市民的生計，對社會秩序、各行各業造成嚴重打擊。據各工會掌握的情況，暴亂已造成十五間酒樓結業，多達七百人向工會求助，追討遣散費多達一千萬元；的士司機生意銳減三至五成，有司機受襲，車子遭刑毀，須自掏腰包賠償車主；訪港旅客減少逾四成，酒店職工被迫放無薪假期。無辜工友蒙受即時經濟損失，手停口停，生活艱難。暴徒們再怎麼披上「和理非」的羊皮，也難辭其咎。直面香港陷入回歸以來最艱難最嚴峻的境地，工聯會呼籲會員要更加發揚團結互助的精神。年長的，提點晚輩、守法自重，堅守職業崗位，守護行業名聲。年輕的，更盡一分力，勸諭上街朋友回頭是岸，盡快收手。

工聯會立足香港七十餘年，一直秉承「愛國、團結、權益、福利、參與」方針，「撐勞工、為基層」，凝聚香港各行業師傅、工友、職工、專業人士的力量，為香港打拼。工人失醫，工會辦醫療；兒童失學，工會辦學；工人失業，工會募捐；工友受剝削，工會出頭；沒有勞工法例，工會去爭取……工聯會時刻想市民所想，急工友所急。最近，工聯會兩度約見特首，向政府反映各行業的嚴峻情況，特別是旅遊和建造業工友開工不足，零售業生意慘淡的苦況。工聯會強烈要求政府盡快推出紓困措施，例如開設合適的臨時職位，為有需要市民提供電費補貼等等。

香港有「東方之珠」的美譽，是幾代香港人默默耕耘，辛勤勞動的成果，實是來之不易！工聯會全體會員都為此做出了貢獻！香港是我們美好家園，應當倍加珍惜。香港事就是工聯會的事，無論香港陷入多大危機，工聯會都絕不袖手旁觀，一定把香港守護到底。在未來不明朗的日子裡，工聯會上下必攜手同心，咬緊牙關，團結一致，打好每一場仗。街坊需要正氣，工聯人就落區；社會需要正言，工聯人就發聲。未來，工聯會將積極與社會各界共商止暴制亂的方法，攜手努力，早日恢復法治秩序，決不容忍明珠蒙塵！

各位親愛的會員，相信大家的團結互助，發聲出力，香港必能度過難關，回復安寧！特此共勉。

誠祝

秋祺

香港工會聯合會

吳秋北 上

二零一九年九月十日

2019 工聯家書

工聯會立足香港七十餘年，一直秉承「愛國、團結、權益、福利、參與」方針，「撐勞工、為基層」，凝聚香港各行業師傅、工友、職工、專業人士的力量，為香港打拼。工人失醫，工會辦醫療；兒童失學，工會辦學；工人失業，工會募捐；工友受剝削，工會出頭；沒有勞工法例，工會去爭取…… 工聯會時刻想市民所想，急工友所急。最近，工聯會兩度約見特首，向政府反映各行業的嚴峻情況，特別是旅遊和建造業工友開工不足，零售業生意慘淡的苦況，工聯會強烈要求政府儘快推出紓困措施，例如開設合適的臨時職位、為有需要市民提供電費補貼等等。

香港有「東方之珠」的美譽，是幾代香港人默默耕耘、辛勤勞動的成果，實是來之不易！工聯會全體會員都為此作出了貢獻！香港是我們美好家園，應當倍加珍惜。香港事就是工聯會的事，無論香港陷入多大危機，工聯會都絕不袖手旁觀，一定把香港守護到底。在未來不明朗的日子裡，工聯會上下必攜手同心，咬緊牙關，團結一致，打好每一場仗。街坊需要正氣，工聯會就落區；社會需要正言，工聯會就發聲。未來，工聯會將積極與社會各界共商止暴制亂的方法，攜手努力，早日恢復法治秩序，缺不容忍明珠蒙塵！

各位親愛的會員，相信大家的團結互助，發聲出力，香港必能渡過難關，回復安寧！特此共勉。

誠祝

秋祺

香港工會聯合會

吳秋北上

2019 年 9 月 10 日

工聯家書：
團結抗疫，齊保就業，共渡時艱

2020 年春

工聯家書向您問安好！

各位親愛的會員兄弟姊妹如握：

疫情持續，黑暴不止，眼見香江繼續沉淪，令人揪心痛心！

工聯會為勞工爭權益而生，一直和社會同呼吸，共命運，凝結力量，回饋社會，擔負起建設香港的責任。工聯會七十多年堅守團結互助的初心，要戰勝病疫更應如此。我們無時無刻都在想：為香港，工聯還能做甚麼？

為防疫抗疫，工聯免費派送口罩等物資，一如既往關懷社群；監督政府依法施政，工聯五位立法會議員為基層發聲，為打工仔爭權益，亦關注各行各業發展，及時提出各項實事求是政策倡議。工聯團隊成功爭取政府向 18 歲或以上香港居民派發一萬元，以紓民困；也為前線清潔保安工友爭取四千元特別津貼；近日更加緊籌備工聯緊急失業救濟基金，與打工仔同行，與港人共渡時艱。

滯留內地港人需要工聯協調當地政府，需要工聯傳送處方藥物，需要工聯協助返港，需要工聯安撫情緒、心理輔導。「港人需要工聯」，這信賴是我們的光榮；有事找工聯，更是我們初心不變的承諾！

工聯開辦口罩工場，廣受市民好評，深得各界支持，在此特別感謝；

我們希望工聯口罩成為「團結互助，齊心關愛」的象徵。只送不賣更是以幫助港人為本，傳遞社會正能量！

疫情未除，風波不息，攬炒「成果」接踵而至；香港即將迎來結業、失業、減薪大潮。經濟下行，從打工仔到經營者，都必將經歷一段前所未有的艱難；工聯已經做好準備，拿出信心、決心和恒心幫助港人，貼心務實重建香港！

無論是經濟衰退，還是社會矛盾，我們要多擔當，少揣度，團結互愛，踏實前行；無論幾多艱難，背靠祖國，相信香港，攜手共進，共創未來！

再一句叮嚀，有事找工聯！耑此報達

闔家平安，人人有工開！

吳秋北敬上

2020 年 3 月 1 日

工聯家書：再呼籲會員市民團結抗疫

2020 年夏

各位會員工友兄弟姊妹，戰友至親們：

大家可好？疫情加劇，深感憂慮！

7 月始，香港陷入第三輪疫情，18 區無一倖免，多個行業爆發肺炎感染案例。其中基層打工仔，前線工作者不幸成為高危群組。情況嚴峻，人心惶惶。餐飲、交通、服務業；屋邨、醫院、學校、電視台、立法會；確診者、密切接觸者，比比皆是。全港多間街市封閉全面消毒，疫情對市民生活帶來更深入的影響。經濟復甦，遙遙無期，令人揪心！

《港區國安法》頒佈尚不足一個月，社會仍處在短期震盪之中。反對派原形畢露，各自執生，有作鳥獸散，有變本加厲的。社會如此苦況，見到仍有人要攬炒香港，從經濟攬炒到政治攬炒，從街頭攬炒到立會攬炒，從黑暴攬炒到疫情攬炒。工聯人更加要為萬千打工仔權益打拼，為七百萬港人安危挺身而出！愛國愛港，擔當有為，正氣爭氣，牢記使命是 72 年不改的工聯本色。為香港、為港人，工聯人迎難而上，在所不辭。

工聯會月初已向中央遞交建議書，請求中央派出醫療隊支援香港抗疫工作，以「及早發現、及早隔離、及早治療、及早切斷傳播」為策略，爭取「全民檢測」，控制疫情，解救港人。中央對香港有情有義，治理疫情有經驗有力量，能否成事，全看港人意願；遺憾政府因多重因素，未第一時間採納意見，亦沒能避免疫情大面積蔓延，我們深感憤慨！是甚麼令政府施政受阻，為何政府不得以市民為先？香港到底還有多少正義路上的絆腳石！基層市民、打工仔的權益不容忽視，不可被犧牲。我們要推進社會變革，讓打工仔的發聲更具力量！

政治的根本是服務民生，參政為民是工聯不變的初心。過去一年多的黑暴風波和疫情失控，集中凸顯香港須作多方面深層次結構性改革，工聯希望通過參選立法會為特區管治、民生、教育、醫療、住房以及社會福利等方面帶來正向的變革。積極發揮監督政府的職責，反對財團壟斷，構建公平公義的經濟模式。維護打工仔權益，守護香港安寧。

同時，一個公平公義的社會，才能為年輕人創造向上游的渠道，令年輕人對未來有信心、見光明，是政府的責任，也要社會各界有此共識，共同努力。工聯關注香港青年未來發展，致力於開創更為廣闊、優質的平台和機會，幫助青年避免歧途，走出迷途，健康成長，獲得成功。

香港要重回正軌再出發，首先要清理政治亂象。如果說中央為香港訂立《港區國安法》是給了香港一根定海神針，為的是止暴制亂，那麼本次選舉的結果，關乎到未來重建社會的每一項具體工作能否順利推進、落實，關乎每一位香港人的命運！市民需要的是真正關心香港民生、維護香港繁榮安定的立法會議員。反對派明言搞攬炒，奪取 35+，政治攬炒之後是癱瘓議會、政府停擺、社會停頓、經濟衰退、民不聊生、民主倒退。這是另一種形式的黑暴！是要香港不死不休！愛國愛港的工聯人不能容忍，心懷正義的香港人不應容忍！工聯每一位參選人必將在議會發揮積極作用，弘揚正氣，建設正能量文明社會。

工聯誓為港人守住議席，守護公義，守護香港！

順祝

身體健康，闔家平安！

吳秋北敬上

2020 年 7 月 24 日

工聯家書：2021 寄語

2020 年冬

工聯的兄弟姊妹、同胞至親們：

這一年大家真的辛苦了！若要用一個詞語總結這一年，會是甚麼？我的答案是：人類命運共同體。年初內地武漢爆發疫情時，並不是所有國家都釋出善意和體現關懷；有美國率先對武漢封關，更將新冠病毒污名化。也有日本民間組織贈與武漢的抗議物資，隨附贈言「山川異域，風月同天」，正是此意。患難見真情，多是因為危難之時，人們更容易顯露出最本真、最人性的部分。疫情沒有放過香港，我們無人可以獨善其身。先一年的暴力攬炒，加之疫情起起伏伏，光鮮亮麗的香港顯露出脆弱和迷惘。無論是人禍還是天災，都在啟示我們，此刻香港需要深刻思考，我們有責任為香港喚醒本真，尋回初心。

何謂本真？是人性之善。相信大家對香港出現疫情之初，一罩難求的口罩市場仍記憶猶新。政府全球採購口罩無果，那時是懲教處的口罩廠加班加點，保障醫護人員口罩供給；是內地政府到民間企業的無私相贈，大大緩解香港口罩壓力，解市民燃眉之急。我們常說「一方有難、八方支援」，這是道義；當自己處於更大的危難之中，仍能顧及他人，不自私，不獨斷，這是血濃於水的同胞情，是對人類命運休戚相關的體悟與實踐。

因疫而生的工聯口罩，是本地第一間「香港製造」的口罩廠。廠房、義工、設備、物料，全賴有心人參與支持，一片小小的工聯口罩，確是香港正能量的化身。當時有攬炒派議員於立法會抹黑工聯口罩與政府是「利益輸送」，甚至造謠我們的物料是由政府提供。工聯口罩只送不賣，幫助無數基層市民、前線工友。直到今日口罩早就不再短缺，可人們還是樂於收到一包工聯口罩，樸實無華更顯本真之美、人性之善。而我們的物料來源也並不神秘，正是中石化慈善捐贈與工聯口罩工場的。2019 年黑暴猖獗，中資企業深受其害。當港人有需要，仍然首當其衝，無私奉獻，除了血濃於水的同胞情，我相信還有對香港這座城市和市民的深厚情感。無論是來港投資的中資企業，還是生活定居的新移民，都是建設香港的一份子，都在守護這座城市。

來到 2020 年上半年，失業問題已經初現。工聯心繫手停口停的打工仔，第一時間設立「緊急失業慰問金」。迅速募集 1,500 萬善款，5,000 人受惠。香港最新失業率是 6.2%，這是 15 年來的高位。身為工會組織，最能明白工友們失業、開工不足時的焦慮不安。於是在 10 月，工聯集結幾十家企業，一連舉辦三場招聘會。三千個職位之中，不乏大灣區好機遇，我們希望通過這種實實在在的交流，創造機會令港人置身更廣闊的就業市場。

對世界而言，這都是百年未遇的變動之年。香港則是外憂內患，震盪更顯激烈。攬炒派勾結外部勢力擾亂香港，暴力橫生，秩序紊亂。「長治久安」是港人最迫切的心願，受到中央高度關注。《港區國安法》頒佈實施、設立「愛國者標準」等一系列舉措，是國家從最高層面完善法制建設，為香港正本清源、撥亂反正訂下依據和方向，為深化改革，再出發揚起風帆。

當香港遇到無法解決的問題和困難時，我們自然而然會想到向祖國求助。全球疫情控制一片混沌，我們的祖國發揮制度優勢和人民對政府的絕對信任與配合，迅速控制疫情。當香港疫情出現反覆，國家檢測隊援港抗疫、建立火眼實驗室、指導搭建方艙醫院，包括港粵兩地多次就疫情開展的信息交流，祖國是香港的強大後盾，隨著祖國的崛起，給予香港的支持更為全面廣泛且具有指導意義。今年是國家發展規劃「十三五」的收官之年，也是「十四五」的建基之年。在全球疫情如此險峻的局勢下，我國「十九大」五中全會如期舉行，實在振奮人心，我們有理由相信中國前進的步伐不會停下，中華民族偉大復興不可阻擋！香港是國家的一部分，我們處在全國「一盤棋」的大局之中，有前景，有保障，實屬港人之福。以國家主席習近平為核心的中央人民政府，多位領導人，特別是負責港澳事務的幾位領導人，多次對香港表達關懷，並且高度肯定特首以及特區政府的各項工作，中央堅定不移支持香港走出疫情，恢復經濟，解決社會深層次矛盾，為香港市民謀福祉。

因疫情限制通關以來，工聯不斷接到市民求助，紛紛表達希望儘快全面通關，畢竟兩地聯繫越來越密不可分，通關受限所造成的影響存在於生活的方方面面，兩地家庭自不必說，就算是許多生活在香港的港人，也早就習慣於說走就走，周末去深圳喝一杯喜茶，吃一吃美食。這就是灣區生活最真實的寫照。

我們都在盼望著香港疫情穩定，儘快實現全面通關。現下疫苗問世，香港也有望於 1 月份展開接種工作，人們開始憧憬「持抗體雙向免隔離」。或許這的確是一個可行方案，但是也希望大家理解，新冠病毒不斷變異，抗疫工作百密不容一疏。中央始終將香港大小事放在整體規劃之中，恢復通關亦然。我們要相信中央會為香港作出最好的安排，齊心抗疫，耐心等待。即便暫時未能恢復通關，但是香港並不是孤島，港人與 14 億同胞共進退，與有榮焉，絕不孤單。

吳秋北敬上

2020 年末

東邊春花爛漫開西方疫情猖
獗來隔岸觀火喪時機倉促
應對現亂態病毒不識親與
疎嘴上功夫也無奈一張試卷
考全球千萬生靈任賭裁

張伯禮院士疫考全球詩

辛丑夏 美國再栽贓

2021 年 5 月 30 日，書張伯禮院士疫考全球詩。

工聯家書：
香港需要變！我們需要一個更公義的社會！

2021 年秋

各位街坊好友：

基層出身的我，一直以來都有一個夢，就是讓香港每一個人，都有發展的機會，都能獲得生活保障，在人生的每個階段都能活得幸福精彩。

我來自福建家庭，福建人出名勤快、能吃苦、能闖，小時候便曾到五金廠打工，工作刻板，更幾乎把手指割斷！也因此，我對打工仔的辛酸體會很深，投身工會，希望可以為基層勞工爭取更多應有的保障。這份初心，一直刻在我心中，未曾改變。

黑暴和疫情過後，香港迎來了新時代。過去香港一直嚴重內耗，政治紛爭不斷，很多民生問題毫無寸進！蹉跎歲月，很多基層卻活在水深火熱！

我自小至今便住在北角，老街坊的濃情厚意絲毫不減，但看到他們頭上的鬢白漸多，我是否能為他們做更多的實事，讓他們能安享晚年？同樣地，看著那些貧困家庭，特別是住在劏房的人，令我想起童年，我是否能讓他們有更適切的居所，讓他們的孩子有更好發展空間？我們希望我們的社區，出入更加方便，環境更加寧靜整潔，希望有更多活動的空間，讓孩子可以伸展，讓人們在工餘時間能鬆一口氣，讓長者可以有社交活動的天地！

我是工聯會會長吳秋北。我有一個夢，希望人人有機會，希望香港這個我們的家，不再是一個壓抑的社會，而是一個宜居、舒適的城市，讓每個人都能靠著自己的一雙手，獲得有尊嚴、有保障的生活！讓每一個家庭都能安居樂業！

讓我們攜手，創建一個更公義、更繁榮、更進步的香港，讓每一位「家庭成員」都能活得更幸福和精彩！

香港要變，請大家在 12 月 19 日，投我吳秋北神聖一票！做實事，勇擔當，創新局，同前行！「共建共榮，共享共贏」，一起共建公平、富裕的美好家園！

工聯會會長吳秋北
寫在 2021 年 11 月

工聯家書：新起點聚焦民生，新格局加速發展

2021 年冬

各位會員、市民及工聯會兄弟姊妹：

新年的鐘聲即將響起，喜憂參半的 2021 年走入歷史，香港正迎來新的春天。站在新時代下的新起點，我們回望過去，展望未來。

2021 年，工聯會順利舉行第 38 屆代表大會，提出「新時代　新工運：撐勞工　為基層　爭公義」工作綱領，以響應時代呼喚，配合國家和香港的新發展要求。疫情仍不樂觀，病毒一再變種，加重經濟復甦壓力，本港失業率雖有下降，現時仍有 17 萬失業人士。工聯會不懈關心勞工基層，積極提出多項措施，解決失業問題，與廣大市民「疫」境扶持，共克時艱。

一年來，工聯會就「救失業　保就業」工作，舉辦招聘會及提供網上求職平台，並發放緊急失業慰問金等。在進一步加強勞工界的團結方面，首次推動「勞工界聯合勞工政綱」聯署，通過選舉平台，有效闡釋了勞工界的維權理念和關切。另外，也拓展了維權領域，關注零散工、網約工等行業的假自僱情況，協助工友維權，提出政策建議。而工聯口罩工場也完成了「一千萬個口罩」的生產，幫助香港渡過「口罩荒」之後，光榮地完成了歷史使命。藉工人醫療所 70 周年，設立專科醫療中心、骨科資助計劃。在創新工會服務方面，則新增網上入會服務，加強工聯 APP 付費續會及積分等功能，進一步提升了對會員的服務。而「灣區服務社」的成立，則進一步推動積極參與大灣區的建設。其他工作不勝枚舉，工聯會的前進永不停步！

工聯會堅決支持全國人大「完善香港選舉制度」的決定，如今「愛國者治港」原則進一步落實，完善選舉制度之後的首次選委會和立法會選舉均順利舉行。工聯會在兩場選舉中分別得到 76 席和 8 席的好成績，實有賴廣大市民和會員的支持，還有眾多義工的協助，在此再次向大家致以衷心的感謝！

2022 年是香港回歸 25 周年，工聯會成立 74 周年。我們會繼續努力，堅守愛國愛港立場，為全港勞工發聲，不斷提升服務，幫助打工仔把握粵港澳大灣區發展機遇；在新格局下，香港要聚焦民生，加速發展，工聯會將一如既往，勇擔「愛國者」使命，維持香港繁榮穩定，以「共建共榮，共享共贏」理念，努力建設「人人有機會」的和諧共富社會，為「一國兩制」行穩致遠作出更大貢獻！

祝願各位身體健康，工作順利，生活愉快。

香港工會聯合會

2021 年 12 月 31 日

工聯家書：共赴水火，疫境自強

2022 年春

親愛的會員和市民朋友們：

香港陷入第五波疫情，數十萬人感染，社會處於半停擺狀態。國家主席習近平親自作出指示「穩控疫情是壓倒一切的任務」，廣東省與特區政府成立抗疫專班，短短半個月，內地供港物資達到 3.76 億，抗疫設施和醫護專家迅速就位，援港抗疫，中央全力以赴。而我們也看到香港向內地每日輸入過百宗確診個案，香港疫情關乎全國安危，為己為國我們都有責任戰勝疫情！

疫情嚴峻，重創各個行業，疫情下僱員勞工的心酸，工聯會是最清楚最關注的，從工會到立法會，從部門到地區，積極維護勞工權益，團結一切力量，整合調配資源，協助各行業工友和基層市民共渡難關。工聯會始終秉持撐勞工、為基層的初心，積極向政府請願及提出建議，推動政府修訂法例，加強僱員因確診或檢疫隔離而無法上班的保障，爭取病假津貼及相關證明。工聯會亦成功爭取政府在第六輪防疫抗疫基金向合資格人士發放一萬元臨時失業支援、電子消費券加碼一萬元。

共赴水火，疫境自強。工聯會各地區服務處及工會的同事堅守服務，強化自身應急機制，協助政府各項措施，衝在抗疫一線。關心幫助會員工友，及時發出防疫抗疫資訊，向工友和有需要的市民派發快速檢測包、口罩、消毒品及生活必需品等。日前，工聯會與多個團體合作，開展疫苗接種活動，回應市民需求，緩解政府壓力。勞工服務中心設立 WhatsApp 求助專號，支援因防疫措施而受影響的打工仔。

2022 年 2 月，書於上京出席「兩會」在深圳隔離期間。

病毒無情，但人間有愛，在這艱難的時刻，社會各界和內地工會，包括中華全國總工會及各省市總工會、香港再出發大聯盟等，亦委託工聯會，向堅守在抗疫最前線的巴士、的士、港鐵、跨境運輸業的司機，保安員，清潔工，劏房戶等基層市民，免費派發防疫物資。

中央援港以及香港各界 16 項抗疫舉措快狠準，特區政府更要負起主體責任，絕不能辜負國家支援，市民也要從自身做起，負起公民責任，共同努力恢復正常生活。工聯會上月初建立「千人抗疫義工隊」，至今動員義工過萬人次，協助政府推動各項抗疫工作：如包裝抗疫物資、電訪關心慰問工友會員、協助維持社區檢測中心秩序等，亦為數以千計的確診家庭，緊急送上關懷物資，發揮民間正能量，抗疫工作無疑是危險和繁重的，我們向堅守在前線的醫護、工友感謝和致敬，感謝所有無私參與抗疫工作的義工們！我們呼籲各位會員，做好防疫措施，定期檢測，因應個人健康狀況，儘早完成三劑疫苗接種，保護自己，守護家庭。團結互助，香港定能戰勝疫情！大家保重，加油！

順祝

身體健康、闔家平安

香港工會聯合會

2022 年 3 月 5 日

原跋

2023 年 12 月

最初「新時代工運」概念只是基於香港問題縈繞作者心頭的一些思考，現在回想三年前，發表那第一篇「新時代工運」論述時，身邊很多搞工運的人也未必明白到底是要做甚麼，以至「共建共榮，共享共贏」的理念也不是傳統意義上的「工運方針」，所以需要更多的闡述和推動，也激發了不斷出文、不斷演講的內在動力。不知不覺，竟可匯編成書，實是意外收穫。現在看來，最初的質疑和阻力也是讓「新工運」論述茁壯成長的「催化劑」。

要形成和發展一套論述，需要時間和土壤、信念和堅持，「論述」的「生命」在於實踐，「新時代工運」論述能夠經受驗證，不斷豐富，是因為新工運面臨亟待解決的問題。站在今天看 2021 年的一些講法，可能不夠準確完備。不過，還是要尊重歷史的真實性，也要接受自身的局限性。作者樂見社會不斷進步，也感恩自己有幸參與，有所貢獻。

「新時代工運」在與黑暴的鬥爭中醞釀、萌芽，在香港最需要方向和定力的時候迸發，凝聚和引領愛國工運推動香港勇於變革，迎風破浪。整理書稿是很好的契機，梳理出「新工運」論述的成長軌跡，也希望讀者可以感受到字裏行間跳動著的強勁脈搏，那是新時代愛國工運事業中，無數個平凡卻偉大的生命匯聚而成的時代強音。

本書截稿前，「論新時代工運之五」剛好推出，又為愛國工運提出新任務，希望熱愛工運事業的戰友們，都能不負使命，團結奮進，做新時代愛國工運稱職的「作者」。

此為跋。

增訂版跋

2024 年 6 月

沒想到新工運論述可以逐漸形成理論框架，希望這個開放的理論框架可以不斷吸納各方面的理論資源，為新工運理論體系不斷拓展空間，為愛國工運高質量發展、香港「由治及興」做貢獻！

感謝各界關注、切磋，讓新時代工運論述可以不斷豐富、完善；

感謝讀者愛戴、不棄，讓新時代工運書籍可以出版、增訂；

感謝三聯書店的工作人員，在時間極為有限的情況下，仍能秉持專業負責的精神，順利完成出版印刷。

新時代愛國工運事業方興未艾，以此為約，緣分再續！

責任編輯　CCW
書籍設計　LC
封面設計　金小曼、道轍

書　　名　新時代工運：香港由治及興的社會基礎（增訂版）
著　　者　吳秋北
出　　版　三聯書店（香港）有限公司
香港北角英皇道四九九號北角工業大廈二十樓
香港發行　香港聯合書刊物流有限公司
香港新界荃灣德士古道二二〇至二四八號十六樓
印　　刷　美雅印刷製本有限公司
香港九龍觀塘榮業街六號四樓 A 室
版　　次　二〇二三年十二月香港第一版第一次印刷
二〇二四年七月香港增訂版第一次印刷
規　　格　十六開（170 mm × 240 mm）四一六面
國際書號　ISBN 978-962-04-5491-2